林肯传
LINCOLN

〔德〕路德维希 著
富强 译

图书在版编目（CIP）数据

林肯传 /（德）路德维希著；富强译 . —长春：
吉林出版集团有限责任公司，2011.5
ISBN 978-7-5463-4758-5

Ⅰ.①林… Ⅱ.①路… ②富… Ⅲ.①林肯，
A.（1809～1865）—传记 Ⅳ.①K837.127＝41

中国版本图书馆 CIP 数据核字（2011）第 062508 号

林肯传

著　　者：	（德）路德维希
译　　者：	富　强
出版统筹：	博文天下
责任编辑：	崔文辉　张晓华
封面设计：	盛世博悦
版式设计：	边学成
开　　本：	710 mm×1000 mm　1/16
字　　数：	264 千字
印　　张：	20.75
版　　次：	2011 年 6 月第 1 版
印　　次：	2020 年 8 月第 3 次印刷
出　　版：	吉林出版集团股份有限公司
地　　址：	长春市人民大街 4646 号（130021）
电　　话：	总编办：010－63109269
	发行科：010－85725399
印　　刷：	三河市燕春印务有限公司

ISBN 978-7-5463-4758-5　　　　　　　定价：59.80 元

版权所有　侵权必究　举报电话：010－63109269

目 录

第一章
雇工（1809—1836）

　　林肯十六岁的时候，已经长得很强壮了，力气非常大，再加上从小跟着父亲伐木，技术十分娴熟，所以人们称他"最棒的伐木者"。到了十七岁，他的身高已达六英尺四英寸。如果有谁想伐倒一棵参天大树，一定会让林肯来帮忙，因为整个村里人都知道，林肯一斧子砍下去，比别人都砍得深。

1. 生于贫寒 / 2
2. 两次迁居 / 4
3. 母亲的去世 / 9
4. 渴望知识 / 13
5. 最棒的伐木者 / 17
6. 震撼 / 22
7. 外面的世界 / 25
8. 觉醒 / 29
9. 真诚的亚伯拉罕 / 34
10. 贫穷的公职人员 / 40
11. 当选州议员 / 45
12. 爱与死 / 49
13. 最初的政治斗争 / 50
14. 胖玛丽 / 54

第二章
公民（1836—1849）

　　二十八岁的林肯，作为一个受人欢迎的演说家，多项体育竞赛的冠

LINCOLN

军，报社的撰稿人，一位正直的律师，州议会的政党领袖之一，可以说是成功的。除了钱以外，他什么都不缺，他的现状实在是让人羡慕不已。

1. 成为律师 / 58
2. 在斯普林菲尔德 / 60
3. 解脱 / 64
4. 舌战道格拉斯 / 67
5. 玛丽·托德 / 71
6. 爱的旋涡 / 76
7. "纯属意外"的婚姻 / 79
8. 易了装的伐木工 / 84
9. 敢于梦想的女人 / 86
10. 助选 / 90
11. 当选众议员 / 94
12. 坚持原则 / 96
13. 纵横国会 / 100
14. 失意 / 105

第三章
斗士（1849—1861）

他在二十岁时目睹的那个站在卖主皮鞭面前，被买主充满欲望的目光紧紧包裹的裸体女奴，至今仍然让林肯感到恐惧。他已不再是当年那个年轻气盛的小伙子了，他在生活中也了解到了白人们的痛苦，了解到无论是什么肤色的人都有一颗饱经风霜的心。林肯的思想就是从这些经历的感悟中产生的，而他的目标便是：改变这一切。

1. 巡回法庭 / 108
2. 最优秀的律师 / 112
3. 位卑不敢忘忧国 / 115
4. 尴尬的婚姻 / 120
5. 故乡与亲人 / 124
6. 忧郁 / 129
7. 信仰 / 132

8. 堪萨斯事件　/　135
9. 人生来平等　/　139
10. 千载难逢的好机会　/　142
11. 崛起　/　145
12. 阿姆斯特朗案　/　149
13. 狂妄的律师　/　152
14. 大辩论　/　158
15. 独一无二的成功　/　162
16. 坚持就是胜利　/　166
17. 两根古老的木桩　/　171
18. 当选总统　/　175
19. 山雨欲来　/　179
20. 分裂　/　184
21. 入主白宫　/　188
22. 宣誓就职　/　193

第四章
解放者（1861—1863）

　　林肯向来是一个不喜欢按常规办事的人，当年做店伙计和做律师的时候都是这样。如今，作为总统处理国家大事的时候，他也不愿意按白宫的老规矩去做。不过在战争年代，谁也不会介意他的无拘无束，反倒觉得这样才符合战时需要。如此看来，似乎这种纷繁复杂的战时状况更适合林肯的性格。突发事件不断，规矩礼节变得无足轻重，反倒是无拘无束更让人觉得舒服。

1. 顽固的南方　/　200
2. 内战爆发　/　203
3. 兄弟之战　/　207
4. 征服内阁　/　210
5. 特立独行的总统　/　214
6. 卓越的才华　/　217
7. 波托马克溃败　/　220

8. 弗莱芒特将军 / 222
9. 在战争中学习战争 / 227
10. 令人失望的朋友 / 231
11. 第一夫人 / 234
12. 温和的废奴主义者 / 237
13. 麦克莱伦 / 241
14. 大胆的建议 / 244
15. 英俊的南方"总统" / 247
16. 苏格拉底式公开信 / 253
17. 惟一的一次崩溃 / 257
18. 下定决心 / 261
19. 内阁危机 / 262
20.《解放奴隶宣言》/ 265

第五章
国民之父（1863—1865）

阴谋在悄悄酝酿，林肯的对手们预谋重新提名一位总统，民主党人准备控制政府，尽快发动政变。三千支手枪被秘密运到印第安纳，可怕的阴谋正在实施，简直像是法国大革命一样血腥四溢。对此，林肯是怎样说的呢？他依然是那么平静："何必这样费力气，对于我们这个年轻的国家来说，如果想搞谋杀的话，谁也挡不住。"

1. 格兰特 / 270
2. 一波三折 / 273
3. 智斗弗兰迪甘 / 276
4. "南方的先生们" / 279
5. 解放奴隶 / 280
6. "真正的总司令" / 282
7. 危机四伏 / 285
8. 再次当选 / 288
9. 为和平而奋斗 / 290
10. 在葛底斯堡的演讲 / 292

11. 玛丽的痛苦 / 296

12. 宽容 / 300

13. 最后的堡垒 / 303

14. 南北和谈 / 306

15. 短暂的清闲 / 308

16. 完整的美国 / 310

17. 阴谋 / 312

18. 为自由献身 / 315

附录　林肯大事年表 / 324

LINCOLN
第一章
雇工（1809—1836）

　　林肯十六岁的时候，已经长得很强壮了，力气非常大，再加上从小跟着父亲伐木，技术十分娴熟，所以人们称他"最棒的伐木者"。到了十七岁，他的身高已达六英尺四英寸。如果有谁想伐倒一棵参天大树，一定会让林肯来帮忙，因为整个村里人都知道，林肯一斧子砍下去，比别人都砍得深。

LINCOLN

1 生于贫寒
LINCOLN

刺骨寒风吹过平原，所有的树枝都被吹得吱嘎作响。

寒风，毫不留情地摇撼着一座矮小简陋的小木屋，呼呼地往屋里灌，令人浑身发抖。然而，小木屋里的这家人早已习惯这种生活，好像一点儿感觉也没有。工作了一天，他们都非常累，睡得很熟。

忽然，狂风把壁炉上的一块砖掀了下来，甩到墙上，惊醒了屋里那个四岁的小男孩。他和姐姐刚好就睡在那儿，并排枕着一个装满树叶的口袋。小男孩靠墙睡，他的身体很强壮，即使寒风从墙缝吹进来他也不怕，但是姐姐萨拉则冻得瑟瑟发抖。

小男孩和姐姐身上盖着一张狐狸皮，这是爸爸从打死的一只狐狸身上得来的，盖在身上十分暖和。熟睡中，姐姐总是把狐狸皮往她那边拽，他怎么也拉不过来。天实在是太冷了，姐姐紧紧地挨着他。他俩的腿严严实实地裹在狐狸皮里，他能感觉到姐姐的脚冰冷冰冷的。

壁炉里还有一点微弱的火苗，伴随着醒来的小男孩苦度寒夜。黑暗中，他看到屋里有什么东西在发光，就像妈妈讲过的天堂里的宝贝一样。小男孩纳闷了，想了想，噢！是那只大铁皮桶，妈妈每天晚上都要提着它去河边打水。那边墙上发光的东西，肯定是爸爸的斧头，小孩子是不准动的，因为那东西太锋利。就在斧头的下面，爸爸紧挨着妈妈睡，还打着很响的呼噜。

小男孩的思绪飘着飘着，想到了以前。躺在妈妈的怀里多温暖啊！唉！那些美好的日子，都已经成为过去。想着想着，他觉得更冷了，就想去和妈妈睡。可是爸爸说过，这种时候必须自己想办法暖和起来。于是他只好伸出小胳膊，去抓盖在姐姐身上的一条裙子，可怎么也够不着。刺骨的寒风不停地从墙缝里吹进来，真是太冷了。这时，在昏暗的火光下，小男孩发现一条围巾在自己的斜上方。于是他悄悄地爬起来，踮起脚尖，拽下围巾，把它塞进墙缝里，躺下后又使劲扯了扯狐狸皮，盖住自己的身体。现在感觉好多了。

第一章 雇工（1809—1836）

LINCOLN

第一章 雇工（1809—1836）

不一会儿，他便进入了甜美的梦乡。

等他一觉醒来，妈妈已经生起了火炉，屋里暖暖的。姐姐萨拉还没醒。妈妈边煮牛奶，边往锅里兑着水。小男孩知道，这是因为家里仅有的三头奶牛前几天死了一头，没办法啊，妈妈只有这么做。这会儿，爸爸肯定去牛棚了。对这些事情，小男孩都非常清楚，因为他总是喜欢观察周围发生的所有事情。

小男孩一边慢吞吞地穿着衣服，一边想：如果他能拿那个铁皮桶玩一会儿就好了。可是这种铁东西是不许乱动的，小孩子只能玩木头，因为这里的木头应有尽有。

小男孩蹲在火边问："妈妈，什么时候是星期天？"

妈妈微微一笑，知道儿子又想吃白面包了，因为只有在星期天她才会烤这种面包。于是她伸长胳膊，从孩子们够不着的那块木板上拿下一块面包，切下一小片递给小男孩。可爱的小男孩端着小铁杯蹲在那儿，小心翼翼地用面包蘸着牛奶，一小口一小口地吃。看到这些，妈妈怜爱地吻了吻他。吃完后，小男孩把沾着面包渣的小手伸过去，眼巴巴地看着妈妈，希望能再给他一片。可是妈妈背过脸，走到桌子那边去了。小男孩不知所措地站在那儿，心里想：妈妈看起来怎么那么难过？他很想问，但他知道，妈妈会受不了的。

这时，姐姐也起来了。妈妈让他俩去工具棚里拿木头。他们早已学会怎么区分新木头和干木头，硬木头和软木头，有时还会帮爸爸妈妈把不太粗的树枝掰下来。来来回回好几次，就把需要的木头搬完了。妈妈把一口大锅放在四角架上，开始煮粥。两个孩子又来来回回抱来许多干草。妈妈一边搅着粥，一边小心翼翼地放进去两粒盐。当时的西部，实在是太缺盐了，但如果粥里一点都不放的话，又没有人愿意喝。

在肯塔基州的中部，大部分地区都处于原始状态，农场主们用他们的斧头开垦着一望无际的森林，就像两千年前一样。而小男孩家所居住那片土地，是最贫瘠的一块，人们称它是荒原。不久前，连附近那个水源也忽然消失，土地实在是开垦不下去了。没有办法，小男孩的爸爸就改行成了猎人。中午的时候，狗一叫，孩子们就知道是爸爸回来了，赶忙跑去门口迎接，常会跟背着猎枪和战利品的爸爸撞个满怀。全家人身上穿的都是他打猎得来的兽皮。爸爸身材高大，有点胖，长得黑黑的，留着大胡子。他

LINCOLN

原来是个木匠，但更喜欢打猎。小男孩看着爸爸坐在炉边，吃着妈妈做的饭菜，忽然觉得：比起妈妈的家务活儿，爸爸外出打猎要轻松得多。

2 两次迁居
LINCOLN

在小男孩五岁的时候，因为他父亲生性不安于现状，所以全家迁到了美国东北部。

这是一片肥沃的土地，植物生长得十分茂盛，他们把新房子建在一条小河边上。夏天的时候，他们的生活会变得很舒适，晚上不会再冻得发抖，也很少挨饿，因为附近的森林里有很多猎物。在离木屋不远的地方，有一条马路，连接着路易斯维尔和纳什维尔两座城市。这条马路很热闹，孩子们非常喜欢在这条街上玩耍，好奇地观察来来往往的路人。有些人骑着马，驮着一袋袋自家产的玉米；有的人赶着马车，车上坐着男男女女很多人；还有一些人带着神神秘秘的东西。这些过往的马车大多驶向西方。偶尔也会有士兵路过，听爸爸说，他们可能是打完仗要回家去。妈妈还告诉小男孩，曾经有一位穿得很讲究的先生，向爸爸询问过西边那片森林的价钱。随着时光的流逝，小男孩慢慢地明白了很多事情。

小男孩没有办法在马路上玩很长时间，因为家里有很多活需要他做。妈妈经常让他去菜地里锄草，或采些蘑菇什么的。然后，妈妈把这些东西晾干，留在冬天吃。

男孩六岁左右的时候开始跟着爸爸下地干活，帮爸爸播种。这活儿十分辛苦，又需要技术，男孩对自己的要求特别高，总是力求做到最好。他有能力做到，而且也很愿意这么做。姐姐萨拉留在家里，白天帮妈妈挤牛奶、喂家畜，晚上和妈妈一起纺线。每到星期天的时候，一家子就坐到屋前，女主人给孩子们哼唱那些古老的歌谣，偶尔还会讲《圣经》上的故事给他们听，她有着超凡的记忆力，是那些受过教育的人所没有的，而且她的声音总是那么温柔。这时候，男主人总是坐在一边，抽着烟。

男孩不得不承认，他更喜欢妈妈。虽然妈妈的年龄与爸爸一样，可是她看起来更年轻、更有活力、更温柔，更惹孩子们喜欢。妈妈的皮肤略带

LINCOLN

第一章 雇工（1809—1836）

1809年，林肯出生于这个简陋的小木屋，在这里生活到5岁。

黄色，有些黯淡，骨骼粗大。那灰暗的眼睛里，总是流露出奇怪而又忧郁的神情，这种神情在男孩心中打下了深深的烙印。他似乎明白了，为什么妈妈总是给他们唱一些舒缓的歌曲。

然而，有一次，他们全家人一起去看望朋友时，男孩意外地发现，妈妈不停地跳舞，好像一点儿都不觉得累，似乎比所有人都快乐。男孩第一次看到了妈妈由忧郁到欢乐的奇特转变，好像一切都在梦幻中一般。他似乎悟出了什么。他觉得，平时很少说话的妈妈肯定隐藏了自己的某些感情，但这是为什么呢？想到这儿，男孩有些害怕了。

妈妈给附近的庄园做一些针线活，偶尔也会带着男孩一起去。庄园主们拥有一整套一整套的楼房，就连最小的厨房也比男孩家的整所房子大。在他们楼上的房间里，还摆着十分讲究的床，是男孩的爸爸做的。

男孩不停地想：妈妈为什么要给他们做针线活？爸爸为什么要给他们做床？噢，是因为给他们干活可以赚钱，等攒足了钱，他们家就可以买一匹马。为什么庄园主那么有钱？是因为他们富有。他们为什么富有？……男孩百思不得其解。

LINCOLN

男孩一天天长大,心里的困惑也越来越多,他就更仔细地观察周围的事物。没过多久,他们有几个亲戚也搬到了美国东北部。在这些人当中,男孩最喜欢的要算是斯帕罗姨婆了,她有着一头银灰色的头发,十分聪明,做事干净利索,性格也很开朗,而且看上去比妈妈健康。由于她从小就东奔西跑,见多识广,所以肚子里装了很多稀奇古怪的故事,总喜欢讲出来给孩子们听。更让人羡慕的是,她还敢大胆地在纸上写字,她的手就像没有干过粗活一样,十分灵活。

男孩对爸爸妈妈的童年、过去的往事都十分好奇,经常缠着妈妈给他讲。

林肯就是在这样的小屋里长大的

妈妈告诉他,他的外祖父生活在离这很远的地方,是一位虔诚的教徒,心地十分善良。但是当男孩问到,妈妈的妈妈是什么样的?她生活在哪?姨婆是从哪里来的?她则躲躲闪闪地支吾过去。

可是爸爸从不这样，他非常喜欢给孩子们讲自己小时候的故事。对他来说，讲故事就像打猎一样有意思。一天，他给孩子们讲有关印第安人的事情。爸爸讲道，他家跟妻子家一样都来自北方，是从弗吉尼亚州迁到肯塔基州的。那个时候，印第安人比现在大胆得多，他们经常跟踪白人。就在他和男孩差不多大的时候，发生了一件可怕的事情：一天，他和父亲、哥哥们在森林里住的小茅屋附近干活，突然听见一声枪响，接着，父亲老亚伯拉罕就倒下了。哥哥们急忙逃回小茅屋里拿武器，而他却吓呆了，站在原地没动，眼睁睁地看着父亲停止了呼吸。这时，从灌木丛后面跳出一个印第安人，父亲就是被他开枪打死的。这个印第安人跑过来，想把站在原地吓呆了的他拽走，他大声呼叫，拳打脚踢地反抗。很快，哥哥们拿着猎枪返回来了，端枪就向印第安人射击。混乱之中，他从印第安人手里挣脱，逃回了小茅屋……

男孩瞪大双眼，紧闭双唇，伴着惊悸听完了整个故事。噢，原来自己的名字"亚伯拉罕"是从祖父那儿承袭下来的。真不敢想象，爸爸那会儿看到了多么可怕的场面！可是爸爸讲的时候，却是一副满不在乎的样子，还哈哈大笑着说："那已经是另一个时代的事情了！"

爸爸的故事多么精彩啊！可他目不识丁，当妈妈提出让他读书识字时，他总是不屑一顾，而且还讽刺和挖苦自己的妻子。他认为，我已经会做家具、会伐木、会打猎，又会种地，已经足够了，还学那些干什么！男孩却暗暗地想：如果自己能识字就好了！要是能像姨婆那样会写字就更棒了！

最后，经过爸爸妈妈反复商量后，男孩终于可以去上学了。学校离家很远，足有四英里。如果碰上雨天，路就更难走，踩在路上，就像没穿鞋走路一样，特别难受。而所谓的学校简直简陋到极点，是个比男孩家大不了多少的小木屋，只不过多了两扇窗户，还有一个稍微大点的壁炉。老师是位牧师，他教孩子们学字母，读拼音，让他们反复练习。因为只有一本课本，所以孩子们只能传着看。男孩心想：这就是读书识字吗？想要像姨婆那样熟练地写字，那可差得远了！

这一年，除了男孩上学读书之外，他们家里还发生了其他新鲜事。爸爸当上了街道管理员，一有机会，男孩就跟着爸爸去城里，竖着耳朵仔细听城里人都谈论什么，听他们讲关于印第安纳那块神奇土地的故事。他在

LINCOLN

第一章 雇工（1809—1836）

街上还经常看到一些向西部迁徙的路人，听大人们说，这些人要去印第安纳，去那块流淌着俄亥俄河的富饶土地。

没过多长时间，爸爸又当上了小城的警察。他很乐意干这差事，觉得比当木匠有趣得多。人们都很喜欢听他讲故事，不管走到哪里都会引来许多人。每次，男孩都非常认真地跟大家一起听，对于爸爸讲的这些故事，他太熟悉了，就连爸爸对故事情节的细微变动他也能察觉。

和爸爸一起巡逻的时候，男孩发现，如果看到黑人时，爸爸总会拦住他们，要求出示一种可以证明他们在这里居住和工作的证件。男孩迷惑了，问爸爸为什么要这样，爸爸回答说："小孩子，别多管！说了你也不懂！"

爸爸奉命去霍金威尔巡视犯人。男孩问道："什么是犯人？"

"犯人就是那些被关在监狱里，戴着脚镣的坏蛋。"

当父亲用生锈的钥匙打开一间间牢房时，男孩看到的是犯人们愤怒的目光，当锁牢门时，犯人们又漠然地退回去。男孩目睹这一切，心里说不出有什么滋味。巡视完了，他跟着爸爸回到家，脑海里全是那些戴着脚镣的所谓的坏蛋。因为生活所迫，爸爸妈妈不得不为富有的庄园主们做家具，做针线活，但那也是有报酬的呀！可是那些在监狱里的人完全被剥夺了权利，还戴着脚镣，真是太凄惨了，和富人们的生活相比，真有天壤之别！

在这个暑期中，男孩长了很多见识。

爸爸用那把锃亮的、锋利的斧子，齐根砍断了几棵参天大树。男孩好奇地问："爸爸，我们不是已经有一所房子了吗？为什么还要伐树？"

"用它来做木筏。"

男孩又问："木筏是什么东西？"

"木筏就像船一样，我们坐着它，可以从小河漂到大海上去。"

"那大海在哪儿呢？"

"在南方。"

男孩已经很有劲了，他紧紧抓住绳子，帮父亲把木筏推进河里，据说这条河可以流入俄亥俄河。父亲又滚来十个装满威士忌的大酒桶，不知道是从哪儿弄来的。在这段时间里，妈妈总是莫名其妙地叹息。原来，爸爸要把全家都迁到印第安纳去，据说那里的土地非常肥沃，能收获更多的粮食，猎物也非常多。父亲把他们居住的木屋和周围的土地都卖掉了，换来二十美元，以及那十桶威士忌。然而，他们谁也无法预料等待他们的将是什么。

所有的东西都准备好后，父亲打算自己先去印第安纳看看，然后全家再搬迁。父亲出发了，妈妈和孩子们站在岸边，看他划着崭新的桨，慢慢远去，身影越变越小，不一会儿就看不见了。没过几天，父亲回来了。他看上去很有信心，并告诉妈妈印第安纳的确是个天堂。

这年秋天，一家四口踏上了那条许多人曾走过的路，走向西方。母子三人将所有的衣物、毛皮、工具和一些瓶瓶罐罐打成包裹，放在马背上。妈妈和姐姐骑一匹马，男孩和父亲骑着另一匹。晚上，父亲负责守夜，既要防御野兽，又要防备坏人。母子三人则睡在搭好的帐篷里。五天以后，一家人终于到达了目的地。

3 母亲的去世
LINCOLN

父亲和几个亲戚很快就盖好了新房子，他们管它叫鸽子棚。它比肯塔基州的小木屋要宽敞明亮得多。几天过后，男孩的叔叔婶婶也带着孩子来到了这块土地。这真是一块让所有人都向往的土地啊！

自从来到这块土地上，父亲每天都很愉快。这里的猎物非常多，他可以整整一天，甚至整个星期都在外打猎，每次都满载而归，他终于如愿以偿了。在对面的一座小山上，他们还有一块属于自己的土地，农作物长得十分茂盛，周围有茂密的灌木丛，只是这里离河边有点远，孩子们挑一趟水需要很久才能回来。

男孩已经年满八岁，得搬到顶楼上睡了，父亲把小木棍钉在木头墙壁上，给他当梯子。每晚，他都踩着这些小木棍爬上楼顶，一点儿也不嫌麻烦，反而觉得很新鲜。只是顶楼上特别黑，伸手不见五指，看不到炉火，清晨更没有阳光透射进来。不过，冬天在上面睡还是很舒服的。虽然凉风还是能从缝隙里透进来，冷飕飕的，但是比起肯塔基州的小木屋要好得多，不会漏雨，因为木头之间粘合得还算不错。但是到了夏天，上面会十分闷热，让人透不过气来。

LINCOLN

男孩的外祖母外祖父也迁到了印第安纳，他们和姨婆一样也姓斯帕罗。一起来的还有他们的养子，丹尼斯·汉克斯，他刚满十八岁。对于男孩来说，这几个人都很平易近人，没过几天，他们彼此就很熟悉了。

当时的印第安纳是一片荒野，野兽经常出没，大伙儿必须齐心协力才能在这个地方生存下去。男孩曾听大人们说，他们的一个朋友就是被熊咬死的。在这里，到处都弥漫着浓浓的沼气，会对人和家畜的健康造成很大的伤害。男孩家门口总是燃着一堆火，既可以驱赶野兽，也可以净化周围的空气。另外，大家都必须吃草药，预防疟疾。难喝的药汤影响了人们，尤其是孩子们的好心情，使他们对草原产生了恐惧，而这种恐惧使他们不愿意生活在草原，更愿意去森林开垦土地，种植玉米和其他作物。干这些活时，孩子们都得去帮忙。强壮的小亚伯拉罕春天帮着播种，秋天帮着收割，谷子收完后，还要找个空的树墩，用斧头背给谷子去糠。在平时，他要帮着妈妈挑水、喂猪、劈柴、挤牛奶。时间就这样一天天、一年年地过去了。生活周而复始。在寒冷的冬天，晚上大部分时间都是坐在火炉边度过的。偶尔，邻居们也会过来作客。大家一边聊天，一边抽着烟，或者吸鼻烟，女人们也这样。有时还会喝点酒，讲一些恐怖故事。总之，日子过得还不是很乏味。

八月，当秋色染红印第安纳的时候，放养的牛群突然发起病来，不知道是误食了什么东西中毒，还是不适应这里的潮湿环境。牛奶挤出来不久就变质了，不得不全部倒掉。很快，猪倒下了，绵羊倒下了，马匹倒下了，周围所有的牲畜都被传染。最后，灾难也降临到了人们身上。很多人都被传染了，躺在装满树叶的袋子上呻吟着。他们的惟一救星是离这里三十五英里的一位医生，由于病人太多，他每次来都忙得不可开交，但他总是尽职尽责。情况总是没有好转，恐惧、焦虑、绝望折磨着每一个人。男孩家里的牲畜都死光了，父亲无心过问其他事情，满目凄凉。妈妈坚持着，一如既往地在家里做饭，洗衣服，看孩子，缝兽皮，砍柴，磨斧子……终于，她积劳成疾，累倒了，而且病情迅速恶化起来。

周围的几个邻居，还有男孩的外祖父、外祖母都被死神带走了，现在它又来到了妈妈的身边。由于长期营养不良，再加上缺乏生存的信心，因此她一病倒，身体很快就垮掉了。小亚伯拉罕站在床前，看着脸色苍白的妈妈，不知怎么办才好。平时十分坚强的父亲这会儿也泪流满面，泪水打

第一章 雇工（1809—1836）

湿了蓬乱的胡须。这时，男孩并不了解"死亡"的真正含义，他的心里只有一种莫名其妙的恐惧，还有一点新鲜的感觉。

自从第一位邻居死后，父亲就开始做棺材了。钉棺材发出的叮叮当当的声音，让病人和健康人都感到刺耳、心酸，而尚不满十岁的小亚伯拉罕·林肯却浑然不知。现在，父亲又叮叮当当地给刚咽气的妻子做棺材了。小林肯凑上去，看着妈妈的身体，心里想："妈妈长得真高大啊！"他帮着父亲做这做那，还发现他不用铁钉就能把大木板固定在一起。母亲死后的第一天，就这样不知不觉地过去了，小林肯好像还没有意识到母亲永远地走了。

母亲装殓、下葬后，大家回到了住处。小林肯看到母亲曾经睡过的床，现在空荡荡的，这才明白发生了什么事，整个人立刻被一种巨大的孤独感笼罩。

他忽然醒悟到，自己好像并不喜欢父亲。在他印象中，父亲总是异想天开，爱说粗话，而且还给过他大巴掌，而妈妈从未打过他，总是任劳任怨，为全家辛勤地操劳着。尤其是他那些美好的生活经历，都来自亲爱的妈妈。当妈妈伤心的时候，她总是把小林肯拉到她跟前，目不转睛地看着这个跟她越长越像的男孩，这时，林肯心里总会产生一种无法言喻的感觉，这种感觉萦绕不去，伴随了林肯一生。在对母亲的回忆中，林肯对他曾经失去的以及可望而不可即的事物更加渴望。比起以前，本来就沉默寡言的他更加忧郁了。

一年过去了。有一天，父亲告诉他们，说他要出远门，不会很快回来。听表兄说，这次父亲出门，是要给他们带回一个新妈妈。这个消息让小林肯非常不安。他是个善于观察而且头脑聪明的孩子，继母们的粗暴他早有耳闻。

在十二月的一个傍晚，父亲突然回来了。他驾着马车，从肯塔基州回到了印第安纳。车上下来的几个人看起来神采奕奕，而且那辆马车也特别棒。但是，小林肯和他姐姐心里却忐忑不安：继母是个什么样的人？对人怎么样？正当他们猜想时，从车上走下一个身材高大的女人，她面色红润，长着一头卷发，看起来活泼开朗而又不失端庄。林肯和姐姐萨拉躲在门背后，从缝隙里张望着。那女人的身后还跟着几个小孩，红着脸，不好意思地躲在她的身后。其实，最难为情的是他们的父亲。他把儿子和女儿

LINCOLN

第一章 雇工（1809—1836）

带到另外三个孩子跟前，指着女孩说："这是我女儿，叫萨拉。"又指着男孩说："我儿子，林肯。"接着，父亲又把那三个孩子介绍给他们，分别是约翰、马蒂尔德和萨拉。孩子们想："怎么？又一个萨拉？"可是不容他们多考虑，父亲就让他们帮忙卸车，车上有好几个箱子和大筐，还有一个抛过光的衣橱，几张看上去很不错的床，等等。

父亲让那个叫约翰·约翰斯顿的孩子和林肯一起住。约翰告诉林肯，他和亲生父亲同名，但他父亲已经去世了，也是在林肯失去妈妈的那个秋天。很明显，父亲和这个新妈妈早就认识，但他们到底认识多久了呢？林肯思考着，企图解开心中的疑惑。

自从新妈妈搬来以后，小屋里就变得热闹起来，加上林肯的叔叔，一共住着大大小小八口人。由于第一次见面时，林肯姐弟和新妈妈握手很迟疑，这使他们在刚开始的这段时间里感到有些尴尬。每次父亲叫新妈妈的名字时，他俩都得竖起耳朵，仔细分辨，因为这位新妈妈也叫萨拉。有过这样几次难堪后，新妈妈不得不想办法改善这种情况，消除他们之间的隔阂。

林肯的新妈妈是否识字，现在已经无从考证。可以肯定的是，她尊重知识，坚持让家里的孩子都去学校读书。很快，林肯对她就产生了好感。无法读书，无法从书籍里获得知识的力量，一直困扰着林肯，使他的内心久久不能平静。尤其是听到神父、土地测量员和旅行到这里的律师的谈话，他求知的欲望就会更加强烈。但是父亲总想把他培养成木匠。当新妈妈说起读书学习的事，父亲还和以前一样，不屑一顾。他总觉得，自己没有读过书，现在不也照样活得挺好。其实父亲并不明白，他的乐观自信，完全是因为他幽默开朗的性格。一到星期天，他们就去教堂。所谓"教堂"也就是一座空荡荡的木房子，台上总有人在诵读，而孩子们根本听不懂，关于语言规范的知识他们还需要积累。当时的林肯已经学会了写字，由于强烈的求知欲望，加上他特别聪明，所以在学校的成绩总是名列前茅。

那时候纸张特别稀少而且昂贵，林肯没有办法经常用纸和笔练字，只好自己把削尖的木柴熏黑，在墙上、箱子盖上练习，等练得差不多的时候，他才拿出一张宝贵的纸，斟酌很长时间，将最重要的内容用最简练的话写在纸上。就这样，林肯学着练着，字越写越好。转眼间，当年那个冻得发抖的四岁小男孩，如今已长成十四岁的大男孩了。由于他从小帮家里干很多粗活，所以他写字的手指不够灵活。冬天，为了不让孩子们的手冻僵，大人们让孩子们抱着烤热了的土豆去学校，这样到了学校的时候，手指才不会冻得麻木而写不好字。

对这个贫穷的家庭来说，家里的生活、生炉子用的柴火、种地、收割都比上学重要，所以在家里缺钱或需要帮手的时候，林肯就得辍学回家。在当时荒凉的美国西部，会使用斧头比会写字重要得多。一头牛犊能值八美元，书本能值多少？

林肯十一岁的时候，就比同龄的孩子都高大结实，再加上家里缺少劳动力，父亲就让他干重活了，那会儿他就学会了使用斧头。现在他又被带去学打猎，父亲先教他如何使用猎枪，给他演示一次后，就把枪给他，让他练习射击。当时，在他们的不远处有几只鹌鹑，他们悄悄地移过去，发现那儿还有一只火鸡，于是林肯端起枪，瞄准了那只火鸡，只听砰的一声，火鸡应声倒地。父子二人赶紧跑过去，准备取回猎物，可就在林肯伸手的瞬间，他忽然感觉到，有一种从未体验过的可怕力量攫住了他，这种力量自命不凡，自认为凌驾于其他生灵之上，随便践踏，还洋洋得意。以前每次熏烤父亲打来的野味时，林肯心里总是洋溢着欢乐，而这次，他并没有胜利者的喜悦，心里除了恐惧之外，没有任何感觉。他一句话没说，把猎枪还给父亲，转身走了。从这以后，在亚伯拉罕·林肯一生中没有开过第二枪。或许，这是因为林肯想起了那些戴着脚镣的罪犯，又将他的行为与罪犯做着比较，心里认为自己的行为真是可耻，和罪犯的行径没有两样。林肯的父亲如果知道，枪法这么准的儿子以后竟拒绝射击，肯定会感到非常遗憾。

4 渴望知识
LINCOLN

在这段时间里，林肯最感兴趣的事是骑马去磨房。磨房门口总是排着长长的队，排队的人看起来都很清闲的样子，一边聊天一边漫不经心地等待着前面的人磨完面，再将自己的马套在磨前的横梁上，让它们拉磨磨面。这些人都很健谈,林肯从他们的谈话中学到了很多知识,还听到不少新闻。他们预测大选的结果,谈论新上任的总统,还经常讨论有关奴隶制的问题,争论奴隶制会不会最终取得胜利,还有没有别的更好的制度。这些事情林肯以前在教堂里也听说过。当他向父亲问及奴隶制时,父亲告诉他,那些希望废除奴隶制的卫理公会教徒的观点是正确的,因为根据宗教教义,人是生而平等的,不能随心所欲地给他人带上枷锁,奴役他们,鞭打他们。

林肯很喜欢观察周围所发生的事情。在家里,他经常观察父亲如何说话、办事、如何与继母相处,以及如何对待工作中的问题……事实上,他和父亲的关系处得并不是特别好,在他看来,父亲更喜欢那个轻浮的继子约翰斯顿。

林肯的父亲每次骑马从法庭回来后,不是咒骂某邻居干了什么缺德事,就是发牢骚,说政府向他乱征土地税。他认为,自己常年在这块土地上勤勤恳恳地劳作,所以这块荒凉的土地才会有今天的繁荣景象。而现在,政府却要征收什么该死的土地税,以前的活算是白干了,就好像自己是个奴隶一样!林肯心里觉得,父亲的举动并不明智,再说他不会读书也不会写字,挺没用的。

但父亲在讲故事方面的才能很让林肯喜欢,他讲起故事来很兴奋,有时候宁可耽误工作,也要留在家里绘声绘色地给他们讲完。要知道,在这方圆几里没有人烟的荒原上,生活实在是太单调乏味了。林肯经常会被父亲的故事感染,他经常想,如果自己也像父亲一样,必须常年待在这空旷的原野上,该怎样才好呢?他没有办法想象,当年他的祖父老亚伯拉罕带着全家人迁入森林后,他们家族便世世代代以伐木和打猎为生,经常好几个星期都见不到一个外人,那种生活是怎么度过的?

林肯每次和高大幽默的表兄丹尼斯聊天,总能知道一些他没听说过的事,如:父亲的兄弟们都很富有,拥有很大的宅院,日子过得很舒适,却从不跟他们家往来。听到诸如此类的事情后,他便会跑回家,一声不响地爬上顶楼,坐在黑暗中思考,理出这些事情的来龙去脉。前段时间他听说,新妈妈是父亲以前主人的外甥女,难道父亲以前给谁做过仆人吗?还听说,父亲当年就想娶她,但她选择了富有的约翰斯顿,于是父亲不得不娶了林肯的妈妈。那年秋天,两人的原配都去世了。直到去年,主人家的外甥女才成了父亲的妻子。

想到这些，林肯非常惊异，也感到不安。难道父亲并不是真心爱着自己的亲生妈妈吗？是不是因为这个才让母亲看起来总是那么悲伤？他矛盾极了，很想怨恨继母，但始终恨不起来，因为继母对所有的孩子都一视同仁。但是，让他和异父异母的约翰斯顿同床睡觉，多少有点不舒服。

毕竟是一个八口人的大家庭，有时候会有人吃不饱。一次，父亲让大家为餐桌上的午餐感谢圣恩，林肯看着面前只摆着一点土豆的餐盘，不悦地说道："今天可没什么值得感谢的。"他对宗教的讽刺才刚刚开始，在这以后他便用自己独有的方式讽刺生活。

一次，在磨坊磨面时，马刚拉完一圈，林肯就用鞭子抽了它一下，并喊道："走哇，老路德！"当他再次挥鞭打马并喊"走哇！"的时候，那匹马愤怒了，抬起前蹄给了他一脚，踢在前额上。他立刻不省人事，被人抬出了磨房。第二天早上，他刚苏醒过来，就冒出一句话："你个老路德！"在场的人都哑然失笑。在以后的几十年里，他一直念念不忘这段往事，这说明：他随时随地都在自我反省，并能从中获得启示。

其实，林肯一点也不喜欢干体力活，"学习"才是他真正的心愿。他并不想精通什么学问，只是想尽可能多的了解一些事，再将它们加以比较，从而更深入地了解人性，认识自己。他能找到的书很有限，而且每天可以用来看书的时间也不多，但他仍然阅读了所有能够找到的书籍。在夏天的傍晚，他趁天还没完全黑，就抽空抓紧时间看一点。到了晚上，家里很黑，没什么光亮，他就凑近火堆，借着昏暗的火光看书。有的时候没注意，火灭了，他便会小心翼翼地用尽可能少的柴再生起一堆火，只要火的亮度能让他看见书上的字就行。妈妈用肥皂做的灯芯很少，非常珍贵，平时是不能用的，只有在星期五全家人坐在一起的时候才能点起它。在别人看来，一个小毛孩儿支着脑袋捧着书，绝不会在读什么有用的东西。

偶尔，会有一些新鲜事物传到西部，像一股强劲的狂风，为男孩打开知识的大门。《圣经》像一首优美的歌，勾起了他儿时的记忆；《朝圣者的进步》使他第一次进行了真正的自我反省；在他的印象中，鲁滨逊只不过是个被美化了的开拓者。林肯还从一位过路人和一位神父那里看到两本书：一本是《伊索寓言》，它使林肯第一次看到了智者对人类弱点的讽刺；另一本是《华盛顿和富兰克林的一生》，书中主人公的那些战争经历深深

LINCOLN

印在了林肯的脑海，从而使他渐渐淡忘了父亲常常讲的那些故事。在阅读这些书的过程中，他对书中内容进行了深入的分析，从中得到了很大的启迪。一次，亲戚送给他一本书，这本书非常厚，十五岁的林肯一字一句、津津有味地读完了全书。对他来说，这本书真是一个珍贵的知识宝库！另外，他还有一本斯戈特写的《演讲课程》，这是一本令林肯振奋的教科书，它较为规范、系统地指导人们如何运用不同风格的语言进行演讲。这本书不仅有具体演讲技巧，还援引了许多实例，以及伟大人物的经历：莎士比亚戏剧的片断，德鲁斯的演讲生涯，等等。此外，林肯还读了一本将杰斐逊的就职演说与有关权利与义务、自由、奴役思想、女性问题等融为一体的《肯塔基教师》。这是一本很好的教材，书中的思想多多少少影响了这个正在启蒙的男孩。每次拿到一本书，他都非常认真地阅读，深怕漏掉一句。由于他没有更多的书可以看，所以他经常会把现有的书翻上好几遍。如果有谁从城里拿回用报纸包装的什么东西，他便迫不及待地把包装纸要来仔细阅读。他经常参加大人们的谈论，告诉他们报上究竟是怎么说的。

只要有机会进城，比如去格茨维尔，林肯总会想尽办法弄一些报纸来读，尤其喜欢读那些有关选举的最新消息。从人们的谈论中，报纸上，他发现大家都特别反感来自南部的贵族奴隶主，而十分拥戴杰斐逊这个人民代表。

从别人的谈话中，在阅读到的报纸片上，以及在那座新建的小教堂里，林肯总是不断地接触到有关南部奴隶制的问题。当他不能完全理解别人的一些观点时，他会默默地坐在那里思考，反思自己的观点，尽量找到自己观点中站不住脚的地方。

冬天，教堂里的牧师朗读着《圣经》，人们齐唱《旧约》里的赞美诗，很多人都在默默祈祷。对林肯来说，比祈祷更有意义的是：研究探索人类的内心世界。这时如果有一位谙达世情又有远见的人认识林肯，他一定认为这个男孩以后会成为诗人。实际上，当时的林肯确实在学写诗，还经常把写好的诗读给朋友们听。林肯记忆力非常好，而且很勤奋，只要是他读过、听过和看过的东西，他一定不会忘记。他的表哥曾经这样描述："那时，我们都是通过感官来学习的，经常会长时间地交谈。"

虽然林肯受制于客观环境，很难扩大视野，但他勤奋而敏感，处处留意周围的事物，经过日积月累，知识面也越来越广了。父亲已经同意他独自骑马去俄亥俄河了,那里总是聚着很多人,停靠着很多船只,不时还会有一些住家的船只和龙骨式小艇从旁边开过。船夫们划着装满了面粉和家畜的大木筏顺流而下。当新型的蒸汽船在这里抛锚时,船夫们就会蹲下来,为它进行临时检修。比起这些巨大的机器,小船和木筏更吸引林肯,因为他十分熟悉后者的材料,而且还从父亲那儿学会了怎样伐树,以及如何把它们绑成木筏。

这些船只上装载的大多是玉米、面粉等农产品。听船员们说,他们先经过这里,再由密西西比河驶向大海,到千里以外的南方去。由于南方的大部分土地都种植着棉花,不种别的,所以那里的人们很需要这些农产品。林肯还听说,那里的人特别有钱,有成群的奴隶为他们工作。但是他发现,当人们议论有关南方奴隶制问题时,大多怀着一种近乎恐惧或内疚的心理。他经常坐在沙滩上,观察每一个路过的人,一旦发现谁阅历丰富,就立刻跑上去,刨根问底地把自己不明白的事情弄清楚。

5 最棒的伐木者
LINCOLN

由于家里非常缺乏劳动力,而林肯又是一个干活的好手,所以他经常不得不耽误学业,帮家里干活,他所有上学的时间加在一起还不到一年。他长期用斧头、使用锯子、拉缰绳、拉犁,都是些重活,所以双手变得非常粗糙笨拙,但由于他勤学苦练,写起字来照样又快又漂亮。

林肯十六岁的时候,已经长得很强壮了,力气非常大,再加上从小跟着父亲伐木,技术十分娴熟,所以人们称他"最棒的伐木者"。到了十七岁,他的身高已达六英尺四英寸。如果有谁想伐倒一棵参天大树,一定会让林肯来帮忙,因为整个村里人都知道,林肯一斧子砍下去,比别人都砍得深。

父亲很乐意让他帮别人干活,并叮嘱他一天要收取二十美分作为报酬。每当林肯收取别人的报酬时,他在想些什么呢?他是否想起为了生计而给别人做针线活的母亲?是否想起那些戴着脚镣的犯人们?给别人干活再收取报酬,算不算父亲曾经讲过的对他人的奴役?

林肯对思考越来越有兴趣了。他喜欢坐在地上,靠着墙,把腿跷得和

LINCOLN

第一章 雇工（1809—1836）

肩一般高，静静地思考。走路、骑马的时候他也会思考问题，但远没有坐着、躺着舒服。在干体力活时，重复性的机械劳动让人精疲力竭，这种时候他无暇思考。

几年来，沉重的体力活、少得不能再少的食物，还有那可恶的疟疾，使本来身体强壮的林肯看起来有些单薄了，而且还有一点含胸，皮肤也越发暗黄。或许，这个样子的亚伯拉罕·林肯会被姑娘们认为寒碜。这是因为她们只看到了林肯粗糙的皮肤，而没有看到他那皮肤下沸腾的血液；只看到了林肯饱满的额头，而无法了解里面蕴藏的智慧；只看到林肯那双灰色的、略带忧郁的双眼，而没有发现他那双眼睛总是在不停地观察着所有事物。姑娘们认为，林肯父亲的形容十分贴切："他看上去像是一块粗木头，并且还没有经过任何修整。"

大家都笑林肯是个怪人，他有时的行为也的确古怪。比如，他有一个怪毛病，就是经常会莫名其妙地走神，或者无缘无故地笑出声来，没有人真正知道他是怎么了。又如，大家都在地里劳作的时候，他会忽然把铁锹扔在一边，拿出书，坐在地上，大声朗读；或者，干脆号召大家停下来休息，自己则和大伙儿聊天。刚开始，他的举动让大家非常惊讶，不知道他这么小的年纪能聊些什么。后来大家发现，林肯确实知道不少东西，比如历史、地理、选举、奴隶制度以及女性问题等等一些大事，有时他还会模仿牧师讲话的样子，让大伙儿笑得前俯后仰。可是依然有人取笑他，认为林肯讲的只是一些道听途说的故事罢了。不管别人怎么说，林肯依然我行我素。他以为，这就是《演讲课程》中所说的"演讲"。他知道自己需要练习，需要听众，不管他们给他的是掌声还是嘲笑，只要有人在场就行。一天，他正在演说时让父亲撞上了，父亲把他大骂一顿，说他游手好闲，不务正业。是啊，父亲怎么可能理解林肯的志向呢？

林肯第一次尝试写作，据说是为了一只乌龟。一次，他在回家的路上，看到一群孩子在一只乌龟的壳上点火，他非常愤怒，把那群残忍的小家伙们大骂一通，赶走之后，跑回家，马上写了一篇抨击虐待动物的文章。此后，他又写了几篇反对酗酒的文章。他把自己的文章拿给德高望重的长者看，得到了长者的赞赏。

当他看到有人被欺负时，总是挺身而出救助弱者。不过，没有人想成为他的敌人，因为不管是跑还是跳，或是摔跤，身高力大的他从来没有输过。虽然他从来没有猎捕过动物，但却懂得如何让动物一刀致命，再将它肢解，俨然一副职业屠夫的手法。大家都很佩服他，谁家要杀猪宰牛准会喊他帮忙。这样一天下来，他能赚到三十美分。更令大家惊讶的是，林肯那粗糙的手，写出来的字却非常漂亮。大家经常让他帮着写信，信上的字别提有多体面了。

在过去的十七年当中，对一个家境贫寒的年轻人来说，经历了太多不公平的事，林肯已经习惯了。但他仍然留意观察周围的人和事，只要发现有人遭受了不公平的待遇，总会竭尽全力地帮助他们。邻村的一个流动法庭是林肯常去的地方，在那里，他运用自己平时积累的知识，对法官的裁判进行分析，看法官是否公平，是否一视同仁。当法官判处罪犯绞刑时，林肯那与生俱来的同情心就上来了，但他仍然会冷静地反思自己：这种同情到底对不对？他为什么会被判处绞刑？自己为什么要同情他？一个旁观者的经验能说明什么？

一个偶然的机会，林肯听到了一位著名律师的演讲。这位律师叫布莱克维治，他慷慨激昂的演讲博得了所有观众的赞许。林肯听后暗下决心，自己将来也要像他这样演讲，也要博得观众的赞许。当律师演讲完毕后，林肯激动地跑上去，要和他握手。这位文质彬彬的先生也非常热情，满怀感激地握着林肯粗糙的大手。林肯向他借来了印第安纳州的法律书，这部法典让他生平第一次认识了这个国家的法制。谁能想到呢，三十五年以后，林肯会和这个人再次重逢。

在当时，他赚钱用的更多的不是会写字的手，而是强壮的身体。在俄亥俄河畔，雇主也只需要像他这样既强壮又有经验的年轻人。有一次，他用了不到一个小时就帮两位旅行者渡过了河，从而没有误船。旅行者为了感谢他，给他一枚银币作为报酬。这可是半个美元呀！自己以前干一整天活，累得半死，最多才能赚三十美分，而现在，竟然在一个小时里就赚到了半美元，这是他做梦也想不到的。这次经历，让年轻的林肯久久不能忘怀。

林肯希望对自己的身世有更多的了解，再加上他一贯喜欢把问题弄个水落石出，所以只要有空，林肯就会把家里的证件都翻出来，企图解开心中的疑惑。结果他发现了一个没有办法解释的事实：为什么所有证件上，他已故的生母叫南希·汉克斯，而他们的外祖父却姓斯帕罗？他一定得弄明白。但是，当林肯询问姨婆时，姨婆显得很慌乱，而且躲躲闪闪的，堂兄弟们也含混不清地敷衍他，这就使他更加疑惑了。最后他终于知道了大人们想要隐瞒的一个秘密：原来，自己真正的外祖母是那个年龄很大，写得一手好字，又会讲很多稀奇古怪故事的姨婆斯帕罗，而原来那个被疟疾夺走了生命的外祖母只是母亲的姨妈。究竟发生过什么事情？大人们为什么要隐瞒这件事？

这个年轻人越来越好奇了。终于，他从一个亲戚那里知道了这件事情：原来，有着正统家教的亲生外祖母，未婚生下了一个女儿——林肯的生母。出了这个丑闻后，外祖母觉得无颜面对父母，就离开了家。而当时，外祖母的姐姐结婚后一直没有子女，便收养了这个没有父亲的孩子，把她抚养成人，而她的姓一直沿用婴儿时候的。再后来，亲生的外祖母又嫁给了一个姓斯帕罗的丈夫。

那么，他亲生的外祖父又是谁呢？年轻的林肯经过一番调查发现，自己亲生的外祖母在战争结束时还很年轻。这使他想起了曾经读过的一本书，书中提到，那时士兵们和冒险家们总是喜欢在南方游荡，于是造成了很多事情。在当时的情况下，一个漂亮而又活泼的女孩怀孕，不是什么大惊小怪的事。林肯在他邻居家也目睹过类似的事情，其结果大多是那个男人娶了女孩，成了她的丈夫，一切也就变得天经地义。

林肯没有办法了解到更多有关外祖母的事情，所以，对于这个"外祖父"林肯一点概念也没有，不过，有一点他是可以肯定的：外祖父一定是个南方人。他会是什么样子呢？可能是位绅士吗？或者是一个军官？有可能。或许是个奴隶主。

问题接连不断，让年轻的林肯感到非常迷惘和不知所措，心里充满疑问。过了一段时间以后，他终于忍不住，把自己的心里话告诉了一位好朋友。他觉得，他独特的个性，以及某些方面的天赋，都来源于那个未曾谋面的南方人，他的亲生外祖父。"外祖母不是亲生的外祖母；不知道亲生外祖父是谁；现在的新妈妈虽然对自己很好，但毕竟不是自己的亲生母亲；父亲年轻时没能得到自己真正爱的女人……"生活真是乱七八糟！这种挫折感使林肯看上去更加忧郁、孤独，很长一段时间他都闷闷不乐。

姐姐萨拉马上就要嫁到格里斯贝家去了，林肯也跟着去帮忙，而且还为他们的婚礼创作了新婚颂。和格里斯贝家接触中，林肯感觉到，这家人虽然富有，但是却以一种居高临下的姿态来对待林肯的姐姐萨拉，也就是他们未来的儿媳妇。

　　让林肯想不到的是，姐姐新婚不久，那家人就像使唤女佣一样，让这个新婚的少妇辛苦操劳。第二年姐姐便死于产房，这全是因为平日的辛苦劳作使她瘦弱不堪导致的，十九岁的林肯满腔怨愤。母亲死了，现在姐姐也死了，父亲不可能有什么改变了，而许多亲戚又因为他追根究底地打听有关亲生外祖母的事，渐渐和他疏远起来。这究竟是怎么一回事呢？为什么有钱人就可以欺负自己的儿媳，随意使唤她，直到把她折磨死？为什么有钱人就可以随心所欲地虐待穷人，让穷人给他们干活？为什么有钱人看上谁家姑娘，就可以虚情假意地诱惑她，然后再像扔一件旧衣服一样抛弃她？凭什么？难道就因为他是有钱人吗？

　　过了一段时间，姐夫家要同时举办两个婚礼，这可是双喜临门啊！但是他们没有邀请林肯去参加婚宴，似乎是要让这个小舅子在全村人面前下不来台。在亚伯拉罕·林肯的心中有一股难以扼制的怒火，他生平第一次有这种感觉。在这股怒火的驱动下，一个报复计划油然而生。林肯以他独有的方式，在新婚的那天导演了一出小闹剧：在朋友的帮助下，他把两兄弟的媳妇调换了，让嫂子进了弟弟的新房，让弟妹进了哥哥的新房。酒宴结束后，婆婆才恍然大悟，冲进小儿子的新房，喊道："鲁奔！你这个混球！和你的嫂子上床了！"

　　不到第二天早上，这件事就人人皆知了。所有人都在笑话这家的双喜婚礼，林肯则写了一篇匿名的小品文，并散发出去，为的就是让这家人能够发现它。这篇小品文的名字叫做《关于鲁奔的书》。在这篇文章里，他模仿圣经的风格，用词辛辣，情节荒诞。许多年以后，当老人们谈论这个故事的时候，一定还会说上这么一句："亚伯拉罕·林肯的确是个人才！那个时候就能看出来。"

　　在林肯的青年时代，像他这样既有天赋又能积极处世的人，最容易产生反抗和报复的愿望。然而林肯是一个非常理智的人，他不喜欢操纵别人，不善于改革，只希望能更多地了解人世间。他偶尔会迸发几句对社会的讽刺，但更多的是同情心。林肯想得更多的是如何帮助被压迫者，而不是急于惩罚压迫者。在处理问题的时候，他有自己构筑的一套关于人权和尊严的思想体系。每当看到别人受屈辱时，他就会联想到自己曾经受辱的感觉，于是不得不出手相助。

6 震撼
LINCOLN

　　一天，有一辆马车在坑坑洼洼的乡间路上散了架。大伙儿连拖带拽地把车送到林肯家，让他父亲帮忙修理。车上的女士和她的女儿们也跟着大伙儿来到了林肯家，与林肯的父亲打过招呼后，就进了木屋，打开行李，开始做饭。看样子，她们要在这里住上一阵子了。母女几人随行带着几本书，过了几天，林肯和她们比较熟了，就把书借过来，为大家朗读书上的内容。

　　林肯曾对他的朋友说："那些女孩中，有一个非常迷人，我很喜欢她。在她们离开后，我总是常常想起她那迷人的笑容。一天，我躺在地上晒太阳，她忽然出现了，我即兴作了一首诗献给她。在诗里，我骑着父亲的马，追上她的马车，她看见我时，一脸惊奇。我向她表白了自己对她的爱慕，并说服她跟我私奔。夜里，我拥着她骑着马，在草原上奔驰。几小时以后，我们到了一个村庄，却发现这个村庄就是我们刚刚离开的那个村子。没有办法，我们就在那里过了一夜。第二天夜里，我们又骑马出发，但一夜过后还是回到了出发地。每天晚上都出现这种情形，最后我才领悟到，逃避是没有用的。于是我去找女孩的父亲，请求他把女儿嫁给我，最终说服了他……我一直都想把这首诗记下来，但是总有一些片段记不起来，慢慢地我意识到，记下来也毫无意义，于是就干脆放弃了。"

　　林肯的诗人天赋，在这个故事中表现得淋漓尽致，一种诗人的本性从此在他的心中生根发芽。他凭借幻想超越了现实。在现实生活中，他对女性是非常敏感的，同时又很害怕她们。林肯所居住的那个地区的人都会讲几个关于他的故事，但没有一个故事涉及他和某个女孩子。是因为她们对他太粗鲁了吗？有可能吧。有一次，村里的一个女孩爱上了林肯，就偷偷地跟着他进了树林，趁他不注意，女孩像个猴子一样跳到了林肯的背上。这一跳可不得了，女孩的脚被林肯背在身后的斧子划伤了。林肯一句话也没说，默默地帮女孩把脚包扎好，然后就送她回家了。

　　很多年以来，在这个高大的年轻人的生活里，可能只有这两个爱情插曲吧！由于他对女性望而生畏，所以只好写一些情节比较曲折，同时也很粗俗的故事来弥补这种空白。但因为他从来没有经历过故事中的那种男女之情，所以在给朋友们讲那些粗俗的故事时，仍不失正派，也不会有人认为他很放荡。即使是在梦里，如果让他去诱骗一个令他着迷的女孩，他也会非常不好意思，尽量寻求一种合法的方式来取得女孩的芳心。当然了，穷苦的他是很难成功的。就这样，林肯的理智把他从充满诱惑和尴尬的现实世界带到了安全的诗歌领域，并把现实生活中的世情改编成另一个世界里的浪漫。在那儿，一个贫穷的木匠之子，拥着旅行车里的富家小姐，夜里骑马在草原上奔驰，却永远只能在原地打转。焦急、疲劳、失望、孤独、思念以及对现实的恐惧等等，这些情绪交织在一起，织成了一张梦幻的网，融成了一首诗。

　　外面的世界精彩多变，有追求的人总是被它深深吸引。年轻的林肯以他强健的体魄和在河里娴熟灵巧的劳作，证明了自己是个百里挑一的好水手。有一个庄园主找到林肯，想雇用他，让他把一船货物运到新奥尔良去。这意味着林肯终于可以走出村庄和树林了，可以去看看密西西比河，还可以饱览海上风光！这可是一次很多人想都想不来的机会啊！林肯毫不犹豫就立刻同意了。他和庄园主的儿子开始做启程的准备，捆了一个木筏，林肯用他那结实的肩膀把玉米和家禽都背到了河边。他们要把这些货物运到南方去卖掉，再在路上买一些棉花、烟草和糖带回来。

　　去南方的路上，林肯异常激动，眼前的景象让他兴奋不已。在有着"群河之父"之称的密西西比河的河口，浑黄的俄亥俄河汇入其中，一泻千里，无比壮观。他们在急湍中航行，经过沙丘，看见了很多陌生的人群、从未见过的树木、动物，还经历了一场危险，而且这是林肯第一次与黑人交锋：一天晚上，他们在河边的一个农场借宿，夜深时分，忽然来了一群四处掠夺的黑人。林肯被惊醒后，顺手操起一个碗口粗的木棒，奋不顾身地冲向那群黑人。他强健高大的体格以及毫不畏惧的样子把那群黑人吓坏了，他们急忙潜入水中，企图游到对岸去。而这时的林肯怒火中烧，跳进水中紧追不舍……当他回到农场时，全身都是血迹。

　　他们划着木筏，越往前走河面越宽，气温也越来越高。这个年轻的带有诗人气质的船夫暗自思忖：这就是全部的生活吗？当然不是，还有好多场面他还没见过呢！

LINCOLN

第一章 雇工（1809—1836）

经过几个月的航行，他们终于到达了目的地新奥尔良。十九岁的林肯生平第一次看到这样壮观的场面，并且被那繁忙的景象深深地震撼了。所有物体都被烟雾笼罩着，码头附近的水域堵着不计其数的木筏，以及他们在印第安纳州从未见过的大船，轮船上的烟囱高得仿佛要伸到天上似的，汽笛声此起彼伏，十分刺耳；巨大的仓库里堆积着从北方运来的装满面粉的口袋；岸上修筑了据说是美国第一条铁路。那边沿码头堆放的东西是什么呀？看上去有上千袋吧？那裂开的口袋里露出的雪白的、看上去轻飘飘的絮状物又是什么呢？林肯的脑袋飞快地转着，噢！他终于认出来了，这就是他们向往已久的棉花！是整个国家都为之旋转不停的棉花！天啊！这么多！林肯长这么大，只有一条布裤子，一件棉质上衣，那可是他的宝贝，只有在进城时他才舍得穿。可是，当林肯从棉花联想到奴隶制时，他忽然失去了对这一袋袋棉花的兴趣。

让林肯更大开眼界的是他们进城以后看到的场景：街道上，各色人种来来往往，有白人、黑人、混血儿；还有一些衣着花哨的欧洲人乘坐着豪华的马车，优雅地穿过街道；最有意思的要算那些妇女们，她们头戴大帽子，一边摇着扇子，一边夸张地走着自以为高贵的步子。所有人看上去都是那么忙碌、自在、快乐，都很懂得享受生活。可那些奴隶们在哪儿呢？他们的生活是怎么样的呢？在街道的拐角处，一张广告牌上写着："愿随时以高价购买各类黑奴，也可以在拍卖中购买！"另一张刺眼的广告牌上则写道："本人的一个混血奴隶逃走了，谁帮我把他带回来，赏金一百美元！他叫萨姆，微红色的皮肤，蓝眼睛，浅棕色头发，看起来像个白种人。"

年轻的船夫林肯看到这些被剥夺权利的人们，恐惧油然而生。林肯心想：这些有钱的奴隶主们就像猎捕值钱的动物一样抓他们，然后像买卖家畜一样拍卖他们，买到手以后，像犯人一样关押他们。林肯以前听别人说的，父亲告诉他的，牧师在教堂里讲的，报纸上刊登的所有有关南方奴隶的问题，在这里都得到了证实。这就是那些被剥夺了权利的人们！强烈的好奇心驱使他参加了奴隶的拍卖会，他跟着参加拍卖的人们走进了一座铁皮屋顶的大厅，里面拥满了人。在那里，他看到了奴隶们的悲惨命运。

林肯身边站着几位穿着讲究的绅士，头上戴着十分讲究的礼帽，脚上穿着漂亮的长统靴。从他们的皮肤可以看出，他们来自乡村，可能打算在这儿买几个奴隶。这几位富有的绅士们喝着威士忌，碰杯，狂笑，尽情地享受这绝好的港口气氛。除了这类人,别的大多数人还是很注意自己的身份和形象的,他们很安静,坐在一边记着笔记。这些人是南方的贵族,林肯是从报纸上知道他们的。他们有的举止粗俗,有的温文尔雅,这和林肯在西部看到的有钱人所表现的绅士风度是不一样的。南方奴隶主大部分都是从祖辈那里继承土地和财产,并不需要自己劳动,另外,他们在买卖奴隶时根本不会觉得有什么愧疚。

在他们面前站着一个手持皮鞭、穿着显眼的卖主。他用皮鞭指着一个个绕着圈子走的奴隶,如果谁稍微走得速度不合适,就会招来一顿毒打。所有奴隶都赤身裸体,戴着脚镣,而且其中还有一个一丝不挂的混血女奴,很明显,她还是个处女,看上去既温柔又羞涩。她按照代理人的指示,戴着脚镣走出行列,在这群围观的绅士面前展示她的青春与活力。代理人在一旁指着女奴的身体叫道:"绅士们,你们也该享受享受了!"卖主和买主都笑了,显然这很符合大多数买主的心思。于是这位女奴的价格一抬再抬,最终高价成交。

作为一个有天赋的诗人,一个不懂得女人的未婚青年,这一切让林肯的心颤抖起来,他非常气愤,还夹杂着很多说不清道不明的感情。过去遭受的种种痛苦,对父母命运的思考,以及有关外祖母的遭遇,让他不停地想到那个未曾谋面的外祖父。他可能也是个所谓的绅士,就像这帮残忍的绅士一样,让赤身裸体的女奴……林肯在这种思考中颤抖着,那颗探求身世的心也在颤抖着。所有的疑问都投向了那群人面兽心的买主们,所有的同情心都汇集在这群带着枷锁、绕着圈走的人们身上。林肯像受伤的野兽一样,飞似的逃离了这个残忍吃人的地方。

过了几天,他们划着木筏逆流而上。三个月后,他们回到家乡。林肯积累了更多的经验,学到了不少知识,还赚到了二十四美元。

7 外面的世界
LINCOLN

林肯发现,离开家的半年多,家里有了很大变化。一些在西部居住的亲戚们说,伊利诺伊比印第安纳的土地肥沃,那儿是真正的天堂,想发财

LINCOLN

第一章 雇工（1809—1836）

的人应该去那儿才对。他们这么说很可能是为了能够结成更大的集体，借以改善自己的处境。他们显然过于夸大其辞了，但有一点还是可以肯定的，那就是印第安纳的确让很多殖民者失望，所以才听信了他们的话。很快就有三四家打点好行李，踏上了去伊利诺伊州的道路。

父亲托马斯·林肯总是在不停地寻找发财的好机会，对这里的发展速度他早就憋了一肚子气，再加上他不安分又好奇的性格，可以想象他在听到有这种发财机会时是多么兴奋。当村里人劝他慎重考虑这种西部热时，他根本听不进去。他毫不犹豫地以一百二十五美元的价格把田产变卖了，而他妻子也以一百二十三美元的价格把前夫留下的田产卖掉了。所有家当都整理好后，他们出发了，像十几年前离开肯塔基州时一样。不同的是，现在的妈妈不是林肯的亲妈妈，现在的家庭一共有两大四小六口人，而且他们带走的东西也比那时多得多，十四口家畜也全被赶出来了。他们需要两辆马车，由亚伯拉罕驾驭其中一辆，谁都知道他有力气。而林肯也变得更加现实了，他把自己三十多美元的积蓄都拿出来，在城里买了些像纽扣、针线盒、刀具等日用品，根据他以往的经验，这些东西在西边实在是太缺了。

他们驾着马，日夜不停地赶路。那个季节的晚上非常冷，他们家的狗留在河对岸，怎么叫都不肯过河，林肯于是挽起裤腿，蹚回对岸，抱着狗过了河。经过十五天的长途跋涉，他们终于到达了目的地——迪凯特，一座新建起来不久的小城。这里的亲戚非常友好地接待了他们，让他们在自己家里先住下，等天气稍微暖和点再帮着他们一起盖房子。

没过多久，草原上就下起了鹅毛大雪，天冷得出奇，连续一个星期没人敢出门，当然，除了拿木头生火以外。这段时间林肯的心情非常好，因为他在来西部的途中把自己买的那些日用品、小东西全卖了出去，赚了两倍的价钱。此外，林肯发现，这里的人个个干劲十足，心里充满着对未来的憧憬，特别有信心，这种情绪很让人愉快。

漫漫寒冬总算过去了，天气一天天转暖，林肯这个身强力壮的大个子已经在为盖新房做准备了。他白天伐木，晚上则用绳子把伐好的木头绑在耕牛身上，把木头拖回去，之后，再找一个合适的地方，用斧子把这些木头劈成木材。这些活全都落到林肯身上，因为他的能力早已远远地超过了父亲。林肯一天天苦干，就像燕子筑巢似的。他像个建筑师，精确地计算

LINCOLN

第一章 雇工（1809—1836）

每一块木料的尺寸和数量，了解木料的用途。

在这段时间里，全家人只有一个目标，就是盖木屋，住新房。但这个年轻的伐木者除外，他还是跟以前一样，热衷于有关大选、自由、奴隶制、教育等等问题。他现在没有时间去获得新信息，所以只能把以前知道的当做寓言故事讲给大家听。虽然他已经习惯用结实的肩膀去劳动，但事实上他并不喜欢这种生活。在他的指挥和苦干下，房子终于矗立在人们面前，大家都非常高兴，这表明新生活可以正式开始了。盖完房子以后，林肯和表兄约翰·汉克斯在木屋后面开垦出一块十五亩的田地，用木头做了栅栏，以防止狼群和他人的侵袭。

对于这个已经二十一岁的年轻人，什么是故乡呢？哪里是他的故乡呢？在这二十一年中，因为生活所迫，他不得不跟着父亲几次三番地背井离乡、东奔西走，从肯塔基州到印第安纳州，再到现在的伊利诺伊州。对于他来说，无论哪里都像是过眼云烟，他怎么可能对它们产生一种故乡的感觉呢？只能这样说，他的故乡是美国！

自从来到伊利诺伊州后，林肯赚钱的机会渐渐多了起来，在这片正在开发的土地上，到处都需要最强壮的帮手，身强力壮的林肯当然很受欢迎，人们经常喊他去帮忙。

刚到这里的第一个星期，林肯就在比赛中击败了当地最强壮的人，为自己树立了初步的声望。一次，有一艘小船在河中央翻了，大家都很着急，但是又束手无策，正在危难之际，林肯跑来了，他让大家帮忙把一根非常粗大的树干的一头固定在岸边，自己则灵巧地攀着树干到河中心，把两个船夫拉到岸上。这个机智的举动，让他的名声很快传遍了这个新的居民区。在这个新兴的小城，还没有谁能给这些居民留下如此强有力和富有智慧的形象，林肯是第一个。一切都还在发展中，人们一直都在寻找一位这样出类拔萃的人物，而林肯的能力则已经得到大家的初步认可。

在这个新兴的地方，住着一位独立战争时的老少校，林肯帮他修筑了一圈非常坚固的栅栏，栅栏的每一块用料林肯都劈过四百多次，但是，林肯得到的报酬只是几条蓝裤子而已。尽管报酬很低，但林肯还是愿意帮他干活，因为这位军官提供书给他看，对书如饥似渴的林肯怎么可能放过这么好的机会呢！

在一个寒冷的冬天，林肯在河里搞运输，不小心翻了船，在水里游了

LINCOLN

很长时间之后才爬上岸。由于长时间泡在水里，所以当他走到离河边最近的农场时，双脚已经冻僵了。好心的农场主留他在家里休养，等脚好了再走。这个好心人原来是位法官，林肯的脚稍微有点好转之后就帮着老法官干这干那的，所有力所能及的家务活他都尽量出力。没事干的时候，他便读老法官家里的书籍，比如伊利诺伊州法典，这是年轻的林肯阅读的第二部法典。现在，这个年轻的伐木工已经可以迅速理解法典中的内容了，从这两部法典中，他还发现了国家的有关保护平等权利的条款。

附近的查尔斯顿有一个小型印刷厂，看起来那里的印刷品并不怎么吸引人，如果那儿有个像林肯这样的聪明人就好了，他可以把报纸上、传单上、人们的议论、邻居们的起诉以及流动法庭上的裁判都摘录下来，再从他读过的那两本法典上找出相应的法规，加以比较，并让这些内容成为印刷品的主流，如果这样的话，一定会给那印刷品增添不少炫目的色彩。

在西方，法律观念的基础是保护私有财产。那个时代，人们觉得偷窃比杀人更可耻，所以偷窃行为很少见，可能比扭打中杀人的事件还要少。从儿时起，林肯就学会了自助，养成了不依赖别人的习惯。他所学到的经验和教训，不仅仅是从长辈们的指导中获得，更多的是通过自己在做事过程中对得失的总结。从过去那个小男孩成长到今天这个强壮的青年，他从自身的环境以及自己父母和姐姐身上认识到了依赖他人的痛苦。林肯知道，自己必须在这片土地上独立。在以后的生活中，林肯把握了种种机遇，最终完成了自己的理想和任务：把理论和现实结合起来，运用法律来保护各种权益。

令人震惊和高兴的是，林肯已经开始在众人面前公开演说了。他之所以这么做，是为了让自己对那些东西的印象更深刻，就像当年他喜欢大声朗读一样。有一次，乡镇大会要对一项治理河流的决议进行表决。林肯了解这条河，因为在这条河上，他曾经救过人，也曾经翻过船，并且也就是顺着这条河划了几千里到达大海的，他比任何人都清楚，这条河需要改善，需要治理。在开会那天晚上，林肯和表兄一起去参加这个不拘形式的乡镇大会，并应邀在会上发言，对反对意见进行驳斥。就这样，这个高大的年轻人站在箱子上，开始了他一生中第一次真正的演说，并且很快就驳倒对方。毫无疑问，林肯站在箱子上的初次演讲是成功的。当年那个爱讲故事的年轻人如今已成为一名演说者了。同一时期，林肯的一篇关于美国国家形式和一篇反对酗酒的文章也在报上发表了。

在那时，林肯强壮的身体比他丰富的知识传得更远。再加上他头脑聪明，热情助人，遇事冷静，没过多久，就有一位叫奥弗特的农场主看中了他，让他和表兄汉克斯再次驾船去南方，运送比上次更多的货物，酬劳提升为每月十六美元。他父亲知道，想要劝说这个强壮而又廉价的劳动力留下来是徒劳的，他心里清楚，像林肯这样的年轻人更希望呼吸外面的新鲜空气，更希望在外面闯荡，去见世面。

这一次，载着林肯和表兄的是一个长八十英尺、宽十八英尺的大木筏。一切都准备好之后，在一个阳光明媚的早晨，他们出发了。林肯穿着一件很像样的马甲和一条蓝色的裤子，头上戴着顶帽子，站在木筏上向来送别的父亲挥手告别。渐渐地，父亲越来越模糊了，自己亲手建起来的木屋也越来越小，到最后，一切都被弥漫着的水汽抹掉了踪影。这是林肯一生中住过的最后一座木屋。从此以后，他只是偶尔回来看看，看看父亲，看看自己曾经住的这个村子。

在这个万物复苏的春季，二十一岁的林肯永远告别了他的农民生涯。

8 觉醒
LINCOLN

林肯他们走了没多久，就发生了危险。在河流的一个大拐弯处，宽大的木筏被一段狭窄的水道卡住了。水流湍急，木筏在不停地往下沉，一眨眼的功夫，就有一半沉入了水下，眼看人货不保。附近村子里的居民们跑过来了，手忙脚乱地比画着，不知道在喊些什么，但没人能帮得上忙。在这千钧一发的时刻，林肯拖着一条小船游过来了，不知道他是怎么离开木筏的，也不知道他是从哪儿弄来的小船。接着，他和汉克斯一起把木筏上的货物搬到了小船上，之后又在木筏上凿了一个小洞，让水流出去。他们终于脱离危险，转危为安了。

没过几天，这艘满载货物的木筏怎样被卡，又怎样化险为夷的故事就传开了，而这个叫林肯的年轻人，也在这个叫纽萨兰姆的村子里像位传奇人物一样广为人知。林肯对这一切浑然不知，更没有想到，这件事会对他

LINCOLN

第一章 雇工（1809—1836）

今后的生活有多么重大的影响。他们在那个村子待了几天，把木筏修好后，就小心翼翼地驾着木筏继续南下了。

经过数月的航行，林肯又一次来到新奥尔良。这次他们要在这儿停留整整一个月。除了工作以外，林肯还抽空到各处逛了逛。他通过自己所见所闻、调查研究和仔细思索，找出了南部问题的主要症结，并总结出自己对这些问题的独到见解。当然，这些见解并不是一天两天就能产生的，而是他平时认真观察生活、日积月累的结果。林肯在穷困的生活中和劳动中炼就了坚定的意志，加上他那谨慎而又坚韧的天性，以及物质上的贫穷和地位上的卑微，都使这个几乎无家可归的年轻人具备了俭朴的生活作风，从而自觉地抵御住了这里暴发户们的各种诱惑。但是，他也发现，恰恰是这些暴发户在这个重要的港口城市占了上风，也只有他们才能在这里过上富足的生活。

在这里，林肯经常看到拍卖奴隶的广告牌，看到他那些可怜的同胞们；在这里，他也时常想起那个被拍卖的混血女奴，那一幕实在是让人触目惊心，难以忘怀。这里的一切都驱使他竭尽全力去了解奴隶们的悲惨生活，以及奴隶主们穷奢极欲的生活。在这里，林肯看到了另一个世界，看到了不一样的人在不一样的地方所创造的不一样的社会，也看到了在这种环境中，一些人违背道义，骄奢淫逸。这些都不是从报上看的，也不是听别人说的，而是他自己亲眼看见的。

一开始来到这个地方的时候，就有一种现象引起了林肯的注意——这个地方的服务人员基本上都是黑人，几乎没有白人服务员。这些黑人的皮肤并非都是纯黑色的，也有一些黑人跟那些长期在户外劳动、皮肤晒成棕色的人肤色很相像，这使人们很难区分所谓的"黑人"和"白人"。这些所谓的"黑人"们在这块土地上没有怨言，没有愤怒，安分守己地劳动着。又有谁能像奴隶主们一样，为了维护自己的利益，用道义作幌子来欺世盗名，拿一些冠冕堂皇的理由来解释黑人的命运呢？他们这样说：黑人们都是从变卖了自己国家主权的埃塞地区来的，他们之所以在美国艰苦地劳动，都是为了给那个巴勒斯坦的犹太人赎罪。

那些道貌岸然的奴隶主是这么说的："对于这些黑人来说，为我们劳动不是比到处流浪强多了吗？我们供给他们饭吃，给他们屋子住，这不是挺好吗？"为了避免提到声名狼藉的奴隶制，奴隶主们这样说："我们的体

LINCOLN

第一章 雇工（1809—1836）

制是最自然的，奴隶们获得自由才是一件让人头痛的麻烦事。"在他们看来，奴隶们获得了自由，天下就会大乱。他们要让那些来自北方的白人工人们明白，几个世纪以来，他们从祖辈那里继承了非常好的东西。为什么非要亲自在太阳下开垦土地？在树林里伐木？在办公室里不断地计算书写？为了白人的共同幸福，他们又该建立什么？而奴隶制就是他们最明智的选择。

事实上，如果没有黑人的辛苦劳作，如果不是黑人种植和收获棉花，怎么会有美利坚合众国今天的繁荣景象？如果不是他们向英国工厂输送原材料，那些道貌岸然的大爷们怎能在英国站住脚？难道黑人天生命贱，甘愿起早贪黑劳作，甘愿在毒太阳下给别人种植既好吃又可以出口的麦子？基督徒们总是牢骚满腹，似乎高尚得不得了，但是他们怎么不去种麦子？基督徒们都说，热带植物必须热带人来种植，黑人在白人的领导下，可以获得比别的奴隶更美丽的锁链，简直美丽得让他们的父辈想都想不到，是啊，在原始森林里讨生活，能得到什么呢？现在多好，他们还能喝到威士忌呢，而且可以在神圣的教堂里洗礼，说不定死后还能上天堂呢。

林肯在奴隶市场听着厚颜无耻的奴隶主们讲述这些理由，心里一定会想：他们说的话有几句是真的呢？但不管林肯心里有多少疑问，在这儿，他必须保持沉默，因为这里的人不允许有任何人反对"我们的体制"。不管是从西方还是从北方来的人，在这个地方都不会被信任，有的还会被认为是奴隶们的朋友，当然，也就是整个南方的敌人。在当时，有关奴隶制的问题，社会各界都提出了质疑，而奴隶们也觉察到了这种质疑，这是不是因为他们良心发现了？还是他们在害怕，害怕有一天这些"商品"意识到自己的价值？恐怖的圣多明哥起义仿佛在提醒奴隶主们，不要被奴隶们表面的顺从所迷惑，应该时刻注意防范。

在这里，没有林肯在北部和西部所熟悉的农民，只有金匠和黑人劳工。在一座小山上，林肯看到一座城堡，这是一个奴隶主的庄园。一个旧式的花园环绕着坚实的殖民地式塔楼，客厅里摆着华丽的餐桌，桌上放着香喷喷的乳牛、烤鸭、用北方的精制面粉加工而成的面包，还配有欧洲的上等葡萄酒。少爷们出去打猎，就会这样大摆宴席，有时还会在宴会上因为漂亮的女奴而发生争执。小姐们总是在无精打采地在学习英国贵族的礼仪，无所事事地过着日子。寻常百姓的孩子喜欢和黑奴的孩子一起玩，却

31

LINCOLN

不愿意和奴隶主的孩子一起玩。在这里,奴隶主们就像老鸨和刽子手一样,不管在什么时候,社会都需要他们,但同时也鄙视他们。

奴隶主们维持他们的地位,首先是靠出口棉花和稻子。种植这些作物他们不需要付酬劳,但实际上这当中也潜藏着大量的资本。奴隶主们经常会发牢骚:这帮黑鬼实在是太可恶了,有的寿命太短,没干几天就死了;有的身体太弱,一干活就晕倒,就是拿鞭子抽他们也无济于事;身强力壮的又总想着逃跑;有的女奴生的孩子太少,简直就是不下蛋的母鸡。在这里,有上万个庄园主,而其中只有三个拥有十万名奴隶,劳动力实在是太缺乏了,必须不断地从弗吉尼亚和南卡罗来纳补充黑奴。那两个地方的奴隶贸易欣欣向荣,把自己的亲生父亲或女儿当做奴隶卖掉的事屡见不鲜。

在南方,出租奴隶也是一种非常赚钱的买卖。精明的奴隶主们把能干的青年奴隶出租出去做工匠,把稍有姿色的女奴包出去当妓女。这样下来,奴隶主每年可以赚回成本的三分之一到四分之一,奴隶们通过自己的劳动,差不多三四年,就能把他们的身价成本赚回来。

只要有机会和法官或者牧师交谈,林肯总是绕着圈子向他们提出关于这个体制的各种问题,但是,回答的结果往往差不多:"那些奴隶们在原始森林里像野兽一样,屠杀自己的同胞,是我们拯救了他们,把他们带出那个互相残杀的世界,给他们吃的,给他们屋子住,病的时候还给他们药品,是我们让他们过上了合乎道义的生活。即使这样,他们当中仍然有一些人会犯下不可饶恕的过错,我们不得不用鞭子抽他们。我们不能只在他们偷东西以后才惩罚他们,否则他们懒惰的本性就会变本加厉。你知道吗?在这里,当一个老奴要被释放,要给他自由的时候,他不会如你想象的那样欢天喜地,而是跪下来苦苦哀求,希望能让他留下来,因为在这里他能吃到鱼和肉,还能喝到糖汁和白酒,要是在别处,可能吗?自由?他们瞧不起自由!而你们这些北方人又在北方做了些什么呢?那里的庄园主们让自己的儿子或者其他代理人把自己承袭下来的奴隶带到南方,转手以高价卖给我们,自己则装得像个虔诚的基督徒一样,带着鼓鼓囊囊的钱袋,回了北方。"

林肯听着这些南方人对南部体制的辩护,非常疑惑:这样为南部体制辩护的人,是不是都依赖着那些富有的奴隶主呢?

带着种种疑问,林肯要亲眼看看那些所谓的"商品们"到底是怎样生活的。在平原上，矮小的黏土茅屋一间间紧挨着。在门前，放着一个小火炉，旁边站着几个年纪大了的女奴，她们正在用已经变形的锅煮着玉米糊糊，有的人还小心翼翼地往里面加几颗豆子。难道这就是奴隶主们说的美食佳肴吗？真是有着天壤之别啊！

林肯听说，有的奴隶非常乖巧，拼命加班后也能赚到几美元，去买一点自己渴望已久的白酒，但是这种情况并不多见。还有的奴隶在自己住的茅舍后边种点蔬菜，奴隶主允许他们用蔬菜去换一点糖或者咖啡，对于他们来说，换回糖或咖啡的时候就像过节一样。林肯这才明白，原来这就是奴隶主们说的"可以喝到糖汁和白酒"。

所有的黑奴都在地里干活，黑压压的一片，林肯在一旁观察着这些可怜的同胞们。这些黑奴浑身赤裸，大部分带着脚链。在夏天，他们每天必须干满十四个小时才能收工；在寒冷的冬天，他们至少也得干上十个小时。不论是在炎热的夏天，还是在风雪交加的冬天，他们都得拖着沉重的步伐不停地忙碌，只有到了中午的时候，他们才有一次很短的休息时间。在他们的旁边，那个骑着马、手持长鞭的监工，看起来满脸凶横，不停地吆喝。如果哪个黑奴实在是累了，想站起身来直一下腰，随之而来的就是长长的鞭子，接着，那个奴隶就会痛苦地蜷缩成一团，发出十分凄惨的叫声。只有在外人面前，监工才会表现得如此"仁慈"，才会只有这样一个简单的举动。

到了傍晚的时候，奴隶们拖着疲惫的身体以及脚上沉重的锁链，收工了。在他们回到住处前，还必须先跟着监工去一个院子。那个院子建在奴隶主的城堡和奴隶们的茅屋之间，实际上，那儿就是奴隶们的体罚场。院子里站着强壮的、瘦弱的、年轻的、年老的以及瘦得像骷髅一样的孩子们，他们站成一个半圆，接着，那个魔鬼监工就开始喊名字了，喊到谁，谁就得站出来。只见那些被叫到名字的奴隶们颤抖着走出来，没等站稳，暴风雨般的鞭子就落到了他们裸露的背上。狡猾的监工是一定不会打奴隶们的脑袋的，他会用他那准确的技术，既把奴隶们打得皮开肉绽，又不伤及他们的骨头，确保第二天能照常上工。要是把奴隶打得好几天不能上工，那可恶的监工就会被炒鱿鱼了。所以，监工们有如此娴熟的技术，都是经过长时间的练习，在假人身上练过几百次。

在这之后，奴隶们才能回到各自的茅屋。在屋里，有"美味"的玉米糊糊等着他们享用呢。晚上，屋里的灯是不允许亮很长时间的。夜里，如果有哪个奴隶敢和不属于他的女奴偷情，那他可就要准备好吃鞭子。在监工里，有专门受过追捕奴隶训练的，要是有谁逃跑了，他们会像围捕猎物那样，先把他逼到一个无路可跑的地方，然后让他求生不得，求死不能，受尽折磨之后才把他杀掉。

林肯带着十分沉重的心情回到了住处，在奴隶主的庄园里所看到的和了解到的，让他寝食难安。透过游艺俱乐部敞开的窗子，有几个为打牌而争得脸红脖子粗的男人。站在一旁看门的黑奴告诉他，就是在昨天晚上，坐左边的那个强壮的男人把自己两个黑皮肤的儿子输掉了。"听了那个黑奴的话，林肯的脸色变得非常难看，整整一个晚上什么都没说，一直沉默着。"林肯的表兄汉克斯曾说，"我知道，他已经对奴隶制有了自己的观点。他曾感愤地对我说：'我不愿意成为奴隶，但我更愿意成为奴隶主！'"

9 真诚的亚伯拉罕
LINCOLN

由于奥弗特对林肯的工作非常满意，所以就派他去自己在纽萨兰姆开设的一家商店里当伙计。在去纽萨兰姆之前，林肯先回到伊利诺伊州，在父亲家停留片刻后，就在这个炎热的夏天永远地跨出了家门，永远地离开了这片土地，再也没有回去过。由于林肯没有马和船只，所以，他只好徒步穿过草地，走向他新的家园。

到了纽萨兰姆，林肯根本没有找到奥弗特，更没有发现什么商店。这个陌生的小镇让林肯不知所措，他根本没有料想到情况会是这样，更没有想到他将要在这个美丽的小镇上生活六年。由于林肯热情、开朗，他很快就认识了一些人。恰好在这个时候，一个书记员搬走了，经过别人介绍，林肯暂时接替了他的工作，他由此开始涉足地方政治。

过了一段时间，奥弗特终于来了，原来，他所说的在这儿的商店，就是要林肯从无到有给他建一个。林肯必须从木匠活开始干起：盖房子，做货架以及所需要的一切家什。还好林肯早已习惯干这种活，没用多长时间就做完了。然后，他又扛来好几个箱子，里面是各种各样的商品，他把这些商品整齐地摆上货架。一切都准备妥当后，两人在门口挂出招牌，上面写着："顿唐·奥弗特"。

一个月不到，小镇上的人几乎都认识了林肯。因为他每天都在店铺里销售商品给这里的居民，更重要的一个原因是，他的店主奥弗特经常在大伙儿面前夸奖他。可是，老板的夸奖在林肯听起来却不怎么舒服，这让他想起了奴隶贩子拍卖奴隶时的口气，奥弗特的口气和他们差不多："这个年轻的小伙子非常强壮，没有谁能打败他，包括这里最棒的拳击手……"很快，有人向他挑战。在这个小地方，像拳击比赛、斗鸡之类娱乐活动最吸引人，也是最流行、最激动人心的。比赛这天，整个小镇的人都来观看了。林肯见到了这里最棒的拳击手，看起来那个人是一个经验丰富的老手，而且身体也非常结实强壮。但是林肯并不担心。比赛开始没多久，对方便被他巧妙地打倒了。掌声和埋怨声同时响起。有人站起来指责这个新手，说林肯这个"长腿的家伙"没有遵守比赛规则。但是那个被打倒的人却很真诚地向林肯伸出手，谦虚地承认自己输了，并强调一切都符合规则。真是不打不相识，他们成了好朋友，而且这段友谊持续了好多年。

林肯在商店里干得不错，整个店铺被他收拾得一尘不染，井井有条：柜台上摆放帽子和布料；货架上摆着油、盐、酱、醋、糖；箱子里装着人们需要的日常用品；地上摆放着各种酒类。店铺的后面搭着一个小棚子，到了晚上，林肯和另一个帮手便在小棚子里休息，里面还有一张很像样的床。在一百年前的西部，又有几个人能享受到一张真正属于自己的床呢？当时的纽萨兰姆还只是一个新开发的地区，住着不到两百人，尽管老板奥弗特和林肯想了很多办法，可是仍然不能满足居民们的需要，有很多东西无法买到。

对林肯来说，在商店里当伙计是最好的差事，因为他终于有充足的时间看书了。惟一美中不足的是房间太局促，对他的大长腿来说，实在不怎么方便。林肯想了一个办法，自己躺在长长的柜台上，用布当枕头，这样看书倒是蛮舒服的。林肯认为，看书的时候一定要读出来，这样可以通过视觉和听觉达到最佳的记忆效果，所以他总是边看边读。有时顾客忽然进来，看到柜台上的这幅情景时会大吃一惊。不过时间长了，他们彼此也就熟悉了，遇到这种场面，互相笑一笑，没有人再大惊小怪，更没有人去抱

LINCOLN

怨什么。而林肯也会立刻进入工作状态，一个翻身跳下柜台，去拿顾客需要的东西。如果顾客还在犹豫要买哪件商品，需要花上一段时间来挑选，那么等他选好要买东西的时候，一定会瞧见这位年轻的店伙计又坐到小凳上大声念书了。当然，谁也不会责怪这个既强壮又聪明的店伙计。林肯也常常在店里玩一些小把戏，他自己玩得开心，顾客看得也高兴。有时，他把一个装满水的杯子搁在放平了的靴底儿上，然后用牙齿把它叼起来，但不会洒一滴水；有时，他会当着顾客的面，像没有重量似的把整整一桶威士忌酒搬到桌子上，让在场的顾客目瞪口呆，很多顾客若是看不到林肯表演的这类小把戏，就不会轻易离开。另外，林肯总是很热心地帮助每一个需要他帮忙的人，比如帮别人写信、砍树等等。他吸引了这里的每一个人。

哪个店主能找到比他更好的伙计呢？他不抽烟，不喝酒，也不吃零食，虽然他长得非常强壮，算得上是本地最棒的拳击手，但他从来不滋事。闲着的时候，他宁愿跟孩子们一起玩耍。孩子们捉弄他，开他的玩笑，跟他打闹，他从不发火。由于林肯诚实可靠，讲信用，又善于帮助他人，所以大家都非常信赖他。很快，他的名字传遍了整个小镇，大伙儿都亲切地称他"真诚的亚伯拉罕"。

每个人都会有情绪低落的时候，热情开朗的林肯也不例外，但他从来不会把自己低落的情绪传染给别人，无论什么时候对人总是那么和善。大家对林肯也非常友好，对于林肯奇特的言行举止，人们也会笑他，但绝对是善意的。有时候，林肯会在大街上一边走一边捧着书大声朗读，或者对大家说："我现在感觉非常不舒服，只有等到我对现在南方、北方、东部、西部的看法彻底转变后，才能好点。"

一位顾客告诉林肯，他家里有一本附有练习题的英语语法书，林肯听后，马上跟着这位顾客走了一里多路，借来了那本书。这是林肯第一次正经八百地学习自己母语的语法。另一位顾客送给他一本英国历史学家吉本的《罗马帝国衰亡史》，神父还给了他一本历史书。有空的时候，林肯也到本地的学校去，在那里，各方面的知识他都可以学到一些。遇到弄不明白的问题，他总是要向别人追根究底。林肯认为，不能专看别人的短处，应该多学习别人的长处，来补己之短。从任何人那里都能学到有用的东西，即使是最笨的人。

林肯读了很多书，知识丰富，再加上当船夫的时候走南闯北，见多识广，所以每次村里集会的时候，人们都会请他上台去讲话。林肯也不推辞，跳上讲台，滔滔不绝，他会经常跟人们探讨有关河道的治理和道路的修建等等这样的问题。他还主张建立一个州银行，因为这样可以让货币比较稳定。

经过这样几次讲话后，有一位朋友向林肯建议，眼下州议会实在是没什么能人，他应该去那里毛遂自荐。林肯有些犹豫，但还是不抱任何幻想地去尝试了一下，最后因为成绩不好而被淘汰。

劝林肯从政的那位朋友叫鲁特莱斯，是这里的第一个移民，是他建立了纽萨兰姆村。他经营着一家旅馆，还拥有一座磨坊。每到中午的时候，年轻的林肯都会去那儿坐坐，有空的时候晚上也去。这可能是因为鲁特莱斯的女儿安娜也总在那儿。安娜有着一头红色的头发，身体修长，皮肤洁白而细嫩。林肯每次去的时候，她都坐在那儿刺绣。可惜的是，这个十八岁的姑娘已经名花有主了。可能就是因为这种遗憾，才吸引着这个在女孩面前总是惶恐不安的青年。这种美好的情感，让林肯觉得自己似乎是在梦中，内心的美好憧憬和希望不会被残酷的现实所破坏。

姑娘的父亲鲁特莱斯拥有很多土地和金钱，他当然不会把女儿轻易嫁给别人。他未来的女婿麦克·纳莫也很富有，据说已经在纽萨兰姆村投资两千美元了，而且还从岳父那里购买了很多土地。像林肯这样一个穷小子是没法和姑娘的未婚夫相提并论的，当然也无法赢得姑娘父亲的青睐。哎，如果奥弗特不那么倒霉的话，可能林肯还会继续暗恋着鲁特莱斯那漂亮的女儿。

在开张不到一年的时候，也就是在第二年三月份，奥弗特的店铺倒闭了。他的竞争对手赫恩顿给了奥弗特一些钱，接管了这个破产后的店铺。但是，即使精明的赫恩顿也无法保证林肯在这儿的生计。幸亏这时候有一艘蒸汽船经过这儿，为了安全驶过急湍，他们必须找一位熟路的人当领航员。船长挑中了林肯，这份工作让林肯得到四十美元的酬金，他又可以维持一段日子了。

没过多久，林肯又面临人生的选择了。当时，一个印第安酋长举兵威胁边疆，很多年轻人都应征入伍了。林肯必须在船夫、店伙计、进入政界或当士兵这四种职业中选择，而他也有心做各种尝试，为将来进入州议会蓄积资本。他于是报名参军，由于不需要马上征兵，所以林肯并没有马上

LINCOLN

进入军队，而是留在镇上，准备竞选。

林肯简单的身世，让他在州议员的竞选过程中利弊兼得。很多人都认识他，看到他来了大伙儿都会非常高兴，因为他们又可以听到好听的故事了。就这样，林肯树立起了自己的威信，同时也获得了知识渊博的名声。在当时，竞选的形式远没有现在这样繁多，非常简单。尤其是在这样一个小镇上，根本没有什么宣传员，这个二十三岁的船夫、农民兼店伙计必须自己介绍自己，自己宣传自己，自己展示自己。

林肯骑马在路上溜达的时候，会经常帮助那些需要帮忙的人们，比如在别人上坡时，帮忙推一把；时不时地帮帮那些在地里劳作的农民……他这些小小的举动都非常自然而且恰到好处，不会让别人认为他在刻意表现什么。晚上的时候，大家都喜欢去酒馆。人们会在那里举行各种各样的比赛，像扳手腕或比赛喝威士忌酒等等。在比赛间隙，林肯会不失时机地跳上桌子，给大家来段演讲或讲个小故事。

在这个小镇上，在所有有头脑的农民看来，无论是林肯的品德，还是他的能力，以及平时的言行举止所体现出来的修养，都比那些被宠坏了的城市佬强多了。人们对林肯的这种好感，使他在竞选中成了一名实力强劲的候选人。但林肯还是和以前一样，在大街上一边走一边捧着书大声朗读。他还是经常讲故事给人们，比其他任何人都讲得动听。他的装束还是那么奇怪，裤子看上去总是短了一截，上衣的袖子不知什么时候就会忽然扯开，尤其是他那套黑色的燕尾服，更是小得可怜，他连胳膊都伸不进去。

林肯那张粗线条的、看上去饱经风霜的脸，在他背着双手，静立沉思的时候，就像是一座木雕。但是，当他开始活动，把他长长的胳膊抬起又放下，满怀激情地走近桌边时，所有听众都会目不转睛地去观察他的动作，甚至忽略了他演讲的内容。平时，他说话的声音并不怎么动听，声音很大，听起来非常严厉，但是当他进入演讲状态之后，声音会越来越动听。每次演讲结束之前，林肯总会给大家讲几个故事作为结尾，因为他知道，大家都非常期盼听些有趣的故事，他也明白，用这种形式来阐述自己的观点是最容易让人们接受的，他知道怎样充分利用这种形式。所有人都知道，林肯虽然有着一副天生的好口才，语言表达能力非常强，但他决不会成为一个煽动家。他更喜欢用简单的道理说服大家，而不愿用华丽的言辞迷惑人心。不管怎么说，林肯给人们留下了非常深刻的印象。

LINCOLN

第一章 雇工（1809—1836）

在西部的小酒馆里，人们也会经常谈论国家大事。这种时候，林肯总是默默地坐在那儿，但是当谈论涉及他了解的关系到当地百姓利益的事情，比如铁路的修建或河流的治理这些问题，他就会滔滔不绝地向大家表述自己的观点。林肯喜欢观察听众，倾听他们对某些问题的议论。有一次，林肯正在台上演讲，忽然，他看到一个粗野的家伙，正在大厅里找他一个朋友的麻烦。他立刻从讲台上跳下去，抓住那人的衣领和皮带，把他扔了出去，接着，整了整衣服返回讲台，继续演讲，像什么事都没发生似的。对于林肯来说，扶弱是他的习惯，但是人们却因为这件事对他更加敬仰。

刚开始，林肯算是一位民主派人士，而且在当时，他要加入哪个党派并不重要。但是，辉格党的领袖亨利·克莱慷慨激昂的演讲，丹尼尔·韦伯斯特逻辑严密的讲话，都深深吸引着年轻的林肯。辉格党成员大多是接受过高等教育的人，他们也倾向于接纳这类人，这个党与民主党的主要区别并不是客观问题而是主观问题。这个党派最主要的特点，而且也是林肯的愿望，那就是他们坚决维护宪法。林肯在这二十几年中所经历的一切，都促使他去尊重国家的创建者和父辈们，并维护他们自由、平等的思想。以此为起点，林肯开始了他追求独立，追求自由，维护人与人之间平等地位的漫长历程，并且他的一生都在为此奋斗。1830年，欧洲的特权思想曾一度卷土重来，但在美国，人们一直在反抗特权。林肯一生都非常敬仰他的先辈们，他追求自由、平等的思想和英明的举措，将把无数的爱国青年聚集在一起。

林肯生平第一篇竞选演讲稿的结束语，是这样几句言简意赅的话："在我心中，政治就像老者的舞蹈那样短小精悍。我主张治理河道，创建州银行，征收保护税。如果我当选了，我衷心感谢大家的支持；如果我没能当选，结果也不是太坏。"真是令人意想不到的结束语啊！他并非是由于一时冲动，才用这样的语句来结束自己的演讲，因为他也把这个结束语以书面形式写进了通告里。这正体现了林肯性格中的一个特点：居安思危；客观地看问题；目光长远。

这篇演讲稿是由林肯亲自撰写，然后让一位受过良好教育的朋友帮忙修改整理过的，因为林肯对自己的拼写非常没有信心。人们在他的演讲稿中，还看到了这样的一句话："我出身贫寒，没有非常富有或地位显赫的亲朋好友可以推荐我，只有自由的选民们，他们可以不受任何因素的影

LINCOLN

响，做出自己的选择。如果我当选了，我将会用自己的实际行动来回报大家对我的厚爱。如果我落选了，那也没有关系，亲爱的乡亲们肯定是有更加明智的选择，失望和悲伤对于我来说，已经习以为常了……"这段话，充分表现了林肯对自己的卑微出身所持的不卑不亢的坚强态度，而其落选也充满了讽刺意味。在这篇文章中，林肯一直在强调自己作为贫穷奋斗者的尊严，也一直强调他的一切都是靠自己的努力，因此，这篇演讲稿的执笔人感觉到，这个看起来非常普通的年轻人，肯定会出人头地。

10 贫穷的公职人员
LINCOLN

当时，印第安人的首领"黑色苍鹰"想要夺回被白人抢走的土地，发动了战争。很快，战火蔓延到了相邻的各个州。全国上下包括纽萨兰姆地区的人，听到这一消息都震惊了。当时，奥弗特的店铺倒闭了，林肯还没有找到新工作，而竞选结果也要等到夏天才能揭晓。他觉得，如果自己再这样等下去，到了夏天，一旦落选，那自己连这次当兵的机会都没了，而且，现在距竞选结果揭晓的日子还有很长一段时间，说不定外面的战争很快就能结束，而且比这里的竞选早，那他刚好可以利用自己的战绩促进竞选。

于是林肯报了名，成为一千六百名志愿兵中的一员，并且在中队的民主选举中被选为上尉，这是他生平第一次当选，让他一辈子都难以忘怀。军队的装备非常落后，伙食也很差，战士们越过草原，翻过高山，蹚过河流，终日徒步行走在泥泞的道路上。在这种艰苦的条件下行军，对林肯来说不算什么，更不会把他压倒。一个月以后，他的中队解散了，因为他们很少遇上敌人。在这短短的一个月里，林肯便尝试了失败的滋味，这是他生平第一次，但这也是他最珍贵的经历。虽然在很早的时候，林肯就学会了承受各种各样的现实，并不奢求什么，但是对自己的实力，他从来都是充满信心的。一天，在摔跤比赛里，一个叫汤普森的士兵把高大的林肯摔了出去。在众目睽睽下，林肯被打败了，但是在年轻的林肯被摔出去的同时，他也学会了承受更大的打击。在这以后，林肯又两次向汤普森发出挑战，并两次都把对手摔倒在地。但是，在他跟少尉安德森的比赛中，他又被打败了，而且在三十年后，他们还会戏剧性的相遇。

其实，在战争中林肯什么都不会做。他之所以来参军，只是为了履行公民应尽的责任，他没有任何计划，更不想追求什么刺激。他不喜欢追踪，也不喜欢打仗，更不会去屠杀敌人，善良的林肯甚至不会下命令。一次，林肯必须下命令让部队穿过一道大门，他站在那儿苦思冥想了很久，突然冒出这么一句话："现在解散，两分钟后，全队在大门那边集合。"

有一天，林肯和他的中队在行军途中经过一座孤寂的军营。在那里，林肯第一次深切感到了恐怖，他看到了成堆的尸体，整个军营血流成河。"清晨的阳光笼罩着整个军营，里面的尸体堆积如山，他们的脑门上都有一个硬币大小的洞，那里充满了恐怖和荒诞。"林肯回忆说，"其中，一个男人还穿着一条皮裤子。"这就是多年以后林肯对那难忘的场景所做的描述。在他的眼中，荒诞是最恐怖的。在他的一生中，他总能在问题中发现蹊跷的地方，发现残酷现实中的荒诞之处。

在军队里，林肯并没有成为战斗英雄，但是他的善良却让战友们难忘。战场上，林肯从未杀过一个人，只会竭尽全力地救人。一次，士兵们想绞死一个已经出示了通行证的印第安老人，但是林肯怎么都不同意，最终在他的劝说下，把老人放走了。

战争结束，他们踏上归途，既没有鲜花，也没有奖章。在林肯参军的那段日子，他的竞选对手们都加大了宣传力度，当林肯回到纽萨兰姆时，离竞选结果揭晓的日子只剩两星期了。由于时间太短，他已无法进入新的党派，没有办法，林肯的第一次竞选只好这样夭折了。尽管这样，在八月大选的日子里，仅纽萨兰姆地区就有二百零八人选他，只有三个人选了别人，甚至一些民主党的追随者也投了他的票。面对这样好的成绩，林肯心里非常满意，而且也更有信心了。

为了生存，林肯得工作。他借了点钱，找来一个合伙人，一起把奥弗特的店铺买下来，重新写了一块招牌"白瑞·林肯公司"，便开始挂牌经营了。合伙人白瑞是个酒鬼，店铺的所有事务都压在了林肯身上。林肯的性格决定了他不是块做生意的料。在他看来，做生意比盖房子、捆木筏要麻烦复杂得多。在"白瑞·林肯公司"，只要"真诚的亚伯拉罕"站在柜台后面，即使你没钱付账，也照样能买到需要的东西，因为林肯真正感兴趣的是顾客的言谈举止，而不是他们的钱袋。这种经营法，再加上酒鬼合

LINCOLN

第一章 雇工（1809—1836）

伙人的折腾，所以没过多久，他们的商店就经常不开门了。两个店主，一个在酒馆里喝得酩酊大醉，而另一个呢，则经常骑着马在街上游荡，不过，这位在街上游荡的店主已经是当地的邮政局长了。

林肯当了四年的邮政局长，这份工作不仅是他维持生计的主要来源，而且还让他从中受益良多。当然了，人们选他干这个差事，除了他值得信任以外，还因为他会读书写字。如果有谁收到信，都愿意林肯帮着读一下，即使收信人自己识字，他们也会跟林肯聊聊信的内容，因为大家都非常信赖他。作为西部的邮政局长还有这样一个传统特权：可以最先阅读新送来的各类报纸。订报人总是喜欢让林肯给他们简单介绍一下报刊的内容。头脑聪明、爱讲故事的林肯非常喜欢干这工作，而这份工作也无疑是他广交好友的机会，他开朗的个性让他认识了更多的人，结交了更多的朋友。

林肯在自己的店里又加了一个柜台，专为跑长途的邮差们服务，因为经常有邮车要在他那里过夜。在他的小店，一个面包只要二十五美分，而十二点五美分就可以在这住一宿。这段时间，林肯从他和客人的交谈中了解了普通百姓们的想法和愿望，在以后的几年中，他把这些所见所闻记录下来，成了他最珍贵的记录，因为这些东西从书本里是学不来的。

他利用当局长的特权，阅读了所有报刊，并且旅客们也经常借给他一些书籍和当时流行的短篇小说。一次，一位旅客的行李非常多，不方便行走，好心的林肯便买下了他的一个破箱子。没想到的是，当林肯打开箱子，在一堆杂物中发现了布莱克·斯通对英国法律的评论，这是当时很著名的法律书，只是有点残缺不全了。林肯从这本书里吸取了很多法律知识，在一定程度上说，正是这个偶然的发现改变了他的生活。后来，林肯又从法官和律师那儿借了很多法律书籍，之后便关起门来，独自在屋里享受读书的乐趣。

林肯听说有一位很奇怪的流浪艺术家来到了这里，终日无所事事，只爱钓鱼，但又能整段整段地背诵莎士比亚和美国小说家波恩的剧本台词，于是就经常去找他聊天，顺便也向他借几本文学书读。后来，又来了一位博学的医生，林肯在和他的交谈中，不断地扩大了视野。另外，林肯还特别喜欢读故事书。从书里，林肯了解到，美国的精英人物像华盛顿、约翰·亚当斯、杰斐逊、麦迪逊这些历届的总统，以及著名的政治家富兰克林、汉密尔顿，都曾以不同的方式试图推翻奴隶制。让年轻的林肯最难以忘怀的是华盛顿总统,他曾下令禁止追捕逃跑的奴隶,不管他们还回不回去,都给他们自由。

唉!读书虽然好,却没办法赚来面包,但是去做自己不愿意做的事情,又实在是烦心。店铺垮了,几天以后,警察把仓库查封了。面对一千一百美元的债务,可怜的林肯只能独自承担,因为他的合伙人白瑞早已溜之大吉。当然,维持生活对他来说没有问题,他还可以像以前一样给别人伐木或盖房子什么的,赚来的薪水也足够生活了,再加上做邮政局长还有一些薪水。但是,相比那笔巨额债务,这点微薄的收入又能起什么作用呢?

很久以前,一位做土地测量员的朋友就对林肯说,像他这样聪明的人,待在这个地方是浪费,如果是在别的地方,早就赚到更多的钱了。现在,林肯正处于缺钱的困境,于是那位朋友就把林肯带到了斯普林菲尔德,这是附近最大的一座城市,让他先去一所学校里学习,学一些数学和如何使用仪器的知识。在那里,林肯遇到了少校斯图尔特,他俩以前在一个部队,这位少校曾给林肯找过不少麻烦,但是现在他却给了林肯很多帮助,还借给了他很多法律方面的书。几年以后,他还会给林肯更多的帮助。

六个星期以后,林肯作为土地测量员被派回了纽萨兰姆村。土地测量的工作非常忙,薪水也不错,测量一条街道可以赚到十五美元,绘制出图表,又可以拿到两个半美元。如果顺路的话,他测量某处土地的时候,还可以把那里的信件顺便带过去。工作的时候,林肯偶尔会联想到华盛顿,因为华盛顿也曾在他这个年龄当过土地测量员,但是,人家那时的薪水可是他现在的三倍啊!当然,那是八十多年前的事了。唉!并不是每个人都会成为华盛顿的。一想到这里,这位年轻小伙子的脸上就有了笑容,有时还会笑出声来。

要是没有那笔巨额债务的话,现在的生活对林肯来说已经非常不错了。可惜的是,因为那笔债务,没过多久,他的马就被当做抵押品拖走了,再往后,他的马鞍和仪器也都相继被扣押。没有马,他还怎样自由驰骋呢?没有仪器,他又怎样工作呢?眼看着这些东西要被拍卖了,朋友们想带着他一起去拍卖现场把马赎回来,可是林肯婉言拒绝了,因为他无法忍受陪伴自己多年的老马被人拍卖。林肯这种奇怪的想法遭到了朋友们的嘲笑,但是笑过之后,他们还是把林肯的马赎回来了。这段时间,是林肯最穷困潦倒的时期。他没事干的时候,经常去一个叫阿姆斯特朗的朋友那

LINCOLN

第一章 雇工（1809—1836）

儿，一起聊聊天，帮人家哄孩子，给大家讲故事，偶尔也帮他劈点柴火，之后就留在那里吃饭，过夜。

安娜·鲁特莱斯经常向林肯询问有没有她的邮件。听说，安娜的未婚夫去了纽约，要先把他在那儿的产业整理好，再回来跟安娜结婚。但是，他却不怎么写信回来，偶尔写一封，内容也非常糟糕，说什么他父亲死了，他还需要处理一些事务，需要在纽约多待一段时间。没过多久，有传言来了，说美丽的安娜被那位富有的先生抛弃了。大伙儿都去安慰安娜，劝她忘了那个负心人，重新找一个诚实可靠的男友。这时，安娜的另一个追求者出现了，他是林肯的一个朋友，叫黑尔。

林肯也开始心潮澎湃。不知为什么，他对女性的害羞感与日俱增，甚至不愿意接待女性顾客。一次，有母女四人在林肯的小店里住了三个星期。这三个星期让林肯感到非常别扭，想尽办法躲着这一家人。渐渐地，面对女性时的害羞演变成了对婚姻的恐惧。这是他与生俱来的？还是因为别的什么原因呢？总之，林肯的这种情绪表现得越来越明显。林肯的一位好友曾模仿他的口吻写过这样一段话："跟大家在一起的时候，我好像总能侃侃而谈，可是当我一个人静下来的时候，那强烈的自卑感和受挫感就涌上心头，好像要杀了我一样。在这种时候，我甚至害怕旁边有刀子。"

现在，林肯的心里乱极了：他爱的少女终于自由了，他应该希望女孩来选择他吗？如果他只是那个负心人的代替品呢？难道命运之神要在他身上重演母亲的悲剧吗？自己现在不是比安娜待嫁时舒服多了吗，还有什么不满足呢？但是林肯又不能容忍自己败在黑尔手下，因为黑尔除了比自己富有以外，简直是一无是处。于是，林肯在旅馆里租了一套房间，是紧挨着安娜的。从此，林肯心里想的，梦里见的，都是他心上人的倩影。但是他并没有采取任何行动去赢得安娜的芳心，只是用他那炽热的目光默默地关注着她。

这时，外面又有传言说，安娜的未婚夫是个地道的骗子，连名字都是假的。对黑尔来说，这个消息十分有利。其实，林肯在大家之前就了解了事情的真相。那个骗子临走之前，曾请林肯测量过一块土地，之后，他又更换了一次姓名就无影无踪了。林肯从没有跟任何人说起过这件事，直到人们要起诉这个大骗子的时候，他才把这件事原原本本地告诉了安娜，因为他不想让安娜伤心。安娜听后感到非常屈辱，情不自禁流下了眼泪，面对这突如其来的打击，她一时不知该怎么办好。鲁特莱斯原本想用他漂亮的女儿拴住那个富有的外乡人，没想到现在赔了女儿又折兵，不但自己沦为佃户，连那漂亮的女儿也沦为旅馆里的婢女，整天擦桌子、洗碗，干些粗活。尽管如此，漂亮的安娜身后还是不乏追求者的，比如富有却轻浮的黑尔，还有贫穷沉默的林肯。

11 当选州议员
LINCOLN

不久以后，两年一次的州议会竞选拉开了帷幕，林肯再次参选。有几个清教徒站出来谴责林肯，说他是个无神论者。林肯这样回应他们：我的信仰就是扶助弱小，友善待人，保护动物，写作和演讲则是我生活中不可缺少的两大要素。经过一番激烈的竞争，林肯终于当选了，而且两年之后再度当选。从二十六岁到三十四岁，林肯一直都是伊利诺伊州议会的议员。在这八年当中，林肯从不参与各种党派之争，而是把精力都放在了干实事上，为伊利诺伊州解决了不少问题，从而创立了辉格党的办事原则，奠定了它的思想基础。那时，他们的领袖是亨利·克莱，他的偶像是杰斐逊总统。

年轻的林肯十分钦佩亨利·克莱，后者是一位经验丰富的政治家。在林肯看来，年近六旬的克莱无疑是美国伟大传统的维护者，他对国家的忠诚与执著也理应受到所有人的尊重。在林肯刚出生时，克莱就已经当选为州议员了。他曾亲自参加与英国缔结和平协约的谈判工作，他的一生都在竭尽全力地维护国内的和平与自由，他主张发展贸易，开办企业，主张征收保护税，总而言之，他处理所有问题包括奴隶制问题，都遵循这样一个原则：以美国的繁荣和昌盛为重。亨利·克莱是杰斐逊总统的忠实拥护者，是一个纯粹的共和派人士。虽然杰斐逊逝世时林肯只有十六岁，但这丝毫不影响杰斐逊成为林肯的偶像。

在天性和思想上，林肯更接近杰斐逊，而不是华盛顿。虽然杰斐逊不是英雄，但他有着为全社会谋福利的思想，他想从本质上改善人与人的关系，从某些方面来说，他更像个精巧的机械师。他非常了解人民的想法以

LINCOLN

及愿望，处理问题非常民主。这段时间，林肯大量阅读并研究了杰斐逊的文章，因为在这以后，他经常引用杰斐逊的话和观点。下面这一段就非常经典："所有人都生来平等，都享有生存权、自由权以及追求幸福的权利，这是一条真理，是上帝赋予每个人的同等权利，这是无可争议的。为了保障人民的这些权利，人民创建了政府，因此只有得到人民的许可，政府才能行使人民给它的权利。"

在启蒙运动之前，出生在南部、曾为奴隶主的杰斐逊就说过这样一段话："奴隶主与奴隶之间的关系，永远都是不健康的。奴隶主们暴虐无道，奴隶们不得不扔掉尊严。那些容忍这种状况存在下去、容忍自己的一半公民被另一半公民践踏的国家领导人，都应该受到诅咒。这种状况不但践踏了上帝给予人类的权利，而且还会把贸易和企业带给我们的繁荣葬送掉。一个人哪怕只是拥有一个奴隶，以后他再也不会去亲自劳作了。自然界有它的规律，谁打破了，谁就会遭到报应。我要大声呼吁，为了我们国家的利益，让我们想到黑人就想到上帝赋予人类同等的权利吧！"

几十年后，出生在美国北部、终日辛苦劳作的林肯又是怎样看待这种先进思想的呢？当然了，他肯定是站在解放奴隶这边。在杰斐逊这位精神领袖的引导下，林肯和一群志同道合的朋友在美国北部展开了轰轰烈烈的反对奴隶制运动。林肯沉着冷静的性格、锐利的目光以及他独特的诗人气质，都促使他去倾听反对奴隶制和维护奴隶制这两派人的声音，去分析他们，并加以比较。从杰斐逊和克莱的学说中，林肯所接触的国家统一的信条正在他头脑中上升，上升为一种希望全人类独立、自由的思想。

奴隶制的问题越来越突出，已经成为关系美国国计民生的重大问题，南部面临着崩溃。关于南部问题，林肯查找了很多历史资料，他了解到，当年载着十九个黑人的"五月花"号轮船漂流到美洲大陆上时，人们是满怀喜悦的，但是没有人想到，若干年后，这次登陆的结果却是白人和黑人的兵戎相见。林肯还了解到，在很久以前，就有人提议把奴隶制写入宪法，经过很长时间的争论，该议案最终被议会驳回，但宪法还是用这样一段含糊不清的话提到奴隶制：各国的公民人数应加入其他五分之三定期在本国服役的人员数目。毫无疑问，这里的其他服役人员就是指奴隶。这种人口普查大大增加了南方奴隶主进入内阁的名额，于是南方派在内阁中占了多数，得到不少好处。但在同时，美国西北各州却做出这样一个决定：

在这个地区的所有州,以及将要出现的所有州,永远禁止奴隶制。

这是多么尖锐的内部斗争啊!在这个崭新的国家里,这个建立在人人平等基础上的国家里,竟有人允许在自己的领土内把一部分公民当做财产,随便虐待,随便束缚,而且手段还是那么残忍、狠毒,这可是连古老的欧洲等级社会都不曾有过的啊!而国家的经济,就是靠这些没有尊严、没有自由、没有任何权利的人们辛苦劳动建设起来的。这群无依无靠的人们,除了用妥协换来锁链以外,他们又能怎么样呢?

在美利坚合众国建国之初,这片土地上仅有六个蓄奴州。虽然宪法写得非常清楚,禁止建立任何新的蓄奴州,但是到了林肯那个时代,仍然有十四个蓄奴州在美国这片国土上顽固地建立起来了。

当年,从法国买来广阔的路易斯安纳,要把它划分为几个新州时,差点爆发一场战争,因为人们想在密苏里河口建立一个蓄奴州。当时,年迈的杰斐逊就曾预言:这是黑夜里响起的警钟。后来,为了避免战争的发生,克莱向密苏里让步了:"除即将建立的密苏里州以外,路易斯安纳的其他地区都禁止实行奴隶制。"这个决定明显地违背了宪法的意志,但克莱也是迫不得已,他是为了整个美利坚合众国的利益。

在这以后的十五年中,奴隶制问题引发出了各种各样的社会问题,而且日益突出。来美国的外国人越来越多,尤其是德国人,他们靠自己的勤劳,再加上他们拥有的机械,在灌木林的周围开垦土地,种植大量的棉花、烟草和小麦,而且没用多久,就把产量提高了四倍,他们代表着西部与南部展开了较量。外国人也是反对万恶的奴隶制的,他们当中的一些人还加入了辉格党,成为林肯的忠实支持者。

借着西部的壮大,北部代表向内阁会议提出提高保护税的建议。这一提案刚提交,南卡罗来纳人就立刻发表声明,声称如果政府做出任何一种企图提高税收的举措,他们南部将用武力来维护自己的利益,并且还宣布这一税制永不生效。出现这种局面,政府该怎样处理呢?是下令镇压南部暴乱的头领吗?这当然不可能。因为这场冲突的结果很快就出来了,南方的税额酌减,南部取得了胜利,而暴乱的头领在当地像英雄一样受到拥戴。

南方奴隶主们的优越感在冲突中表现得淋漓尽致,这可能是因为总统大多数来自南方或者为南方效力的缘故吧!当时,想在社会上出人头地的人,都会在南部找一个地位显赫的古老家族当靠山,根本不会去理睬北方

LINCOLN

第一章 雇工（1809—1836）

　　那些斤斤计较的小庄园主们，更不会理睬那些无所事事的理想主义者。就连首都的气氛都有利于南部。当时，如果不是有人到处宣传奴隶们的悲惨命运，宣传奴隶主们的暴虐无道，说不定人们还会给那些坐享其成的奴隶主们歌功颂德呢。虽然全世界都在愤怒地谴责奴隶制的罪恶，但是如果有一个富人带着几个黑奴经过某个地方，路上的人们，尤其是女人还是会羡慕地望上好半天。

　　伊利诺伊州的每届议会都在万达利亚举行。万达利亚是一座有着旧式殖民地风格的小型建筑，里面的墙壁和讲台都是木质的，人们还戏称它为"国会大厦"，因为它有一个类似美国国会大厦的拱顶。每到开会的时候，万达利亚总是被挤得满满的，八十一位议员被分别安排在两个大厅里。在议会会议期间，每个议员可以拿到三美元的补助，还有一些墨水和笔。

　　为了这次州议会，林肯借钱买了套新衣服，这会儿，林肯正穿着崭新的蓝色西服，在那个简陋的大厅里，默默地听别人的演讲呢。他在想些什么呢？是在专心致志地听那些律师和政治家的演讲吗？虽然林肯年仅二十六岁，只是小镇上的邮政局长和土地测量员，但是在过去的那些日子里，他走南闯北，学会了所有能够学到的东西，阅读了所有能够找到的书籍，台上那些演说家未必比林肯知识渊博。林肯也确实没在这群人中发现什么大师，他们的演讲更是毫无激情，比起当年著名律师布莱克维治的演讲，真是差十万八千里。因此，每次开会的时候，林肯坐在那儿总是沉默寡言，但是当大家晚上回到客栈，议员们摘下他们虚伪、高傲的假面具时，林肯便会兴致勃勃地给大家讲一些有趣的事情。

　　没有人会忽视这个大个子，他的名气越来越大。当然，总会有一些人对林肯的沉默持怀疑态度。在这些人当中，有一个小个子对林肯观察得特别仔细。这个小个子和林肯相比，可是截然不同的两种类型：他长得又胖又矮，肩膀很宽，总喜欢到处闲逛。他叫斯蒂芬·道格拉斯，是个公务员，民主党人，比林肯小两、三岁，出身于知识分子家庭。他善于交际，处世圆滑，与林肯那独来独往、做事直率的性格截然相反。但他俩也有共同的特点：同样的贫穷，同样的聪明，同样的善于观察。道格拉斯有很大的野心，非常希望自己能平步青云，他的目光总是盯着那个最高的位置，他关注着每一个人，在他心里，这里所有的人都有可能成为他的对手。偶尔，他和林肯会坐到一起聊聊天，经过他的观察和了解，最后确定，这个大个子肯定不会危害他的前程。

12 爱与死
LINCOLN

  州议会的会议结束后，林肯返回纽萨兰姆时，鲁特莱斯家已经彻底垮了。那个用假名的外乡人没有一点消息，根本不可能出现了。鲁特莱斯这位第一个在本地落户的老人，如今家贫落魄，放弃了自己经营多年的客栈，无奈地举家搬到假女婿的庄园里。美丽的安娜也终于面对现实，不再有那些不切实际的幻想。现在，她总算有时间把眼前的两个追求者做一番比较了。黑尔已经不再像以前那样热恋她了，而这时的安娜也打心眼里喜欢上了林肯，虽然林肯非常贫穷，而且有时很沉默，但他自强不息，为人正直，乐于助人，这些性格都让姑娘倾心。面对安娜的热情，林肯也不再犹豫了。

  在那个阳光明媚的春天，林肯和安娜订婚了，那时林肯二十六岁，安娜比他小四岁。林肯一生中最幸福的时光，可能就是这几个月吧。他经常骑着马，去附近的庄园看望安娜。两人含情脉脉，虽然有时无言相对，但所有的感情都通过眼睛互相传达，情投意合。林肯守在姑娘身边，尽情地享受着爱的沐浴。令人感到遗憾的是，虽然他曾在沮丧和迷茫时写过很多书信和文章，但是对这一生当中惟一一次恋爱经历，却没有留下只字片语，可能这也正好体现了他性格的内向吧。

  那年夏天，从印第安纳州爆发的疟疾像幽灵一样飘到了伊利诺伊州，它曾残忍地带走了他的外祖父、外祖母、表兄以及他最亲爱的母亲，现在又要带走他那美丽的未婚妻。林肯强壮的身体使他再次躲过灾难，但是却不得不眼睁睁地看着自己的心上人安娜被病魔带走，与此同时，几个朋友也不幸遇难。

  爱人永远离他而去了，一想到这，林肯就痛得发疯。走过饥寒交迫的童年，在这漫长、艰辛的青年时代，他好不容易第一次找到了心上人，第一次可以尽情地享受爱情的滋味，然而，在即将演奏那首幸福的乐曲时，一切像做梦一样，醒来后什么都没有了。从未有过的孤独感和渴望在林肯的身体里蔓延。安娜死后的第一个星期，林肯的情绪非常不稳定，像疯了一样。一次，人们在森林的河边发现了他，他正对着河在述说什么，不时还嚎叫几声。还有一次，人们看见他直挺挺地躺在安娜的墓前，睁着大眼睛，一动也不动。后来，一个医生把他带了回去，让他跟朋友们一起吃饭，一起干活。看起来，一切又恢复了正常，可是干着干着，他却"嗵"的一声跪在地上，疯狂地叫起来："我受不了啦！她怎能抛下我，一个人留在下面？我怎么能让雨水漏到她的墓室里去呢！"

这个因为沮丧而不敢把刀子带在身边的年轻人，现在真是绝望了。

13 最初的政治斗争
LINCOLN

在摆脱了自杀的念头后，林肯决定，他要活下去。虽然他走的道路非常坎坷，并且一度失去信心、目标、信念，也有可能再次崩溃，但是他在快要走不下去的瞬间，悟出了人生的真谛，坚强地挺过来了！他决定要勇敢地走下去，在苦难中不断地完善自我。他的内伤很重，但这不足以把他打倒，或许是因为他的体格太强壮了，也可能是因为他与生俱来的诗人气质让他逃到虚拟世界去养伤了吧。当然，现实总归是现实，逃是逃不了的。

如今二十七岁的林肯，已不像当年那样毫无目的地阅读书籍，而是开始有选择地阅读了，尤其是法律类的书籍和故事书。这种有选择、有计划的阅读，使林肯以前所积累的知识趋于完善，掌握得更加扎实，更重要的是让他学到了更多的东西。

但是，现在作为土地测量员的他，没有了用武之地。尽管他所在的地区土地贸易非常红火，但是每当他抱着各种测量仪器，满怀热情地想要参加到测量工作中的时候，人们总会拦住他，他们希望林肯给他们讲一些奇闻趣事，听他来一段政治演讲或者让他作个裁判，平息一场争吵。自然而然，林肯更接近自己的选民了，这也表明，他的再次当选已十拿九稳。

第二次竞选时，林肯有经验了，也比两年前更加讲求实际。他把以往竞选中的那些繁文缛节都省略了，并学会了怎样通过语气的变化在信件和演讲中表露自己的思想倾向，还和朋友们一起向选民发出了号召。更重要的是，林肯的内心充满了自信。林肯在这次竞选中，比两年前更加出色，同时更富有挑战性。

他还向自己的政党提交了一份令人震惊的个人计划，在给报社编辑的短信中，他明确地表明了自己的政治立场："我主张，为国家作出了贡献的所有公民，都应当受到政府的保护。所有白人都有选举权和被选举权，都有权持枪、纳税，女性也不例外。不管我是否当选，我都忠心地希望，国家能把拍卖土地的所得分给各州，这样，我们就不用为修渠铺路贷款付息了。当然，我更希望自己能当选，这样我就可以不遗余力地满足这里所有的父老乡亲们的愿望，也包括那些不曾给我投票的人。如果我有什么缺点的话，我愿意接受大家的批评，只要有利于大家。"跟第一篇竞选稿相比，这是一篇多么有说服力的文章啊！

林肯的竞争对手，一个地区的领袖，在斯普林菲尔德对他进行诽谤，林肯泰然自若地倾听着。这个对手非常富有，甚至在屋顶上安装了避雷针。刚开始，林肯只是让事实来说话，并不发表自己的异议，但到后来实在是忍无可忍，只好调侃地回击道："这位先生认为，我太年轻，还需要几年磨练才能……其实，他是嫌我不够老道，因为我实在是没什么经验来玩政治手腕。当然，我要活下去，我就得追求地位和荣誉。但如果让我像这位先生那样，为了一个年薪三千元的职位，就随随便便放弃自己的信仰，而靠在屋顶上安装避雷针来躲避上帝惩罚的话，我宁愿去死，也不在世上苟活。"

很明显，现在的林肯对竞争产生了浓厚的兴趣。在这一年的政治斗争中，他懂得了维护自己尊严的重要性，他最锋利的武器正是他那闲聊似的调侃。当他受到伤害时，这种尊严便会转变为骄傲。一次，有位先生订了份报纸，拖了很久才付定金，而且让林肯给他开一张收据。"先生，您真让我感到吃惊，"林肯说道，"法律明确规定，报纸的定金是要预先付费的，可您呢？一年之后的今天才付这份报纸的定金，让我足足等了一年，而现在，您竟然还向我要收据，难道您要为这份报纸再付一次钱吗？"

当时，林肯的一位朋友也参加了竞选。作为竞争对手，他曾公开表示，林肯的人格曾出现过问题。很快，他收到林肯的一封来信，信上是这样写的："听说，您曾宣称知道一些有关我本人不可告人的事情，但是出于与我的私人交情，您必须保守秘密，并且还称，如果将这些事公布于众，我和爱德华斯的前途就断送了。当然，您也非常了解，此刻没有人比

LINCOLN

我更需要公众的好感，众所周知，在过去的很长一段时间，包括现在，大家都是非常信任我的。但是，我现在不得不暂时拒绝人们对我的信任，要不的话将是对公众的不公平。如果我有意无意地做了您所说的不可告人的事，一旦公布后，会降低人们对我的信任，那么我请你把它们公布于众，因为隐瞒了它就是损害人民的利益。其次，我还想向您说明一下，对于您说的事，不管是真是假，我都一无所知，也不想去猜测。作为朋友，我一点也不愿意怀疑您的诚实，我相信，您非常清楚自己在说些什么，也相信您说的都是真的。您对我的友谊，让我感激不尽，但我同时希望，您能以人民的利益为重，把您知道的事情都讲出来吧！我保证，就算这些事情毁了我的前途，你我的友情也不会受到丝毫影响。等候您的答复，并允许您发表这封信。"

这就是林肯的第一篇力作。这封信除了表现出林肯对自己的信心外，还表现出了他敏锐的洞察力，对于自己对手的不良企图他一清二楚。作为政治家的策略，以及朋友之间的交情，林肯并没有用尖酸的言语挑战这个造谣者，仅靠这封简简单单的信，就把这场风波平息了，而且既表明了为人民的利益不惜牺牲自己的决心，又表白了需要公众对他的好感和信任，这些更加深了他在人们心中诚实、谦虚的好印象。这会儿，他的那位对手肯定正红着脸，非常尴尬地读着林肯的信，尤其是信中的最后一句话，一定会让他感到不知所措。可以想象，即使他的这位"朋友"不发表这封信，那林肯也会公开，也会产生同样的效果。

很明显，在这次竞选中所发生的两个小插曲，都是以林肯的胜利而告终的。他在面临别人对他的侮辱和诽谤的时候，正是用这种巧妙的方法来维护自己权益的。但是，面对友好的竞选人，林肯总是彬彬有礼。比如，哪位竞选人邀林肯一同乘车去演讲礼堂的话，他一定会当着大家的面表示谢意："大家瞧，我穷得坐不起马车，还好有这位好心的竞选伙伴把我带来了。我当然希望大家能够选我，但如果你们不选我的话，就投他一票吧，我敢向你们保证，他绝对是一个非常不错的小伙子，选他也没错。"

最终，辉格党的代表——几个大个子青年——带着他们伟大的财政计划，进入了新一届州议会。林肯的性格还是没有变化，他仍然不愿随波逐流，甚至在委员会选举时，他只是推举了个人，而没选他的政党。很明显，他并不把自己当成议会中的专家看，在那次讲话中，他坦率地说道：

"我除了看到人民的利益之外，还看到了有自身利益的群体，但是，他们作为一个集体，有时丧失了人性中最起码的真诚。"在此之后，林肯承认自己也是这个集体中的一员，可能这是为了避免中伤某一个人。实际上，整个议会中，只有他一个人认为自己与别人不一样，这不是因为他自视清高，目中无人，而是他几乎看透了这里的每个人，了解他们说话、做事的真正动机。

苦难的童年生活，以及艰辛的青年时代，都使林肯更深刻地了解这个世界，了解了世界上的苦难，当然也明白金钱的价值，知道当选会带给他什么好处。但是他决不会因此而不择手段，这是他性格所致。他习惯从不同角度看问题，然后权衡各方利益，均衡地处理问题。或许，他有时候做的决定只是为了明哲保身。以下就是一个例子：

林肯和朋友们向议会提交了一个议案，建议把州首府从贫穷落后的万达利亚迁到繁华的大城市斯普林菲尔德，在那里可以更好地发展这个州的政治、经济以及基础建设。当然了，也有利于林肯个人的发展。林肯觉得，局限于贫穷、落后、封闭的小山城的时代已经过去，自己现在需要更大的圈子活动，而他只能靠自己的政治活动来凝聚这个圈子。一个议案的提出，总会有人为了自己的切身利益出来反对。与此同时，第三派也出现了。他们的投票将直接影响议案的通过。他们称，哪方满足了他们的要求，就帮助哪方。面对这种诱惑，林肯立刻态度坚决地表示："谁都无法强迫我认同我认为不对的事情，即使你们放逐我的灵魂，让它永远不得超生。因为我这一生，只为真理和正义而奋斗。"多么掷地有声的话啊！林肯正直、坚强、充满斗志的性格，在这段话中表现得淋漓尽致。在他后来的政治生涯中，使林肯领导伊利诺伊州做出许多成绩的正是他的这种性格。毫无疑问，这场斗争的胜利者仍然是林肯。

林肯正直的个性赢得了朋友们的信任。在客栈的时候，大家经常围着他，听他讲一些奇闻趣事；在他疲劳的时候，他会静静地坐在一旁，认真欣赏小提琴曲。每当品味音乐的时候，林肯总是感到非常惬意。一般在这种情况下，聚会在一个小时后会进入高潮时段，这时道格拉斯便会和几个人疯狂地跳上桌子，扭起恰恰舞，为此打碎了不少餐具酒杯。而林肯呢？自始至终都默默地坐在一边，一句话不说，不喝酒，也不在桌上跳"恰恰"。

每当林肯把自己和别人进行比较时，他的自信都会得到增强。一次，

LINCOLN

第一章 雇工（1809—1836）

LINCOLN

林肯满怀信心地对朋友说:"我将成为伊利诺伊州的改革者!"

14 胖玛丽
LINCOLN

　　林肯的一位朋友曾这样描述:"我完全可以证明,林肯对女性的评价很高。我们相处了很长时间,可我从来没有听他说过一句有损女性尊严的话。虽然他身边很少有女人,但他对女性还是非常有好感的。林肯曾这样对我说,'女人的权利实在太少了,男人可以提出离婚,而女人就不行'。可能这就是他迟迟没有结婚的原因吧。以后的那段时间里,我偶尔会看到某些女人引诱他,但最终他还是拒绝了她们。"

　　上述描述从某种程度上反映了林肯对女性的矛盾心理:一方面,他与生俱来的诗人气质需要她们;另一方面,他从小面对女性的恐惧、害羞心理,再加上他对自由的渴望,又使他努力克制自己对女性的依赖。天生对女性缺乏主动性的林肯,经常面临那些具有攻击性的女人们的追求。但是,即使当初那个美丽温柔的姑娘是那么让他动心,他也没有主动采取攻势,而是默默地守候在一旁,等了好几年,直到姑娘被另一个男人抛弃,贫困交加地来到自己身边,这才向她表白了爱慕之心,但是没过多久,姑娘却死了……而在一年以后,另一个女人又出现在他的生命中。

　　虽然各种大大小小的会议很多,林肯还是会抽空去纽萨兰姆住上一小段日子。林肯通过他的语法老师认识了一位少妇,以后,林肯便经常出入这位年轻妇人的家。聊天时,少妇经常提到自己的姐姐。林肯和她的姐姐曾有一面之交,那是在三年前,就在纽萨兰姆。有一次,少妇在回娘家前向林肯建议,如果她的姐姐能再来纽萨兰姆,林肯就娶她为妻。林肯带着开玩笑的性质接受了少妇的建议。"不接受她的建议,我又能做些什么呢?说句心里话,我非常高兴。三年前,我和她姐姐见过一次面,她看起来很聪明,而且也非常可爱,我想我愿意与她一起生活。"从此,这个高大的光棍就有两个女人来照顾他了。大家一致认为,少妇的姐姐和林肯在一起一定非常合适,她比林肯大几岁,可能比这个贫穷的年轻人更有教养、更富有。

　　少妇的姐姐玛丽·欧文斯正在来纽萨兰姆的路上,此时的林肯却非常不安。两年后，林肯在给一位女友的信中写了以下文字："她说来就来，那么突然，真让人措手不及。那只不过是我的一句玩笑话，她的妹妹怎么就告诉了她？我很不安，但是没过几分钟就平静下来。几天以后，我们见面了。眼前的她跟印象中的迥然不同，现在看起来很像莎士比亚笔下的福尔斯泰夫，长得又胖又高，虽然很早以前我就知道她很高大。在我一生中，从来没有停止过对母亲的思念，但这不等于我认为母亲那瘦削的身体就是标准，不过这个玛丽也实在是太胖了，在我看来，她的脸上根本长不出皱纹。她胖得让我看不出她的年纪。噢！我简直不能确定，仅仅三十年就能形成她这副尊容？有很多人都叫她老处女，虽然我不是很了解这个，但是照现在看来，谣言至少说对了一半。没用多长时间，我就发现，对于我来说，迷恋上她是绝对不可能的。"

"我到底该怎样做才好呢？我已经向她妹妹许下承诺，不管怎样，我都会娶她姐姐，良心和尊严都让我必须信守诺言。经过一段时间，我终于确信，除了我，这个世界上再也不会有第二个人娶她。我决定，给她温暖，给她依靠。至于她长得怎么样，那不是我的过错。既然我许下诺言，就应该承受一切。我不停地安慰自己，其实她长得并不是很胖，只是太丰满而已。因为她的丰满，我尽量不看身材苗条的女性。同时我还经常对自己说，一个人的外表并不重要，重要的是她的思想，而玛丽在这一点上不会比别人差。我竭尽全力地发掘她身上的优点，试图说服自己，让自己爱上她。然而，情形似乎变得越来越尴尬。"

终于，林肯走出了精神的低谷，又恢复了他特有的幽默感。在他去万达利亚开会时，他非常期待回去后情形能有一些变化，但是未能如愿：体态臃肿的胖玛丽仍然在妹妹家，等待着林肯的归来。对于这种困境，林肯无法做出任何决定。让林肯感到深深不安的是他以后的生活，因为种种迹象表明，这两个人根本不适合生活在一起。不管是谁，包括胖玛丽和她妹妹都发现了这样的结合太勉强，尽管如此，林肯也无意放弃自己的承诺。

"从万达利亚回来后，我发现自己所做的努力都白费了，她还是原来的她，一点都没变，而我也还是原来的我。虽然我已经决定要和玛丽结婚，并把她当做未婚妻介绍给别人，但我心里一直都很不舒服，疙疙瘩瘩的，一直都在后悔当初自己做事太鲁莽，欠考虑，乱承诺。当时，我不得不考虑今后的日子该如何消磨掉。同时，我也害怕极了！真希望那个让我

LINCOLN

们不得不了断的日子晚点到来……直到现在，我还是一个人，非常自由，可以说保全了自己的清高……"

　　让林肯有点安慰的是，他在一些小事的做法上似乎不讨玛丽喜欢了。所有的女人都非常看中自己的男友或丈夫是否对她们细心，而林肯在这点上做的显然不够好，甚至于已经开始让这个很有教养的老处女发牢骚了。一次，朋友们骑着马出去玩，下马时，除了林肯站着一动不动之外，所有的人都上前去帮助自己的女友或未婚妻。胖玛丽有点受不了，便责备了林肯几句，而林肯却说："你是一个多么聪明的女孩啊！根本不需要我的帮助。"有一次，她让林肯帮一位上山的妇女抱小孩，林肯不干，她就说他没有同情心，太残忍了。还有一次，一头猪陷进了沼泽地里，林肯为了把它拖上来，不小心把自己的西装弄破了，她则讽刺他小题大做。就这样，两人在一起的不适合之处都显露了出来，矛盾也越来越多。接着，林肯去别的地方测量土地去了，当他三个星期后回到家时，未婚妻已经不辞而别。

　　经过五年的游荡生活，林肯周围终于有了新的变化，而且他也终于做出了一个对他今后具有决定意义的决定：一旦州议会迁到斯普林菲尔德，他就到那儿做个律师。在那儿当律师不需要什么繁文缛节，甚至不用考试，惟一需要办理的手续就是申请一个正式的许可证。比起某些科班出身的人，林肯在过去几年中从借来的书里学到的法律知识比他们丰富很多。在林肯看来，作为一名律师，知识面的广度，以及实践中的经验和人际关系都比多学几个法律概念有用。作为伐木工、船夫、店伙计、店股东、邮政局长、土地测量员以及以竞选人的身份到处演讲，使他几乎认识了一半以上的伊利诺伊州的居民。他可真算是广交朋友了。作为一名公务员，他了解全州的境况，作为一名议员，他有着一副好口才，尤其是他那日益增长的自信心，这些都驱使着这个年轻人去尝试这个工作。就算失败了也没有关系，这只不过是他许许多多失败中的一次。

　　通过婚姻来获得财富，这不符合林肯的个性。此时，二十八岁的林肯比以前任何时候都要穷，还背着一千多块钱的债。但他仍然骑上了一匹借来的老马，兜里揣着借来的七美元，走向了前往斯普林菲尔德的路，走向了新生活。当然，身后还跟着那个让他无法忍受的未婚妻。

LINCOLN
第二章
公民（1836—1849）

二十八岁的林肯，作为一个受人欢迎的演说家，多项体育竞赛的冠军，报社的撰稿人，一位正直的律师，州议会的政党领袖之一，可以说是成功的。除了钱以外，他什么都不缺，他的现状实在是让人羡慕不已。

LINCOLN

1 成为律师
LINCOLN

早在九十年前，斯普林菲尔德就拥有一千五百个居民和四家客栈了，在当时的伊利诺伊州，还没有一座城市具有它这样的规模，即使最繁荣的芝加哥城也无法和它相比。它们最主要的差距在于：芝加哥不是州议会的所在地。一座城市，如果没有州议会的话，即使有了法庭和市中心，也无法在其他新的乡镇中树立起应有的威望。人们似乎能在斯普林菲尔德感受到华盛顿的明媚阳光。在这儿，那些从南部各个州来的贵族们依然神气活现，盖起了砖瓦房，家仆成群。

当然，这些富人们心里很清楚，单靠财大气粗是无法在这个世界级的大都市立足的。在这里，他们不会像在南部一样毫无顾忌。比如，他们要运走猪牛时，他们不会直接在大街上驱赶家畜，而是先向市政官员灌输南部的思想，南部是怎样处理这种问题的，此时他们应该怎么做。结果，"本城禁止在街道上驱赶家畜"的禁令就被改成这样："在斯普林菲尔德的街道上，禁止驱赶未戴鼻环的猪牛。"在这儿，连富有的议员大人们对大街上动物过多的抱怨都无济于事，更别说那些普通老百姓了。怎么可以不允许养猪呢？那香喷喷的猪肉可是议员大人们每餐都必不可少的呀！

以舞会的形式，新首府官员与这个富人阶层第一次正式会面了，作为议员的林肯也同样被邀请。当时的林肯还根本无法想象，这次聚会会对他以后的事业产生多大的影响。

当时的林肯一贫如洗，穷得连客栈都住不起。到斯普林菲尔德的第一天，他去拜访了当年的战友斯皮德，想在战友那儿借宿一阵子。斯皮德开了一家店铺，待人非常温和友善，甚至让人觉得他有点女性化，还留着当地不多见的络腮胡。就因为他的性格，尤其是他那金色的胡子，使他与本地的硬汉们格格不入。可能是因为他出生在一个富裕的家庭，从小娇生惯养，贪图享乐，使他没有像林肯那样强壮的体魄和出众的才华。但是不管怎么说，他还是个好人，收留了林肯。林肯被安置在店铺后面的一个小屋里，不久以后，小屋里又加了两张床，收留了两个年轻人。四个年轻人在一起住了很长时间。

现在，林肯不仅背着一屁股的债，而且还不得不放弃在纽萨兰姆当邮政局长和土地测量员的差事，一点收入都没有了。由于公费午餐只有在议会期间才有，所以，中午的时候林肯不是在餐馆就是在老朋友巴特勒家吃饭。不过，在林肯到斯普林菲尔德第三个星期的时候，他有了一份新的收入。

一次很偶然的机会，林肯遇到了老朋友斯图尔特。他是位律师，在很早以前借过法律类的书籍给林肯学习。当时斯图尔特正忙着竞选华盛顿的一个职位，没有空闲去管理他的律师事务所，因此那里需要一个主事。当时的林肯法律知识并不完备，但是让斯图尔特颇为欣赏的是林肯天生的好口才和聪明的头脑，于是他想让林肯来承担这份工作。林肯很乐意地接受了。于是，在首府斯普林菲尔德的中心街道，在那座法院大楼里挂起了一块新的牌子——"斯图尔特和林肯"。谁也没想到，这块牌子将会在这里挂上四年之久。

现在的林肯在律师事务所里，既是律师又是秘书，这对他来说可是严峻的考验。想想以前，他一直住在乡村，不停地更换工作，干的大多是粗活，几乎每天下午都无所事事地在街上闲逛，而如今呢？他必须每天按时工作，在出庭之前整理各种档案，准备为委托人提供辩护。就这样，过去毫无秩序的生活一下子变得有条不紊。林肯非常喜欢这份工作，并且一直都在按照自己的想法努力地做着，但是今后会怎样呢，当时还无从得知。

刚开始，经验丰富的斯图尔特总是把最有趣的案子留给自己，让林肯这个新手去处理一些非常简单的事务，比如买卖家畜引起的争吵，或者解决家庭纠纷之类的事。这些普通的问题，林肯早在做土地测量员时就已经帮居民们解决过好多次。最初的工作让他感到有些无聊，但是没过多久，林肯就以他特有的方式打赢了一场闹得满城风雨的官司，顿时名满全城。事情是这样的：

一位夫人的丈夫去世了，当她去城里继承她丈夫留下的十亩地产时，却发现一个老将军已经私自占用了这块土地。这位夫人来到"斯图尔特和林肯"律师事务所，请他们帮忙提起诉讼。斯图尔特和林肯接了这个案子以后，经过调查，发现那个私自占用土地的人用的是假名，根本不是什么将军。其实，他是从东部来的，想在斯普林菲尔德谋个差事，而且他现在

LINCOLN

已经在竞选名誉法官这个职位了。假将军发现自己的丑事已经败露，立刻宣称：有人为了败坏他的声誉，诋毁他，在他的档案里做了手脚。林肯听后非常气恼，就在竞选名誉法官的前两天，用匿名的方式把这件事的来龙去脉讲述了一遍，印在传单上让人到处散发。他是用这样一段话作为结束语的："我之所以告诉大家整件事的来龙去脉，是因为我就是被指责不怀好意地在他人档案中做手脚的人之一，如果我继续沉默下去，那么肯定就有人站出来说，我已经默认了那些我不曾做过的事情。我这样做，只是想请求报社的编辑先生，尽快让那些想要了解真相的人们知道这一切！"

尽管这样，那个冒牌将军还是当上了名誉法官，用的仍是假名。当选之后，他公然向林肯挑衅："这个人简直恶劣透了。他想用律师的身份来操纵法律，让我们听从他的支配和控制。只要给他钱，他也同样为杀人犯辩护，而辩护的结果是，他照样拿钱，杀人犯照样被判死刑。"对此，林肯反击道："事实并不是您说的那样，至少我知道怎样维护自己的尊严、自己的名誉，不会像某些人一样昧着良心过日子。对自己的行为，我心安理得。我的将军大人，希望您也如此。我们还是在法庭上见吧！到那时，我们再来讨论那块土地是您的还是那位夫人的？"在法庭上，林肯以法律为准绳，以事实为依据，为那位夫人夺回了土地。这次审判使他引起了人们的关注，也获得了大家的好感。从那以后，那些伪君子就对他心存畏惧。

早在林肯还没有真正品尝到作为一名律师的愉快时，在他还未对那些错综复杂的法律条文产生兴趣时，他就已经把自己维护正义、维护平等、保护被压迫者的天性与这份工作融合在一起，并且在处理日常事务时，他还把自己从政期间与那些贪赃枉法的官员作斗争的精神运用进去，面对恶人的为非作歹，富有正义感的林肯总是怒不可遏。

2 在斯普林菲尔德
LINCOLN

二十八岁的林肯，作为一个受人欢迎的演说家，多项体育竞赛的冠军，报社的撰稿人，一位正直的律师，州议会的政党领袖之一，可以说是成功的。除了钱以外，他什么都不缺，他的现状实在是让人羡慕不已。

对林肯来说，这段时间最有趣的事情就是大伙儿坐在斯皮德的店里闲聊。经常聚在一起的人有：聪明伶俐的布郎宁，牧师托马斯，老成的贝克，此外，如果斯图尔特在家而且有空的话，他也会加入其中。大伙儿总喜欢围着斯皮德，听他手舞足蹈地演讲。偶尔，道格拉斯也来凑凑热闹，这个看起来有点古灵精怪的民主党人经常会颇有城府地对两个党派的思想都加以肯定。这帮年轻人似乎总有说不完的话，用不完的时间，使不完的劲，在这个小城市里他们似乎无法施展自己的才华。他们对政治和管理充满了热情，有时候他们甚至觉得，如果他们身在华盛顿的话，肯定会创造出比现在更加理想的成绩。他们有时兴高采烈地读报纸，有时海阔天空地闲聊，林肯经常坐在一个大箱子上，和大家一起讨论报上的信息，谈论政治，或讲几个故事，这比起他在律师事务所里整理那些乏味的档案有趣多了。慢慢地，朋友之间的聚会发展成了一个小小的论坛。在这里，由于没有女人们的骚扰，在这些年轻男人们的心中，慢慢地建立起了只有在男人们中间才能有的真正友谊。大伙儿经常朗读自己的新作，而这时的林肯也开始尝试着真正写诗。他曾经写过一首诗，是专门歌颂女性的美德、斥责男人恶行的。这首诗的结束语是这样几句话：

　　愤怒的人
　　在诅咒谁？
　　一定不是女性惹恼了他，
　　而是个男人的恶行使他愤怒。

在这样的气氛中，林肯发现自己似乎更喜欢、更适合做个诗人，而不是做律师。当时，他还加入了一个被清教徒们禁止在城里露面的组织，作为其中的一员，林肯免费为其打官司，帮助他们把原本属于自己的权利争取回来。但是，在这以后就有人开始骂林肯是个叛教徒。

主张废除奴隶制的声音越来越多，许多地区的道德基础因此更加稳固。而当时的总统范布伦是一名亲南方派，此时他又利用手中的否决权，去威胁那些想要通过立法来废除奴隶制的议员们。南卡罗来纳有一个党站出来，公然主张解散联邦。在圣路易斯，又有一个解放运动的先驱被谋杀了……这一连串事件的发生，使本来动荡不安的局势更加不稳定了。依靠

LINCOLN

西部和北方解放南部、解放奴隶的呼声日益高涨。

一位忧心如焚的父亲，为了避免自己反奴隶制的儿子受到迫害，无奈之下，把他送到了西部。这个十九岁的赫尔顿成了大家敬佩的英雄，没过多久，他也成了林肯的室友之一。在以后反奴隶制的斗争中，二人结为好友，共同对敌。

在一所以政治教育为中心的中学里，林肯作了一次演讲，名为"关于改善我们的自由体制"。面对台下的年轻人，林肯铿锵有力地讲道："就算联合整个欧洲、非洲、亚洲的军队，以拿破仑为统帅，战上一万年，也无法摧毁我们这个国家，抢不走俄亥俄河里的一滴水，夺不走我们的一寸土地……真正可能摧毁我们的只有内部……我不得不提出这样一个严峻的问题：我们是要作为一个独立自由的民族继续繁衍下去呢，还是要自相残杀，直到消亡？在这里，我必须指出，对法律长期的轻视总有一天会毁了我们的国家！"接着，他又提到谋杀解放运动先驱的凶手："我们是一个热爱和平、热爱自由、遵守秩序的文明国度，怎么可以让这种恶劣的现象泛滥呢？为了防止这种现象的再次出现，让我们每一个美国公民，每一个追求自由的人，每一个爱好和平的人，每一个希望我们的国家繁荣昌盛、拥有美好未来的人，在我们的先辈、在独立战争的鲜血前发誓：绝不以任何形式触犯法律，绝不容忍有损宪法和法律尊严的事发生。让我们把遵守法律当成我们的一种信仰吧！包括现在那些不得人心的法律，只要它现时有效，就让我们坚持下去吧！……你们相信吗？像亚历山大、恺撒、拿破仑这些天才是不会醉心于当上高官或坐上总统宝座的，他们之所以有以后的成就，只是因为他们选择了没有人走过的道路。现在，我们除了有激情之外，还应该具备冷静、理智的头脑，为了自己的未来，把握自己，保护自己！"

在这个城市的角落里，一位高大的年轻人站在昏暗的灯光下，以国家元首的口吻，满怀激情地向台下众多的年轻人发出号召。或许，在不久以后，美国真的会出现以这种口吻讲话的国家领导人，但在当时，不知道人们有没有感觉到这一点，至少对于演讲者本人来说，他并没有察觉到这些，他只是在做一种新的尝试。当他慷慨激昂演讲的时候，他仿佛感受到了先辈们追求自由的急切心情。同时他也发现，原来自己的内心世界总是关闭的。

林肯在演讲的结尾点出"理智"这个词语，并不是毫无原因的。少年时代的贫苦，青年创业时遇到的种种挫折，曾让他犹豫不决，最终他依靠理智战胜了惰性，抓住了所有能抓住的机会，为美好的未来而努力。既然这种理智被林肯所拥有，那么在面对南部问题时，他也一定会谨慎处事。

那个深深地吸引着林肯、一向主张解放奴隶的新英格兰地区，如今正在推行一种十分危险的政策：不允许任何人要求政府解释，为什么美利坚合众国不允许再产生一个奴隶，哪怕是最简单的解释也不行。在一次州议会中，林肯在阐述本党政治立场时，旗帜鲜明地表述了自己的立场："大家都认为，奴隶制是建立在威胁民众利益的基础之上的，同时也是不公平的，侵犯人权的。但是有一点我们必须承认，促进这一不公正体制蔓延的正是那些反奴隶制的理论。当然了，各州做出的各种决定，议会是无权干涉的，即使是受政府直接管辖的哥伦比亚州，要想废除奴隶制度也必须先得到人民的同意。"

这段话是林肯在南方之行后，通过研读历史、比较历史、再把现实中权利分布状况系统分析后，所做出的比较折中的评论。而这也正符合了半个世纪以前他的先辈及偶像杰斐逊的观点："我衷心地希望，我们黑皮肤的兄弟与我们自己被自然赋予同样的权利。他们与我们的不同外表，只是由于恶劣的生活环境所致。没有人比我更希望能尽快建立一种新的制度，提高他们的社会地位，当然，这也需要在社会形式的允许下……"

从南部人民的热烈掌声中可以看出，林肯的观点深入人心。

在伊利诺伊州，辉格党成员都非常明智，他们很清楚，自己工作的危险都来自于他们的敌人，南部政党。

晚上，人们在法院大厅和教堂里继续讨论奴隶问题。当林肯感到无聊时，他会跑到法院楼上的律师事务所里，坐在窗户旁，倾听楼下的讨论。有一次，他正认真地听着下面的讨论，忽然楼下吵闹起来，仔细一看，原来是他的一个朋友正在揭露民主党人受贿的丑闻，而被揭露的党派成员却在旁边捣乱。当时大厅里乱哄哄的，忽然人们看到一个大个子像玩特技一样，晃着两条长腿，从窗户那儿爬了下来，跳上讲台就大喊："先生们！女士们！请保持安静！贝克先生有权在这儿自由讲话！这里是一个言论自由的地方！我为他受到不公平的待遇鸣不平！"这个人正是林肯，在这以后，他又从法院大厅的窗户上跳下来好几次，用他的勇气和正气替人

LINCOLN

解围。

林肯除了经常从窗户上跳下去，替人鸣不平和辩护外，偶尔还在别人的演讲会上来个小闹剧。据说有一次，神父托马斯在讲台上演讲，林肯则在台下模仿。听众们笑得前俯后仰，演讲根本没有办法继续，只好就此结束，托马斯的眼睛都要红了。之后，林肯就这场恶作剧向托马斯神父道了歉。后来，当林肯再次见到托马斯神父时，除了惭愧，还感触万千地说了这样一句话："真希望我善意的行为也能像这次闹剧一样，留给人深刻的印象。"对于托马斯当时的心情，林肯非常理解，而且为那次闹剧内疚了很久。

3 解脱
LINCOLN

刚到斯普林菲尔德的那段日子，林肯似乎比过去任何时候都要孤独。他独自在新生活的道路上徘徊，毫无目的，不知道新的生活能带给他什么。或许，他还希望像以前一样，没事的时候给大家讲讲故事，或去哪个熟人家里，给他们做些常用的家什。在这里，他实在无聊了，就去向熟识的律师借几本法律书来读。一位律师曾这样描述林肯："我见过的最不修边幅的年轻人就是这个大个子林肯了。他非常害羞，尤其是面对女人，他的眼睛中总散发出一种忧郁的目光。但是当他一开口说话，先前的那种害羞和忧郁都消失了，只会看到他的自信。每次见面，他的变化总是令我非常惊讶。"

这段日子里，惟一让林肯感到不安的只有他的准未婚妻——玛丽·欧文斯。她经常来斯普林菲尔德看望亲戚，也顺便看看林肯，通常两人会共进晚餐，一起度过晚上美好的时光，之后林肯再把她送回去。偶尔，林肯去纽萨兰姆办事时，也会去玛丽那儿坐坐。这样一来，两人就可以更多地了解对方。当时两人的婚事还没完全确定。对林肯来说，他认为自己有义务履行诺言；而玛丽呢，似乎在期待着林肯先开口。两人都不想把这件事放在桌面说。又拖了一段时间，林肯终于忍不住，便写了一封信寄给玛丽。信的内容是这样的：

亲爱的朋友：

您好！这封信让我很难下笔，我已经写过两次开头了，第一次不够严肃，第二次又过于严肃，于是我把它们都撕了。现在的这封信，我一定会把它寄出去。在斯普林菲尔德的这段时间让我感到非常无聊，我仍然像以前一样孤独、寂寞。来到这里之后，我只和一个女人因为工作的关系说过几句话。我还没有去过教堂，而且最近也不会去，因为我实在想不出来去那儿干什么。您曾经告诉我，说您愿意来斯普林菲尔德生活，现在看来，这对您好像不太合适。因为您和我这样贫穷的人在一起，会变得更穷，甚至欠债。这所有的一切，您能忍受吗？诚然，如果有人愿意和我这样的人一起生活，那是再好不过了，我会尽我所能地让她幸福快乐。如果我无法做到，那对我来说是一生中最大的痛苦。假如您就是这个和我一起生活的女人，只要您不觉得和我在一起无聊，我就很开心了。但可能是我误会了您的意思，也可能您只是在跟我开玩笑，如果真像我刚才所说的那样，那就请您忘记我吧，忘记我们之间的一切吧！如果不是，那我也请您多加考虑我们的事。只要您同意，我的诺言随时可以兑现。但我还是请您三思而后行！贫穷的滋味，您还未尝过，现实的残酷并不会像您想象的那样容易承受。我相信，经过您再三考虑后，会妥善地处理这件事。不管您最后的决定是什么，我都无条件地尊重。

最后，我非常希望您能给我写一封回信，让我了解您真正的想法。可能，这对您来说并没有什么意义，但是对于我这个孤独的人来说意义重大。代我问候您的妹妹，并转告她，听到她变卖田产、将要搬家的消息让我非常难过，我衷心地希望再也不要有这样的消息传给我，否则我会非常伤心的。祝好！

您的林肯

这是一封多么精彩的信啊！这个既想信守承诺又想挽救自己的男人，只能用这种隐晦的笔调来表达自己的内心。聪明的他借着"贫穷"引出这样一个结论：我很穷，你绝对无法忍受穷困的生活，我们就此分手吧。事实上，林肯从未对玛丽本人做过任何承诺。而玛丽呢？在和林肯接触的过

LINCOLN

程中,不也很清楚地感觉到了林肯的拘谨吗?她不是一直在给林肯时间、自由吗?但是,林肯不愿意把这张纸捅破,要分手也要让玛丽先提。在平时的交往中,林肯只是用非常恭敬的语言暗示玛丽。即使是在这种情形下,林肯也非常不希望她妹妹搬走,一想到当他再去纽萨兰姆时再也不能去她的房子,无法和她交谈,林肯的心里除了难过外,还有一种莫名的失落感。

然而,这封信并没有使两人的关系有所变化,还是像以前一样。林肯决定要把此事做个了断,于是又写了一封信给玛丽:

……收到这封信时,您一定感到非常奇怪吧,我们今天中午才刚刚见过面,为什么现在给您写信?我想,可能是因为我们经常见面,使我比以前更经常地想到您吧,而且我想起您的时候,绝不会满不在乎,这个您一定要知道,我不想您误会我对您的感觉。但是,我认为,您肯定把我对您的真正感觉理解错了。这就是我写这封信的原因。

上次,由于时间关系,我们没有充分地交流彼此的想法。我并不清楚真实的情况!但我希望自己能处理好遇到的每一件事,尤其是涉及您的事。从我们这么久的交往中,我觉得,对您来说,最幸福的生活是让您独自生活,同时,我也已经决定要这样做,离开您的生活。如果您的记忆中还有我的话,请把他抹掉吧!忘记我们之间的一切吧!不过,请您千万不要误会,我这样说并不是想不承认我们的关系,只是想让您心里更平静一些,不至于因为我而使您受到束缚,您将来的生活是充满阳光的。只要您愿意,我也一定会竭尽全力地去照顾您、保护您。您的快乐就是我的快乐,您的悲伤也就是我的悲伤……如果您不愿意给我回信的话,我也绝没有半句怨言,那就请您在这儿接受我的祝福吧!倘若您要回信,我会非常高兴,也一定会认真阅读的,愿您同我一样诚恳。

您的朋友林肯

林肯在这封信中把他俩的关系讲得非常清楚明白。尤其在落款上用"您的朋友林肯"代替了"您的林肯",巧妙地拉开了两人的距离。林肯觉得,他的意思以及他最终的决定,都在这封信上写得明明白白,这次玛丽一定能够理解。从此以后，他就不用再对这件事感到不安了，终于可以问心无愧地面对自己、面对玛丽。最后，玛丽是否回信、有怎样的反应，现在已经无处可查。我们只知道，在这以后，林肯做出了一个让所有人都意外的决定：他向玛丽求婚了。而求婚的结果让人们更加意外，连林肯自己都难以相信：玛丽拒绝了他的求婚。

  第一次向她求婚被拒绝后，我还以为是作为女人的矜持或者害羞，并不是她的真实想法。接着，我再次向她提出求婚，她更明确地拒绝了我。我还是不能确定，又试了几次，每次都是一样的结果，我只能放弃了。这真是给了我当头一棒，在被拒绝时，我发现自己似乎爱上了她，至少有一点点。同时，我的虚荣心也受到了严重的伤害。那个场面实在太让我尴尬了，当时如果有地洞，我想我一定会钻进去。我觉得自己真是太傻了，自以为非常了解她，而且从未怀疑过这一点，但是事实上呢？她的真正意思我根本没有看出来。这一切太出乎我的预料了！没想到没有人愿意娶的、被人们称为老处女的她，都会毫不犹豫地拒绝我。别人都说是被女孩子愚弄了，而我却不能这样说，因为我是被自己愚弄了。从这以后我决定，再也不想结婚的事了，还是忙工作吧，因为直到现在，我还没碰见哪个女人愚蠢到想要嫁给我……请您在回信中给我讲一些有趣的事吧！我想找个理由让自己大笑一次。

  上面这段文字是林肯写给一位女友的，信中的最后一句流露出他内心的孤独、苍凉、空虚以及对自己的嘲笑。虽然他一直希望的自由回来了，但是这个愿望的实现却让他感到恐惧。在被拒绝的整个过程中，林肯体会到了很多奇妙的感觉，觉得自己似乎真的爱上了玛丽。现实偏离了他铺设的轨道，他的心在流泪。谁也不会相信，林肯在经历过第一次订婚的悲剧、第二次求婚的失败后，会对自己的第三次恋爱充满热情。

舌战道格拉斯
LINCOLN

  在林肯求婚被拒绝的同时，他第三次进入了议会，并且成为他所在党派的发言人。就这样，林肯一步步走近了伊利诺伊州的辉格党领导层。

下面这段话是一家报纸就林肯的一次演讲所发表的评论："毫不客气地说，林肯先生在演讲时，活像个小丑。虽然他说的话很有道理，但是往往因为他哗众取宠的心态而影响了效果，给人们留下的印象并不深刻，人们在笑过之后，并不会记在心里……当然，他的笑话不会令任何一个有头脑、理智的人信服。靠哗众取宠，林肯先生是无法赢得大多数人的信任的。"虽然这段话是在抨击林肯，但是它也从侧面说明了政界的一颗新星即将升起。

第二年，新一届总统大选又拉开了帷幕，举国上下热闹非凡，各种政治聚会、民间聚会都凑到了一起。此时的林肯忙得不可开交，他必须立刻学会用最短的时间来赢得大多数听众的心，因为他现在面临的是与数千名群众见面、演讲，而不是过去的几十人、几百人。于是，他除了充分利用自己天生的好口才外，还根据听众的反应、演讲中出现的状况，随时调整演讲的手法，来调动听众们的热情、积极性。

演讲中，林肯的慷慨陈词博得了大多数听众的赞许，他的言语充满了激情："我们的首府华盛顿，由于被恶势力控制，正在爆发内乱……政治腐败来势汹汹，整个国家都被卷进了这场灾难中。很有可能，我也会被牵涉进去，但是作为一个堂堂正正的人，我是永远都不会给这种恶势力低头的。面对苍天，面对我的祖国，面对我的父老乡亲们，我庄严地宣誓，我将永远效忠我的祖国、效忠正义的事业。和我有同感的人们，相信你们也一定会和我一样，为了祖国，立下这无所畏惧的誓言吧！就算我们失败了，但我们仍然可以问心无愧地面对朋友、面对家人、面对自己……至少在祖国遭受灾难、受到压迫以及面临生死存亡的时刻，我们没有袖手旁观，我们站出来了，我们努力了，我们捍卫它了！"

为了使演讲更轻松、愉快，林肯经常通过列举一些大家耳熟能详的事来说明问题。譬如，他在一篇论述财政问题的演讲稿中，列举一大堆数据后，恰当地加上了这么一个例子："我们之所以比较过去每年的财政状况后，再根据某种数据就能正确地制定出今年的方针政策，那是因为，每件事都有它发展的规律，就好比冬天过去了接下来就是春天一样。大家都知道，风可以把我手上的这根火柴吹灭，虽然它现在还未被风吹灭，只是生活的经验告诉我们，风可以把它吹灭，由此，风也同样可以把蜡烛吹灭……从我们出生的那一天起,我们都知道,总有一天我们会死去。我们为什么能知道呢?我们现在不是活得好好的吗?……同样的道理,我们也可以证明,公共金库不像国家银行,无法为人民提供万无一失的保障!"

接连不断地演讲,让林肯用惊人的速度学会了宣传和鼓动,学会了利用自己的经历给人们留下更深刻的印象,学会了用生动的语言和爱国激情来打动听众。他知道运用什么样的言语,让听众或者捧腹大笑,或者陷入沉思以及激动得热泪盈眶,或者欢呼着喝彩。

这段时间,林肯所在的辉格党因党员的穿着和生活方式,经常遭到民主党人的抨击。一次演讲中,民主党人为此又在抨击辉格党,而且言辞非常过分。台下的林肯冲上讲台,在众人面前把一个民主党人的上衣扒了下来,并把他带到人群中,指着他的衬衣,向在场的群众抗议道:"瞧!多么漂亮的衬衣啊!我在他这个年龄的时候,还是个穷小子,每个月赚不到八美元。仅有的几条裤子,也是皮的。相信见过那种皮裤子的人都知道,下雨后,看起来它的表面干了,其实水都渗进去了,我的裤子就是这样。由于我不停地长高,所以人们觉得我的裤子好像总是短了一截,这也的确是事实,裤子越来越短、越来越瘦,以至于裤脚在我的腿上留下了一条印,现在还能清楚地看见。难道这也是贵族式的穿着和生活方式吗?如果你们认为是,那么我只能遗憾地说,你们判断失误了。"如今已经三十岁的林肯,只能用这种心情来描述自己苦难的过去。

大规模的总统选举集会将在斯普林菲尔德召开。伊利诺伊州的所有人都来了,他们带着家人、牲畜,拉着临时住的简易房,浩浩荡荡地搬进了这座城市。一辆来自芝加哥的汽车载着一艘轮船的模型,也来到这里凑热闹。据一位目击者描述,当时的林肯是站在车上和人们讲话的。

这时的他,年仅三十一岁,但已经被大家公认为辉格党的最佳发言人。他讲过政府革新,讲过财政,讲过税制等等这些问题。他的文章逻辑严密,数据详实,非常有说服力。事实上,林肯真正感兴趣的并不是这些问题,而是喜欢通过讲故事来说明事理,或者跟对手开个大大的玩笑。那些不太可能在众人面前讲的故事,那些低俗的地方,从林肯嘴里说出来似乎就变了味道,显得是那么恰当。诚然,别人是不敢冒这个险的。这时的林肯早已以风趣、幽默、直率、简洁的演讲方式而闻名。凭着这些,林肯击败了很多与他势均力敌的对手。

LINCOLN

每次演讲之前,林肯都会精心准备一番,力图让自己的演讲达到最佳效果。在林肯看来,经常写信给朋友是很重要的,除了能增进友谊以外,还可以通过朋友把他的思想传播开,因为朋友们可以根据信中的信息,从报纸上找出林肯发表的文章,然后推荐给周围的人,一传十,十传百,这样一来,大家都知道了。

有时,林肯也会招来党内朋友的不满,这可能是因为他不修边幅,也可能是因为他在某些方面不够强硬。在政治斗争中,偶尔是需要制造一点轰动效果的,而林肯性格中的那种过分的宽容,有时恰好让他失去了这种机会。不过,在面临真正的敌人时,林肯总能拿出最佳的状态来迎接挑战。

道格拉斯便是林肯真正的敌人。他们俩在同一天开始了在万达利亚的政治生涯,五年以后,同时成为州法院的律师,而现在,又在同一场总统竞选中,为两位有不同政治主张的候选人做宣传。这个民主党人总是阴魂不散地跟着林肯,他要一直跟到什么时候呢?这两个人,仿佛天生就是一对冤家。林肯所缺乏的,恰恰都是对手道格拉斯所拥有的,比如林肯处事直率、不善于交际、缺乏演讲的风度,而道格拉斯却处事圆滑、善于交往,演讲时风度极佳,就连两人的身材都截然相反,一个高高瘦瘦的,一个矮矮胖胖的。

道格拉斯以他独有的方式,强有力地维护着自己这方候选人范布伦,他列出一连串的数字,企图向公众宣传自己的候选人,吹嘘他为国家和人民的利益做出了巨大牺牲,花费了巨额财富,有清单为证。

林肯回应道:"这份清单,我已经浏览过了。很明显,清单中一半以上的数据与事实不符,这些我有证人可以证明,剩下的那点真实的数据,并不能说明任何问题……"顿了一下,林肯又列举了几个震撼人心的数字来回击道格拉斯,并且还不时地模仿道格拉斯的语气讽刺道:"噢!上帝!这绝对不可能,这不是真的!"

"此时,道格拉斯先生一定非常希望我对他表示同情,不要深究这件事吧!其实他已经打败了我。为什么这么说呢?因为道格拉斯先生掌握着很多至关重要的数据:上年度预算中的五百万被用于邮政开支,五百万用来支付国债。这些数据是不是真的?只有他知道,我又能从哪儿知道呢?还有战争用了一千万,这不是胡说八道吗?这解释太放肆了,难道这位先生把公众当傻瓜吗？最后，我决定，还是让大会来裁决，我们俩究竟是他还是我能博得公众的尊重和支持……现在，就让我为大家讲一小段故事吧，它与这时的情景正好搭配。从前，有一个……"

林肯的语言变得如此犀利，并不是因为对手是民主党人，而是因为对手是道格拉斯，这个人仿佛天生就是来和像林肯这样头脑清晰、性格冷静、逻辑严密的人作对的。

5 玛丽·托德
LINCOLN

在街边上，有一座小楼矗立在一座美丽的花园里，这是富有的爱德华斯在斯普林菲尔德的住宅之一，也是政界人士和律师们经常聚会的地方。作为爱德华斯州议会中的同事，林肯和道格拉斯也经常出入这个小楼。

爱德华斯夫人出身名门——托德家族，论门第要比夫家更为显赫。托德家族原居于苏格兰，现定居肯塔基州。早在美国独立战争时期，托德家族就曾为国家立下了汗马功劳，为后代创立了不朽的勋业。爱德华斯夫人的曾祖父是一位将军，她的父亲是一位少校军官，她的叔叔们都是政府要员……这是一个声名显赫的大家族。

爱德华斯夫人的父亲在列克星敦拥有一家银行，同时还拥有几座磨房；在乡下，拥有成群的家畜、奴隶；在城市的别墅里，祖先的挂像满屋都是，看起来豪华富丽。就是在这样的环境中，托德家族的孩子们像珍贵的世界遗产一样，在众人的呵护中长大成人。但是这个富有的家庭却没能留住他的六个孩子，在他们长大成人后，都相继离家出走了。这是因为，他们生母死后，父亲给他们找了一个继母，生了一大堆弟弟妹妹，非常受父母的宠爱。在这离家出走的六个孩子中，最有抱负的要算是女孩玛丽了。她为自己立下了一个宏伟的目标，并且立志要嫁给一个能实现她目标的男人。姐姐爱德华斯夫人曾写信告诉过她，在斯普林菲尔德的姐夫家里，已经形成了一个新的政界群体，经常出入各界名流。于是，玛丽决定去斯普林菲尔德物色一个她想要的男人。

当这个陌生的姑娘第一次出现在林肯和道格拉斯眼前时，他们发现，

LINCOLN

这是个活泼可爱而且充满朝气的女孩,有着一头漂亮的卷发,皮肤白嫩细腻,穿着讲究,走起路来长裙飘逸,气质出众,高贵典雅。两人不约而同地认为,有这样的气质肯定是出自于名门贵族。她不仅外表出众,而且言谈优雅、富有内涵。她看起来非常柔和,只有在沉默不语的时候才会不经意地流露出一丝严厉;她那美丽的蓝眼睛,只有在她批判什么的时候,才会闪出一丝冷光。

在第一场舞会上,玛丽像一只翩翩起舞的蝴蝶,舞了一曲又一曲,吸引了所有人的目光。在场的年轻人都使出浑身的解数来讨好这个聪明、可爱的女孩。只有年少的赫尔顿不小心说错了一句话:"您跳华尔兹的时候,就像一条娇艳的美女蛇。"他是无意间说的这话,一点恶意都没有,不过却一针见血。女孩当时除了拒绝他的邀请外,还一直充满敌意地瞪着他,对他反感致极,而且这种情绪保持了一生。所有人都暗自琢磨着这个漂亮姑娘的心思,她既不在乎男性的财产,也不在乎他们的外表,像她这样受过上等教育的女孩,到底是要什么样的男人呢?真是让人费解!从表面上看,这个女孩似乎刻意地压制作为女性的本能,而事实并不是这样,她只不过在仔细观察这些年轻人,思考着这样一个问题:到底是谁,有能力走上最辉煌的仕途?她最大的愿望:做一名女总统。这个愿望在她的大脑里早已根深蒂固,而且日后她也为了这个愿望不停地努力。到姐夫家来没多久,目光敏锐的玛丽就发现了众人中最有才华的两个人——林肯和道格拉斯。

道格拉斯也注意到了玛丽。两人有着同一个目标,都野心勃勃,目光都盯着那个最高的位置,他俩现在做的一切也都是为了达到那个目标。或许,当姑娘梦到自己在白宫散步时,还会遇到道格拉斯呢!而林肯呢,当时可能还没想过要坐第一把交椅吧。虽然他也壮志凌云,可是却生性忧郁、自卑,就算有一天他坐上那最高的位置,也一定是水到渠成,没有半点强求。不过,他深信自己是无缘坐上那个宝座的。总之,这两个人,一个狂妄地不知天高地厚,一个却又自卑地退缩不前。在这一根本问题上的不同看法和态度,导致了两人在面对玛丽时的不同心态,道格拉斯不停地讨好、奉承,而林肯却无动于衷。然而,最终吸引姑娘目光的竟然是不善言语的林肯,真是让众人大跌眼镜。

林肯第一次见到玛丽时,她那种居高临下的姿态让林肯感到非常惊讶。让林肯感到更加惊讶的是玛丽娴熟的社交技巧。在社交场上，有时为了表现彼此的亲热，人们会聊一些毫无意义的话题。这种时候，林肯肯定坐在一旁，静静地观察着玛丽的言谈举止，因为林肯对她处世的圆滑除了惊奇以外，还充满了好奇，毕竟这种社交技巧对他来说非常陌生。林肯在其他女人身上还从未发现过这种圆滑，而男人中，也只有道格拉斯可以与她匹敌。她的言语、神态、举止跟道格拉斯如出一辙。

这段时间，林肯的心里一直无法平静。他经常和年仅十六岁的萨拉·理查哈德一起骑马、一起看演出、一起散步，总之他们之间的过往比较频繁。但是，这个小姑娘一直跟林肯保持着一定的距离，她说，作为一位刚进入社交界的姑娘，她是不可能被林肯所吸引的。

具有敏锐洞察力的林肯，只是稍加分析，就把玛丽的性格猜出了大半。林肯发现，玛丽的脾气时好时坏，说不定前一秒还在有说有笑，后一秒就大发雷霆；她时常被偏头痛折磨着，害怕雷鸣电闪；她的神经非常脆弱，经常会为一些芝麻大的小事哭得泪流满面。别人在饭桌前的表现，是玛丽评价他们的重点，让林肯庆幸的是，自己在这方面的表现还是挺让玛丽看重的。令林肯惊疑的是，不管别人聊什么话题，不管是新近发生的事还是以前的，玛丽总能插进去，而且聊得非常起兴；在集体娱乐活动中，她也总是独领风骚。在刚认识玛丽的时候，林肯就听别人说了，玛丽十岁出头的时候，为了在学校里出风头，她亲手用柳条给自己的长裙做了个支篷。就是这样一种标新立异的欲望，使得她一生都在疯狂的边界上沉浮。

在林肯看来，这样一个女子是绝对不可能出现在自己生活中的。他的周围不乏好女孩，这些女孩的修养都非常好，有奉献的精神，而且对林肯又有好感。在林肯看来，女孩有没有头脑、有没有文化并不重要，因为林肯自己已经具备了这一切。林肯通过对玛丽细致的观察，非常清楚地意识到，玛丽处世的圆滑以及对权利的欲望，正是自己欠缺的；而玛丽性格上所表现出来的烦乱、暴躁，也刚好可以弥补自己那宽容、过度忍让的性格。从表面上看，玛丽属于那种做事利索的乐天派，其实内心非常脆弱；林肯虽然做事啰嗦，而且性格忧郁，但是意志却异常坚强。可以肯定的是，在林肯发现二人的互补之处时，玛丽也很明显地感觉到了。

仅从玛丽固执地选择林肯这一点上，就足以证明这个女人的睿智。虽然她所表现出来的头脑、性格都不是温柔的、女性化的，但是在她强烈的

LINCOLN

欲望中，却有着她的高明之处。玛丽既然这么快地做了选择，那她一定坚信自己的眼光是正确的，这在以后也得到了证实。如果单就女孩的天性来说，林肯现在的条件对他是很不利的，虽然他为人诚实可靠，但却其貌不扬，做事迟缓，看上去没什么远大的目标。另一个青年道格拉斯的名气远远超过了他，而且道格拉斯还在不停地讨好着姑娘，企图得到姑娘的欢心，他很明白，在他以后的权利竞争中，玛丽·托德将是他最强有力的帮手。

面对道格拉斯的热情，玛丽好像一点感觉都没有。虽然所有人都认为道格拉斯前程似锦，但玛丽仍然毫不犹豫地选择了林肯。她不在乎林肯的不修边幅，不在乎他做事迟缓，也不在乎他家境贫寒，她只看到了林肯头上的那个光环，这正是她最想得到的，它是智慧和权利的象征。

虽然玛丽并不喜欢林肯和汉克斯这帮人，甚至有点瞧不起他们，但她还是按照自己的决定做了下去。爱德华斯夫妇极力劝阻他们这个小妹妹说，林肯根本配不上托德家族的女孩，而且前景似乎也不太好，但劝阻并没有达到预期的效果，反而使她更加坚定自己的选择。后来她说道："当时我选择了他，是因为我相信自己的眼光，相信他有朝一日会成为总统。当然，他的形象的确不怎么好……"

这时，林肯不战自退的老毛病又出来了。他以他面对感情纠葛时的那种老风格给玛丽写了一封信，大意是：他已经仔细想过这件事，但觉得自己并不爱玛丽。比起上次和胖玛丽痛苦地拖了好几年，这次可利索多了。然而，当他把这封信拿给老朋友斯皮德看的时候，却被斯皮德顺手扔进了火炉，斯皮德认为："这种事最好当面说，白纸黑字，总会给自己惹麻烦。"斯皮德的口吻似乎有种外交家的气度，但遗憾的是，他并不了解玛丽·托德的个性。

玛丽心里很清楚，像林肯这样害怕女性的男人，怎样才能得到他的心。晚上十一点的钟声敲响时，林肯才从玛丽家出来。他向朋友们讲述了刚才在玛丽那儿发生的事情："当我对她说，我并不爱她的时候，她哭了，特别伤心。你们也知道，女人一流眼泪，我就没辙了。看她哭得像个泪人一样，我心一动，就把她抱入怀中，吻了她。"说到这的时候，斯皮德笑得趴在了地上。"只要我跟她订婚了，我一定会实现自己的诺言。"林肯接着说道。天啊！又是这种消极的语言，和当年对胖玛丽说的几乎一样。

订婚时，可以说两人之间充满了猜忌和恐惧。玛丽希望自己掌控一切，而林肯却不愿意别人干涉他的事。很快，由于两人性格上的差异以及生活方式的不同，不可避免地产生了矛盾。当林肯看到玛丽挽着道格拉斯的胳膊出双入对时，会非常生气，觉得自己受到了欺骗。他似乎和刚刚来到爱德华斯家的玛丽的妹妹玛蒂尔德很投缘，两人走得很近。过了一段时间，女性的敏感又让玛丽觉察到自己的未婚夫和萨拉的关系似乎很不一般。或许，林肯和萨拉的确有什么不妥的地方。婚期渐近，可林肯总感觉自己心里有个声音不停地告诫他，千万别陷入婚姻的苦海。面对胖玛丽的那种不安再次在他心头出现，而且越来越强烈，他那根敏感的神经再次绷得紧紧的。现在这种情况，想单凭写几封充满外交辞令的信来摆脱婚事是不可能的。

婚期一天天逼近了。

未婚妻家里正忙着操办这一大事，大家选定了新年的第一天，也就是一月一日来办喜事。毕竟是出身名门的贵族小姐举行婚礼，届时一定会高朋满座，佳肴满席。但是有一点我们可以想象，举行婚礼的那一天，当新郎站在盖着面纱的新娘旁，当神父向他们宣读作为夫妻的履行条例时，那时新郎的心情一定是极度地不安、紧张和忧郁。

这是一个既需要女性，又害怕女性，既需要自由，又害怕孤独的男人。他一生中惟一一次真正的爱情，在他苦苦等待了好几年后才得到，但在即将奏响幸福交响曲时，又飘然离去。之后，这个孤独的男人又遇到第二个未婚妻，经过几年的磨合还是无法在一起。今天，他终于要进入一次真正的婚姻了，然而他却整个身心都在拒绝这一事实。作为光棍汉的他已经习惯了孤独、寂寞，习惯了独来独往，他崇尚自由，无视钱权，讨厌束缚、讨厌受到别人的牵制，更不愿对任何人负责。多年的游荡生活，使他更希望伴随自己一辈子的是一位温柔、贤惠、惹人怜爱的女人，而不希望有一个强悍的家庭主妇来管束自己。所有这一切都让林肯感到莫名恐惧，我们可以认为这种恐惧是一种疾病——婚姻恐惧症。

关于林肯和玛丽·托德婚礼的具体情形，现在我们已经无从查寻。可以想象的是，当天的婚礼肯定同一般有钱人的婚礼一样，新娘、新郎穿着华丽的礼服出场，被宾客们围起来……总之，是一系列热闹非凡的场面。据当时的目击者说，除了没有蛋糕以外，整个婚礼的安排非常完美。之后，玛丽的姐姐却透露，林肯曾无意中说他恨玛丽，这只是因为他"病了"吗？有一点我们是可以肯定的，在婚礼的那天，作为新郎的林肯并没有出席婚礼，只是在婚礼仪式时请人带来了自己的结婚协议书。为了不让别人找着他，这一天他去了州议会。在此后的一个星期里，他一直在州议会，整天都忙忙碌碌。

6 爱的旋涡
LINCOLN

　　由于婚礼的刺激，强壮的林肯病倒了，在以后的生活中，他将受到更多的折磨。他的私人医生写了一封很长的信，向辛辛那提的一位神经科医生介绍了林肯的病情。这位神经科医生的回信中只写了这样一句话："我得亲自去看看这位病人。"听说辛辛那提的医生要来探视自己，林肯更加害怕，甚至怀疑那个外地医生会伤害到他，所以他拼命抓住自己的医生不放。在这种极度痛苦的时候，林肯写了几封非常感人的信，寄给在华盛顿的朋友斯图尔特。

　　　　我认为，世界上最不幸的人就是我，如果把我此时此刻所感受到的痛苦分给地球上的每一个人，那么我们就看不到任何一张笑脸了……不知道我的境况会不会好转，总觉得自己离死神很近。我很清楚，如果我不想死，就必须让自己健康起来，我已经无法做现在的我了……现在写信告诉您这些，是因为我想换个环境。诚然，要是我能做回自己的话，我更愿意留下。
　　　　虽然前几天我还在拿自己的"病"开玩笑，但在玩笑过后，我有种强烈的预感，对我生死起关键作用的人将是亨利医生。亲爱的朋友，我迫切地请求您，尽力使亨利医生留下来做这里的兼职邮差，如果他得不到这个差事的话，一定会离开斯普林菲尔德……我真的非常希望能够把他留下来。拜托您了，我亲爱的朋友！

　　林肯到底是怎么了？从小到大，他一直都自食其力，从未认为谁会对他的生存起关键作用，他那强健的身体也从来不需要什么医生和帮助，而且他从十几岁就开始东奔西走，更不需要换什么环境。到底是什么，让林肯变得如此脆弱？

正当茫然无措的时候，他收到了朋友斯皮德的一封信。原来，在新年的那一天，斯皮德把自己的商店卖掉了，去了他母亲在肯塔基州的庄园。他邀请林肯夏天去那里散散心。

这个建议马上吸引了这个精神饱受折磨的年轻人。斯皮德母亲的庄园很大，走上宽宽的台阶，便能看到富丽堂皇的大厅。住在庄园的这段日子，林肯这个废奴主义者过着像南方富人一样的生活。早晨睡醒后，奴隶把早餐端到床前，白天，则去散步、骑马、开车。在这里，无忧无虑的田园生活，和朋友们一起开心的聊天、游戏以及女孩的朗朗笑声，都使受到沉重打击的可怜人的心灵得到了一些安慰。而这段时间，斯皮德正在追求一位绅士的外甥女凡妮。有时，林肯为了给斯皮德争取更多的时间亲近凡妮，不得不费尽心思地找话题，陪那位绅士聊天。当林肯和绅士兴致勃勃地谈论政治时，说不定斯皮德正和他的凡妮亲吻呢。

偶尔，林肯也会一个人静静地坐在草地上，若有所思地看着远方，过一会儿便奋笔疾书。他会写些什么呢？原来他写的是一个人面临难关时的矛盾思想，以及最后选择以自杀的方式来逃避……总之，都是一些讲述自杀方面的文章。在这生与死的边缘上，林肯曾跟朋友说过这样一段话："直到现在为止，我还没有任何业绩让别人想起我，更不要说后代了。但是，我所做的种种努力，以及我生活的目的就是做一些实事，让后代能记住这些事和我的名字。"这段话预示着，这个三十二岁的年轻人不仅度过了危机，选择了生，而且已经准备好了迎接现实，迎接未来的挑战，为他的雄心壮志而战斗。

但是，从林肯婚后一年写给斯皮德的信可以看出，岁月的流逝并没有减少他的不安、忧郁和恐惧。而在这时，斯皮德也将和凡妮小姐举行婚礼，此时他和林肯面临婚姻时一样，都感到不安和害怕。

> 你马上要出行了，我思考再三决定要告诉你下面的一切，很可能对你没有用，而且很可能会忘记，但是作为你的朋友，我一定得说。我认为，从现在开始以至后来的很长一段时间里，你可能经常会感到烦躁不安，可能只有等你实现愿望的时候才会有所好转。我之所以这么说，除了因为你给我的印象是一个神经非常

敏感的人以外，还从你对你母亲不同时期的评价，以及在你嫂子过世后，你对你哥哥的描述中总结出来的。第一、根据我的经验，天气往往会影响一个人的心情，所以在你出行后，必须勇敢地同恶劣的天气做斗争，不要被天气左右自己的情绪；第二、你最好继续做生意，经常跟朋友聊天。因为和朋友在一起，你会感到踏实；第三、就是你此刻面临的危机——婚姻，现在你把自己所有的感情以及思想都放在了它的上面。如果你能战胜上述三个困难，而精神不出现任何问题，作为你的朋友我一定打心底为你高兴、为你欢呼，同时我也一定会非常吃惊。如果你不认同我的看法，或是不相信自己会被这些事挫败，那么请你一定要原谅我的评论，就当它是胡言乱语吧！在这里，我也恳求你，当出现那种情绪的时候，千万不要把它归结为某种神秘的力量。

　　读到这里，你可能会有一个疑问，是不是遇到类似问题的人，都和你的原因一样？我很明确地告诉你，当然不是，每个人都有自己独特的性格，所以也会出现不同的原因。但是作为你来说，苦恼的最主要原因是因为神经敏感，它是所有症结的所在之处。或许一万个人中只有一个这样的人，然而这个人刚好就是你。所以，正是因为这个原因，你所看到的世界才会和别人不一样。

　　不久，林肯又写信安慰这位怀疑自己和未婚妻性格不合适的朋友。

　　当初你选择她的原因，不正因为她聪明、美丽、举止端庄大方吗？最初令你神魂颠倒的不正是她那对柔情似水的大眼睛吗？……我的朋友啊，你非常让我担心，所以，我总是不自觉地想到要写信给你。

　　我想，你是爱她的，否则你会天天生活在痛苦中。但或许，你已经不存在这个问题了，明确了自己的爱。在这个问题上我所承受的巨大痛苦，你是最了解的……那年冬天，你离开后不久，我就患上了精神分裂症，不过请不用为我担心，现在已经好多了。前几天，我与萨拉见面了，就见了一次。看上去她现在过得很幸福，所以，我就没和她提上次我们谈及的事情。

　　林肯给斯皮德还写过这样一封信，读起来像首诗："当你收到这封信的时候，你已经是凡妮的丈夫了，已经是一个幸福的男人了，你将在一个新的地方开始新生活，建立一个新家……你俩的爱一定至深至诚，既然你现在真正地拥有了她，那么你的疑虑早已消除了吧……朋友，经历过这段时间后，你将成为世界上最幸福的人。我在远方，为你祝福。附：你离开以后，我成了一个真正的男子汉。"

没过多久，斯皮德又有了新的烦恼。这一次，林肯并没有像往常一样安慰他，而是写了一封极现实的信给他，信中写道："读完你的信以后，我一点也不怀疑了，这就是我们的命运。你我都在向往天堂，希望它能给予我们一切。这个世界，能实现我们什么愿望呢？几乎没有。但如果你像我这样想象力丰富，那么你就可以让自己仅在一小段时间里遭遇不幸。父亲曾对我说：你花越多的钱买一件东西，它越容易牵动你的心！"

在给斯皮德的这几封信中，我们可以清清楚楚地看到林肯的内心世界。他渴望了解各种感情，进而分析这种感情，他运用的技巧以及举一反三的能力都是独一无二的。他的心理医生先后把他形容成诗人、记者。母亲的身世之谜，使他更喜欢研究人类的内心世界，他经常把母亲、父亲以及兄弟们的内心状况结合起来加以比较。这种设身处地为别人着想的爱心伴随了林肯一生。

从这些信件还反映出忧郁、不安以及恐惧一直都伴随着他，而且这种感觉越来越剧烈。他绝望过，想过死亡的问题，现实世界让他受尽了折磨。在婚后短短的一年中，是什么让林肯如此痛苦？为什么是他经历这一切？是因为他那敏感的神经吗？还是因为"你我都向往天堂，希望它给予我们一切"？

其实，林肯虽然有着强健的体魄，而且头脑聪明，社会经验丰富，使他在维护正义的战争中成绩显著，但是，他的诗人气质、忧郁的性格，都使他很容易受挫，甚至陷入绝望。

"纯属意外"的婚姻
LINCOLN

"没有了朋友，就没有了美好的时光，但是拥有之后再失去他们，我们就得忍受更大的痛苦。我经常想，要是你们在这里也拥有自己的家园多好啊！那样我们又可以在一起，但是我似乎没有这样希望的权利。"林肯的婚事、朋友的婚事使林肯脆弱的神经不停地受到刺激，同时也增强了他的孤独感。

如果斯皮德回信说，自己已经和妻子"如胶似漆"，顿时林肯紧张的神经就放松了，比自己打了一场胜仗还高兴；如果斯皮德的信中没有提到婚姻，只是讲到自己的庄园，那么林肯一定会追问，因为他对婚姻很感兴趣，想要了解婚姻到底是带来幸福还是苦难。在给斯皮德的信中，林肯丝毫不掩饰自己对凡妮的好感，有一封信这样写道："我已经收到了你随信寄来的紫罗兰，只是它到我手里的时候，已经枯萎了。当我企图拿起它时，它就碎掉了。它的汁液已经浸入信笺，留下了一片印痕，还有紫罗兰芬芳的气味。为了这朵远道而来的紫罗兰，为了采下这朵紫罗兰的尊夫人，我把这张信笺小心翼翼地保存了下来。"

林肯的心里非常矛盾，一方面惧怕女性，一方面又需要她们。在各种情绪的驱使下，他又本能地开始接触女性了。他再次和萨拉·理查哈德见了面，并且在写给斯皮德的信里也频繁地提到她。但是，随着时间的推移，林肯发现自己对玛丽的感情越来越强烈，终究还是带着满心的不安和愧疚回到了玛丽身边："我经常想到这个不幸的女人，对于她我没有承担起应负的责任，对此我感到深深的愧疚。我只想着自己的幸福，却忽略了她也有得到幸福的权利，我应该受到谴责。上个月，她和一群人去别的地方玩。之后她说，应该感谢上帝，让她这次旅行非常愉快。"林肯听到了一些传言，说虽然林肯做了很多不可原谅的事，但玛丽依然不想放弃他。

那个骄傲的女孩，并没有被丈夫的不负责任弄得绝望。但是上层社会的人们都认为玛丽被一个贫穷的小律师羞辱了。作为女人来说，那也的确是侮辱，要是一般女孩恐怕早已离开斯普林菲尔德，永远也不回来。但是没人了解这个骄傲的女孩，她的固执远远超过她的骄傲。

第二年夏天，林肯在给一位朋友的信中说道："那件事情已经深深地植根于我的大脑，就算所有人都沉默，我也不会因此而忘记。你给我的建议非常好，但是在我做任何事之前，我必须让自己重获自信，相信自己有能力将它们实施。很久以来，我一直认为自信是我性格中惟一的闪光点。但是现在我却失去了它，而且直到现在也没找到它，虽然我们都知道它是在哪失去的。目前,就是在一些小事上,我也不敢相信自己能否胜任……又是一个夏天,而我却无法再去肯塔基州。我是如此的贫穷,在这世界上的发展又是如此缓慢,半年的劳动成果会因为一个月的无所事事而消耗得一干二净。"

在这以后的一年半里,林肯仍然备受自卑之苦,他甚至开始怀疑自己的本质以及能力。他意识到,必须扭转这种状况。

玛丽重新回到了斯普林菲尔德,不管是不是被人请来的,总之她回来了。对外她宣称:虽然在这之前她和林肯发生了一些不愉快的事情,但是林肯还不至于让她无法忍受,如果命运之神一定要把二人拴在一起,那两人一定能重归于好。

同属一个圈子的林肯和玛丽很快就见面了。他们同时受到一对编辑夫妇的邀请,这对夫妇没有子女,待人非常热情,而且也很乐意给别人牵线搭桥。二人又站到了一起,除了惊讶、尴尬之外,还有一丝异样的情绪在他们心头缠绕。

后来他们又见了几次面,都是在轻松的聚会中见的。在那些场合中,难免会遇到政治上的对手,但是大家都会很巧妙地避开政治问题。当时,民主党的货币政策不得人心,公众普遍持怀疑态度,甚至还讽刺说,国家发行的货币将不能用于支付国家征收的税额。同时遭到嘲笑的还有那位身为国家税收官员,同时也是冒险家、水手,属于民主派人士的施尔德将军,原因是他签署了一张非常荒唐的公告。不过在这次事件中,他的确非常无辜。

在斯普林菲尔德的一家报纸上,林肯化名为"瑞贝卡",给施尔德将军写了三封信。信中他用幽默、犀利的语言,以农场主的口吻,述说着对往事的回忆,令整个城市的人们都为之捧腹。

由于被攻击者的沉默,第四封信也出来了。不过这次不同的是,信是由玛丽·托德和编辑的妻子以"瑞贝卡"的名义写的。这封信更有挑衅性,说什么瑞贝卡想要嫁给他,还要立即举行婚礼。这一次,将军可不再沉默了,他强烈要求报社告诉他这几封信作者的真实姓名。

本来林肯是不该理会这些女人的小玩笑的,既然她们敢开这种玩笑,就应该有胆量去承担后果。作为一个政治家,林肯做出任何一个决定都会考虑本党派的利益;作为一名议员,他不应该去背这样的黑锅,以免使声

LINCOLN

誉受到影响；但是作为玛丽·托德的丈夫，他不能坐视不管。不管玛丽出于什么用心做了这件事，林肯都得挺身而出保护这个女人。除了因为是她丈夫外，他还欠下她一份永远还不完的情。于是他站出来了。这位受辱的将军一心想要雪耻，提出要跟林肯决斗。一向连动物都不肯射杀的林肯，怎么会同意决斗呢？但是这位将军始终坚持，林肯没有办法，只能接受挑战，并任凭他用任何方式杀死自己。

在约定的那天早晨，双方都非常准时地到达决斗地点。这个地方位于州境的一座小城附近，离斯普林菲尔德很远，但是仍有很多人专程驱车前来观看。双方经过协商，最终决定用骑兵的佩刀作为武器。在这之前，林肯从未拿过佩刀，他只会使用斧子，但是笨重的斧子怎么能在决斗中保护自己、杀死敌人呢？在决斗的见证人测量场地尺寸时，林肯坐在一个树桩上，若有所思。

一位目击者这样描述："认识他这么久，我从来没见过他沉默这么长时间，从前，只要一有机会他就会给大家讲个笑话或来段演讲，这回他这样严肃的表情，我是第一次看见。他默默地从刀鞘里拔出佩刀，用手指轻轻地抚摸着刃口，看起来他心里非常痛苦。接着，他站起身来，手持佩刀舞了几下。他长得真是太高大了。想到即将要上演一个大个子和一个小胖子的决斗，我忍不住要笑出声来，这真是太滑稽了！林肯把刀重新插入鞘里，叹口气又坐下了。就在这时，他的眼睛忽然闪出一道光芒，只有在他讲故事之前他的眼睛才会这样，难道他要先给我们讲一段故事，再把对手送进坟墓吗？"结果出乎所有人的预料之外。在决斗开始前，双方进行了最后一次谈判，互相解释后，所有人都平安满意地回到了家。

刚才，林肯到底在想些什么呢？坐在树桩上的他，是狩猎和战争的反对者。在战场上，他从来没有杀过一个敌人，反而从战友的刀下救过不少对手。虽然他身材高大，但是心肠却非常善良。像林肯这样性格的人，生活中总是充满了讽刺，不过从某些角度看，讽刺比别的东西要更美好。他坐在树桩上，不经意地用佩刀砍下头顶上方的一个树丫，就像此时自己置身在印第安纳，和兄弟们一起伐木一样。接着，他眨眨眼睛，好像有一个好听的故事马上要从他嘴里出来了，结果，叹了一口气，一切以喜剧的形式收了场。

林肯今后的生活道路，也因为这件事而有了改变。在这件事上，林肯的骑士风度让玛丽非常感动，两人又重新开始了沟通。人们善意地开着他们的玩笑，衷心地祝福二人。当林肯感到玛丽还是想和他在一起的时候，便毫不犹豫地把玛丽拥进了自己温暖的怀里。对于林肯的这一决定，曾和他同屋的赫尔顿做出这样的解释："其实，他心里非常清楚，自己并不爱玛丽，只是曾经对她有过承诺。"林肯曾亲口对一位好朋友说过这样一句话："吉米，我是迫不得已才娶这位女士的。"在决斗的当天下午，林肯总结了过去一年中的选举情况，用巨大的字母制作了一张详细的投票表，还有一个自己得票的曲线图，然后送到公证处盖了章，再用红色带子把它扎起来，送给玛丽。多么与众不同的礼物啊！显然，他是想借这个礼物表明自己是很出众的。

但是，在林肯将要实施最后一举时，他又开始怀疑自己了，不知道自己能不能经受住这一切，这个问题实在是让人头疼。他决定先写信问问自己的好朋友斯皮德："你知道，一想到那个问题，我就会不寒而栗。你从没向我隐瞒过结婚后你所承受的巨大痛苦，我也能理解你那时的心情。我想，已经做了八个月丈夫的你一定比刚结婚时要幸福得多吧！此时你幸运地生活在这个世界上，但是我不得不问你一个问题——婚姻是否带给你幸福？可能会让你觉得很为难，但请你原谅。虽然这样很冒失，但是我迫切地想知道答案！请速回信。"

林肯心里一直都很紧张和不安，他害怕失去自由，害怕承担责任。他不喜欢让别人指定自己穿什么衣服，不希望向任何人解释自己的决定，不愿意为自己的某种情绪道歉。为什么要那样呢？难道要为一个自己并不了解、并不渴望的女人来改变吗？而这时的玛丽，则希望尽快再次举行婚礼，天天催着她的姐姐姐夫准备，还说只要神父到场就够了，其余那些繁文缛节都取消。

于是，一天早上，林肯找到一位当时还躺在床上的朋友，告诉他说："我今天真的要结婚了！"

在那个秋高气爽的上午，二十四岁的玛丽挽着三十三岁的林肯走向圣坛，前者的脸上洋溢着幸福的笑容，后者则面无表情。因为那天是"灰色星期五"，再加上新婚夫妇都很迷信，所以在婚礼的宴席上，林肯为了使气氛活跃起来，兴致勃勃地给大家讲了好几个非常经典的故事。

婚礼之后，林肯曾对朋友说了一些很奇怪的话，字里行间流露着绝望的气息。在一封商务信件中，林肯这样写道：

"对我来说，结婚纯属意外。"

8 易了装的伐木工
LINCOLN

　　林肯的同屋赫尔顿是个活跃的反奴隶制者，为了躲避迫害，他父亲把他送到了斯普林菲尔德，成了林肯的朋友。两人建立了深厚的友谊，这种友谊一直持续到他们生命的终止。赫尔顿比林肯差不多小十岁，一直把林肯当做父辈一样尊重，并且听从林肯的建议，也当上了律师。在工作中，这个年轻的小伙子聪明过人、精明强干；在关键的问题上，保持着理想主义；在社会交往中，作风正派，谈吐诙谐。这些都使他成为林肯政治生涯中不可缺少的伙伴，同时也是林肯最早的追随者。

　　当初在斯图尔特那儿，林肯认识了洛汉。在斯图尔特去华盛顿之后，林肯便与洛汉一起合作，共事了三年。洛汉是位非常严谨的律师，林肯一直把他当做师长。在洛汉那儿，林肯可是收获颇丰，不仅学到了洛汉身上的诸多优点，比如意志坚定、做事严谨、勤劳等等，而且收入也是工作以来赚得最多的。这位合作者的名气以及在政界的声望，很快就使这个新成立的公司在这个超级都市里名声大噪。如果将来林肯和洛汉没有成为政敌的话，他俩倒是可以互相帮助、互相补充，更好地发挥各自的优点。

　　在他们分道扬镳后不久，斯普林菲尔德法院的三楼又出现了一块公司的招牌，上面写着"林肯和赫尔顿"，牌子旁边便是他们的办公室。这是一个中等大小的房间，屋子里面杂乱不堪，中间是两张被摆成"T"字形的绿色桌子，墙边放着书橱和有些破旧的沙发，此外，角落里还有一张有许多小抽屉的斜面桌。据说，有一次他们党把要分给农民选民的种子装成小袋寄存在他们这儿，过了一段时间，有人发现，当时不小心撒出来的种子竟然在地板上发了芽。真是让人难以置信！

　　所有人都知道林肯非常真诚，但没有人想到，就连赫尔顿都从来没想过林肯能坐在那儿整理账目。当别人把酬金给他们的时候，林肯想都不想，就把酬劳分成两份，一份给赫尔顿，一份留给自己。

LINCOLN

随着岁月的流逝，林肯的优秀品质并没有像有些人一样越来越少，反而不断地增加。这些优秀的品质有时会跟他所从事的职业——律师——产生矛盾。有一次，一位老者的车被两个年轻人拉走了，林肯出庭替那位老者辩护。但是林肯却支持对方的论据，不管是在法庭上还是在法庭下，都千方百计地替这两个年轻人说话，原因是这两个年轻人都尚未成年，不能承担刑罚。还有一次，他对他的当事人这样说："我可以帮你打赢这场官司，并帮你赢得六百美元。但是我不愿意接这个案子，因为你获得赔偿的同时，那个正直的家庭正在遭受着不幸。不管你的酬劳有多高，我都不会打这场官司的，但是我可以免费给您一个忠告：您还是回家去吧，想想用什么正当的手法可以赚来六百美元。"

林肯睿智的语言中包含着一股纯真。这种纯真，使三十五岁的林肯在这个大都市的名声越来越大，尽管从他二十五岁起就已经拥有一定的名气了。

作为律师的他，其实并没有读过几本法律书，他只相信事实，相信自己收集的证据，相信法庭的判断力，相信正义。林肯基本上不过问公司的账目，连收取酬金也由赫尔顿负责。但有一次，他们的办公室里来了一位职员，不是请他们代理诉讼，而是向多年以前的这位邮政局长拿索赔费的。林肯听后，马上从手提箱里取出一个小包，里面存放着多年前为索赔备用的十七美元。

林肯在法庭上的表现，也让朋友们觉得非常奇怪。在外面办事时，林肯从不带文件夹，也不带钢笔，也没有账簿，而且不管是不是重要的文件或记录，他都把它们塞进抽屉或放在帽子里，总之看起来非常没有条理。另外，在斜面桌上还贴着这样一个标签："来这儿吧！说不定会有你在别的地方找不着的东西！"虽然各种东西被他搞得一团糟，但是他的头脑却非常清晰。他不需要记录员，也不需要办公室，他的大脑袋就是他的工作场所。

像林肯这种性格的人，一定得有人在身边辅助才行，而赫尔顿就是最称职的。虽然林肯称赫尔顿为"威利"，而赫尔顿却一直尊敬地称他为"林肯先生"，但是林肯从来都没有摆出过居高临下的姿态。林肯一直以来都保持着他那淳朴的个性。有时，他会在办公室里来回踱步，时不时地问一些小问题，比如，"威利，反命题是什么意思？"每天早上，他都躺在沙发上，耷拉着长腿，大声朗读报纸上的内容。偶尔，他还会在一天之内给三个不同的顾客分别讲同一个故事，或者连续好多天都不工作，也不见任何人，而是埋头做一大堆数学题。

林肯的真诚早已众所周知，每个人都非常信赖他。两个为一块土地争吵不休的农场主自愿提出，要让林肯为他们解决这件事，并且一切听从他的裁决。一位神父向林肯提供了一份抵押，并且主动提出，不需要林肯给他开具任何收据，更无需登记。此类事情举不胜举，原因在于，他们都信任林肯。这到底是为什么呢？为什么林肯能得到大家如此的信任？因为林肯没有把自己当成一个高人一等的学者，而是把自己放在与大家处于同一阶层的位置上，设身处地地为大家着想，他说的是普通的语言，用的是普通的词语。难道林肯看上去不像个易了装的伐木工吗？

不过林肯结婚以后，确实有了变化。不再像以前那样不修边幅了，穿着漂亮的衬衣，打着领带，换上了正规的牛皮鞋，还戴了一顶礼帽，看上去更高了。还好，这些正规的服装穿在他身上并不显得那么严肃。他的马甲总是皱巴巴的，衣领总也扣不紧，领带也总是不端正。因为他爱跷二郎腿，所以西裤的膝盖处总是突出。他总是一个人静静地站着，耷拉着肩膀，两条长胳膊自然下垂，那双略带忧郁的灰眼睛一直关注着眼前的人们，似乎能看到人们的内心。

9 敢于梦想的女人
LINCOLN

在刚开始的婚姻生活中，林肯从玛丽身上受益不少。

玛丽对林肯的律师事务没有一点兴趣，她所关注的只是那些大人物和当时的政局形势。她之所以会嫁给林肯这个穷小子，就是为了实现自己的白宫之梦。从结婚的那一天起，她的目光就被那些职位深深吸引住了。玛丽是一个多疑的人，她不愿意相信任何一个人，因此她经常谨慎地找出别人做事的原因，了解他们的动机，更好地保护自己。显然，林肯那种无计划性比玛丽这种目标明确的性格差了一大截。玛丽首先会把周围的人视作自己的竞争对手，而林肯却会首先把自己的竞争对手视作一个普通人。二人为人处世的态度也不相同，利弊参半。二人互补的性格，使林肯在当时的政治生活中受益匪浅。

在家里，和玛丽产生矛盾时，他尽量让步，不过他也在寻找玛丽的弱点。当玛丽喋喋不休的时候，林肯则出去散步或者跟别人聊天；当玛丽生气的时候，他便想尽方法逗她开心；当玛丽又偏头痛的时候，他则在旁边细心地照料。这夫妇二人都很迷信，由于性格的不同，林肯信梦而玛丽信符号。

刚开始的这段日子，对于娇生惯养的托德家族的女儿来说，实在是太艰辛了。他们住的是每星期四美元的两居室，生活用品严重缺乏。面对这样的处境，玛丽只能勒紧裤腰带过日子。有时候，玛丽甚至怀疑自己当初的选择，或许真应该嫁给有钱人。以后的生活还很漫长，他们要面临的困难也越来越多。不久之后，他们有了一个儿子。玛丽非常高兴，本以为家族的骄傲可以在儿子的姓名中体现出来，但是林肯却不同意，他要以朋友约舒亚·斯皮德的名字给孩子命名。这个提议当然遭到玛丽的反对，她坚持用自己父亲的名字"罗伯特"给儿子命名。结果，谁的名字也没用，而且在以后的几年中，其他几个儿子也都没有用两人喜欢的名字去命名。直到生最后一个儿子时，双方才达成一致，用林肯父亲的名字，这主要是因为不久前林肯的父亲刚刚去世。在婚后的这十年中，这位有着宏图大志的女性除了生了几个孩子，什么事也没做。

朋友们都不愿接近玛丽，尤其是那些女人们，可能是因为她的盛气凌人吧。和林肯一起工作的赫尔顿就更不用说了，因为从玛丽在斯普林菲尔德的第一次舞会开始，他俩就互相不满，从不打招呼。长久以来，玛丽对赫尔顿的态度都是不屑一顾。

自从结婚后，林肯变得非常谨慎，甚至在给朋友的信中也绝口不提自己结婚的事。在给斯皮德的信中，林肯对自己两个月来的婚姻生活只有轻描淡写的一句："等我们见面再细聊我的婚姻生活吧。"后来，他向斯皮德讲述了妻子怀孕后的情景，但是字里行间并没有表现出要做父亲的兴奋，反而让人觉得他对这件事并不热心，毕竟，这个小生命的降临将使他们本来贫穷的生活更加困难，而且玛丽也肯定会拿孩子做借口，不让他出去游览。

不久，他们终于有了一座属于自己的房子。这是玛丽用私房钱又加上一份抵押才得到的。在这种贫困的环境中，玛丽非常节省，把所有的钱都攒起来，能省就省，就连衣裤也是自己缝制的。但是林肯却不像一个过惯了穷日子的人，总是乐善好施。没有办法，玛丽只好替林肯保管他的收入，但最终，林肯还是通过一个小技巧争取回了那份收入。

这对夫妇怎样才能和谐呢？林肯穿着随便，有时候穿着衬衣就去开门，而玛丽则喜欢衣着整齐。林肯虽然性格温和、幽默，但是做起事来却没有计划、不守时和健忘，像玛丽这样有着明确目标而又挑剔的女人，怎么能忍受这样一个丈夫呢？怎么愿意和他一起出入社交场合呢？

林肯最喜欢躺在屋子中间的地毯上想问题，有时甚至会绊倒别人。空闲的时候，他便坐在地上和孩子们一起玩耍。他家养了一头奶牛，玛丽经常想：为什么林肯总是穿着一双拖鞋，拎着一个小桶走来走去，而不过来帮忙挤挤牛奶呢？难道因为他是律师、议员？

林肯同自己的孩子们相处时非常随和，他知道，作为父亲不应该只有威严。由于林肯和玛丽的不同性格，所以教育孩子的方向也不一样。不管玛丽是怎样要求，林肯认为孩子们一定得学习做一个正直的人，而不是只讲究什么礼仪、风度。在给朋友的一封信中，他这样描述他的孩子："如今，我们又有了第二个男孩，我觉得他和鲍伯小时候非常像，只是那时的鲍伯比我儿子小了一号……他现在才五岁，明显比同龄的孩子聪明得多，但是这让我非常担心，担心他过早地接触社会……他是一个非常淘气的小鬼，就在我写这封信的时候，还有人来告诉我鲍伯不见了。没过一会儿，我便听见他妈妈在抽打他。很可能，现在他又没影了。"这种闲聊而又略带讽刺的语言，透露着林肯对人性的理解。

一次，家里来了两位高雅的女客人，准备吃饭时，林肯对客人说："不好！我的妻子马上就来了，在这之前，您们最好摆好餐具。"这当中的幽默实在让玛丽无法理解。从小被人伺候惯了的她骄傲极了，一点都不认为这句话有多幽默。还有一次，玛丽应邀去参加汽车旅行，不料在走之前和女仆吵了一架，"要是我丈夫在我之前死的话，那他的灵魂一定会在这个奴隶制国家再次遇见我！"在车上，玛丽气愤地说道。瞧！这句话说得多妙啊！这不仅反映出了玛丽和林肯经常谈话的主题，而且也说明玛丽已经下定决心，全身心地投入到这个反对奴隶制的男人怀里。

从林肯给朋友的信中可以发现，结婚之后他变得越来越忧郁。他该亲近谁？又能亲近谁呢？出于嫉妒，朋友们和林肯的距离越走越远；一直以来，和同父异母的兄弟也没有联系，只是偶尔给年老的父亲寄点钱回去。有一次，好不容易父母要来看他，但是玛丽却坚决反对，最终还是没有来。在办公室的时候，有时林肯双手抱膝，耷拉着头，用帽子盖着脸，在沙发上一坐就是好几个小时，不和别人说一句话。或者他呆呆地坐在办公桌前，灰色的大眼睛直勾勾地望着前面，不知道他在看些什么、想些什么。当他读到什么好诗的时候，一定会先把它背熟，然后再写出来寄给朋友，这些诗读起来往往会让人非常感伤：

> 我们是大海里的波浪，
> 进退往复送走生命之光。
> 所有的希望烟消云散，
> 伟大的事业终究会被人遗忘。
> 我们就像父辈一样，
> 沐浴着同样的风雨，照耀着同样的阳光。
> 不管你是出身于山谷，还是王公贵族，
> 最后都走向死亡。

在一次政治旅行中，林肯回到了他的第二故乡——印第安纳州："这就是我生活了十五年的地方，埋葬我母亲和姐姐的土地，过去这么多年了，它看上去并没有什么变化，还是那么平常。但是，踏上这片土地的那一刻，我的心头腾起一种诗意，虽然我并不知道我能否因此而作几首好诗。"有关这次重返故乡的感触，林肯在一首诗中写道：

> 时光荏苒，二十年时光了无痕迹。
> 难忘那旧时的田野、树林，
> 还有朋友们的嬉戏。
> 为什么总要别离，
> 丢掉那少年时的希冀？
> 为什么
> 那么多的希望，如今所剩无几？
> 失去的和久违的，
> 总要重新浮现，

第二章 公民（1836—1849）

LINCOLN

少年的玩伴，梦中的姑娘，
早已晃起了摇篮，
悲叹生活中没有奇迹。
昏黄的话语，难言的恐惧，
将当初的伊甸园夷为平地。
我彷徨在无边的田野，
空旷而寂寞，仿佛漫步于天空里。
身后有孤单的阴影，
身前有通往坟墓的台级。

10 助选
LINCOLN

八年的议员生涯结束之后，林肯决定向华盛顿进军，进入到全国的政治舞台中去。他不愿再把自己局限在小圈子里了。这个决定是林肯在婚后一年做的，玛丽起了相当大的作用。

在国会的选举中，互帮互助、坦诚相见、互相支持是各党派首脑之间不成文的协议。当时，辉格党有三个人可能成为候选人，让林肯失望的是，排在第一位的是贝克。林肯不甘心，他认为获此殊荣的应该是自己，因为不管是论天赋，还是论在党派中的地位，林肯都高于贝克。他这样说道："如果要我去为贝克做事的话，那我实在太窝囊了！眼睁睁地看着自己心爱的姑娘被别人抢走，自己还跟去阿谀奉承。"之后不久，贝克也被另一个候选人替换了。两年以后，贝克再次提名。轮到林肯被提名进入国会的时候，已经是四年以后了。也就是说，林肯在三十三岁到三十七岁这段时间，一直在等待。这是一段多宝贵的时间啊！男人们最希望在这段时间里建功立业，最害怕朋友背叛自己，然而可怜的林肯却屡次受挫。有一点可以想象，在林肯的背后，肯定有人煽风点火了。当然，除了他那位野心勃勃的夫人不会有别人。

不管怎么样，林肯还是进入了国会，并在新一轮的总统大选中成为总统候选人亨利·克莱的竞选助手。林肯对这一场角逐充满了热情，能够为

LINCOLN

第二章 公民（1836—1849）

亨利·克莱效力并看到他坐上最高的位置，是林肯一向的愿望。

这一年，奴隶制的问题越来越突出。合众国接纳了要求从墨西哥解放出来的德克萨斯州，由于它强烈地要求解放奴隶，总统不得已做出了一项新的规定：路易斯安纳以南的各个新兴州，由他们独自决定自己的道路。很明显，这一妥协违背了《密苏里妥协案》的规定：路易斯安纳州北纬36度30分以北的所有地区禁止实行奴隶制，而该线以南允许存在奴隶制。这个规定激怒了南部的奴隶主们，而兼并德克萨斯一事，也遭到了妥协案的创建者、同时也是北方代表——克莱的坚决反对。

就是否兼并德克萨斯这个问题，意见双方都面临着非常重要的抉择。亨利·克莱代表着半个国家，他说："我认为，没有得到墨西哥的同意便兼并德克萨斯是非常不明智的，这不仅破坏了我们国家的形象，而且还会把我们卷入一场战争，不管交战方是墨西哥还是其他大国，都将严重地威胁合众国的安全，并且还会影响我们的财政，因此一定会遭到人民的反对。"反对这场战争的声音越来越多了，即使是那些好战的高层军官们现在也开始反对。

而民主党的竞争对手鲍尔克却向公众保证：这场战争可以速战速决，兼并繁荣的德克萨斯是轻而易举的事。此时，整个南部把鲍尔克当做偶像，因为这场战争本身就是一场奴隶战争，如果打了胜仗，南卡罗来纳、弗吉尼亚、新奥尔良以及其他蓄奴州都可以获得更多的奴隶，这意味着将有更多的奴隶为他们种植棉花，赚回更多的金钱。

在这次竞选中，林肯按照党内的要求，为亨利·克莱工作。期间，林肯穿梭于各个州进行演讲，他所做的一切努力不仅仅是出于自己多年的夙愿，或者国家的利益，同时也是为了全人类的利益，为了正义。他曾在信中这样写道："为什么我们要去侵略吞并别国的领土呢？这能带给我们什么好处呢？大多数国家不是和我们一样，以这种形式过着自由自在的生活吗？另外，吞并别国并不可能扩大奴隶制的规模……真是荒谬！我认为，其他国家是否施行奴隶制，应该由他们自己决定，这是他们的自由。为了国家的利益、人民的利益，同时也为了自由，我们绝不能人为地延长奴隶制的生命，当它在土生土长的地区无法持续下去的时候，更不能提供新的生存环境给它！"

在这一时期，林肯为了使演讲更令人信服，采用了很多睿智的论证方

LINCOLN

法。例如:"如果甲能够证明,自己有权利让乙成为自己的奴隶,那么乙也可以说,自己也有权利让甲成为自己的奴隶。这时,甲可能会说,乙没有权利让我成为他的奴隶,因为乙是黑种人,而我则是白种人。难道肤色可以决定权利问题吗?难道你能说,肤色深的人就该被肤色浅的人沦为奴隶,这是天经地义的事?那么按照这种逻辑,你将被你出门后见到的第一个比你肤色浅的人抓去成为奴隶。可能你又会说,除了肤色,智力也是很重要的一个因素。那么再按照这种逻辑,你将被你身边比你聪明的人抓去成为奴隶。经过上面的一番论证,你现在可能会这么说,因为它涉及个人利益!但是,如果你为了个人的利益让别人沦为自己的奴隶,那么别人也同样可以根据他的利益让你沦为奴隶……"这种睿智的论证方法,被人们称作"苏格拉底式"的。

很多时候,林肯会根据听众都熟悉的场景,选择一目了然的例子来证明奴隶们完全有权反抗:"马蜂们非常辛苦筑就的巢,如果遭到偷袭,它们一定会和任何一个偷袭者做殊死的搏斗。同样的道理,就算是最迟钝最朴实的奴隶,为主人卖命,被主人毒打之后,也都非常清楚自己所受到的不公正待遇。虽然大多数政府都坚持人人平等,但是只有我们的政府已经开始努力,将要把人人平等的权利写进宪法。很多人都认为,奴隶们既无知又低贱,根本没有能力与我们一起管理国家。但是我们认为,只要给他们机会,这种情况是有可能的。我们可以尝试着去改善他们被压迫、被奴役的境况,去启发这些四肢发达、头脑尚未启蒙的奴隶们。总有一天,胜利属于我们!"

在这期间,曾有一个奴隶主组织的党派不怀好意地聘请林肯做律师,起诉一位医生,原因是这位医生收留了一个逃亡的奴隶。而当时,医生也想请林肯为他辩护。一时间,林肯不知道怎么办好。当医生知道了林肯不知所措的原因后,叱问林肯几句后,愤然离去。两个小时后,当林肯派人告诉他答应为他辩护的时候,那个医生已经请了别的律师。林肯于是只好做了那个党派的顾问。在法庭上,当别的律师不敢替医生说话时,林肯则站出来,千方百计地替医生说话,最终赢了这场官司。医生无须受到刑罚,而奴隶主则受到了严正的申诉。奴隶主没有付给林肯报酬,气冲冲地溜掉了。

林肯艰辛的童年时代,使他产生了社会福利的思想;在新奥尔良看到受奴役、受压迫的黑人同胞的悲惨境况，使他萌生了解放黑人的思想；经过分析社会上的各种现象后，这两种思想又得到了深化。我们可以在林肯的很多文章中找到这种社会福利的思想："……虽然从古到今，一直都是一部分人劳动，一部分人坐享其成，而且从来没有间断过。但这种现象绝对是不公平的，作为文明人我们不能坐视不管，不能让它继续发展下去。劳动是每个人应当承担的责任，我们不应该把它转嫁到别人的头上。劳动创造出来的东西绝大多数是美好的，它也应该属于那些为之付出劳动的人们。尽可能多地给每一个劳动者报酬，或者给他们大体相当的劳动报酬，是一个称职政府的职责。"

上面这段话是1848年欧洲革命前夕林肯在一次旅行中说的。这一席话正确地估计了当时的形势，同时也表现出了一个改革者的超前思想。林肯对白人的福利思想早了别人整整半个世纪，解放黑人的思想也比其他人早了很多年。当时，就连那位高瞻远瞩的亨利·克莱也认为，美国当时的情况还不够成熟。

在此次竞选中，亨利·克莱这位身居要职的国家领导人就像八年前一样，再次败给了一位只会纸上谈兵的无名晚辈。但是，林肯的名声却因为这次竞选活动大了起来。

一次，林肯与对立政党的一个发言人都想赢得一位农妇的好感，他们知道，要想获得选票就得善待选民，尤其是女性，因为她们对男人们的投票起着举足轻重的作用，而刚才的那位农妇的丈夫在当地很有威望。但是不管二人怎么讨好，她都熟视无睹，径直去了牛棚，给奶牛挤奶。被晾在一旁的二人紧跟其后，也去了牛棚。那位民主党的竞选演讲人把农妇手里的挤奶器抢了过来，要帮她挤奶，并且洋洋得意地看着对手，自以为占了上风。然而，当他挤完奶回头看的时候，却傻眼了，眼睁睁地看着那位农妇和林肯一起走进了屋子。原来，林肯利用他挤奶的十分钟时间，给那位农妇讲了几个非常有趣的小故事，赢得了农妇的好感。

对于亨利·克莱的这次失败，林肯只是幽默地说道："虽然我衷心地希望克莱能当选，但是现在只能对这一结果深表遗憾，并对民主党人所使用的种种伎俩深恶痛绝。当时作为竞选演说人的我，每天都要做数十场的演讲，而且连续六个星期，天天如此。尽管我对自己的演讲才能充满信心——这是丝毫不用怀疑的——但是我不能保证自己能像道格拉斯之辈一

LINCOLN

样,同一件事情一天讲上数十遍而不糊涂。总之我一直对这个任务深怀怨气。唉!可怜的克莱仅获得那么寥寥的几票,被鲍尔克远远地甩在了后面。现在我已没有怒气可言。然而,只要我单独静下来,似乎又听到了自己在某处充满激情地演讲。"

11 当选众议员
LINCOLN

林肯终于下定决心去华盛顿闯荡了。他等待了四年之久才获得国会的提名,当时仍有人认为可以不费吹灰之力就把这个大个子排挤出去。在这四年中,要不是他那位野心勃勃的妻子在身边不停地鼓励、支持他,说不定这一次他还是不能如愿。为了把所有精力都用来竞选,林肯放弃了党内职务,放弃了律师事务所的事情,全心全意投入到竞选活动中。这时,已经年近三十七岁的林肯似乎比以前任何一个时期都精力充沛,为了获得更多的选票,他还做了很多新的尝试。他不断地写信给朋友,给每一个熟识的人,以获得他们的支持。他似乎也被玛丽·托德那股不达目的绝不罢休的劲头感染了,事实上玛丽的确对林肯的事业起了很大作用,在林肯以后的一些伟大计划中,这一点表现得更明显。

在竞选过程中,林肯曾给本地区一位很有威信的人写过这样一封信:"您可能已经听说了,因为辉格党进入本地区的名额有限,所以我不得不和哈丁将军竞争这有限的名额,而他代表辉格党已经参加过一次议会了。我认为:不同的政局形势,应当有不同的人选进入国会。不知道您是否也认同我的看法,如果您的答案也是肯定的,我将非常高兴。"

在给朋友的一封信中,林肯这样写道:"……我完全可以放弃。但是,在目前这种形势下,要我给哈丁让步,是绝对不可能的!对于我来说,给他让步就等于给一个想要毁灭我的人让步。哈丁将军待人宽厚,头脑聪明,又有很高的天赋,而且对工作充满热情,一直以来我都是这么认为的,今天也一样。从公平的角度来说,我们每个有能力的人都应当有机会轮流进入议会,为国家效力,但是,这一点却遭到了哈丁将军的反对。如果您有时间的话,麻烦您在信中告诉我一些关于您管辖选区的前景问题。

此外，请您把上次向我提过的您的几个辉格党朋友的名字寄给我，我会以恰当的方式给他们写信，争取他们的选票。我必须竭尽全力地为自己争取选票，否则我将输给哈丁。"

这个向来害羞、懂得放弃的大个子，终于被自己的雄心以及信心推动着，卷入到政治斗争中去了。他如愿以偿，在刚刚起步不久的彼得斯堡获得了提名。十年前，他曾作为土地测量员来到彼得斯堡，在这儿待了近一个月，期间认识了很多当地的居民。

林肯对政治的狂热一发不可收拾。为了取得更多人的信任，他写了很多信给别人，有时还表现得很急："最近听说，有一个选区的投票将影响整个竞选的结果，但是，这个选区的人民却对我疑虑重重，据说有人暗中诽谤我。您知道是谁吗？请您接到信后，立刻给我回信，我迫切地想知道您了解的一切，尤其是那帮反对我的人的姓名。"

林肯进入议会后，遇到的第一个竞争对手就是一个极具杀伤力的人——大名鼎鼎的牧师卡特怀特。据说，至少有一半的伊利诺伊州人听过他激情洋溢的演讲；在南部，他比任何一个北方候选人都受欢迎；在宗教方面，他曾在无数个地方布过道。那么他将如何对付林肯这个政敌呢？卡特怀特曾说过这样一句话："林肯除了不是基督徒外，几乎无可挑剔。"林肯的确不属于任何一个宗教组织，人们可以说他是一个无神论者，也可以把他归入任何一个宗派。其实，林肯曾去过教堂，并就某些基督徒待人不宽容做过一次演讲，批评他们对待那些有罪过的人过于刻薄、严厉，并不是在真心帮助他们改过自新。

一次，那位对政治充满热情的牧师在教堂布道时，为了打败对手，耍了一个小小的伎俩。

"请问在场的人们，哪位死后不愿下地狱？"牧师问道。

"请不愿下地狱的人都站起来吧。"牧师接着说。所有人都站起来了，除了林肯坐在那儿一动不动，因为他早已发现牧师问此问题的险恶用意，他可不愿意受牧师的摆布。牧师让他站起来，挖苦道："那你死后想去哪里呢？"林肯回答："在这里，我只是一个安静的听众。有关宗教，我认为这是一个非常严肃的问题，所以我没有轻率地回答您刚才提出的问题。但是既然您现在点名问我了，那么我告诉你，我想进入议会。"林肯的回答不仅让对手哑口无言，而且还为自己赢得了一些选票。

LINCOLN

由于"美墨战争"还在进行中,作为辉格党成员的林肯在一次大型演讲中号召所有公民为国而战。尽管辉格党当时反对这场战争,但是既然已经开战,就得一切以国家利益为重,为了响应号召,所有辉格党成员都将亲自或派自己的儿子参加到战斗中去。

但是后来,林肯那种一分为二看问题的方法,又使他反对这场战争了。

林肯被选入下议院时,所有人都被他获得的票数惊呆了。在此之前,还没有一个辉格党成员,包括克莱也没有获得过这么多的选票。更让人吃惊的是,辉格党给他二百美元的竞选经费,他只用了七十五美分,交回去了一百九十九美元二十五美分。真是让人难以置信!七十五美分能干些什么呢?林肯解释道:"因为我总是骑着马去各处演讲,所以没有什么花消,至于那七十五美分,我给几个农民买果酒了,所以现在我只能交回一百九十九美元二十五美分。"

经过四年的等待,林肯终于达到了他的第一个目标,朋友们都为他感到高兴,但是他本人却显得非常平静。他给朋友斯皮德的信中这样写道:"我衷心地感谢朋友们为我所做的一切。虽然我如愿以偿地进入了议会,但是有一点我必须承认,我并不满意竞选结果……"这就是一个理想主义者达到目标后的感受。

12 坚持原则
LINCOLN

这会儿,玛丽感到幸福极了。一想到自己的丈夫进入了国会,就笑得合不拢嘴,对此她渴望太久了。虽然1850年的华盛顿还没有建立起良好的秩序,垃圾、牲畜随处可见,但是玛丽却非常喜欢住在这儿。因为在这里,她可以一睹美国国会大厦的风采,见到自己从小就仰慕的大人物。另外,站在国会大厦的游廊上,透过玻璃窗就可以看到自己丈夫的席位,简直像做梦一样。看着那些独自驱车去白宫的妇女们,玛丽既羡慕又嫉妒,她终于也要去自己在梦中见过无数次的白宫了。

矗立在玛丽眼前的白宫可比她在梦中看到的朴实多了,四周没有围杆，看上去简单而自由，但又不失高雅。它就在自己眼前，不再遥不可及：这是总统的房间，前面是办公室，再往前是前厅，往左一点就是宴会大厅。当年，作为国家第一夫人的波尔克夫人不就是在这儿接见来访的各位官员吗？她像欧洲女王一样，受到所有人的尊敬。波尔克夫人当初的选择是多么正确啊！玛丽心想：总有一天，我将成为这幢房子的女主人。

造访完白宫后，林肯夫妇就开始忙着搬家。由于他们拿不出多余的钱住大公寓，只得搬进一间小得不能再小的房子里。在这里，玛丽作为一个毫无名气的外乡人的妻子，不可能得到别人的敬重，而且她也清楚地认识到，就算在斯普林菲尔德无人不知、无人不晓的人物，到了华盛顿后，也只属于无名小卒，因为全国的大人物都聚集在这里了。面对残酷的现实，玛丽感到非常失落。在别人眼里，那个大个子是谁？

"什么？道格拉斯先生？你说他也来到这里了？"没错，这个精明强干的小个子也进入了国会大厦，他进入了参议院。比起林肯来，人们对他的评价更高，所以当玛丽再次听到这个名字的时候，难免有些想法。经过辉格党的不懈努力，在这届议会中，辉格党成员首次占了多数。

过了一段时间，玛丽回娘家去探亲。这一走，孩子们的饮食起居就得由林肯负责了，而且还得想着给孩子买袜子之类的事，真是烦透了！又过了一个星期，玛丽还没回来。林肯只好给玛丽写信，向她建议家里应该雇一个保姆。他用"孩子们期待着你的亲吻"作为结束语，提醒玛丽早点回来。当时，林肯和玛丽的婚姻生活过得还不错，就连一向反感玛丽的赫尔顿也这样说："玛丽曾说，'从外表上看，林肯长得的确不怎么样，但是他的心地却特别善良，待人也非常宽厚'。"

刚进入议会的时候，林肯总是一声不响地坐在一旁，观察着同事们，观察着自己将来的听众。过了几天，他才加入到谈话的行列中。在这以后，同事们便能经常听到这个陌生同伴讲故事了。很快，整个国会大厦的人都知道了擅长讲故事的林肯。

在给赫尔顿的一封信中，林肯这样说道："前不久，我就邮政问题作了一次简短的演讲，当时我紧张极了，就像第一次上法庭一样。你也知道，邮政问题根本不可能引起人们的关注，我之所以这么做，完全是为了引起人们对我的注意，借此来提高名望。我知道，大家都希望我能尽快在这个人才济济的地方脱颖而出，所以我决定要作这样一次演讲。"林肯性

LINCOLN

格中的诸多优点在这段话中表现得很充分，比如：头脑冷静，遇事从容不迫，乐观、风趣。

林肯的第一次大型演讲，是在第二年的第一个月份。当时，"美墨战争"已经分出了胜负，美国必胜无疑，但林肯还是坚决反对这场战争。就像他曾经说的，"谁都无法强迫我认同我认为不对的事情，即使你们放逐我的灵魂，让它永远不得超生。因为我这一生，只为真理和正义而奋斗。"但是，林肯的这种正气，将把他拉到一个危险的边缘。

军队在墨西哥大获全胜的关键时刻，林肯却跑到讲台上，大声疾呼，这是一场不正义的战争，是一场侵略战争。两个政治阵营的人都被林肯这一举动得罪了：一方面，由于他把发动战争以及国家的损失都归罪于总统，所以很自然就得罪了民族主义者；另一方面，他也得罪了自己所在党派的极端人士，因为这些人主张以一切方式支持军队。

当林肯站在讲台上讲述"侵略战争"这个危险概念时，他甚至向总统提出这样一个问题："总统先生应该诚实坦率、简要地用事实回答这个问题，而不是用空洞的论证来搪塞自己的国民。他应该非常清楚，坐在国家的第一把交椅上，就应该用符合这个身份的态度来对待这个问题。对于总统先生来说，还有什么能比自己人民的利益更重要呢？所以请我们的总统先生不要再顾左右而言他了。我要问的是，这场战争的第一滴血是不是抛洒在我们的国土？如果是，总统先生能不能证明？假如总统先生能证明，那么这场战争无可挑剔；但是，如果他以任何理由拒绝回答这个问题的话，那我就只能认为，他拒绝回答是因为他已经心虚了，知道自己理短，害怕遭到人民的谴责。从一开始，他就没安好心，一心想挑起两国的战争，企图用辉煌的战绩去蒙蔽人民的双眼。本来，他认为这场战争可以速战速决，但是没想到打错了如意算盘，因为墨西哥并没有他当初想象的那么脆弱。这个总统简直就是一个战争疯子，发动战争，并且在这条路上越走越疯狂。现在面对血流成河的战场，他终于束手无策了。上帝保佑，幸好还可以让我们看到，这个人的身上除了疯狂之外没有什么更邪恶的东西。"

林肯就是以这样的勇气、激情、真诚，充满正气地第一次站到了全国人民面前。在他抨击总统之后，没过几个星期，这场战争就以美国的大获全胜而告终。而在此之前，像林肯这样睿智的人，又怎么可能没有预见这样的结局呢？墨西哥割让土地，美国象征性地支付一千五百万美元的赎金。诚然，林肯的演讲不仅仅是出于自己的正义感，同时也是党派在政治上的考虑，毕竟开始时，辉格党是反对这场战争的，而在大获全胜之际至少应该从道义上向公众解释为什么当初投反对票。

整个华盛顿都沉浸在胜利之中。凯旋归来的泰勒将军自然而然地成为下届总统候选人。虽然总统作为最高统帅受到宪法的保护，但尽管这样，林肯的抨击也在公众中引起了很大反响。

然而，林肯的举动并没有得到任何一个人的理解，包括他的妻子和朋友，而且在十几年后，这位演讲者将再次遭到类似的谴责，从这里，我们不难看出这一切的悲剧意味。

在给赫尔顿的信中，林肯写道："总统发动的这场战争是违宪的，而且没有必要，劳民伤财。虽然你认为我的做法非常不恰当，但是我可以对天发誓，要是你处在我这个位置，你也一定会这么做的。在真实与谎言两者之间，我们只能选择一个，难道你要因为外界的压力违背自己的良心，去同意那些充满罪恶的提议吗？……我们的真实想法，应该毫不隐瞒地告诉公众。我认为，宪法之所以规定，由议会决定战争与和平的问题，而没有把这个权利交给总统，就是因为，过去实在有太多拥有这种特权的国王，把自己的人民推进了战争的深渊，使他们饱受战争的摧残。正是因为英明的先辈们看到了这种特权的弊端，所以才以法律的形式排除了个人拥有这种特权的可能。但是他们当年的意图此刻却遭到亵渎，总统又一次像当年的国王那样……如果您现在对我的信不再感到害怕的话，那么请您再认认真真地重读一遍，而后写信告诉我您对这件事的真实看法。"

这封信并没有使林肯得到朋友的理解，因为林肯给赫尔顿的回信中这样说道："读了您的回信，我非常伤心。我想，您一定误解了我做这件事的动机……"

比起以前，林肯现在的处境不知好了多少倍，但是他依然很孤独。在给老家的一封信中，他这样写道："斯蒂芬来自佐治亚州，他长得很瘦小，得了肺结核，脸色非常不好。刚才，他足足和我谈了一个小时。这一次交谈留给我的印象实在太深刻了，就连我那干涩的眼睛都再一次充满了泪水。"但在当时，谁又能预见，几年以后当他们再次见面的时候，今日的朋友却变成了敌人呢？

这次被选进议会的林肯太值得人们敬仰了！众所周知，他从不营私舞

LINCOLN

弊，也不利用手中的权利为无才之士谋求职位，因为对他来说，国家的利益高于一切。但是如果有人有求于他，他又不忍心拒绝。没有办法，为了消除顾虑，他只好规定，自己的推荐书可以撤销。

过了一段时间，就有这样一个故事在斯普林菲尔德流传开来：

林肯的一个选民请他帮忙谋求职位，但遭到他的断然拒绝，而且还写了一封信给这位选民："刚刚结识您时，我对您非常友好，也期待着您能用同样的方式对我。有关去年夏天的事情，我已经解释得非常清楚了，拒绝对您的推荐，我也是不得已。但是事情过后不久，我就从一个非常可靠的地方听说，您因为此事公开诽谤我。这让我感到太意外了！所以当我接到您上一封信时，我就问自己，究竟是您在诽谤我的同时利用我呢，还是我听到的是谣传？如果是前一种情况，那我就没必要给您回信；但如果是后一种情况的话，我就一定得回信给您。对此，我一直拿不定主意。顺便，附上一份我对您的推荐书，可能对您有用。"

此时此刻，这样的话，只有像他这样独自坐着长凳，面对人头攒动的大厅仍然镇定自若的观察家才能说出。但是他的选民们呢？只会坐在家里对这位候选人叹气，因为林肯拒绝为他们谋职。但这也完全是他们自身条件不够啊！可是，假如林肯不能满足自己的选民，那选民又有什么理由选他呢？"真诚的亚伯拉罕"只不过是一个美好的称号罢了。在这个务实的社会，人们只知道知恩图报，像他那样不懂人情世故，选民们又怎么愿意选他呢？

13 纵横国会
LINCOLN

就在这座维护自由的美国国会大厦旁边，在议员们透过窗子就能看到的那个地方，有一个奴隶市场。对此，林肯是这样描述的："那里简直就像'马圈'一样，停留了数以万计的黑奴。在这里他们不是被买卖，就是被运到南方的市场上去。"在华盛顿，这种违背道义的现象比在南部更让人不堪忍受。

林肯决定在国家的中心向奴隶制发起首次攻击。在一项提案中，他列举了奴隶制的桩桩罪行。林肯认为，第一个禁止奴隶制的应该是哥伦比亚，同时在这个过渡时期，还应该建立一个暂时的教育体系，以方便那些奴隶的子女们接受教育。如果这项提案通过了，从法律上规定禁止奴隶制，那么奴隶主们必将遭受致命打击。不过，这样的一项法案是需要全民表决才能通过的。

在这项提案中，林肯完全公正有度，批判有序。他没有抨击任何一个人、任何一个政党、任何一种体制，因为条件还不成熟，而且在当时的情况下，体制也不允许大革命，特别是这种变革能够引起社会巨大的震荡时，那就更不允许了。"维护合众国的团结和统一"是林肯这一次提案的前提条件。

"由于我们的祖辈们"像十年前一样，林肯现在仍然这么说，"在蓄奴州里，没有禁止奴隶制，因此我们现在也不能这样做。然而，在祖辈们根本不可能想到的新成立的地方，我们一定要建立起自由、公正的法律制度。"当时的加利福尼亚地区被许多淘金者挤得水泄不通，因为那儿将会成为一个新州。南部奴隶主对林肯的话极力反对，因为当时整个合众国的蓄奴州和非蓄奴州各有十五个，正好势均力敌，如果在加利福尼亚这个聚集了全世界冒险家的新州禁止奴隶制的话，那么目前的均势不就被打破了吗？而刚刚纳入合众国的德克萨斯州，就更不可能成为蓄奴州了，因为早在墨西哥统治下的时候，它就不存在奴隶制。

林肯针对哥伦比亚特区的提案，让华盛顿人与南方都不满。这个社会崇尚奢靡放荡，成千上万自认为是城市共同决策者的人们，过着比他们祖辈更奢华的生活，还有那些南部的绅士们，不仅进入了国会，而且马匹成群，奴仆无数，他们的生活目标就是拥有权利。试想，在这种社会环境中，谁会去响应林肯的主张呢？他不适合华盛顿！他与这里的人走的不是一条路。没过多久，社会舆论强烈要求撤销林肯的个人提案，众议院的领袖们也有意避免这个问题在议会中展开讨论。就这样，林肯的提案一直被束之高阁。那些不怀好意的人甚至希望林肯在下一届的选举中落选。事实也的确如此，林肯在历经十二年的磨难后，才重新踏上华盛顿的政治舞台，并且在这一提案的基础上，建立了有效的法令。

林肯进行政治活动，以及处理人类解放问题的时候，都是为了一个共同的目的——维护真理和主持正义。

LINCOLN

有一次，在众议院有关国家管理问题的讨论中，林肯说道："海军是国家的公共机构，但是它却使某些地区拥有特权，像那些沿海州，这对像伊利诺伊那样的内陆地区是不公平的。国家的每个公共机构都应该发挥它的作用，给地区带来好处，但是我们绝对不允许有哪个地区阻碍公共利益……一个国家，有权收回可能会带给某个地区好处的措施，但地区却没有权利以会给国家带来益处而拒绝国家下达的任务。否则，各个地区都可以跟国家讨价还价：如果你不为我的利益考虑，那我也不管你。我们可以仔细地考虑一下，这种想法将给正常的发展带来多大阻碍？而且，这种危险的想法由于是新事物，很容易被人忽略，更重要的一点，它是不公正的。我们怎么能对这种不公正的现象放任自流呢？如果对此仍不警惕的话，总有一天我们会被迫解散政府……既然国会大厦是在公共利益的基础上建立的，就一定得为公众办事。很明显，华盛顿的商人比伊利诺伊州的商人获利更多，为了杜绝这种情况的再次发生，必要的时候，我们应该解散议会。"

从林肯所举的每个事例、每个比喻中，都可以体会到他那充满正义的思想。然而，坐在旁边的务实者们，却用一种狡猾的目光打量着这位演讲者，他们是绝对不会用这样锋利的言语来评价世事的，他们只会在权衡利弊得失之后，在体制允许的情况下，做出判断。

突然演讲者改变了他的风格，以嘲讽的口吻继续他的攻击。演讲中，他这样说道："在我引用到一些关键例子时，比如提到为了满足一小部分人的利益而使公众蒙受损失，提到由于人们对于总统的崇仰而出现的一些不公平的现象，但这绝不是针对总统本人的。一个煤矿工人拼命挖一天煤，只能得到七十美分的报酬，而总统先生坐在办公室想一些空洞的理论，每天却能拿到高达七十美元的薪水，这多么不公平啊？从表面上看，煤要比那些空洞的东西实用多了。难道就因为这个原因，我们让总统辞职？很明显，没有必要。检验一个人成败与否的标准，不在于他的行为带来了多少弊端，而是要分析他工作的成果，是弊大于益，还是益大于弊。可以这样说，在任何事物，尤其是政府里的事情中，利弊都是同时存在的，所以在考虑事情时，必须得同时考虑利弊两方面的因素。"

在这一讲坛上，像这种激昂的声音可不是能够经常听到的。这种技巧他是从哪儿学到的呢？他好像是尖刀上的舞者，却没有让自己受伤。这与他几十年的勤奋自学，与他实现自己理想的经历有关，同时也是他善于观察社会的结果，这比他在学校里学的东西更多、更真实、更丰富、更重要。正是在那段时间里，林肯学会了对人和事进行比较、分析的技巧，学会了放弃。

当时新一轮的大选即将拉开帷幕，在这种时局不清的情况下，两党派均做出了非常奇怪的决定：向来反对战争的辉格党，现在却出人意料地提名泰勒将军为总统候选人，而泰勒本身就是奴隶主，从来没有公开表示过对奴隶制的看法；而民主党人却推荐了毫无声望的卡斯将军，并且还讥讽辉格党被一位将军控制在战袍之下。对手的这一抨击，正好引发了林肯的幽默感，他这样还击道："对你们来说，杰克逊将军的衣袍显然不够大，因为所有民主党人都依附在他的衣摆下，死也不肯离开。有人曾夸口有一种发明，可以从一个老人身上变出一个新人，剩下的料还可以做一只小狗。对民主党人而言，杰克逊将军就具备这种能力。你们利用这种能力，不仅使他两次成为总统，而且还用剩下的余料，使后来几个无名小卒也坐上了总统宝座。而如今，你们将再次依靠它，让另一个人当选总统……当然，也有议员说，使用这种方法无可厚非……我不想因为此事挑起一场争论，只是我认为有一点一定要告诉各位先生，使用卑鄙的比喻就好比参加赌博，说不定什么时候你们就会尝到自己酿的苦果……"

"当听到你们讲述卡斯将军的英勇战绩时，不由也让我想起了自己的过去。你们或许还不知道，我曾经也是一位战斗英雄！在黑鹰战役期间，我也浴血奋战过。斯蒂尔曼战败时，我并不在场，但离现场并不远，就像赫尔投降时，卡斯将军也离他不远一样。我们两人都在战后看过那里的战场。但是，我并没有毁掉我的佩剑，因为我根本没有佩剑，只是有一次我把枪弄弯了……举个例子来说，如果卡斯将军曾目睹过印第安人血流成河的战斗场面，那他比我强，因为我从来没见过。作为弥补，我曾被迫与蚊子奋战过，不过我并没有因为失血过多而晕倒，但是我却不得不常常忍受饥饿的困扰。如果民主党的朋友们想以我的过去夸耀我，并提名我为他们的总统候选人的话，我会坚决反对，因为我觉得他们是在嘲笑我，讽刺我，就像他们不遗余力地美化卡斯将军的战斗事迹一样。"

林肯的演讲技巧已经达到了炉火纯青的地步，他根本不用唱高调、喊口号，只需要用自己的亲身经历就能把问题说得很透彻。起初，他拿自己在战争中的经历开玩笑的时候，听众们还弄不清方向，不知道他矛头指的是谁，但是越往后越能体会出，其实在一开始，林肯就对对手进行了尖酸的讥讽。这些演讲技巧只不过是林肯掌握的众多方法中的一种罢了，很快，他又转用风趣的统计法来奚落对手：

"就在刚才，我的一个朋友忽然想起了一件事，让我在这里告诉大家。卡斯将军曾是某次冲锋作战的统帅，但不是去攻打敌人，而是进攻国库。他曾是密歇根州的执政官，是管理印第安事务的官员，任期一共是十七年九个月二十二天。任职期间，他的开支高达九万六千零二十八美元，这样算下来，他在任期里平均每天的支出是十四美元七十九美分。如果要使这些假设成立的话，那只有一种可能，就是他得在同一个地区担任好几个职务，并且同一时间里，在不同的几个地方同时消费。令人更吃惊的是，卡斯将军身兼七个职位，既不需要秘书，也不需要办公室……"

"现在，我想向大家介绍一下这位将军令人吃惊的强壮体魄：他不仅可以同时做很多种工作，而且还能在相距数百里的两地同时吃饭。从1821年10月到1822的5月，这位先生每天要在密歇根州吃十份饭，那可是十份饭啊！假如是在华盛顿，相当于每天吃掉五美元，然而他身处两地之间，又怎么能吃上这些饭呢？经过调查，我终于找到了答案：他根本不用掏腰包，因为有人付账……我曾经看到过这样的情景，在两座干柴堆中间，有一只快要饿死了的小动物。但是我认为，这位将军是绝对不会遭遇这只小动物的悲惨命运的！就算他身处两座相隔上百里的柴堆，也照样能狂吃暴饮，只是路边的绿草遭了殃。我的上帝！各位先生们，难道你们希望这样一个人当选总统？我想，他惟一能给你们的就是他的残羹冷炙。"

这些令人难以相信的事实，从林肯嘴里讲出来，就像童话故事一样。他达到了目的，卡斯将军不可能当选总统了。一家报纸是这样评价林肯的：林肯先生的演说是多么幽默啊，使得整个大厅笑声不断。他的演讲风格实在太独特了，他来来回回在讲台上走动着，不停地打着各种手势，每次讲到一段结尾时，都会忽然走到大厅中间记录员的旁边。之后，又走回去，开始新的内容……"

所有人都耳闻目睹了林肯那惟妙惟肖的演讲，这位演讲者并不像报纸上评论的"像个小丑，只是为了迎合观众"，他完全是靠他的思想和观点来折服众人。

14 失意
LINCOLN

虽然玛丽在华盛顿不怎么引人注意,但是当她挽着丈夫的胳膊出现在芝加哥时,她心中再次充满了希望,几乎所有人都知道,她旁边的高个子是伊利诺伊州的议员,因此非常敬重他们。

为了帮助泰勒竞选总统,林肯到处演讲。跟他以前在新英格兰演讲时差不多,刚开始时,只有寥寥数人,但是用不了多长时间,就有很多人跟着他为泰勒宣传了。这一次,林肯获得了比当年为克莱竞选时更好的成绩。

在芝加哥的这段时间里,林肯开始去了解东部地区的演讲风格和技巧,去了解反奴者们的想法,并且还结识了一位非常著名的波士顿演说家塞华德。当时,他们俩谁也没想到,十几年后,命运会把两人连在一起。在为泰勒举行的一次宴会上,"杰菲逊·戴维斯"这个名字引起了林肯的注意,后来在美国南北战争期间,此人成了南部联邦的总统。

在此期间,林肯还认识了很多大工厂主,他想通过对他们的观察来判断自己以前所知道的南北差异是否准确。他在参观了尼亚加拉河后,这样写道:"它那无穷的力量,发人深省,令人深思。一位地理学家告诉我们,安大略湖是尼亚加拉河的源头,而我们脚下的这片土地,它的历史也至少有四千年了……"每当看到大自然的奇异景象时,林肯的心头总是萦绕着一种非常浪漫的感觉。面对如此壮观的景象,林肯曾颇有感触,用开玩笑似的口吻对同行的朋友说道:"我心里一直都在想,像这样浩浩荡荡的水会从哪里来呢?"

就在这次竞选旅行中,林肯在议会的任职也到期了,不用再返回华盛顿。由于他对"美墨战争"的态度不得人心,在工作中不愿利用职权为不才之人谋职,以及撤回针对哥伦比亚所提的法案……总之,他那刚正不阿的性格使他失去了一大半选民,最终导致他在伊利诺伊州竞选失利。林肯那善良的本性使他在面对同仁们的恶意攻击后,也不会以牙还牙,因为:"我曾当众说过,我可以把机会留给我的同仁们,不再当候选人……当然,

LINCOLN

如果没有其他合适的人选,别人也愿意继续选我的话,我不反对。我的尊严是绝对不会让我靠一些小伎俩来获得选票的,因为那对于我来说是一种耻辱。"

尽管泰勒的竞选演讲并不出色,但是仍然坐上了总统的宝座。而林肯则非常不情愿地离开了这个全国性的政治舞台。虽然他非常不喜欢党内尔虞我诈的生活,但是他却非常希望留在国会,因为在这儿他可以了解到很多有关合众国的信息。对于林肯来说,难道华盛顿只是政治生涯的昙花一现吗?何时他才能再次回到华盛顿的舞台上去呢?他靠什么力量回来呢?难道是他那间总有很多麻烦事的办公室?还是他曾住过的小屋?或者是他曾发表过自己政治主张的报纸?

此刻,他的孩子们还是很需要他的。但是,夫妻俩却又经常因为孩子们学习上的问题发生争执。玛丽觉得,自己的所有希望都随着丈夫的落选化为泡影了。她的心又回到了那些曾使她充满激情的宏图大志里去了,她在纽约时,给朋友写信说道:"每次看到那些巨大的轮船驶向欧洲时,我的心里就非常难过,对即将到来的贫穷生活感到担忧。我常常嘲笑林肯:如果还有下辈子的话,我要嫁给有钱人。"

LINCOLN
第三章
斗士（1849—1861）

他在二十岁时目睹的那个站在卖主皮鞭面前，被买主充满欲望的目光紧紧包裹的裸体女奴，至今仍然让林肯感到恐惧。他已不再是当年那个年轻气盛的小伙子了，他在生活中也了解到了白人们的痛苦，了解到无论是什么肤色的人都有一颗饱经风霜的心。林肯的思想就是从这些经历的感悟中产生的，而他的目标便是：改变这一切。

LINCOLN

1 巡回法庭
LINCOLN

玛丽和林肯都非常失落。如果他是在战争中被打败的，如果他是一名领袖，正想养精蓄锐为下一场战斗做准备，而这个小城只是他两个战场之间喘息的场所，那就另当别论！但是实际上，他回家的原因是因为他的任期结束了。林肯觉得，自己就像一个刚上战场还没发一枪一炮就被撤下来的士兵。他辞去了州议会的职位，而且长期的离职也使他不愿从事律师的工作，本来足够维持家庭生活的收入如今又变得紧张了。那个曾经让林肯神采飞扬的舞台，此刻只剩下回忆，一想到华盛顿和政治，他就感到窒息。

让人感到高兴的是，他并没有一蹶不振，仍然努力着，为将来的再次冲锋做准备。在返乡后不久，他听说辉格党的一个机构刚迁到这里，就立即用口头及书面两种形式向州政府申请主管这一职位。由于政治原因，这个职务只能由辉格党中的伊利诺伊人担任。对于像林肯这样有过当农夫、土地测量员、船员、律师、议员等经历的人最合适了，而且收入也不错。为了感谢林肯曾经对自己的帮助，泰勒总统列举了十一条理由来推荐林肯担任这一职务。另外，为了谋得这一职位，他自己也给政界的朋友们写了很多的信件：

"尊敬的先生：请您帮我一个小忙，它不会占用您太多的时间和精力。我听说，辉格党的一个重要部门马上就要迁到伊利诺伊了，而且有人推荐布特费尔德去担任那里的主管。我想谈谈我对此事的看法，为了这件事而进行的选举将是政治上的错误，整个辉格党都会被它毁了……如果您愿意的话，麻烦您尽快给泰勒写信，让他知道，您认为这个职位最适合我或者由我推荐的那个人。当然，我的这一请求只限于伊利诺伊州内，如果您所在的州也有人想参加竞选的话，我是很愿意退出的。您永远的朋友林肯。"

在给另一个朋友的信中，林肯这样写道："事情紧急，倘若没有人制止的话，那个职位就是布特费尔德的了。假如您认为由布特费尔德担任这一职务会让所有的辉格党人蒙羞，会揭开他们在四十一年前结下的伤疤的话，那就请您赶紧写一封信遏制这件事的发生吧。请保守秘密。"

凭借着他出色的外交辞令，他分别给不同的人写了不同风格的信件。总体上看，这些信直截了当，谈的都是事件本身，只有一次提到了他自己以及他推举的人。可以说，他虽然是在谋求职位，却保持了一种令敌手茫然无措的冷漠态度。对这种行为，他的朋友赫尔顿这样解释道："林肯除了没有耐心以外，还有些自负，所以在某些时候他不能迅速变通自己的想法，而这种变通往往是获得某个职位的必要条件。"相对于以前想通过林肯获得职位的人的求职信，林肯的求职信非常简单、不卑不亢，没有丝毫趋炎附势的姿态。

其实，对于林肯来说，那个职位不算什么。那段时间，他曾说过这样一句话："我并不认为自己有能力坐上总统宝座，但是让我屈之次席，却又不足以弥补竞争对手们对我的蔑视。"从这句话中，我们可以读出林肯与外部世界的关系：骄傲、自信、忍耐以及敏锐的洞察力。像他这样的人，就算得到这份差使也不会觉得受宠若惊。

当他发现自己的申请书被朋友误解时，他感到非常害怕！因为他的一个老朋友兼老同事爱德华斯也想得到这一职位，当他看了林肯的申请书后，认为林肯背叛了他。在给他们共同的一位朋友的信中，林肯说道："看来，因为谋职一事，爱德华斯真的生我的气了，他还为这件事写了一封信给州政府。对我来说，生命中最美好的东西莫过于友谊，我怎么可能背弃和爱德华斯之间真诚的友谊呢？假如我想获得这一职位，早在别人提到布特费尔德之前就得到了，况且总统和埃文斯都在为我说话。但我一直都没有提出，当然也有一些别的原因，但我考虑最多的就是爱德华斯。如果我的退出可以让他得到这个职位，那么我很乐意这么做。如果因为这个职位让我失去了他的友谊，我会非常伤心。"

林肯的人品足以证明这件事情的真相。这件事真的令他非常伤心。他是如此正直，对朋友推心置腹，在他们面前从不隐藏自己的弱点，在孤独寂寞时更愿意到老朋友中间去。对他来说，这个职位无足轻重，但是面对朋友的背叛，或者看到某些官员抨击他惟权惟利是图，却让他深受打击。

最终，林肯和爱德华斯都没有得到那个职位。对此，林肯非常平静地写道："我一点都不失望，我曾经非常希望事情的结果能对我的朋友有利，使他对未来满怀信心，除了这以外，对我来说，都无所谓。至少我认为是这样的。"

LINCOLN

作为补偿，总统打算派林肯去最西边的俄勒冈州做专员。经过深思熟虑后，林肯拒绝了总统的好意。当然，在做这一决定时，玛丽的意见也起了很大作用。玛丽的判断是："假如我们接受了那个职位，去俄勒冈州那个偏远的地方做专员，就会长期拥有一个官职，但是这样一来，我们将永远没有机会重返华盛顿。"她宁愿待在这座小城里，在失落的阴影下过着前途未卜的生活，也不愿去俄勒冈做什么专员夫人。这至少说明了一点：直到现在，玛丽仍然对林肯的政治前途充满信心。

另外，玛丽还用一种特殊的方式对林肯施加了具有重要意义的负面影响。本来，幸福美满的家庭生活可以让林肯待在斯普林菲尔德，可是由于生活中繁琐的事太多，所以林肯更喜欢参加巡回审判，而讨厌待在家里。很明显，外出巡回审判更符合林肯那随意的像吉卜赛人一样的性格。那种浪漫的生活比起毫无活力的小城市、固定的吃饭时间、对家庭的责任等等这些让人窒息的规矩，不知好上多少倍。在这期间，曾有一位律师邀请他去芝加哥一起开律师事务所，但林肯假称自己得了肺结核，无法和很多人交往，拒绝了这一邀请。

比起以前，巡回审判的收入少得可怜。即使这样，林肯也非常喜欢这份工作，因为这样一来，他至少有半年时间可以生活在外面，可以远离那张每天都让他感到压抑的方桌，远离在同一个城市、同一条街道、同一间房子、和相同的人一起生活的无聊。

现在，他的生活是多么自由啊！不用准时坐在桌前吃饭，不用听别人的抱怨，不用一天到晚规规矩矩地打着领带。

这个巡回法庭由四个人组成：一位法官，三位律师。他们从一座小城到另一座小城，不停地跋涉，不停地为当地人主持公道。通常天一亮他们就起来赶路，交通工具多是租几匹马或一辆破破烂烂的车。中午的时候，他们来到一个破旧狭小的法庭大厅里，不需要走任何过场，就可以展开他们的审判工作。村民们的纠纷大多是一些生活小事，不是谁打了谁，就是谁的地被别人占了，要不就是谁家丢东西了……在法庭上，犯罪者得到应有的惩罚，欠债人延期还清欠款，债权人的权益得到了保护。

十二个小时以后，大家便跑到当地的一家酒馆里去聊天喝酒。林肯的左边背着一只用各种颜色的地毯料做成的公文包，右边背着他那把破旧不堪、没了把儿的伞。大伙儿坐在一起畅所欲言，什么庄稼的收成、牲口的交易……这种时候，林肯就在旁边静静地听着，听村民们自己说他们想要什么，是轮船还是铁路？还是都很需要？听听老百姓们对保护税有什么意见，以及这一税制对这些小地方有什么影响。当林肯从一个粗俗的同行那儿听到一件新鲜事时，马上就有许多人围住他，大家都希望他能讲点什么，因为在上次开庭的时候，他们就知道了这个大个子是所有人当中最风趣的一个，还知道他有一个绰号叫"真诚的亚伯拉罕"。现在，所有的人，包括法官、律师、原告、被告、证人以及刚才还是对头的人们，都围住了这个装着一肚子有趣的故事的神奇人物。

赫尔顿说："有时候，他被两三百个听众围在中间，每个人都全神贯注地听着他讲故事，在默默地等着故事的结尾……他讲故事的时候非常投入，神态、动作都非常逼真。快要讲到故事的高潮时，你会发现，他那双灰眼睛闪着奇异的光芒，嘴角也泛出一丝笑意，连身体都有些颤抖，先前那严肃的表情也早已消失。当故事的高潮终于出现时，他自己会比其他人更兴奋，笑得更欢。现代的律师听到这些故事，可能会觉得非常粗俗……这些故事中，有一些不可能再听到第二次了，有一些寓意深远，还有一些是历史悠久的民间故事，只不过他在讲述的过程中把背景和人物更换了一下。每讲完一个故事，大家都会被他逗得前俯后仰，而且每次都会有一个傻乎乎的农民要过上半小时之后才能弄清楚故事的意思，于是整个大厅又因为他而再次充满笑声……这时，就连平时威严的法官也会忍不住笑出声来。但是几天之后，法官又威严地坐在法庭上审理一起严重的案子，而林肯则表情非常严肃地坐在一旁。"

当初林肯就是从这种普通百姓中走出去的，现在他又走了回来，并和他们有着千丝万缕的情感联系。林肯非常愿意跟百姓交流，他认为可以通过这种方式学一些东西。就这样，他从这个地方走到那个地方，走遍了整个伊利诺伊州，名声也传遍了整个州。这使他有了广泛的群众基础，正因为有着如此广泛的群众基础，所以十年后林肯才能获得竞选的成功。对于什么时间吃饭，每顿饭吃什么，他仍然不在意，就像二十年前那个在小城里给人伐木或卖纽扣的年轻人一样。那会儿，林肯是躺在商店的长柜台上读书的，而现在，和他同住一个旅馆的伙伴偶尔会看到，林肯跷着两条放在哪儿都过长的腿，听着同伴们有节奏的呼噜声，在微弱的烛光下读欧几里德直到凌晨两点多。有时，他会和法官下象棋直至半夜，之后便穿着他

LINCOLN

那件显得很小的法兰绒衬衣坐在床边，与法官讨论有关奴隶制的问题。倘若别人半夜醒来，他会看见林肯坐在床边，想着什么，还莫名其妙地说着："我想再和您说一遍，如果一个国家同时存在两种制度——奴隶制与非奴隶制，那它是无法长治久安的。"

参加流动法庭的那段日子，林肯总能学到一些新东西。当有人带来一台幻灯机的时候，他们会把它的某个部件拆下来，仔细观察它的构造；如果哪里开了一个流动展览会，他看完之后，总是急匆匆地赶回来，兴致勃勃地把在那儿见到的新奇电器讲给大家听。如果有时间的话，林肯还帮村民伐木，干一些杂活，因为做这些事对他大有好处。倘若在法庭上总以英雄形象出现的他也会干给奶牛挤奶这种活儿的话，那么他的当事人会更加尊崇他。

林肯、齐波尔、布郎宁以及法官戴维斯他们一行四人，长年累月地在一起旅行。旅途中，因为林肯的存在，大家都非常愉快。他们也跟林肯一样，对未来一无所知。他们四个人的政治观点非常相似，并且在经常性的讨论中互相影响、互相促进。一个新的党派正在他们几个人中间孕育，几年以后，这个党派将对美国的政治产生巨大影响。

在林肯的生活中，每当道格拉斯出现时就会有一些麻烦。不过，现在的道格拉斯可没有时间来捣乱，他更醉心于当议员，根本不想当什么法官、律师，他更愿意生活在华盛顿那个舞台上，经常出入国会大厦或是某个俱乐部，而不愿到林肯他们几个人呆的小木屋里来，更不愿行走在伊利诺伊州泥泞而窄小的街道上。林肯的这位老对手离法律界越来越远了，他对政界有着更强烈的欲望，而与此同时，林肯却渐渐地远离政治，又重新回到了法律领域。

2. 最优秀的律师
LINCOLN

"你应该竭尽全力地劝说你的邻居认真对照一下，让他们知道，有些人从表面上看是赢家，而事实上往往是输家，不管从金钱还是时间或是别的方面看，他都得不偿失。"作为一个待人宽厚、正直无私的律师，林肯有很多赚钱的机会，但他不希望挑起任何争端，"那样的人是最最令人厌恶的。打官司的人应该知道这一点：千万不要先给律师付佣金，最多只能付一笔小小的押金。作为律师，假如谁能控制住自己的欲望，没有被利益蒙蔽双眼，那么谁就能获得意外的收获。"

上述语句出自林肯的一篇有关现实权利的演讲笔记。林肯的处事原则，在这段笔记中表现得淋漓尽致。虽然他算不上是一个地道的法学专家，但他天生具有法律意识，他从来没有触犯过法律，不管在什么情况下都没有。只有从这一点上了解林肯的内心世界，才能更清楚地理解他的政治观点和行为。林肯的性格，在他所做的每一件事情中都得到了充分的体现。生活中发生的每一件事，林肯都非常重视，绝不睁一只眼闭一只眼，轻而易举地放它过去，他得对得起自己的良心。不管什么时候，不管在什么环境中，林肯就是林肯，他不需要跟任何人比。面对暴发户的阴谋，他毅然决定为一名穷困的妇女出庭辩护，为她争取合法的利益。在保护父辈的规矩免遭后人玷污、在为成千上万的非洲黑人争取解放的过程中，他一直坚守着自己的原则。

在他这种纯真的性情中，我们找不着一丝一毫的先知或是传道者的习气。高大强壮的体魄、艰辛的青少年时代、同权贵们进行的斗争、长年的颠沛流离、给别人做劳工以及长期缺乏安全感，这些都使他在社会这所大学校里变得更加坚强、勇敢，而没有因此变得冷漠。作为律师的他，非常清楚利用怎样的方法和技巧，采用讥讽、幽默或恶作剧让原告、被告或者证人说出事实的真相。

"请问您的名字是否叫 J·帕克·格林？"

"是的。"

"请问'J'是什么意思？"

"是约翰的意思。"证人回答道。

"噢！原来是这样！那您为什么不像通常那样叫约翰·P·格林呢？"这时，旁边的陪审员们都忍不住笑了起来。就在林肯拿证人的名字开着玩笑的同时，那个证人已经不再像先前那样害怕和拘束了。

有一次，在为一宗马案的辩护中，林肯的对手是自己当年的合作伙伴洛汉。一上庭，目光敏锐的林肯就发现洛汉把衬衫穿反了，就这样，林肯开始了自己的辩护："洛汉先生为了让这些忠厚老实的农民知道，他从那些兽医的课本上都学到了什么，就有关马的问题已经谈了足足一个小时

LINCOLN

了。但是，假如这位先生连衬衣都不知道怎么正确穿的话，那么他刚才所说的那些有关马的知识，又让我们怎么相信呢？"接着，林肯让洛汉转过身来，面对所有人。就这样，洛汉威风扫地了。

偶尔，林肯也会耍耍农民的小聪明。有一次，有个律师欠了别人二美元五十美分，像这样的零头他一般都不愿意付，因此愤怒的债主决定要通过法律途径解决此事。当债主请林肯做他的律师时，林肯劝他说："您一定要考虑清楚啊！如果您一定要打这场官司的话，您得到的还不够打官司花的钱呢！"

"没有关系，我愿意！"

"那好吧，请您现在就付给我十美元作为代理费。"

林肯拿着这十美元找到了那位欠债的同行，跟他一起把这十美元分了，并让他用分得的钱把那二美元五十美分的债还了。就这样，一场争执被平息了。

有时，林肯也会通过自己出色的表演才华，在法庭上取得胜利。尤其是当案子和一些生活的琐事联系在一起的时候，那么他的表演对官司的胜负就有更大的影响。例如：一个人打了另一个人，定案的关键问题是弄清楚谁先动手。

"我的当事人扛着一个粪叉在路上走着走着，突然从背后窜出一只恶狗要袭击他。他只是想用粪叉把狗吓跑，谁知一不小心失了手，把狗叉死了。"

"他凭什么要叉死我的狗？"

"狗凭什么要咬他？"

"他明明可以用粪叉的另一端把它吓走，为什么要用这一端叉死它呢？"

"那为什么狗要用它的牙而不是屁股去袭击我的当事人呢？"

这时，林肯翘起了屁股，学着狗的样子一蹦一蹦，倒退着向陪审团奔去，似乎在用"尾巴"向他们示威。凭着这极富戏剧性的一幕，林肯赢得了这场官司。

虽然林肯看过的法律书很少，但是这却可以让他更灵活一些，不受条条框框的限制，不过，他从来不用诡辩术。像林肯那样简单明了，甚至像他那张脸一样粗线条的句子，往往最能打动这些从群众中选出的陪审团。有人甚至这样说，林肯有时候对对方律师的观点、论据掌握得比对方本人更清楚，然后找出它们的破绽将其各个攻破。在这个过程中，林肯那善于比较的习惯便起了作用。他凭借一种律师们少有的客观性考虑双方的利益，因而，比起那些只顾本方利益的律师，法庭肯定会更信任林肯。

由于林肯性格中天生就具有诗人气质以及刚正不阿的品质，因此他本来可以成为一个最好的法官，不过到了最后，他成了整个合众国的"法官"。他的同事们说，如果林肯在法庭辩护中觉得自己辩护的一方无理，那么他就会成为一个没有一点战斗力的律师；如果他在接受案件之前就发现了这一点，他便会断然拒绝为其出庭辩护。有一位女士为了让林肯代理自己的案子，给他汇来二百五十美元，然而，林肯却原封不动地将钱退给了她，并留下这样一句话："对于您的要求，我一点办法也没有。"一次，他把一个寻求帮助的罪犯带到一位同事那儿说道："他有罪，我的原则不允许我给他辩护，但是您能够做到。"还有一次，在诉讼之前，他和对方的辩护律师谈起了他们正在处理的案子，仔细听了后，他觉得对方辩护律师的话很有道理，于是他对那位律师说："我认为，我的当事人是没有道理的，我将极力劝说他取消诉讼。"

当然，林肯偶尔耍的那些幽默的小把戏绝对不会超过道义的界线，就好像骏马害怕一种无形的障碍一样。有一次，赫尔顿受理了一个案件，当他听说对方律师对这件案子根本没有信心，怕这怕那，于是就决定吓唬吓唬他。赫尔顿把这个想法告诉了林肯，林肯问道："你真的想吓唬对方吗？"当得知赫尔顿只是想搞一出恶作剧，并不是出于恶意时，林肯非常满意："不是？那就太好了。我们绝不能那么做。恫吓别人和欺骗别人有什么区别呢？这个想法一定不能让别人知道，说不定在本次诉讼后的哪一天，当我们再次想起这件事时，它会使我们无地自容。"从这段话中，我们可以很明显地看出林肯作为一名成熟的政治家在道德方面的境界，但是对他本人不是很了解的人，从这段话中可能体味更多的是他的谨慎。

3 位卑不敢忘忧国
LINCOLN

当林肯从广阔无垠的土地上归来，当他结束为期三个月的巡回法庭之旅后，再次回到伊利诺伊州的首府斯普林菲尔德时，这座城市的狭小让他

LINCOLN

那颗过惯了游荡生活的心感到非常浮躁、乏味。在巡回期间，当流动法庭的其他成员都利用休息时间回家探望时，林肯却不愿回去，他想不出来那座城市里有什么值得留恋的地方。

但是，这里的百姓都认识他，而且对他很有好感。早上，当他提着篮子去买东西的时候，大伙儿都主动跟他打招呼。由于他总是记不住那些小姑娘叫什么名字，因此每次和她们相遇时，他总喜欢这么说："早安！小妹妹。"林肯走路的姿势非常怪，他会平平地把脚板踏在地面上，然后又平平地整个抬起，却不显得笨拙，这主要是因为他走路的时候有一股力量。

林肯总是带着那条灰不喇唧的旧围巾，看上去像在脖子上缠了一根粗绳一样。人们经常会看到这样一幅情景：在冻得已经结了冰的石头路上，林肯拉着的那个小男孩总也跟不上父亲那巨大的步子，于是，小男孩只好使劲捏捏父亲那只大手。即使这样，他也得不到父亲的回应，因为父亲正在想自己的事情呢。

虽然此时的林肯才四十五六岁，但看起来比实际年龄老得多，人们都亲切地称他"老林肯"，其实，林肯什么时候显得年轻过呢？

虽然林肯和伙伴们现在有很多事情要做，忙得不可开交，但是仍然像以前一样不受繁复的规章制度限制，过着轻松愉快的生活。林肯当了这么多年的律师，可是直到现在也与那些法律条款格格不入，有时他会带着一种轻蔑的口吻问他的伙伴："好吧，赫尔顿，既然您这么说，那就请您给我们讲讲，这些法律书上都乱七八糟地写了些什么东西？"在办公室里，林肯最喜欢做的事情就是躺在那张旧沙发上读书。莎士比亚的作品他已经读了好几遍，并且把里面既复杂又晦涩的句子摘录下来。拜伦的《唐璜》林肯也有好几个版本，里面到处都是他用笔勾划的横线。另外，他也非常欣赏伯恩的作品。有一次，本来应该给同事宣读文件的时候，林肯却情不自禁地为大家朗诵了一首名为《永生》的诗。在这个狭小的办公室里，大家还热烈地讨论过瓦尔特·惠特曼的前期诗作，这些作品给林肯留下了深刻的印象。他曾经把这本书带回了家，但是没过几天又把它拿回了办公室，因为玛丽差点把这本"糟糕的书"烧了。刚出版的那些新读物，林肯只是随便翻翻，浏览完大致的内容后，就把它们放在地上，自己则躺下来闭上眼睛，把刚才读过的内容回忆一遍。林肯没有收藏东西的习惯，在他的家里，只有几本金色的纪念册摆在桌上，林肯翻它们的机会几乎没有，相比而言，林肯更愿意钻研他比较感兴趣的事情，比如，待在议会大楼里，尝试着去研究有关植物学、物理学、机械学和电子等领域的新技术、新产品，等他弄懂以后，再把这些新东西推荐给农场主。

青年时代的经历，对林肯的律师工作有很大的好处。在一起涉及水车的案件中，他对水车的构造、原理以及熟悉程度都让法官颇为震惊；当他支持密西西比公路的建造，反对建立航运公司时，他早年做船夫的经验以及从政的经历都帮了他不少忙。

在法庭上，林肯经常为被告辩护，他输的机会很少，收费的标准也是所有律师中最低的。他从来不以当事人的财富状况来计算报酬的多少，有时候，他明明能轻而易举地从一个案子中拿到六百美元的报酬，但是他仍然按照规矩只收取三个半美元的报酬。一直到他快四十岁的时候，他所接的每一个案子的报酬都从未超过一百美元。正因为这些，林肯的名声越传越远，越来越响亮，收入自然也越来越高。

但是，林肯在报酬问题上并不会过于谦卑，他绝不能容忍自己的尊严受到侮辱。在伊利诺伊铁路免税案的官司中，林肯的对手是他过去的合作伙伴斯图尔特和洛汉，在这种的情况下，他打赢了官司，使铁路税收得到减免。这一次，林肯索要的酬劳是两千美元。"什么？两千美元？这可是一流律师的价码啊！他凭什么要这个价？"一个官员这样说道。结果林肯只收到了二百美元的酬劳。林肯非常气愤，马上将铁路局告上法庭，索要五千美元的酬劳，结果自然是林肯获胜。当他发现自己遭受不公平的待遇或受到侮辱的时候，他骄傲的一面就会表现出来。他对自己的实力以及价值都非常清楚。当然，这次索赔案与之前的铁路免税案相比，还是之前击败那两位号称"法学家"的大律师更让林肯兴奋。林肯对金钱并没有什么欲望，所以当他发现当事人支付的报酬过高时，他总是主动地压低价格，但是，假如当事人付给他的报酬只是他要求的十分之一，而且还像那位官员一样侮辱他的话，那他一定会毫不留情地给他们一点教训。

作为一名自学成才的律师，不管是在日常生活中，还是在法庭上，林肯都更相信正义。亨利·克莱去世以后，林肯在一次出色的演讲中说道："克莱受教育的经历，给了我们一个重要的启示：在我们的国家里，只要愿意，没有人会因为家境贫寒而无法接受足够的教育。"一次，一个年轻人想拜林肯为师，为此林肯给那个年轻人写了这样的一段话："假如您真

LINCOLN

想成为一名出色的律师,那么您现在已经获得一半的成功了。我认为,跟什么人学习、在什么地方学并不重要,重要的是您得用心地去读那些书,理解它们的内涵。请您千万要记住这句话:所有的事情都没有成功的愿望重要!"话虽如此,但林肯自己却不具备这种对成功的强烈渴望。

年过四十的林肯比任何人都清楚自身的能力和价值,但他还是错误地估量了人们对自己的信任和支持、对其他政客的反对,他总觉得支持自己的人不多。经历过华盛顿那种寂寞、孤独、格格不入的生活后,林肯反倒觉得,自己在西部这个小圈子里生活得很惬意。在这里,他可以更好地练习政治技巧,不用考虑政治利益的得失问题。

即使是在这样一个小圈子里,林肯也从来没有忘记过政治,仍然参加一些与政治有关的活动,比如,选举、补选或者通过党内的朋友获得某些职位,此时的他带着一种比以往任何时候都高昂的情绪。他尝试着给德国人以及其他外国人写信,以获得他们的支持;他还让人按照字母的先后顺序排列了一份选民的名单,以便能更好地保存有关选民的所有资料。他从来不给选民寄表格,因为他认为,手写的信不会让人感到生疏。每次收到选民的回信,林肯总是逐字逐句地阅读、细细地品味其中的情感,就连他们的字迹,林肯也要仔细研究一番,因为"从字迹上可以看出一个人写信时的内心世界,如果哪位选民写信时忐忑不安,那么从他写的这封信中就能看出来"。

经过这些年的磨练,林肯的演说技巧已经登峰造极,这对他无论是当律师还是从政都有极大的帮助。在他的政治生涯中,一个朋友称他为世界上最伟大的外交家,另一个则是这样评价他:"他是一个非常谨慎、稳重的人,从来不做不利于实现自己目标的事。他很善于对别人表示信任,同时也能轻易地获得别人的信任。像他这样的聪明人,怎么可能像某些人认为的那样没有经验?"他的一位同事补充说:"如果谁把林肯当成一个绝不会妨碍别人的人,那么用不了多长时间,这个人就会在自己的坟墓里懊悔。"可以说,林肯比看上去要精明、沉稳得多。就连平时下棋,林肯都非常谨慎,没有十拿九稳的把握是不会随便进攻的,情愿自己一直处于防守的位置。

"政治家必须能制造出一场矛盾,而这种矛盾必然会产生一种后果,之后政治家再亲自处理掉这种后果。"从这句话中,我们可以很清晰地看到林肯对从政的认识和态度。这种言论原先只属于那些非常成功的政治家，如今从林肯嘴里说出来也照样入木三分、一针见血。虽然林肯被日常生活的烦琐所包围，但是智慧之光也照样在他身上闪烁。通过这句话，林肯还辛辣地讽刺了政客们的阴险狡诈以及被支配者的愚昧无知。林肯说这句话的同时，他那充满正义、善良淳朴的内心也在为这种现象愤愤不平。

只要谈到政治，林肯总是想到人类意义上的政治，也就是指整个人类普遍存在的问题。虽然他一直都在伊利诺伊转悠，虽然这几年来他一直都在处理地方党派之间的小事，但是他的目光却从未离开过决定整个国家命运的首都华盛顿，有时候甚至超出了国界。"公众对国家生活总有一个比较一致的意见，而这就是民心所向、大势所趋，尽管现在他们尽量忍受、克制自己受到的不公平待遇，而且这似乎也非常必要，但是它的发展必定是人类朝着真正的平等之路迈出历史性的一步。"这一段话是林肯曾用来评论亨利·克莱的，现在看来对林肯自己也非常适用。

出于党派利益的考虑，林肯让人把一封求职推荐信抄写了四百份到处发放。他既没有什么合法的职称，也没有什么其他原因，那他为什么就突然给国务秘书写这样一封信呢？他一定是出于正义和责任：

> 我思考再三，最终还是决定给您写这封信。我由衷地期待着您，以及总统本人和他的内阁们都能认真地考虑一下信里的内容。我是个普通的公民，可能有些冒昧，请原谅。谁都知道，按照惯例总统把任命官职的人事权利都下放给了各部。刚开始，我觉得这种做法是正确的，但是现在，这种做法对公众心理造成的影响以至后果，都让我深感不安。按照这种惯例，总统既无权又身处险境，因此他一定要阻止这一切，否则后果不堪设想，对谁都不利。听说，泰勒总统曾召开过一次军事会议，会上他一意孤行，不顾所有军官的反对，坚持发动了战争。不管泰勒总统发动战争是对还是错，这个举动都比他上万次的妥协更让人信服，当然我也承认有时候顺从是出于明智的考虑。不管任命什么样的人，即使没有过去的好，也一定要让人们意识到，那是总统先生决定的事情。有的时候他应该这么说："这是我的责任和义务！"杰斐逊总统就这么做过。作为总统，必须有控制国家的能力。对

LINCOLN

于以往的那些经验和教训,我们绝不能忽视。

林肯到底是为了什么要写这样一封信呢?此时的他无权无势,是想引起那些高官的重视吗?不是,因为倘若那样,他的用词、语气必定与这截然相反;难道他想要借此抨击某一个人吗?也不是。那到底是为什么呢?人们找到这个问题的正确答案时,林肯已经去世四十年了。其实,一直让林肯感到不安的就是公众的利益,他写这封信的原因,坦白地说,就是以一个已经被遗忘的人的身份,毫无顾忌地向政府提出建议。

当人们都反对移民来的德国人时,林肯反对道:"到底谁才算真正的美国人呢?这里曾是那些穿着皮裤佩带短刀的印第安人的家园,而我们却占领了原本属于他们的家园,如今我们又开始这样对待那些像我们的祖先一样登上这片大陆的人!"这就是林肯大脑里想的内容,他的思想总是受着正义和良心的控制,这一切对他的事业影响深远。财富、权利或者家庭几乎不在林肯的思考范围之内。

曾经有一个纽约富商想就林肯作为一名斯普林菲尔德的公民贷款的信誉度了解情况,他得到了林肯这样的回答:"这个男人有一个妻子和两个儿子,他们价值五十万美元有余,此外,还拥有一张一米五的桌子和三把椅子,它们价值一美元。墙根还有一个非常大的老鼠洞,可以往里看。忠诚的亚伯拉罕·林肯。"

4 尴尬的婚姻
LINCOLN

玛丽·托德给她姐姐的信中这样写道:"在过去的三个星期里,我们几乎每天晚上都外出参加各种社交活动,而且这个星期还有三个大型宴会。你肯定想不到,每参加一次美妙的舞会我得需要多长时间才能从疲劳中缓过来。让人感到遗憾的是,这次宴会才来了三千人。"

每次给姐姐写信,玛丽都会提到这些。她满脑子想的都是这些事,她为此骄傲、期待和忧愁。当她驾着林肯买给她的马车,在这个小城里兜风的时候,她有一种飘飘然的感觉,似乎此刻置身在巴黎一样。林肯的收入越来越多,不但还清了债,而且玛丽还擅自决定在他们的小房子上再加盖一层，这样一来，玛丽就可以在一楼举行各种各样的活动了。随着城市的发展，他们房子所在的位置已经由原来的郊区变成现在的市中心，对玛丽来说，这当然最好不过了，但是这些却让林肯感到陌生。

由于玛丽和林肯两人的性格截然相反，所以两人在一起总会有一些磕磕碰碰的事情发生。每天桌布铺好、饭菜摆好，要开饭的时候，玛丽经常得让两个大儿子去找林肯回来。这种时候，他们的父亲往往在商店里被一群人围着，给人们讲故事，或谈论着什么。好不容易等到他走出了商店，却又会停在另一群人中间，不管两个孩子使多大劲拽他的衣角，他都无动于衷，仍然专心致志地给人们讲故事。没过多久，人们便听到哭声，原来是两个孩子，路人忙问，出了什么事，让他们这样伤心？林肯回答道："到底出了什么事？事情是这样的，我只有这三颗糖果，而他们谁都想得到两颗。"

这时的玛丽肯定非常不高兴，就算她发点小脾气，又有什么不可以原谅呢？对"绅士"这个词，玛丽可是情有独钟，而林肯却非常不喜欢。如果哪个孩子说错了这个词，林肯会非常高兴，还兴奋地把说错话的儿子扔到半空中。有人曾问林肯这样一个问题，为什么"托德（Todd）"中有两个"d"？林肯回答道："对'上帝（God）'来说，一个'd'就足够了，但是'死亡（Todd）'却一定要两个'd'。"

林肯从未对自己的孩子进行过正规教育，因为他不想让那些刻板的东西束缚孩子。每到星期天，玛丽去教堂的时候，林肯会把两个大一点的男孩带到办公室。到办公室后，林肯就不管孩子们了，他自个儿在那读书、思考，而两个孩子呢？都快把办公室的屋顶掀起来了！文件被扔到地上，墨水洒得到处都是，铅笔也被折断了……第二天，林肯那倒霉的同事还以为办公室被抢劫了呢。

在家里，林肯处处忍让、迁就，尽量与玛丽和平相处。为了方便妻子取钱，林肯的钱包总是随便放在一个显眼的地方，所有有关设施以及花园的问题都由玛丽决定。但是林肯这种友好的态度却遭到玛丽的强烈抗议："他简直就是一个窝囊废，在家里什么都不干，只知道回来吃饭、睡觉，偶尔读点书。除此之外，就知道忙自己的事，所有的家务都得我一个人承担。"但是，每当她姐姐称赞林肯，说能嫁给像林肯这样既宽厚又有头脑的男人是多么幸福时，玛丽就会立即平静下来。仔细想想，她也承认，自

LINCOLN

己所抱怨的不过是一些生活上的小事罢了。但她依然跟所有人争吵：她的姐姐、仆人，也包括他。当时，林肯对她的原则是："永远都不吵。想要成就事业的人是绝不会把时间、精力浪费在吵架上的，更不会花时间去承担吵架的后果。既然你能在那些你不在意的大事上让步，那么对这些原本就属于你的小东西又有什么好斤斤计较的呢？"

就这样，两人生活得也算很幸福，尤其经历了儿子的夭折后，夫妻感情更深了。有一段时间，玛丽怀疑林肯患上了肺结核，对此非常担心，不让医生告诉林肯此事。后来玛丽曾这样说道："他的性情非常平和，但是他每走一步，都非常坚定有力。林肯要做一项决定的时候，一开始他的面部表情还很平静，然后越来越严肃，之后陷入沉思。每当我看到他这种神情的时候，我就会按他说的去做，因为我知道，这就是他下的最后通牒，那种力量让所有人都无法抗拒，因此大家都会按照他的决定去做。"

当然，在他们的生活中矛盾、冲突也时有发生。一次，林肯订了一份报纸，而玛丽却写信讥讽污蔑那家报社，结果那家报社把信发表了。这场闹剧让林肯非常难堪，他无法向公众做出任何解释，为此大病一场。还有一次，当林肯正与一位同事在家里商讨问题的时候，忽然门被撞开了，只见玛丽气冲冲地走过来，厉声问林肯有没有买她交代过的那些东西，林肯回答道："没有。"玛丽不顾有客人在场，大喊大叫起来："你不重视我！这是对我的侮辱！"之后摔门而出。面对这种尴尬的局面，那位同事手足无措，而林肯却非常平静地说道："其实，您不必感到吃惊，您要知道，时不时的发泄对她有很大的好处。偶尔发发火，会让她心里更舒坦。"

有时候，两人简直闹得不可开交。每当发生这样的矛盾后，林肯便整天整天地待在办公室里，以他那种惯有的方式躺在沙发上或椅子上，两眼直勾勾地盯着天花板，手放在头后面，脚放在窗台上。如果赫尔顿不在办公室的话，林肯则会把门反锁上。中午的时候，他去外面买回一些饼干和奶酪。就这样，在办公室里一直呆到所有地方都下班。到了夜深的时候，人们会看到树下有一个高大的身影慢慢地移动着脚步，似乎在考虑什么事情，又过了很长时间，才见他慢吞吞地向家里走去。

只有那么一次，林肯忍无可忍了，他向玛丽说出了自己的心里话，但事后他却对自己这一粗鲁的行为后悔莫及。那天早上，玛丽的心情非常不好，好像什么事都能把她惹火。一开始，林肯还是像往常那样忍耐，但是玛丽却越来越过分，林肯只好转身出去了，当他再次回到家里的时候，玛丽对他的再次回来说了一些有伤林肯尊严的话。当时的具体情况林肯记不清了，总之他把玛丽举起来放到厨房的一个小角落里，自己则站在门口，冲着吓坏了的玛丽大声嚷嚷，当时他完全被怒火冲昏了头，忽视了人们从街道上透过玻璃就能看见里面发生的一切。在讲述这件事的时候，林肯还不停地说："肯定把她吓坏了！我真该死！"

林肯的一位好朋友曾说过这样一段话："不管是哪个男人，只要和玛丽·托德在一起生活，肯定都无法体会家庭生活的快乐。但是从另一个角度看的话，这也是一件好事，反而有利于这个男人。他不会愿意天天待在家里，而只愿意在外面干事业。在法庭上出色的辩护，在议会大楼里的争论，与农民朋友的交谈，和商店里的普通老百姓一起聊天，这些都使他越来越有名气。"

处在这样的家庭环境中，林肯在外出旅行时偶尔有几段婚外恋也是无可厚非的事。其实，林肯并不反感女性，只不过是害羞罢了。林肯一直寻找的，是彼此的理解和信任。如果有一天他遇到一位温柔、可爱、善解人意的女性，那么他也会把平时的烦恼、忧闷统统抛开，热情地和那位女性交谈，显示出自己最温柔的一面。当时，林肯被一位女歌唱家的魅力征服了，只要有她的音乐会，林肯都去捧场，最后甚至有朋友为此向他提出警告，劝他注意舆论，他却这样说道："这有什么关系呢？一切都顺其自然吧！这可是惟一一个给我艺术享受的女性啊！"事实上，林肯并未做过什么出格的事。后来，他的政敌们想尽办法到处搜寻，也没有找到有关他那个时候的任何丑闻。在那个时期，就连常常独守空房脾气暴躁的玛丽，也没有吃过任何人的醋。

在一些离婚案件中，林肯经常成功地为妇女们辩护，维护她们的权益。一次，有几个妇女由于丈夫整天喝得烂醉如泥，一怒之下把丈夫天天去的那间酒吧的威士忌酒全倒掉了，因此遭到了起诉，林肯以出色的口才为她们洗脱了罪名。有些时候，即便这样做是违法的，林肯也会毫不犹豫地和她们站在一起。林肯的一个邻居是鞋匠，喝点酒就打老婆，为此，林肯警告过他好多次。当有一天林肯在办公室里又听到那位妇女的哭喊声时，他立即带了一帮人过去，把那个耍酒疯的家伙捆在家门口的树桩上，并拿了一根鞭子给那人的妻子，让她给丈夫一点颜色。刚开始，那个女人

LINCOLN

第三章 斗士（1849—1861）

LINCOLN

还有点担心，站在那儿不知所措，几分钟以后，她便拿着鞭子高高兴兴地教训起自己的丈夫。林肯竟然会有这样的举动，连他自己都觉得不可思议。作为律师的他，本来应该受到法律的惩罚，他毕竟不是年轻气盛的小伙子了。在一些小事上，出于正义、同情，林肯偶尔会不由自主地做一些看起来极不成熟，也与他年龄不符的恶作剧，甚至不惜触犯法律，但最终，他却由于法律的原因违背自己的意愿去反对武力解放奴隶。一直以来，林肯都非常关注两件事：一个是奴隶制问题，一个是酗酒问题。自从发生鞋匠打老婆的事件后，林肯也渐渐地关注到妇女们所遭受到的不公平待遇。正是因为对妇女的这种同情，所以他做出了违反法律的事。

有一次，有人问林肯，为什么很少和女人交往？林肯给那个人讲了这样一个故事作为回答："在印第安纳的时候，母亲偶尔做蜜糕给我们吃。一次，我拿着分得的三块蜜糕来到灌木丛下，想一个人坐在那儿慢慢地品尝它的美味。当时我们很穷，但是住在我们旁边的农民们比我们更穷，他们的一个孩子跑过来，蹲在我旁边，可怜巴巴地看着我手里的蜜糕，乞求我分给他半块。我给了他一块，后来把那两块也给他了。没过多长时间，他就把蜜糕吃光了。眼巴巴地看着蜜糕没了，我有点失望，问他：'你是不是非常喜欢吃蜜糕？'小男孩答道：'是啊，我想没有谁比我更喜欢吃它们了，可是我却很少有机会品尝到它们。'"

从这个小故事中，我们不仅可以了解到林肯那开朗、忧郁以及善于取舍的性格，而且还可以听到他那早衰的语调。正因为人们知道他身边很少有女人，所以才想知道这其中的原因，而林肯却给人们讲起了童年的往事。林肯就如同那个农家的小男孩，很喜欢吃蜜糕却又很少有机会吃到它。一个男人所有伤感的记忆都在印第安纳的那片灌木丛下重现。一开始是因为外貌丑陋，接着是未婚妻撒手西去，之后便是对婚姻的极度恐惧，这些都使他无法克服心理障碍去接近女性。

5 故乡与亲人
LINCOLN

一眨眼安娜·鲁特莱斯已经入土二十年了，林肯的青年时代也离他越越来越遥远！当年那个真诚的小伙子、热心的邮政局长、优秀的土地测量员，如今已经成为斯普林菲尔德受人爱戴、远近闻名的大律师了，家乡的人们也经常写信请求林肯的帮助。

随着时间的推移，远在他乡的林肯和父亲、兄弟们的关系越来越疏远。如今，六十几岁的父亲还和以前一样，一直生活在债务和各种危机之中。实在撑不下去了，他也会向这个出色的儿子寻求帮助。"亲爱的父亲……我很高兴能为您付这笔费用，这是随信寄来的二十美元，请您拿去赎回那块属于您的土地吧！但是，有一点让我感到很疑惑，您怎么能忘记您败诉的判决呢？让人更费解的是，原告怎么会这么长时间不再起诉您？还有，我认为您完全支付得起判决中规定的费用。亲爱的父亲，请您在付账之前，一定要先弄明白，您是不是在此之前已经付清了……请代我问候母亲以及所有相识的人。深爱您的儿子亚伯拉罕·林肯。"

在给父亲的这封信中，我们不难看出，林肯对父亲并不是很信任，虽然他含糊其词，但仍然清晰可见。作为儿子，作为一名追求正义、追求真理的律师，任何一种不纯洁的感情都会让他感到焦虑不安，而他正是怀着这样一种心情给父亲写的这封信。

从小林肯就对自己的身世非常好奇，可是直到现在他知道的也不多。一次，他和赫尔顿一起去乡下给一个人立遗嘱。回来的路上，林肯忽然想起了自己的家世。给伙伴讲完了自己的出身、童年以及青年的经历后，他还补充道，如果说他比自己家族成员更聪慧、更有天赋的话，那绝对不是遗传林肯家族或汉克斯家族，因为这两个家族似乎没有一个表现出色的人，好像非婚生的子女总比婚生的子女资质高。对于自己的某些天赋，林肯只能想到那个南方的未知的外祖父。

又过了几年，兄弟姐妹们来信说，父亲年龄越来越大了，身体一日不如一日，现在又身患重病。林肯回信说："我也和你们一样，非常希望父母在有生之年衣食无忧、健康快乐！可是现在，我实在是事务繁重，抽不开身，在这个节骨眼上我的妻子也卧病在床。我衷心希望父亲早日康复。请他向我们仁慈的上帝祈祷吧！不管在什么时候，上帝与我们是同在的。它既然看得见从屋顶上跌落的麻雀，数得清每个人身上的毛发，那它也一定能知道一个信徒的祈祷，赐福给我们。请告诉父亲，我们现在不适合见面，否则痛苦多于快乐。如果命运决定了现在他就得离我们而去，我想当

LINCOLN

他和那些已经辞世的亲人们再次见面的时候,他一定会非常高兴……期待着你们的回信。爱你们的亚伯拉罕·林肯。"

这就是林肯所预见的一个垂死农夫的命运。假如林肯现在回去探望父亲,当老父亲看到这个功成名就的儿子弯下高大的身躯跨进低矮的家门时,当他看到儿子那炯炯有神的灰色眼睛望着自己昏暗的老眼时,他心里肯定会非常难受。而林肯这个作儿子的,一想到父亲的停尸床他就浑身颤抖,就好像当时面对新婚床的那种恐惧一样。林肯宁愿一个人待着,也不愿去经历那种让人身心都遭受巨大刺激的场面。

远在他乡的林肯几乎是继母的孩子们的半个抚养人。当初林肯为他们做了些什么,现在我们已经无从查寻,但是可以肯定的是他们绝对没有人为林肯做过任何事。想想,当年是林肯拿着工具给家里建起的房屋、栅栏,是林肯开垦的土地。如今,他虽然远在他乡,但作为家中最出色的一个,大家仍然认为,帮助弟妹们是他的责任,尽管他的弟妹们也都成家了。给父母的那封信寄出去没多久,林肯就给离父亲住得很近的继母的孩子约翰斯顿兄弟写了这样一封信:

亲爱的约翰斯顿,我现在不能借给你八十美元。像这样的事情,我每次都帮你,每次你都会说:"太好了!我们又可以继续过日子了!"可结果呢?过不了多长时间,你依然会陷入这样的困境,其中的原因只能在你自己身上找。自从我们分别后,你从未踏踏实实地工作过一天。我很清楚,你并不是因为懒惰,而是你已经无所事事惯了,你既不讨厌劳作,也不喜欢劳作,因为你赚得到的回报太少。所有的灾难、穷困都来源于你的游手好闲。不论是你,还是你的孩子,都应该尽快改掉这个习惯。尤其是孩子们,他们还很小,今后的路也很长,如果他们天天看着自己的父亲在辛勤劳作,那么他们就不容易养成好吃懒做的习惯。反之亦然。我建议你马上去找一份工作,经过一番苦干之后,赚来的钱就能还清你的债务了。为了孩子们,为了生活,你都应该这么做。

……我们订一个协议,从现在起一直到明年五月一日,不管你挣的是现款,还是以抵债的方式,只要你挣回一美元,我就额外再给你一美元作为奖励。这样一来,你每挣十美元,就可以实际获得二十美元,那么用不了多长时间,你就能偿清债务了,而且还能养成劳动的好习惯,以后就不会欠债了。你说,只要有人出八十美元你就会卖掉你在天堂的位置,这岂不是太便宜了吗?如果你按照我的建议去做,你绝对能在三四个月里赚七八十美元,这没有一点问题。为了让我借给你八十美元,你还说,要用你的土地来做抵押,如果到期无法还钱的话,那块土地就属于我,你简直在胡说八道!你拥有这块土地的时候都无法过活,没了这块土地的话,你怎么活呢?你的家人怎么活呢?一直以来你对我都很好,我当然也不会害你。听我的话,按照我的建议去做,到时候你就会知道,你的收获远比八十美元的八倍还要多、还要宝贵!

爱你的亚伯拉罕·林肯

虽然这封信只有寥寥数语,但是林肯所使用的语言技巧,可以说只有极少的几篇国家性演讲能与之媲美。在这封信中,没有哪个词语可能会伤害到这个懒汉兄弟,语气也不像上封信那样严肃。

林肯的这个弟弟心里很清楚,就算到时候还不上钱,善良的林肯也不会把抵押的土地划归自己名下,这是毫无疑问的,否则他才不敢随随便便地拿土地做抵押。这一点林肯心里也很明白,但是他不愿再往那个无底洞投钱了。林肯并不是舍不得那八十美元,他是想借此去改变弟弟,因为他还得考虑那些孩子们。

父亲去世以后分割家产时,约翰斯顿想强占母亲的财产。这时的林肯一改昔日平和的态度,突然严肃起来,因为只有通过这样的方式,他才能保住继母应得的财产,使她免遭亲生儿子的敲诈。

"听说,你最近着急变卖土地,想迁到密苏里去居住。这件事我考虑过了,作为你的哥哥,我必须告诉你,这个打算真是糟糕透了。真不知道你整天都在想些什么?你怎么就知道去那儿更好呢?难道那里有成堆的金子随便你拿?或者是那里的土地更肥沃,不用播种就能自己长出粮食来?你今年压根就没有在现在这块土地上认真劳作过,你一心只想卖掉它,再拿着钱去挥霍……这种好事,我绝对不赞成。为了你,为了你的家庭,为了你的孩子们,尤其是为了母亲,那四十亩田地一定要保留下来。你要是不

LINCOLN

愿意耕种这块土地，那么母亲可以把这块土地租给别人耕种，得来的地租维持母亲的生活没有一点问题……不要尽想一些不劳而获的好事，你摆脱困境的方法只有一个就是，立即去工作。"几个月以前，林肯跟弟弟说话的语气还很温和，而此时只剩下威严。如果弟弟还不听劝告，仍然要一意孤行，那么林肯语气也会变得更为严厉。在这封信里，林肯没有给约翰斯顿任何回旋的余地，因为林肯认为只有这样才能挽救弟弟。

又过了几个月，林肯发现变卖了土地可以让母亲更好地生活，于是就同意了弟弟当初的建议。但是，变卖土地得答应林肯一个条件，这笔钱必须给母亲，或者用百分之十的利息作保证，否则，他是绝对不会在契约上签字的。当弟弟在这件事上又想玩一些小伎俩时，林肯便给他写了这样一封信："由于考虑到母亲，所以我才答应了你这个建议，但是你心里很清楚，对此我并不是很满意。我衷心地希望母亲在有生之年能更好地享受生活，而且我也认为自己有这个责任。这两块土地母亲也享有法定的继承权，只要她活着，每年就可以享受三分之一的利息，这是她的权利，但是这些她似乎已经给你了。"约翰斯顿想在变卖田产后，只给母亲支付二百美元年息的百分之八，即十六美元。"如果你用这样的方式对待母亲的话，我是绝对不会坐视不管的！……母亲每年可以从这块土地中得到三十美元的收入，可现在的十六美元，怎么可能够母亲维持一年的生活呢？这实在让我感到羞耻！你的亚·林等等。"

当林肯在落款时写上了"等等"的时候，就意味着暴风雨即将来临，他将要采取强硬的手段。就这样，林肯为了继母的利益一直与继母的亲生儿子争论着，并且好像还想收养兄弟的一个孩子。虽然林肯非常关心继母的生活，但是他却不愿把继母接到他这儿来，只是更多地劝她，多出去走走，偶尔去老朋友那小住一阵子。这其中的原因是不难想象的。

几年以后，林肯在一个小地方演讲完后，他找来一个监狱的主管说道："有一件事想麻烦您，我想见你们监狱里的一个男孩。麻烦您跟监管人员打声招呼，但是不要让其他人知道这件事情。"林肯所说的那个男孩，就是约翰斯顿的儿子，这不是他第一次因为偷东西进监狱了。这一次，他偷了一块手表，一杆猎枪。"这是最后一次了，如果他以后还偷东西的话，我就再也不帮他了。"林肯去了监狱，男孩一见到他就号啕大哭，手里拿着一本脏兮兮的《圣经》，一边哭，一边发誓，出狱后，自己一定要重新做人。接着,林肯去拜见了受害人,并与受害人私下达成协议,劝受害人放弃了起诉。之后,那个男孩便出狱了。对此,一个目击者曾这样说道:"当时的情景让林肯非常伤心,我从未见过林肯那样的神情。"

他,一个自青年时代就有"真诚的亚伯拉罕"之称的人,一个以正义著称的律师,如今却不得不走后门去看望一个被大家唾弃的小偷,然后私下里和受害人达成协议,之后再违背法律帮助那个小偷摆脱惩罚。林肯做这一切到底是为了什么呢?是为了继母的几个游手好闲的孩子?还是为了这个让林肯一辈子都心存感激的继母?事实上,在力所能及的情况下,林肯也会这样帮助陌生人,他这样做并不见得有多大私心。可以这样说,林肯的一生都是与人为善的,他总是在法规与同情心之间寻找平衡点,并为此不断尝试。

6 忧郁
LINCOLN

赫尔顿曾这样描述林肯忧郁的性格:"他走路的时候,忧郁仿佛马上就会从他身上抖落下来一样。"林肯的亲生母亲不也经常是这种心态吗?母亲的身世之谜以及她的早逝,父亲的不安稳,在感情上遭受的巨大打击,过去在事业上遭受的挫折以及他那与生俱来的忧郁,所有这些为什么让林肯充满仇恨呢?

在参加流动法庭的那段时间里,斯图尔特这样描述林肯:"每次我们去酒吧,林肯总是挑选一个比较安静的角落,坐在那儿一言不发,看起来非常忧郁。他似乎在考虑一个令他非常痛苦的问题,并且在从不同的角度系统地分析这一问题,而此时他所表现出来的面部表情也往往和他内心的痛苦是一致的。要一直等到休庭结束后,他才能把注意力从这个痛苦的问题上转移开,投入到案件当中。刚刚从痛苦的深渊中走出来的林肯,就好像如梦初醒一般。"他的另一个室友则看到这样一幅情景:"有时候,天还没亮他就坐了起来,嘴里含糊不清地说着,要是让陌生人看见了,肯定以为他有神经病。当然,我们是不会被他吓着的,因为这就是林肯。不知道在我醒来之前他说了多久,但在我起来后他至少又自言自语地讲了五分

LINCOLN

钟。之后，他跳下床，洗漱完毕后就一直坐在壁炉边，直到早饭铃响，他才回过神来……"

每次去听音乐会，林肯总是把那些悲伤的歌曲的歌词记下来。林肯曾记过一首诗，叫做《这样的悲伤》：

风儿啊，你们是否知道有这么一个地方，
它能使人类的眼泪不再流淌？
这样的地方我是否永远找不到，
是否隔绝了尘世的喧嚣，
清净无边，山高水长？
风儿啊，你们为什么不回答我呢，睡着了吗？
"不！"它悲伤地答道。
岩石啊、波涛啊、海洋啊，
你们是否知道哪里有我心灵的避风港？

林肯经常随身携带一本幽默大全，虽然不一定全都是笑话故事，但至少有百分之八九十是，因为只有不断的调侃和笑话才能使林肯那根忧郁的神经保持平衡。他常常走神。有一次，一个人正在朗诵一首很闷的诗，大厅里的听众都面无表情，看上去都要睡着了，忽然，只听一阵狂笑，所有人都吓了一跳，原来是林肯的笑声，当然他自己也觉得非常尴尬。

还有一次，他去纽萨兰姆为一个已故的老友扫墓。离开这么多年了，他又再次看到了那些老面孔。大家都围在棺木前，看着林肯，静静地等待他说些什么。看到这种情景，林肯的大脑一片空白，他不知道说什么好，忘记了自己来这里的任务，往日的镇定也没有了，结果，他一句话没说，打了一个手势就走了。仅仅从这件小事上，我们或许就能体会到林肯当初在结婚庆典上所忍受的折磨。

林肯的这些性格早已定型了。从他青年的时候，他就特别喜欢走路，不喜欢长时间地坐在某个地方，他曾告诉一些哲学家，只有在行走中他才能更快更好地思考问题。除了林肯的做事原则和做事迟缓以外，他冷静的大脑、敏锐的目光以及他的睿智都更像一个观察家，而不是一个实干家。他的鼻子轮廓分明，鼻尖大而平，颌骨线条僵硬，下巴略微前倾，嘴巴大而平直，从这几点上看，他似乎是一个利欲熏心而且硬心肠的人。不过，

LINCOLN

第三章 斗士（1849—1861）

他那美丽而坚强的脖子冲淡了这种印象，使得他的头部保持了一种男性的平衡。而最能体现他气质的，则是饱满的额头、具有岩石般棱角的眉毛，眉毛下面那双冷静的灰眼睛更是让人感觉到他的高贵。这双凌厉的眼睛会营造一种气氛，让任何人保持沉默。

所有的一切都表明，林肯显得比实际年龄老是大自然有意安排的。事实上，林肯从未年轻过，而且就连他所思考的问题也比

林肯从年轻时起就显得比实际年龄大

同龄人更深刻。在进行某项活动之前，他会花很长一段时间用一些实例来证明自己的观点是否正确，然后再做决定。节制思想是林肯国家思想的前提条件，他曾说过这样一句话："难道我不喝酒就是禁酒会成员？当然不是，因为我懂得克制，所以才不喝酒。"有一天，林肯乘坐一辆邮车旅行，途中为旅行者们提供的白酒、香烟等等这些东西都被林肯拒绝了。一位旅行者临下车时对林肯说："您真是个怪人！虽然这可能是我们惟一的一次见面，但是有一句话我一定要告诉您，一个没有任何坏习惯的人，也不会拥有太多的美德。"林肯非常喜欢这个旅途中的小插曲，还经常把它讲给别人听，或许在某些时候，林肯也对自己有过这样的怀疑。

林肯并不是为了名利才刻意去追求美德的，他的正义感是天生的。他

LINCOLN

并非出于清教徒似的原因才远离金钱以及物质享受，而是因为有一种思想已经占据了他的整个身心，使他一心只向着自己的目标奋进，而不为这些外部利益所影响。正因为如此，林肯的生活非常没有规律。除了独立自由外，林肯不希望被其他任何事物左右。他不愿意准时回家、准时吃饭，或者穿着讲究地准时参加任何形式的宴会。那些繁文缛节跟林肯简直是格格不入。

林肯不会依照自己的好恶去评论和对待别人，他的这种性格使他更像一位诗人，因为诗人的思维方式与他的性格非常相符。"我衷心地希望洛汉能够当选州法院院长，因为：第一，他是一个非常出色的法官；第二，假如遭受到打击，他会比任何一个人更悲痛、更不安。"

然而，林肯也不是一个隐士，他是农民的儿子，他知道自己在哪些方面有优势，也知道如何更好地发挥这种优势。当然，林肯是有雄心壮志的，随着年龄的增长，他更加认识到自己的优势和能力，当他想要解放奴隶废除奴隶制时，他意识到自己手中必须得握有权利，必须要追求一个能实现这一目的的职位。因此，当林肯再次参加竞选时，他实际上已经为此做了非常充分的准备。有一次，林肯在旅行车里对赫尔顿这样说道："在还没有把自己的国家改变得更加美好之前，我还不想死去，否则，我就白来到这个世界了。世界似乎是一摊死水，不存在任何希望，但是我们可以从人类共同的呐喊声中知道，将会发生什么事，而自己应该做些什么。像这样的问题，你们也会时不时考虑吗？"

从这几句话中，我们所看到的是林肯内心坚持不懈的那股劲儿，他既不像哲学家一样只要结论，也不像艺术家一样只追求外在的表现形式，更不像上层名流那样依照自己的意图去改变什么。这只不过是一个逐渐成熟起来的观察家的一段自白而已。林肯心里非常清楚自己应该在什么时候做些什么事，通过谁以及应该怎么做。

7 信仰
LINCOLN

卓内·康佳伯长眠于此，
仁慈的上帝，请您好好地照顾他吧，

> 就如同他那样，倘若他是上帝，
> 那么你就是卓内·康佳伯。

这篇碑文，是林肯为一个印第安人写的。这种兄弟般的情谊乃是他信仰的根基。林肯几乎所有的朋友都证实，不管是青年时代、中年时代还是以后的日子里，林肯没有在任何一次演讲中表示自己是个基督教徒。

其实，早在纽萨兰姆的那段时间里，就有一些清教徒指责他是无神论者，后来林肯自己也公开承认过。正是在他引用《圣经》上的语句时，在痛失未婚妻的时候，他对上帝的怀疑越来越强烈。赫尔顿认为，林肯一步步走近"无神论"是在他大约三十岁左右的时候，对此，赫尔顿这样说："他的无信仰让我感到非常害怕。对于我来说，我相信妈妈对我讲过的上帝的一切。有的时候，我们正在讨论案件，林肯会拿着一本《圣经》走进来，朗读其中的一段后便开始批驳它，并向大家讲述他的理由……他相信无神论。但是后来，面对这一类问题时，林肯非常小心，基本上不在陌生人面前谈论自己对信仰的看法。"林肯的第一位合伙人斯图尔特曾这样说："在反对基督教的教义上，林肯是我见过的人当中最坚决最极端的一个……他总是不相信耶稣是上帝和圣母玛丽亚的儿子。"十年后，法官戴维斯谈到林肯的信仰时说道，林肯不信任基督教的教条，但是他相信法律、原则、事情发展的原因、表现形式、结果以及因果之间的各种关系。林肯的一个老朋友则这样评价道："虽然林肯的信条完全超出了基督教的教义，但是他处事的原则以及他所表现出来的各种精神则正好符合我们基督教的信仰。"

玛丽曾这样总结林肯的信仰："林肯生来就是一个宗教式的人物，但是他却没有信仰，也不愿意加入任何一个教会……在他的性格中，那种诗人的气质更多一些。没有人对上帝的信仰比他更坚定，但是他却不喜欢'个人化'的上帝。在他五十四岁时，我曾起草了一篇演讲稿，让他给我提提意见，他建议我删掉'上帝'这个字眼，因为讲稿里的'上帝'流露出的似乎是对个人化的上帝的信仰，他认为这种上帝并不存在。"

林肯对自己的道德观是这样解释的："一个老者曾对我说：'当你做了好事的时候，你心里自然会感到非常高兴，同样，当你做了坏事的时候，你会觉得不安、痛苦。'而这便是我的信仰。"像康德、爱默生、洛克等等这些人的作品，都无法触动林肯的心灵，但这并不影响林肯引用《圣经》里的诗句。在他们的小儿子夭折后，玛丽加入了长老会，而林肯也在教堂里租了一条长椅，经常跟教士交谈，但是他却始终不愿意加入教会。林肯这样解释："可能这就是我的命运吧！命中注定我得在暮色中一边思考、一边探索自己人生的道路。"

令人惊讶的是，属于无神论者的林肯，有时又非常迷信。他从小所接触的那些农民们都非常迷信，而他正是在这些农民中成长起来的。有一次，他的一个儿子被狗咬伤，他把儿子带到印第安纳去找巫师医治。

随着时间的流逝，越是接近事业的顶峰，林肯越发迷信。

林肯为什么会这样迷信呢？与生俱来的忧郁和孤独，异于常人的意识以及思维方式，这些都足以让这个善于怀疑的人把自己与一些奇异的现象联系在一起。"在我的哲学字典里没有'偶然'这个词，因为所有结果的产生都有原因。过去是现在的原因，现在又是未来的原因。沿着这根链条，我们从有限走向无限。"他对那些鼓吹意志自由的人不以为然，而是认为，人的意志是不可能实现自由的，自由的只有精神。他非常喜欢这句诗，也经常引用它：

> 天意永存，
> 我们无法自由地突破它的轨道，
> 它决定我们的想法和行为，
> 无论我们怎样挣扎，
> 都无法逃出天意。

林肯还非常相信预感。他曾这样评价说，布鲁图斯杀死恺撒是由于意志以外的因素。玛丽对于林肯的这一说法是这样总结的："林肯惟一的哲学是：该发生的事情总会发生，只是一个时间的问题，没有什么能够阻止它。"

对因果关系的迷信，渐渐渗入到林肯对现实生活的把握中，而且越来越根深蒂固。当他迫切地想知道某件事的结果时，他总会认真地去观察事前出现的各种现象。林肯的迷信让他变得消极，他总是隔着一层纱看事物，而且带着一种焦虑的期望去预感某件事，有时他明明预感到了不好的结果，也不愿意去改变，对其放任自流。其实，在林肯遇刺的前一天晚上,他做梦时就曾得到过类似的预示。

通过各种目标的实现,他清晰的思维和严密的逻辑性都得到了充分的肯定。他还需要时间、需要经历、需要磨练,更需要去细细体味。难道因为世间的一切都是上天提前安排好的,我们人类就不用去努力,什么都不做了吗?那么又通过谁去控制事情的发展状况呢?人之所以有头脑和四肢,就是因为他们能够做事。林肯想要做的就是:找出人们做事的目的,然后把握它,加以改造。"产生任何一个行为都是有目的的,没有目的的行为是不存在的。"他说道,"而这些归到一点上,就是为了一个自我。"假如赫尔顿企图反驳林肯这一观点,那么林肯会一口气把赫尔顿反驳他这一行为的目的一直分析到出现"自我"为止。

两人在奴隶制的问题上有着不同的观点。赫尔顿希望一下子废除奴隶制,一步到位,而林肯则只想先控制蓄奴州的进一步扩大;前者看待世间的所有问题都比较理想化,而后者看待问题却抱着不信任的态度;前者认为,可以通过强制的方式重新建造一个更美好的世界,而后者却相信,没有谁能逃脱命运的安排。可以说,有着仁慈之心的林肯有时是非常冷漠的。在大多数情况下,林肯是在僵化中,而不是在运动中看问题,他甚至妄想去消灭所有不正确、不切实际的东西,不允许任何表述不清、意思不明的观点。一直以来,林肯的目光总是那么锐利——然而遗憾的是,他所有优秀的品质都被他这种极端的思维方式局限住了。

就是在这种冷漠和热情的平衡中,从友好和怀疑的经常撞击中,渐渐产生了一个伟大的政治家的头脑。它将在经过一系列大大小小的政治斗争后慢慢靠近人类最神圣、最伟大的目标。

8 堪萨斯事件
LINCOLN

通常情况下,命运都会安排两个利益不同的人同时出现,这样才能让问题显现出来,最终让它在一次大的斗争中得到解决。当时,有一位想登上总统宝座的参议员——民主党人道格拉斯,有一个想得到自由的奴隶——德雷德·斯科特。道格拉斯每时每刻都在盘算自己的胜率,而且非

LINCOLN

常坚定地支持着一部使他受到拥护的法案，之后他却因为这部法案陷入了这辈子从未遇到过的困境：他所在的党派分裂，而新成立的党派获得了最终的胜利。那个叫德雷德·斯科特的奴隶，他认为自己应该获得自由，理由是他的主人已经逃亡到另一个州。然而最高法院驳回了这个奴隶的请求。为此全国上下一片沸腾，纷纷对这个判决表示不满。这两个人的愿望都落空了，想当上总统的人没当成，想获得自由的人也无法自由。美利坚合众国需要经过几十年的内战之后，才能走出危机，重见光明。那时，想要登上总统宝座的议员已经死了，而那个想要获得自由的奴隶，如果还活着的话，一定能如他所愿得到自由，而且这一次，他是同那些像他一样的无数的兄弟姐妹们一起被解放的。

1854年有人做过这样的记录："两年后，新一届总统大选即将拉开帷幕。"此时的道格拉斯，这位最有影响力、最受拥护，也最有野心的民主党人，正在为实现自己的伟大目标而努力奋斗。他想要实现自己的目标，就必须支持蓄奴的扩张，因为这样才能取悦南部，获得南部的支持。虽然在一年前道格拉斯还把《密苏里妥协案》称为"公众心中最神圣的法案，是任何人都不能违背和侵犯的。"但是现在，他作为南部在北部的利益代表，同时又是北部民主党人的代表，必须对这个法案说点什么。民主党人不想就这个问题继续争论，以免使党的事业受到冲击，所以不便开口。因此，两个新州的建立——堪萨斯和内布拉斯——正好为道格拉斯提供了转变自己的最好时机。

根据《密苏里妥协案》，堪萨斯和内布拉斯都位于分界线的北边，毫无疑问这两个州都应该禁止奴隶。但是，在它们即将加入美利坚合众国时，南部和北部却同时对这两个州施加压力，让它们明确自己的立场，是同意奴隶制，还是反对奴隶制。他们之所以这么紧张，是因为这两个新州在参议院中的几票对双方都非常重要。

当时主管这一地区的委员会主席是道格拉斯，他在无记名投票的过程中，做了一个毫无新意的演讲。他说，二十五年前签订的《密苏里妥协案》早已过时，如今人们需要做一个全新的决定；他还说，根据"人民主权"这个原则，禁止一个新州做什么是不符合宪法精神的，同时也是违法的；"不管是哪个州的公民都有权利在自己所在州的宪法里写明自己对奴隶制的态度。早在几十年前，就有人这样说过：就像不能禁止人民把家畜、机器或手杖带出国境一样，我们也不能禁止他们把奴隶带出去。""一部好的法律，不应该以法律的名义去禁止奴隶制的存在，或者维护它的存在；法律应该给公民更多的权利，让他们通过自己的判断自由地选择怎样建设自己的联邦州。但是，直到现在，我们的公民们还是多多少少地受到合众国宪法的限制，一直没有这样的自主权。我们应该把这种权利交还给人民。"

道格拉斯这个灵活的建议，从表面上看，好像在支持克莱当时因为奴隶逃跑而做出的妥协，而事实上，他只是在克莱妥协案的基础上稍作扩展而已。与此同时，他还向辉格党人暗示，自己将继续支持其领袖克莱的方针。北方人认为，堪萨斯的公民肯定会禁止奴隶制在自己的州存在，而南部人则企图通过暂时移民的伎俩来改变全民投票的结果。南方这样做，只需略施小计就能让两院通过决议，从而获得多数选票，对自己有利。事情的发展果真如南部所料，他们非常高兴，以至于在法案通过之后，国会大厦的小山上礼炮声不断。实际上，这恰恰是内战打响的序曲。七年之后，便爆发了战争。

道格拉斯的"人民主权论"遭到了众多国家精英的反对。建国以来，美利坚合众国还从未出现过这种情况。在没有一点准备的情况下，人民便被一个充满政治野心的参议员置于这样一个境地：从此往后，任何一个新建立的州都能自由决定自己是否实行奴隶制。很明显，这个论调与宪法的基本精神背道而驰，也违背了开国元勋们的愿望，同时也染上了道格拉斯那表里不一、阳奉阴违的歹心。然而，此时的道格拉斯却不知羞耻地扮演起了殉道者的角色，高声疾呼道："因为这件事情，偏执狂们会抨击我、辱骂我，而那些一直以来信任我、支持我的人也会鄙视我、怨恨我！"

州公民在是否同意在本州蓄奴投票表决时乱成一团。从地理环境上来说，堪萨斯州绝对不适合黑人生活，而且在这片土地上生活的居民大多是北方人和外来移民，所以，这个州的公民都非常反对奴隶制。但是南方在投票的过程中要了一个非常卑鄙的伎俩，他们找来一群无所事事的流氓，把这些人全都武装起来，让他们装扮成商人或者外来移民，进入堪萨斯。等到全民投票的那一天，这群被武装起来的流氓便开始对堪萨斯的公民动用武力，使他们无法投票，而自己乘机投许多假票。这次表决的最终结果是：法案得到通过，而堪萨斯的不少居民被打死打伤。这次事件就是当时震惊全国的"堪萨斯事件"。面对这群流氓肆无忌惮的烧掠，国家机构没有采取任何行动阻止,只是眼睁睁地看着。瞧!这就是民主党人干的好事!"堪萨斯事件"后,许多民主党人脱离了党派,加入到辉格党的旗下。民主党受到了致命的一击,而辉格党的势力猛然大增。

与此同时,道格拉斯的声望和在人们心中的地位也摇摇欲坠了。很快,他这一届参议员的任期就届满了,如果他失去这个位置,那么他的政治目标就只能成为泡影,因此他匆忙返回伊利诺伊,企图获得那里的支持,来巩固自己的政治地位。然而,道格拉斯两面派的做法致使伊利诺伊的人们深受其害,就连道格拉斯自己都没想到自己的做法会产生如此巨大的负面影响。报界指责他心术不正,不择手段地只想登上总统宝座。落到这个田地,道格拉斯也只能硬着头皮往下走,因为他已失去了选择的余地。

当他到达芝加哥的时候,他发现大多数房前都降了半旗。晚上,他去参加了一个集会,途中他又听到了丧钟。大厅里人山人海,人们都在默默地等待着道格拉斯的演讲。当他刚刚谈到他那不得人心的"人民主权论"时,台下便有人向他提出非常尖刻的问题。没过多久,他就失去了耐心,露出他的本性,开始用不堪入耳的话反驳,而台下则嘘声一片。就这样,会场的听众们和道格拉斯那几个支持者吵了起来,整个会场抗议声不断,人们都大声疾呼:"你是南部的走狗!"道格拉斯站在那里,眉头紧锁,满脸通红,他的演讲实在无法进行下去了。快到半夜的时候,道格拉斯用这样一句话作为今晚演讲的结束语:"礼拜天到了,我要去教堂了。假如你们愿意,那就见鬼去吧!"

之后,道格拉斯为了重新获得老朋友们的信任,又来到了伊利诺伊州。当然,他也来到了斯普林菲尔德。当时,农民们正聚集在那儿参加秋季的集市。在集市上,道格拉斯作了长达三个小时的演讲,他在演讲将要结束时说道:"我听说,居住此城的林肯先生想要反驳我的观点。倘若真像传言说的那样,那么就请林肯先生站出来说说自己的想法吧!"很可惜,林肯当时并不在场,不过他的朋友们代他接受了道格拉斯的挑衅,并宣布林肯明天将与他舌战。

第二天,林肯花了整整四个小时的时间去反驳道格拉斯的"堪萨斯法案",以及他那个不得人心的"人民主权论"。让人遗憾的是,没有人把林肯的这次演讲记录下来,但可以肯定,这次演讲必定和他每一次精彩的演讲一样深入人心。林肯演讲时,道格拉斯就坐在林肯的对面,对方精湛的演讲技巧让他非常惊讶,不过他很快就对自己的思绪进行了调整,并做了一个简单的答复:"我的朋友林肯先生希望我能认真听他的演讲,并做出回答。对他的这一建议,我衷心地表示感谢。"

很明显,这场辩论与今后的辩论相比而言是无足轻重的。

9 人生来平等
LINCOLN

十几年前,林肯在一次旅行中曾给一位朋友写信说道:"在密西西比河的航行中,我看到这样一个例子,它使我不得不去思索环境对人类生活产生的影响。有一位先生从肯塔基州买了十二个黑奴,要把他们带到南部的农场去。这十二个黑奴被分别锁在两根粗链条上,每人的左手腕上都套了一个铁环,通过一根细链子拴在主链上,松松散散,看上去像一串鱼被穿在一条绳子上。就这样,他们告别了家乡,远离了自己的父母、兄弟。他们即将面临的是主人残酷的压榨,监工们无情的长鞭。但即便是在这种凄惨的处境中,他们仍是这艘船上最快乐的人。其中有一个拉提琴的黑人,他似乎不知道疲倦,从一上船就开始拉,几乎没有停歇,而其他人则伴随着琴声载歌载舞,或者玩纸牌、讲笑话。此情此景使我想到这样一句话:'上帝为剪过毛的羊儿们创造了暖风。'这句话多么贴切呀!我们也可以这样说,上帝把最恶劣的环境变得让人能够忍受,让最舒适的环境勉强过得去。"

这就是林肯的风格,他正是带着这种风格看待那些重大问题,同时带着一种对智者的置疑去审视自己的目标与他所追求的人类幸福之间的相对性。即使在当时那种情况下,他也仍然不忘打个比方,他的信念一直都非常坚定,从未被任何事物动摇过,那天在船上的所见所闻一直让他记忆犹新。当然,他在二十岁时目睹的那个站在卖主皮鞭面前,被买主充满欲望的目光紧紧包裹的裸体女奴,至今仍然让林肯感到恐惧。他已不再是当年那个年轻气盛的小伙子了,他在生活中也了解到了白人们的痛苦,了解到无论是什么肤色的人都有一颗饱经风霜的心。林肯的思想就是从这些经历的感悟中产生的,而他的目标便是:改变这一切。

LINCOLN

对他们，林肯有的不仅仅是同情，还有一种高尚的动机——人格尊严，这使他满腔义愤，如同贝多芬一样。看到船上那群好像浑然不觉锁链的束缚仍然载歌载舞的黑人们，林肯多么希望自己能为他们保留这样一份人的尊严啊！三十二岁的林肯在密西西比河的旅行中写那封信的时候，已经变得成熟了。而如今，四十六岁的他写给老朋友斯皮德的回信，又进一步地表现了他思想的成熟。斯皮德曾为自己拥有奴隶的事跟林肯辩论。

其实，在理论上，你也同样无法承认奴隶制，也认为蓄奴是不人道的。然而你却说，你情愿看见解散联邦，也不愿失去你对奴隶的所有权。我不知道，是不是有人劝你放弃对奴隶的占有权，如果有的话，这个人绝对不是我。坦诚地说，我的确不希望看到那些可怜的黑奴们被人鞭笞，遭受种种不公平的待遇，没日没夜地工作却得不到一丁点报酬；但是，对于这一切我却依然咬紧牙关，保持沉默，没有对你提任何要求。还记得吗？1841年的时候，我们俩曾在一次水上旅行中看到这样一幅情景：一根非常粗的铁链上拴着十几个黑奴。这幅场面让我久久不能忘怀，它不停地出现在我的脑海，折磨着我……每当我经过那些蓄奴州的边境时，总能看到这样的画面。这样一件深深刺痛我内心的事情，你为什么会认为跟我没关系呢？北方的人民为了维护宪法的尊严，为了国家的统一，在奴隶制这个问题上尽可能地控制自己的感情，为此做出了巨大的牺牲。而我，不管是出于理智还是感情都是反对奴隶制的，因为我实在找不到任何理由不去反对它。假如我们俩在这个问题上出现分歧的话，那我也只能顺其自然了。你说，倘若现在是你坐在总统的宝座上，你就会把堪萨斯动乱的头头抓起来，送到绞刑架上去。假如堪萨斯州的全民投票是正大光明的，那么不论结果如何都应该承认，否则就解散联邦；假如在投票的过程中有人暗箱操作，那么就出现一个难题，是承认结果呢？还是把联邦解体呢？……你信中说，倘若堪萨斯州的公民是正大光明地投票，从而禁止奴隶制的话，你作为一个基督徒会非常高兴。事实上，任何一个正直的奴隶主都会这样说，可是他们却没有实际行动……唉！我们堕落的速度实在是太快了。刚建立起合众国的时候,我们宣传的是"任何人生来平等",而几十年后的今天,我们说的是"除黑人以外,任何人生来平等",用不了多长时间,它又将演变成"除黑人、外国人、天主教徒以外,任何人生来平等"。假如有一天真是落到这种境地,那我还留在这个自诩是自由民主的国家干什么呢?我宁可去俄国,那儿至少专制就是专制,它不会打着别的招牌欺世盗名。

正义、公正以及追求自由的思想在林肯心里扎了根,占据了他整个身心。有时候,人们甚至会认为,比起解放黑人来,林肯似乎更乐意去训导白人们怎样公平做事。他对于公正的信仰,几乎狂热到盲目的程度,甚至漠视自己的情感、心愿。例如他认为,道格拉斯的议案既然获得通过成为法律,那么它就应该得到实施,换句话说也就是,堪萨斯州随时都可以宣布自己成为蓄奴州。此时的林肯内心非常矛盾,是祖国第一,还是自由第一,他必须做出选择。这一时期,林肯曾写过这样一封信:"当我们作为政治奴隶从英王乔治那儿被解放的时候,'任何人生来平等'是我们信奉的真理,不允许任何人的践踏。但是如今,我们厌倦了这一切,不仅不用担心自己会被再次沦为奴隶,反而贪婪地想成为奴隶主……说不定俄国的沙皇宣布他臣民自由的时候,我们美国还存在奴隶制,黑人还遭受非人的待遇呢。"

有一次,林肯演讲时脱离了主题,不自觉地讲到了白人内部等级和阶层的问题上,从中人们也非常清楚地听到了同样的论调——"任何人生来平等"。在对农民的演讲中,林肯非常明确地表明自己反对大庄园,他认为,大庄园好比那些庞大的机械一样笨重;他说,不论是谁都不情愿做一辈子的庄稼汉,过着不安稳的生活。最后他总结道:"劳动并不依赖资本而存在,因为它先于资本产生。没有劳动就不可能有资本,资本是劳动的果实,但是想要有资本,就必须有劳动。不管怎么说,劳动永远都在资本之上。"在人民面前,他毫不留情地揭露了奴隶主们丑恶的本性,向世人泄露了他们之间的秘密:自己的奴隶越多,就越能显示自己的财富,土地却无关紧要。"世间最令人唾弃的就是奴隶制,而它却是奴隶主们显示自己财富的惟一途径。以至于现在的年轻人相亲时,对方家里拥有多少个奴隶,是他们惟一要了解的问题。其他世俗的东西都被对奴隶的占有欲吞没了，他们生活的目标只有一个——拥有奴隶。"

带着对奴隶制的这种认识，林肯有时也会蠢蠢欲动，想和朋友们一起参加暴力革命，但最终还是打消了这个念头，并且极力劝阻朋友们要冷静。只要一有机会，他就会提醒大家："在我们这个依法治国的民主国度里，不管是正义还是非正义的起义、暴乱都是违背宪法的，是不公正的，是极端的做法，是叛国罪。我认为，要搞革命还是去投票箱前吧！"

林肯以自己独有的方式行动起来了。当时，大多数律师对涉及黑人的案子避而远之，而林肯却丝毫不在乎外界的看法，一连接了好几宗黑人的案件。一个黑人作为水手随船去了新奥尔良，但因为没有有效的证件证明他是自由黑人而被抓了起来，沦为奴隶。这位黑人的母亲来到林肯的办公室，请求他的帮助。为了解救这个被非法沦为奴隶的黑人，林肯四处奔波，拜访了四位州长，但是没有一个人愿意插手这件事，因为在这种敏感时期，多一事不如少一事，谁都不愿意惹上不必要的麻烦，更何况是为一个黑人呢？没有办法，林肯只好举办了一次募捐会，用募捐到的钱通过一位南方的朋友把那个黑人赎了回来。最终，那个黑人小伙子获得了自由，回到了母亲身边。

10 千载难逢的好机会
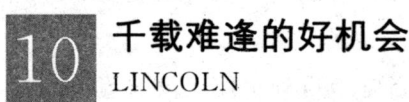

五年了，林肯那颗沉睡的雄心终于因为道格拉斯的再次出现而觉醒。为了把事业做得更好，同时也为了惩罚那个因为私欲而出卖事业、出卖人民的人，另外还出于一种感觉——道格拉斯天生就是他的敌人，林肯决定再次跳上政治舞台，充分利用道格拉斯在党内、在伊利诺伊的恶名，竞选参议员的职位。私下里，林肯称这个老对手是"自由和民主的最大障碍，也是最危险的政敌，因为他满肚子的阴谋诡计"，还说，"想要立刻推倒一座金字塔是不大容易的，但是我们可以一点点地削弱它，动摇它的根基，而这就是我现在要做的事情。"此时的林肯所表现出的自信非同寻常，他深信没有人比他的前途更美好。在这以后，为了竞选上参议员，他还多次给一些重要的人物写信，寻求他们的帮助和支持。

此时的玛丽也和林肯一样，内心再次充满了欲望的火焰。成为参议员的夫人是她渴望已久的，她一直梦想着重返华盛顿，过着比上一次更富裕的生活，更尊贵，更受人爱戴。所以，在林肯这次以及下一次的竞选斗争中，她毫不动摇地站在林肯的身边不停地鼓励他、支持他。只有一点让玛丽失望，那就是林肯不是民主党的成员。一直以来民主党人都德高望重，而且从受教育的程度和气质上来说，民主党党员与玛丽似乎更相似一些。在给姐姐的信中，玛丽说道："您是不是也认为林肯像辉格党的众多成员一样，是一个激进的奴隶制解放者？那您可就错了，他差得远了，他只是反对奴隶制进一步扩张而已。一直以来我都是南方的拥护者，除了与民主党人之外，我似乎和别人没有共同语言……对了，在肯塔基的时候，你们是否也受过那些黑人奴仆的气？唉！在我们这里，受黑仆的气是我们这些家庭主妇们经常遇到的事情，真是要命！"

像上次一样，玛丽又是因为跟仆人产生摩擦而大发雷霆。

林肯尽量多参加一些党派活动，退出政坛这么多年，他必须去学习一些新的社交技巧。斯普林菲尔德有一家"保守派的报纸"误导了当地的一个社会团体，使其危机四伏却没有丝毫警惕。林肯决定用计策保护那个团体的利益。他给那家报社的编辑寄了一篇大力称赞奴隶制的文章，并用了一个小计谋，诱使那家报社把它发表了，没过多久，这家报社便臭名昭著，面临倒闭的危机。

党派之间的界线日益淡化。辉格党也不清楚自己在人民心中有多大的影响力。这时，反对奴隶制的声音日益高涨，道格拉斯也受到大多数民主党人的抨击。最终，对道格拉斯失望之极的民主党人重新提名了一个候选人——齐波尔，他是位废奴主义者，同时也是林肯的一位故交。然而，身处优势的林肯却放弃了这次竞选机会，推荐了另一位同仁参加竞选。原本玛丽为林肯准备的宴会最后却变成了齐波尔的庆祝会。

究竟是出于哪方面的考虑，让林肯做出这样一个决定呢？参议员反奴隶制的一票有多么重要，难道他心里不清楚吗？或许，他不愿在民主党身处分裂的困境时火上浇油，或许，他已经预感到民主党和辉格党瓦解的危险了。不管他是怎样想的，总之他说了这样一句话："虽然我对自己放弃竞选感到非常遗憾，但是让我欣慰的是我还非常理智。"

两年后的总统大选，是全国上下关注的焦点。为此，道格拉斯已经做

LINCOLN

了好几年的准备。民主党外强中干，而辉格党已经开始瓦解。最后，人们决定重新组建一个全新的党派。在美国一批精英人物的倡导下，民主党和辉格党里的"爱好自由者"和反对奴隶制者联合起来，成立了一个新党，自称共和党，以完成杰斐逊的遗愿为己任。这二十几年以来，林肯一直视杰斐逊为自己的偶像，非常崇拜他。为了显示共和党维护宪法的坚定立场，他们选择费城作为共和党成立的地点。这一届总统大选，共和党推荐的候选人是约翰·弗莱芒特这个伟大的英雄，民主党的候选人是年老的布坎南。不管是从思想上，还是从经验上看，这两位候选人的实力都非常雄厚。

共和党成立时，林肯在党内的地位以及在群众中的威望无人能及。从一开始，人们就认为共和党就是林肯的党，这是毫无疑问的，以至于在费城他差点就被推举为副总统候选人，而实际上他在费城的影响力并不大。林肯觉得，自己能走到今天这一步，全都是命运的安排。道格拉斯为了登上总统的宝座，不惜一切代价去讨好南部，出台了臭气熏天的堪萨斯法案，致使密苏里妥协案崩溃，接着又诱发了民主党的内部分裂，因此诞生了一个新的党派，而这个新党在建立初期又是踩在林肯强壮的肩膀上才得以维系的。这样说来，当这个党成熟之后，林肯无疑可以站到这个党派的最高位置上。虽然林肯拥有这种至高无上的优先权，但一直以来，他连一个最小的委员会主席的头衔都没有。建党之后，可能是为了弥补这个小小的缺陷，一个刚成立不久的委员会极力推荐林肯担任伊利诺伊州州长候选人。

包括林肯在内的所有人心里都非常清楚，这是一个千载难逢的好机会，是通往总统宝座的必经之路。但是令所有人大惊失色的是，林肯拒绝了这一提议："倘若我参加竞选，那么民主党人就会指责共和党，说我们创建共和党的目的是让辉格党死灰复燃。就算我竞选上了州长，在别人的眼里，我仍然代表辉格党，那么我们建立共和党的初衷便会成为泡影。"林肯推荐了一位实力雄厚，完全能使共和党取胜的上校作为伊利诺伊州州长候选人。在林肯身上，这种谨慎并不少见。从这众多的事实中可以看出，此时的林肯是多么自信啊！

这一次，已经是林肯第四次为总统竞选做宣传了，当然这也是最后一次，包括布鲁明顿在内的大大小小的城市都邀请他去演讲。遗憾的是，林肯在布鲁明顿市的演讲没有被记录下来，因为林肯讲了几分钟后，所有在场的记者们都被林肯精彩的演讲吸引住了，以至于忘了自己的职责。林肯慷慨激昂的言语强烈地震撼着每一个听众的心。演讲刚开始时，他看上去还有些犹豫，但很快便进入了状态，他挥动着双手，神色自若，从后面走到前面，声音高昂，充满斗志。在场的每一个人都坚信：用不了多长时间，台上这个人一定会闯出一番事业来。一位法官这样描述道："在演讲台上，他的每一个动作都充满智者的灵气。他是我这一生中见过的最美的人。"

为什么这一次林肯的演讲如此激昂？因为，这一时期南方公然宣称自己要独立，从联邦分离出去，林肯凭借他敏锐的洞察力，预感到了这里面潜藏的危机。他担心再这样下去，后果将不堪设想，因此他开始去尝试阻止南部脱离合众国。布鲁明顿的人们谁都想去一睹林肯这一传奇人物的风采，想亲耳听听只有在内阁会议里才能听到的言词。这个小城的人们，给了林肯最热烈的、发自内心的掌声，但是这依然掩饰不住人们内心的恐惧，因为他们也同林肯一样被南部问题所困扰。"我们绝不会脱离美利坚合众国，你们也妄想！"在这以后，林肯经常使用这一句话，借以表达他内心的愤怒。

没过多久，林肯在布鲁明顿的演讲就传遍了整个伊利诺伊州，没有亲耳听到这次演讲的人们都想拜读有关这次演讲的记录，但是都没能如愿。当时几个听过演讲的学者这样预言："这里，一位新的领导人正在崛起！"

11 崛起
LINCOLN

这一轮的总统竞选，民主党又赢了，布坎南登上了美利坚合众国的第一把交椅。然而，原本能获得四百万选票的民主党，这一次只得了二百七十万票，其余一百三十万票被他们的对立党共和党获得，这一事实给了民主党一个警告，这个国家的精英们都在以自己独有的方式，为自己钟情的事业奋斗着。投票期间，原本要远行的人们为了能投上自己反奴的一票，纷纷取消了自己原定的计划。

蔡斯，新的参议院领袖，他热爱自由，反对奴隶制，是一个目光坚定、是非分明的年轻人。在他的旁边坐着史华特，这个人长得高高瘦瘦，充满了野心，他那犀利的目光总是不停地打量身边的每一个人，似乎在搜

LINCOLN

寻他的对手。史华特对面坐着的是这些年来为维系密苏里妥协案而努力的议员们。

他们中那位叫萨姆纳的议员最伟大，他是哈佛大学教授宪法的教师，曾留学欧洲，思维敏捷、激情洋溢。同林肯一样，萨姆纳也有着强烈的公平意识和正义感。在一次议会中，当萨姆纳痛斥一位来自南卡罗来纳州参与策划堪萨斯事件的议员时，一位议员公然携带手枪走上了讲台，但是他仍然临危不惧。这种情形持续没多长时间，正坐在参议院里的他突然遭到了外甥布鲁克斯的棒击，当时便昏倒在地。在这以后的五年里，他一直无法正常工作，病情最严重的时候连生活都无法自理。

这一时期最高法院院长做出的一个判决，成了全国上下谈论的焦点。南方的一个奴隶主带着他的奴隶们举家迁往美国西北部的一个州，而那个州是不允许蓄奴的。其中有一个叫德雷德·斯科特的奴隶知道了此事，他认为，既然他们现在所在的州不存在奴隶制，那么他和他的兄弟姐妹们就应该获得自由。一位律师替这位黑人提起了诉讼，这个案件经过法院层层裁决，最终交给了德高望重的、美利坚合众国地位最高的托尼法官裁决。作为法律的监督者，公平与正义的化身，他们的职责神圣不可侵犯，然而却因为华盛顿的风气，以及包括总统在内的许多人对南方的纵容，影响了他和其他高级法官的判决：黑人没有权利提起诉讼，不管是国家议会还是州议会都无权干涉任何人进口黑奴。这个黑奴能否获得自由，也决定了美利坚合众国是否能自由，成为一个名副其实的自由国度。然而，最高法院的法官们对这个案子的裁决似乎在明确宣告自己维护奴隶制的立场。北方愤怒了，而南方却欢喜若狂，并且要挟说，假如北方拒不承认这个判决，南方就从联邦分离出去，自己独立。在此期间，堪萨斯州陷入了两难的境地。虽然堪萨斯法案已经得到总统的批准，也获得了参议院的通过，但是却遭到了下议院的拒绝，所以堪萨斯州还无法确定自己是否可以实施那项法案，以及实施后是否加入美利坚合众国。总而言之，此时的堪萨斯州毫无秩序可言，骚乱接二连三地发生。

如同闪电迅速划过天空一样，没过多长时间，堪萨斯州的政局就变得稳定一些了，各个领袖属于哪个阵营也都各归其位。此时，只有道格拉斯一个人举棋不定、左右摇摆，他陷入了自己一生中最尴尬的境地。怎么才能将自己的"人民主权论"与德雷德·斯科特案的判决联系起来而且不自相矛盾呢？怎样才能让"堪萨斯事件"既不影响他明年在伊利诺伊竞选参议员，让那里的选民们支持他，同时又获得南方的信赖，支持他以后竞选总统？不管怎么样，他再也不想利用黑人问题做文章了，仅一个"堪萨斯事件"就足以毁了他。最后他决定挽救民主党，同时也转变了自己的立场：他开始在演讲以及各种表决中公开反对堪萨斯州法案。他这一危险的举动可能会带来两个后果：第一，党派分裂；第二，在华盛顿与伊利诺伊两者中，他只能获得一方的支持。而道格拉斯在参议院的选举中已经失利，对华盛顿的选民他不抱任何幻想，因此他决定力争伊利诺伊的选票。于是，他匆忙赶回家乡，以寻求自己家乡父老的支持。

处在这样危险的境地中，道格拉斯需要更多的青年选民，这正好是他缺少的。在道格拉斯改变自己对堪萨斯法案的立场后，民主党人对他彻底失望，而共和党内部有一部分人却想拉他入伙，企图借助他的影响力达到本党的目的。这一部分人包括《纽约论坛报》的发行人、北方最有名的记者格瑞利，新英格兰的领袖人物史华特等等，他们都竭力反对本党的成员受极端分子的影响，反对党员加入废奴主义者的阵营中。他们认为，通过道格拉斯的领导既可以保证本党的温和路线，又能与南方保持轻松、愉快的关系；还认为，国家的繁荣稳定、社会的发展和整个合众国的完整存在都建立在这一点上。格瑞利指责共和党缺乏理智和务实的精神，并在他的报纸上公然建议党内的读者在参议员的选举中投道格拉斯的票，他想借此拉拢道格拉斯。

格瑞利的这一做法，立即遭到了林肯的抨击。作为共和党左派领袖的林肯警告他说，绝不允许任何人采用任何伎俩污损这个新政党的纯洁性。

格瑞利所做的一切，对我而言实在是有违公平！我对共和党忠心耿耿，一直站在阵地最前沿。但是如今我却看到，格瑞利站在道格拉斯这一边，道格拉斯是个什么样的人，难道大家不知道吗？——典型的两面派。以前拥护南方，做南方的走狗，现在却又站出来反对它，做它的敌人，难道格瑞利就是想让这样一个两面派成为我们阵地最前线的一员吗？可能格瑞利对共和党人的信心不够，以至于认为凭着道格拉斯多年的经验以及政治技巧，他的再次当选会比本党一个略逊一点的人当选带来的利益更多……

《纽约论坛报》大肆赞颂道格拉斯究竟有什么目的，真让人匪夷所思！这是全体共和党人的意愿吗？如果他们觉得，牺牲我们伊利诺伊的人，就能使党的事业得到更快、更好的发展，那么我们立即投降不是更省心吗？到目前为止，我还没听说哪个共和党人同道格拉斯站在一条战线上，但假如《纽约论坛报》还要像现在这样不停地向成千上万的共和党读者吹捧、赞扬道格拉斯，是否每个人都能站稳立场就不得而知了。说了这么多，请不要误解，我并没有抱怨什么，只是迫切地想了解整件事情。回信请寄斯普林菲尔德。您忠诚的仆人林肯。

这就是刚刚获得新生的斗士林肯！他为什么为了道格拉斯这样一个奸猾的两面派而宁愿牺牲他的前途？因为此时的林肯再也无法隐藏他心中的怒火。

读过这些信的人没有一个不对林肯的抗议感到奇怪，这个斯普林菲尔德的大个子律师怎么如此大胆，竟敢公然反对资深的道格拉斯？道格拉斯作为他的对手，林肯还能勉强接受，至少这样可以激励自己同他一比上下；但是如果让道格拉斯同自己站在同一战线并且还高自己一等，那他绝对不接受。然而，谁又能理解林肯心中的不平和满腔的怒火呢？

这还是一个年轻的政党，它是否能站稳自己的立场呢？林肯非常焦虑，党派领袖之间明争暗斗，而创建此党的目的以及原则却被架空，如果再这样下去，这个年轻的政党还能保证它的完整吗？对此，林肯派自己的亲信赫尔顿去探听消息，他需要及时掌握党内朋友的思想，以便他准确地分析当前的形势。从赫尔顿带回的信息林肯得知：史华特野心勃勃，一心想坐上国家的第一把交椅；格瑞利大耍政治手腕只是为了一己之私，他准备在总统大选后推举新的总统候选人。林肯的这一举动，立即遭到斯普林菲尔德公众的指责，他们认为林肯这一做法是对同仁的不信任。而此时准备竞选参议员的林肯，也不得不针对各种谣言出面证实："我没有结党营私，没有对下一届总统候选人以及州长候选人的人选提出任何建议。在此期间，我也没有向任何人寻求任何帮助……此时，我们惟一要做的就是希望大家团结起来，忘掉那些没有来由的怀疑。"

12 阿姆斯特朗案
LINCOLN

作为律师,林肯不得不在处理政务的同时分散出一些精力去处理他的法律业务。正是在林肯即将结束律师生涯的这段时间里,他受理并打赢了许多场官司,声誉大振,使他在以后的政治生涯中受益良多。轰动一时的国家铁路与财政机关之间的官司,由于林肯的胜出而使成千上万的选民知道了他,了解了他。

在此之后,林肯又成功地打赢了一场人命官司。

这场命案的双方当事人都是名门之后,并且在命案发生之前两家关系非常亲密。被告在一场争论中,由于政治上的分歧杀死了另一个年轻人,经查证,被告在此之前曾酗酒。林肯作为被告一方的辩护律师为其辩护。这个杀人犯是卡特怀特的孙子,早在二十年前,林肯曾和卡特怀特先生打过交道,当时林肯在参加议员的选举时,卡特怀特曾抨击他是无神论者。这么多年过去了,当林肯再次见到卡特怀特时,他已是老态龙钟,颤巍巍地站在法庭上给孙子作证。作为被告一方的辩护律师,林肯用平缓的语调向昔日的这位对手详细询问了当事人的喜好、性格以及阅历,直到通过这次询问把所有有利于被告的情况都让陪审团了解为止。最终,卡特怀特的孙子被宣告无罪,当庭释放。

在当时的美国西部,这种因为政治分歧而酒后杀人的案子是比较常见的。有一天,报纸上刊登了一则新闻,在离林肯居住地不远的小城镇发生了一场斗殴,两名年轻人在一次庆典活动中喝了不少酒,借着酒劲杀了人,其中一名年轻人被判故意杀人罪,而且对所犯罪行供认不讳;另外一名年轻人姓阿姆斯特朗,他虽然也被认定有罪,但是他拒不承认所受的指控。林肯读到这则消息,心里不由一怔:"会不会是我那个没有什么作为的老相识阿姆斯特朗的儿子?"事实果然如林肯所料。当时,阿姆斯特朗夫人——林肯的老相识阿姆斯特朗已经去世——正在为儿子的事情一筹莫展。

当年,林肯第一次到纽萨兰姆时,还是个二十岁的毛头小伙子,在拳击场上,他打倒了全村最强壮的汉子。村里人很气愤,千方百计找林肯的

LINCOLN

茬，对他的一言一行都嗤之以鼻，可是那个被他打败的人却总是站在他一边，处处为他辩护。两人成了好朋友，林肯经常到他家里去，那家人对他就像对待自己人一样。当林肯因为安娜的去世而精神恍惚地从坟地回来时，他看到老朋友正坐在椅子上等他，一边等还一边用脚晃来晃去荡着摇篮。现在回想起来，当时摇篮里的那个孩子也许就是今天这个"杀人犯"。

  亲爱的阿姆斯特朗夫人，你们家的事情我已经听说了。根据我对您丈夫和对您的了解，令郎不大可能会杀人而且拒不承认。他应该不会做出这种事来，法院的指控应该是不准确的。不管怎么说，我希望这件事能够有一个公正的裁判。在我当初最艰难的日子里，是你们的友情支持了我，使我跨越了那段艰难的时光。当时，你们的家是我的最佳避难所，而我却没有任何东西可以回报。现在，我愿意免费向您提供自己的绵薄之力，帮助你们处理好这个官司，聊表我对您和您已故丈夫的感激之意。

  一个是外省的律师，一个是二十年来未曾谋面的穷寡妇，这封信使他们重新站在了一起。林肯无法忘记自己穷困潦倒时他们给予自己的友谊，更无法在他们——如果老朋友在天之灵有知的话——最需要帮助的时候无动于衷。在经过深思熟虑后，他略去了所有多愁善感的自我表白，把免费的住处与免费的辩护放在一起，将后者作为前者的补偿。这种措辞似乎有些生硬，但林肯自有他的道理：他是在与一个农妇讲话，所以他应该像个农夫一样，用最朴实的话说明最简单的道理。

  为了这个案子，林肯做了充分准备。他四处寻找合适的陪审员，与证人们进行充分交流，不但如此，他还得想办法把审判挪到附近的一个城市进行。之所以要在其他城市开庭，是因为这个案件在当地反响很大，案发几个星期以来，舆论闹得沸沸扬扬，这个被告在当地已经声名狼藉，如果在当地开庭的话，是很难打赢这场官司的。

  该案中的主要见证人对被告颇为敌视。在法庭上，当证人再次发誓说他清楚地看到阿姆斯特朗如何一锤砸在受害人的脑袋上、如何致人死命时，林肯问道，案发时已经是深夜十一点，而且是在森林里，他怎么会看得那么清楚？

  "我是借助月光才看清的。"

林肯让助手取来一本历书，打开翻了翻。在后面的审判中，阿姆斯特朗的母亲泪流满面，近乎绝望，林肯走到她身边，轻声安慰道："别担心，汉娜！用不着等到太阳落山，你儿子就可以释放！相信我！"汉娜抹了抹眼泪，抬头望着林肯，将信将疑。

林肯开始辩护了。他的语气缓慢而谨慎，一条一条地指出证人证词中的矛盾之处，逻辑清晰、严密，不可辩驳。当讲到主要证人的证言时，他拿出历书，向陪审团证实，案发那天晚上是个没有月亮的阴天，而在漆黑的深夜里，根本不可能从远处看清别人的举动。

说罢，林肯掉转矛头，强烈谴责证人违反道德作伪证，险些让一个无辜的年轻人沦为谎言的牺牲品。那个证人羞愧难当，再也坐不住了，仓皇逃离法庭。所有人都被震惊了。法庭判决的结果正如林肯向那位母亲许诺的那样，被告在傍晚之前就被无罪释放了。

这次审判的内容很快传开，林肯再次成为众人关注的焦点。不过，林肯在这次庭审中所体现出来的对普通百姓的爱心，并没有被民众充分认识到，普通民众真正认识到林肯的博爱之心，是在他遇刺很长时间之后。一场命案，由一个知名的律师辩护并获胜，这样的事情并不算大，人们很快就会忘得一干二净；不过，这件事所体现出来的精神却是值得牢记的，在林肯身上，无论是讨论蓄奴制问题时的激情，还是批判道格拉斯时所体现出来的智慧，都在这次庭审中有所体现，正是完全相同的一种精神使他设法解救了一个无辜的人，而且在几年之后又给了上百万黑人以自由。这种精神可以归纳为一种务实的理想主义，一方面，他永远都追随着正义和理想，另一方面，他只做当时的形势许可的事情，只有这样，才能将美好的理想逐步地变为现实。

林肯性格沉稳，喜欢以理服人。面对谎言的时候，他往往并不表现得义愤填膺，而是步步为营地揭露对方，让对方苦心经营的谎言成为笑柄。他喜欢隐藏自己的情感，他认为情感是只可意会不可言传的，与其勉强表达，不如干脆不表达。他就用这种理智的方式与丑恶做斗争，逐步实现自己的理想。如同他在太阳落山之前释放了年轻的阿姆斯特朗一样，在他走向自己的黄昏之前，他也将使所有的奴隶获得自由。

他的智慧和忧郁，他日益增长的威望，简直就像年迈的扫罗王（《圣经》中杰出的军事领袖和统治者）。他总是在刻意隐藏自己的震撼人心的

LINCOLN

光彩，随时都想着去依靠人民的力量。他喜欢在街道上仔细倾听群众的言论，喜欢在店铺里询问他人的观点，并在适当的时机阐述自己的看法。他简直就是个微服出访的国王。

虽然具有如此的威望，他却无法摆脱一种巨大的孤独感。就像扫罗王需要年轻的大卫为自己弹琴作乐、消愁解闷一样，林肯也需要一个多才多艺的晚辈，以便放松自己的精神。他找到了。拉蒙特，比他小二十岁，是个南方贵族，有一头油光发亮的黑发，小络腮胡，总是显得神采飞扬。林肯是在流动法庭上认识这个小伙子的，随后就任命他为自己在一个小城的代理人。师徒二人聚会的时候，似乎很少谈及法律，政治话题更是绝口不提，这是因为拉蒙特的观点倾向于奴隶主，与林肯恰好相反。

一老一少两名绅士似乎并没有共同的理想，但还是喜欢整晚坐在一起，海阔天空地聊天。林肯给这位朋友起了个可爱的名字，叫作"黑尔"。每当林肯伤感、灰心或是精疲力尽的时候，每当那陪伴他一生的忧郁抬起温柔的手开始抚摸他时，他就会找来乐呵呵的"黑尔"，让他拿起班卓琴唱几首歌，或民谣或小调，或诙谐或严肃，或温柔或顽皮，之后林肯的心情便会好起来。在林肯一生中，他不停地思考着到底应该怎样承担起自己的使命，这种思考总是让他陷入苦恼和困惑。他既不好色也不喜欢酗酒，既不善于玩闹也不会吟唱，似乎他的青年时代只存在于想象之中。为此，他找来了"黑尔"。这个年轻人简直就是青春和艺术的代名词，他对于各种玩乐无所不知，尤其善于歌唱，无论是水手的船歌、樵夫的山歌还是农夫的小曲，都能手到擒来。就这样，这个年轻的行吟诗人紧挨着那位故事大王，这个歌唱家紧挨着那位思考者，两人相得益彰。他们之间似乎隔着一个世界，但是他们在另外一个世界里是心心相通的好朋友。

13 狂妄的律师
LINCOLN

"出现裂缝的房子不会永远耸立！"这一声呐喊出自林肯之口。此时，他正站在拥挤的大厅里，面对人头涌动的群众发表演讲。

听完这句话，大厅里一片寂静，人们都因为他那圣经般的话语惊呆了。它太有挑战的意味，听起来就像进攻的号角。在演说前，朋友们奉劝林肯去掉这句话。林肯却说："你们对于奴隶解放的问题，态度不是更强硬么？"

"我想，联邦是不会解体的，"林肯接着说，"它需要的是改变，而不是分裂。这种半奴隶半自由的状况必须改变。"他希望未曾出场的道格拉斯能当众说清楚，如何看待堪萨斯和德雷德·斯科特事件。还要让他当着所有美国人的面说清楚，他希望蓄奴制怎么发展，是控制住，还是该任其自然。

林肯表明了自己的态度。他坚决反对暴力解放，反对用暴力手段追捕奴隶。他认为，斗争的惟一途径应该是法律。

他说："有些人的逻辑我不能苟同，他们说，我同情某个黑人妇女，不让她沦为奴隶就是想与她结婚，这种逻辑让我觉得很可笑，实际上我只是想让她能像普通人一样生活，其他什么也没有。尽管在某些方面她与我们有区别，但我们应有的权利是一样的，我们都有一双手，完全可以凭借自己的力量填饱肚子，而不用乞求任何人施舍。当年的斯科特和他的女儿们，为了奴隶主的利益葬送了生命，如果当时他们获得了自由，也就能和我们一样走在自由选举的行列了。可事实并非这样，而且像他们一样的人又何止几个，几乎百分之九十的黑人都处于不公正的待遇之中。我们必须认识到，他们的血液与我们是一样的，我们的鲜血注定要融合在一起！"

很快，这篇如惊雷般的演讲就传遍全国，人们的激情被点燃了。林肯自己也说："假如我这一生只能保留一篇演说，就是这个。"他强烈地意识到，一场变革很快就会来临。

不仅林肯自己，就是道格拉斯也产生了一种危机感。他再次施展自己圆滑的本性，尽力不和林肯正面交锋。他说："与我比起来，林肯还是无名小卒。这一点，全国人民都是知道的，而且也都了解我的能力。但是，无可否认，他在一部分人中还是比较出色的，所以，如果他赢了，那么一切就会属于他，我会一无所有的；如果赢的是我，得到的也不会是全部。那我就不参与好了。"尽管私下里他是这样说的，到公开场合就变了。他说林肯是暴力解放的一份子，什么"裂开的房子"，简直就是在挑起事端，想让公民意见不和，闹分裂。这简直是在捏造事实，林肯在演讲的时候回应了他："我静候死亡的到来，但是绝不会主动去追寻它。"

LINCOLN

道格拉斯知道后居然说:"林肯先生又有爱心、又聪明!"

后来,林肯终于做了一个美国有史以来独一无二的决定,他要通过辩论同道格拉斯决一胜负。他说:"假如您没有异议,我们就定个时间,面对同样的听众来一场辩论。假如可以,给您带去这封挑战书的贾德先生会与您探讨具体事宜。"

谁都知道,这样一来,道格拉斯的很多追随者也会成为林肯的听众。道格拉斯并不愚蠢,他不停地兜圈子,先是责怪林肯怎么不早点建议,并说民主党人集会的时间、地点都已经定下了,不好安排;而后他又说这个城市不合适,那个也不好等等。言语之中仿佛这个建议对他有莫大的不公,林肯对此表示了严正抗议,接着就从道格拉斯的建议里圈定了七个城市,并定下了时间。

林肯说:"我们应该时常联系,以便确定一些细小的问题。另外,我不介意同您演讲的时间一样长,轮流进行就可以了。别的我不在乎。"

辩论开始了,是在渥太华的一块露天平台举行的。先是道格拉斯讲了一个小时,然后是林肯,他用了一个半小时。最后,道格拉斯又用了半小时。这场奇怪的演讲比赛吸引了数千人涌到这里,不仅伊利诺伊州,其他各州都了解到了详细的情形——电报机起到了重要作用。比赛进行了三个回合以后,全美国都震惊了,人们纷纷询问:"那两个人是谁啊?"

看吧,其中一个身材矮小结实,胸脯肩膀都宽宽的,巨大的头颅,粗壮的脖颈,看起来浑身上下都力气十足。而那合体的西装,紧紧裹着肌肉的衬衫,又令他的身上透露出一种优雅的气质。这就是被人们称为"矮子"的大人物。

另一个人,说起话来表情丰富,深深的皱纹纵贯于两眼之间,黑色的长发中夹杂着些许白发,微微甩向后面,灰色的眼睛散发出迷人的光彩。当他专注于某事物的时候,略显浮肿的脸上能显露出一些饮酒的痕迹。大概是长期生活在城市的原因,他皮肤苍白,以至于露天的空气似乎让他有点不适应呢。他的鼻子突出而坚挺,眼睛仿佛永远在追寻什么。高大削瘦的身材,不大合体的衣服,令他浑身上下透露出一种诗人的气质。

前者是道格拉斯,另一个就是林肯了。

道格拉斯出身于一个医生家庭,童年生活贫穷、孤单,很小就开始出卖体力赚钱还账。后来,他在一所中学里做木匠,开始挣钱读书。二十岁，道格拉斯做了一名教师，一年后他又自学做了律师。凭着超人的勤奋与刻苦，他很快就进入议会，成为人们眼中炙手可热的政坛新星。后来，凭借着土地投机生意，他在一夜之间又成了富翁。经济与政治两条道路在他面前简直一片坦途。不到四十岁的时候，他就做了参众两院的议员、高等法院法官、国务秘书……出访欧洲的时候，俄国沙皇与英国女王亲自接见了他，其间他显示出了杰出的外交才能。

道格拉斯的第一个妻子出身于奴隶主家庭，婚后没多久就成了家族遗产的继承人。道格拉斯眼中的蓄奴制是与优越的生活紧密相连的，所以他并不反对奴隶制，只是他做事谨慎得很，奴隶都放在了妻子名下。后来，妻子去世了，他又娶了一个天主教徒为妻。这个女人又美艳又聪明，对南方人的生活圈子非常熟悉，是华盛顿交际圈里的红人。就这样，道格拉斯成了今天的样子——民主党领袖、政府要员，不仅有权利、有地位、有钱财，同时又充满魅力，到处受人敬畏与爱戴，尤其很讨女人的欢心。

林肯与道格拉斯不同。他完全是依靠自己的力量一点一点走出来的。野心、金钱、权利，这些都不是他前进的动力，推动他勇往直前的完全是对自己实力的清醒认识。当道格拉斯们为了爬得更快，挖空心思为自己铸造堡垒的时候，林肯在做什么呢？他正和朋友们在一起，不停地观察着、探讨着。他并非没有理想，他的理想就在那遥远的高山之巅，总是让他觉得虚无缥缈。妻子总是鼓励他去追寻，可他总是被阻力挡回来，还带着满脑子的困惑：有了权利和地位就会幸福么？以自己的灵魂受到囚禁为代价，这样做真的有价值么？

别人所关心的是，如何在政党间的争斗中，游刃有余地达到自己的目的。而他关心的则是什么时候修铁路，让更多民众走出来。为了避免与朋友的矛盾，他宁可丢掉工作，被迫离开首都、离开家乡，受尽各种各样的苦头。

青年时代的林肯个性很强，因为生活所迫，他还向道格拉斯借过一百美元，但仅此而已，还钱的时候他毫无感激之情。这样的个性不会让他成为道格拉斯那样的人，于是，他似乎在很多方面都不如对方。当那个矮个子为皇帝和女王的恩宠而到处炫耀的时候，林肯还在幻想着国王会是什么样子；在矮个子尽情享受御前大臣对他的恭敬时，林肯做梦也不会想到会有人向他鞠躬，况且他也不会把恭敬送给别人；当矮个子精心为自己的功

LINCOLN

成名就而绞尽脑汁的时候，林肯所做的只是不停地追寻，可又似乎找不到方向……

他惟一一次打败道格拉斯，就是娶玛丽·托德为妻。尽管这种争斗是女人的事情，却让林肯付出了巨大代价，幸好只有这一次。

道格拉斯的胜利是显而易见的。整个伊利诺伊都是他在主宰——他的专列在城镇间穿行，旁边还时刻跟随一辆敞篷车，上面是门青铜制的加农炮。每到达一个城市，就要用三十二响礼炮表示庆贺，因为当时的联邦共有三十二个州。走下专列，有一辆豪华车等待着他们夫妇二人，三十二名男女骑手在旁引路。不管是市政厅还是旅馆，都会有人带领，他所做的只是站在车上，向人们挥手致意。那时候，胜利的道格拉斯一定在想："看，我是这个州的主宰。林肯怎能受到我这样的待遇？他的地位是没法和我比的，现在一定挤在车厢里晃来晃去。"

据说，林肯夫妇在一辆货运列车里候车的时候，恰好看见了道格拉斯的专列，林肯自言自语道："哦！那里面的先生肯定不知道我们这样的车厢什么感觉。"当他走下车厢的时候，迎接他的是朋友们赶来的一辆运干草的大马车，其他一概没有。不过，如果真的有什么隆重的欢迎仪式，林肯肯定会受不了。

演讲还没有开始的时候，矮个子道格拉斯让人弄来很多威士忌，用来招待所有的人。他自己也没有闲着，喝了一杯又一杯，直到不停地吐起来。假如他换一种方式亮相，能去接见一下自己的听众，了解一下听众对自己的态度，那么他一定会把胜利的微笑一直挂在脸上的，那样才更像一个真正的人民英雄。因为，林肯来的时候，人们都很慢待他，觉得林肯要与道格拉斯比试高下，是太高估自己的力量了。林肯一来就处于一种陌生、不利的境遇中，听众这么多，他没法一个个去争取，地方上的领袖们他又不会去奉迎，他从来不是这样的人，于是，他只能僵硬地立在那里。

终于，演讲比赛要开始了。两个对手分别登上自己的讲台。他们都说了些什么呢？道格拉斯率先开始了。早在他刚站在台上，用眼睛和嘴巴向听众们殷切致意的时候，大厅里就已经掌声雷动了。此时他挺胸抬头，用深沉有力的声音陈述着自己的观点，同时辅以丰富的手势和表情。他的演讲思路清晰、引人入胜，经常运用一些人们不大熟悉的名词，引用一些典故，让听众们耳目一新，目光都集中在了他的身上。之后，他突然又变换了风格，处处流露出自信与锋芒。这简直让听众们着迷了，几乎沉醉其中忘记了一切。

道格拉斯的演讲给林肯造成的压力不小。他走上来的时候，先给了人们一个笨拙的印象，穿衣服邋遢，精神不振作，呆呆地立在那里，两脚叉开，两手交叉在身前，不停玩弄着手指头，看不出一点点风度。简直像个行动迟缓的鞋匠。

林肯终于开口了，先是声音尖细地问了听众一些问题。慢慢地，声音越来越有力，态度也逐渐温和起来，不自在也消失了。他背着手，不停地变换着姿势，言语间逐渐出现一个个高潮。在他自然地流露出快乐与悲伤，在他发自内心地对蓄奴制发出诅咒时，听众们开始被他征服了。接下来的演讲，就算他躲在一个角落里面，人们也会去关注他，因为他的真实已经打动了他们。

他那柏拉图式的思想与真实总能切中对手的要害。首先他表示了对道格拉斯的认可，并把对方的论据一一罗列出来，以此先让听众们接纳自己，接下来他要做的，就是针对对方的谬误逐个击破，直至彻底推翻对方的观点。在讲台之上的林肯，就这样带领着所有的人一点点去分析对手的观点，运用他自己清晰的逻辑找到对方的症结，进行攻击。他的演讲思路清晰，富有理智，选用的例子贴近农民生活。很快，他那淳朴的演讲风格就深深得到了农民们的喜爱。因为他完全是出于正义，所以他所说的一切都是合理而又充满智慧的。

道格拉斯面对形势的逆转，一开始还显得很自信，接着就开始用一些粗鄙的言词从对手的言论中挑毛病，用朋友们的欢呼给自己长声势。对此，林肯一点也没有退缩，他机智而又毫不留情地向道格拉斯发起反攻。

结果，这场比赛失败的似乎并非律师林肯，而是那个外交家道格拉斯。那个不怎么优雅的林肯的言论，似乎更有说服力。我们完全可以下这样的结论：公众关注的是道格拉斯，而林肯则把每一个人的关注都吸引了过来。尽管道格拉斯风度翩翩，才思敏捷，可反应迟缓的林肯却更具有说服力。道格拉斯的演讲给人们的感觉是：这是一个大人物。而林肯，人们看着他的时候心里会想：这个人属于我们，他应该在华盛顿。

总之，他们最大的不同在于：一个关注的是短期的胜利，而另一个将会是最后的赢家！

LINCOLN

14 大辩论
LINCOLN

"我并不否认自己的私心，更不会故作清高，说自己对进入参议院没有企图。因为，在这场重大的争端中，个人的一切都是无足轻重的，在以后的日子里，不管是我还是道格拉斯法官的个人前途，同整个民族比起来都是微不足道的。"林肯就是这样说的。

应该说这就是命运——林肯就这样加入到了反奴隶制行列。战争还没有开始的时候，这场辩论就引发了人们很多的疑虑。奴隶问题有没有必要被激化，政党之间的协调关系能否出现，这场辩论会不会成为战争的导火索等等，一系列的问题产生了。很快，上百万的人就意识到了这场辩论的深远意义，战争一触即发。

道格拉斯开始心虚了，他找来手下的人说："去跟林肯说明我的理论依据，就说我已经没有退路，只能往前冲了。"很难想象得出，这竟是注重风度的道格拉斯说出的话！

平日里他总喜欢说："奴隶制存在与否和我没有关系，无非是钞票印制的方法不同而已。一切都是上帝的安排，不管你是奴隶还是自由人。"林肯是这样反驳他的："是非绝对不能颠倒。你不是奴隶，那你必须赞同解放奴隶。如果你不能让别人拥有自由，那你也不会拥有它！"

林肯喜欢从宪法中寻找依据，他说："你们看，我们的宪法里面有这样的话：'一切人生来平等。'这里的'人'当然包括黑人。所以，蓄奴制是违反宪法的。目前的状况是，各个州都在凭着自己的意志对待奴隶制问题，毫无规范可言。因此，宪法必须对奴隶制进行限制，它的产生我们无从追究，但其发展我们是完全可以、而且必须加以控制的。"

最后，他说："奴隶主历来都有权利释放奴隶，可现在呢？这却变成了违法的事情。道格拉斯的所谓'人民自主权'鼓励全民蓄奴，这样，非洲奴隶贸易将再次盛行，因为它们实际上是一回事。想想看，我们的祖先怎么不对打猎加以制止，而去处死1820年以后还在贩卖黑人奴隶的人呢？为什么南部人那么看不起奴隶贩子，连手都不愿意和他们握呢？假如人们没有觉得奴隶制不对，怎么释放了那么多奴隶呢？先不说'人生来平等'的话，就说黑人吧，假如说他们比白人低贱，那有些白人是否也比另外一些人低一等呢？这样一来，宪法所倡导的人人平等又怎么体现呢？你们还要说奴隶制该存在么？"

道格拉斯在演讲中批评了北方工人的罢工，他认为工人们每年二百五十美元的生活费没什么不可以。林肯对此也进行了抨击，他说："……幸亏我们的劳动体制还是允许罢工的。"

林肯大部分时间都是很冷静的，很少出现激情澎湃的样子。但此时他似乎有些激动，白人心里的惰性，以及道格拉斯的道貌岸然，简直令他难以忍受。他说："这与他们没有关系么？这不仅会模糊美国人民的法律观念，还有助于我们的敌人找到理由来攻击我们的虚伪。而我们自己的勇士们也会开始对自己的正义之举有所怀疑。不管是谁，只要你忽视别人的权利，那么最终你的自由也会无法保证。从你这样的人里面产生的暴君，会成为你们自由的主宰。假如人民对下一个'斯科特案'和以后一切裁决都无动于衷的话，那么自由不复存在的日子也就屈指可数了。欺骗只能存在一时，不可能永不被揭穿。"

很快，林肯又恢复了平静，继续用一种带着讽刺意味的、通俗易懂的方式表达自己的见解。这简直成了他特有的风格，在不紧不慢的节奏中，不时地穿插进一些戏谑与幽默，令人感觉妙趣横生。比如说起布坎南、道格拉斯、州法院法官和另一个领袖等几个人臭味相投的时候，他居然用上了这几个人的小名，"如果斯蒂芬、罗格、富兰克林以及詹姆斯都是木匠的话，那么他们加工出来的木头搭配在一起肯定会恰到好处，不多不少严丝合缝。这就是所谓的'物以类聚，人以群分'。惟有这样我们才能真正明白，他们从一开始就配合得多么的默契，直到最后完工。"

谈到新旧蓄奴制的问题，他的描述更生动："假如有一条毒蛇，人们在大街上立刻就会用棍子把它打死，可是如果蛇在孩子的床上，我们就要有所顾忌了。最难办的是，它在孩子身边……而如今的情况是，孩子有新床了，别人却让我放个装着蛇的笼子。哈，多么可笑！"

其实，道格拉斯在灵活地运用语言上是比较高明的，可林肯和他比起来却有过之而无不及。第一轮演说的时候，道格拉斯用一份假文件来证明林肯是个"解放者"。结果当场被戳穿，于是，等到道格拉斯再拿出文件

LINCOLN

1858年,林肯在辩论中的情景。

时,林肯便毫不客气地指出,有了前一个所谓的证据,后面的也不会有人相信了。

还有一次,道格拉斯一下子改变了立场,站到对面来质疑自己。林肯回答得非常巧妙:"看,我说了一句'你没戴帽子',你立刻就找来一顶戴在了头上,想用来告诉人们我在骗人么?"

道格拉斯说:"如果让我选择,白人永远排在黑人前面,但是如果只有黑人与鳄鱼,那我只好要黑人了。"林肯毫不客气地反击道:"你终于说出了心里话!你的意思是黑人与白人就像是鳄鱼与黑人的关系,黑人可以将鳄鱼看做爬行动物,那么白人也就可以把黑人看做爬行动物,对么?"

"道格拉斯先生口中的人民自治权利又是什么呢?大概是让堪萨斯和内布拉斯加的移民自己来管理自己,还有管理所谓'黑鬼'的吧?卡斯将军六年前就已经这样做了,那我们的矮巨人有什么贡献呢?他的才智的确要高于卡斯呢——他所宣称的'人民主权'就是让白人对黑人行使的权利变得合法化,赋予内布拉斯加蓄养和鞭打奴隶的权利!"

林肯面对虚伪到可耻地步的人,简直毫不留情。假如台下有什么不满的话,他就要疾言厉色道:"时间不允许吵闹,我想做的只是揭穿事实,这样道格拉斯法官就不会再虚伪地津津乐道于自己的发明了!"

道格拉斯也没有示弱,他在众人面前质问林肯:"'美墨之战'你为什么反对向军队提供给养？当时你投了反对票。"

听到如此的诬蔑，林肯立刻当众把道格拉斯最好的朋友揪到台上，这个人当年曾经与林肯一起任职。林肯大声说："我让这位先生上来，只是想问他，实际的情形是否如道格拉斯所说？"大厅里沸腾了，人们全都站了起来，那个人禁不住众人灼热的目光，只好否认了好朋友的话。

林肯又说到了乌贼，他说这是一种很小的鱼，保护自己的方式就是用一种黑色液体把水搅浑，然后溜之大吉。他毫不客气地说，道格拉斯就是这样的，这话一出，在场的人全都哄笑起来。"那些无聊的政治家们都很看好道格拉斯参议员，认为他会做下一任总统。因为他的名字如此响亮，胖胖的圆脸上不停地变换着各种角色，从邮政部长、土地部长、内廷大臣，一直到内阁成员、大使。同时，双手不停地聚敛着财富。这个小个子简直把这些人都给迷住了，目光怎样也无法从他身上移开，即便本党形势发生了逆转，他们也察觉不到，依然对他信心百倍。这次就是个例子，尽管那些政治家们对前景也惴惴不安，可心中依然对他怀有希望。大家簇拥着他，为他妥善地安排好一切，为他助威，显得比从前更热情。我的情况就不一样了，谁也没觉得我会做总统，在他们眼中，我这个瘦高个根本不值得一提。真令人伤心，这就是我们的共和党！"

最终，辩论在第二轮结束了。林肯巧妙地把对手引入了一个陷阱："如果一个州没有宪法，一个公民是否有权利不顾其他人的愿望，通过法律途径铲除奴隶制呢？"

道格拉斯的"人民主权"里面规定，在不违背宪法的情况下，各个州可以自主处理事务。于是，林肯的这个问题就很难回答：如果道格拉斯的回答是否定的，那么堪萨斯州将产生蓄奴制废止的第一个法律障碍，伊利诺伊的参议员也就不会是他；相反，如果他予以肯定的话，就会失去南方人的支持，总统也就不会是他了。

道格拉斯毕竟够狡猾，他竭力摆脱自己的窘境："实际上，斯科特裁决案和这无关，不管是哪个州，都有一定的法律条文是关于拒绝奴隶制的，这毋庸置疑。"

台下拥挤在一起的农民和市民都听到了这一问一答，可是几乎谁也没有听明白，里面包含的重大意义更是无人能理解，包括林肯的朋友们。大家惟一意识到的是，提问的人问题出的巧妙，回答的人太过圆滑。话音刚落，乐声四起，两位选手的支持者几乎在同一时刻开始演奏，对话中的深远意义只能待日后自行揭晓了。

这就是命运，林肯的远见卓识使他成为了一个真正的政治家。

两年后，林肯的设想都变成了现实，道格拉斯当年的回答令他失去了南方的支持。就这样，道格拉斯尽管得到了参议员的职位，却永远与总统的宝座失之交臂。林肯怎么想呢？当时的这场辩论对于他具有怎样的意义呢？他对于道格拉斯一直没有什么好感，在写给朋友的信中总是称他"骗子"。他还说，道格拉斯的追随者有成千上万个，但是他们都不明白自己要什么。所以，他说："我想让那些盲目的人看清自己的方向。"

据当时林肯的一个支持者说："那时是夏天，天气热得很。林肯在斯普林菲尔德旅馆同党内同仁说了一会儿话之后，就会走出来凉快一下。他问我辖区里怎么样。我回答说，已经准备就绪，就看这场与道格拉斯的战争如何结束了。只见他的脸上先是有些疑虑，既而就有了神采。他是那么敏锐，立刻就从我的回答中发现了问题。他说：'请坐下来，我给你讲个故事。'我们就在旅馆的台阶上开始了这番对话。

"您注意过准备赛跑的两个男人么？"

"是的。"

"你看，其中一个高声宣称自己的实力如何，夸张地做着准备工作，准备在心理上压倒对方。而另一个人呢？他沉默着，没有任何夸张的准备，只是屏住呼吸，攥紧拳头，静候比赛的开始。你看，结果会怎么样呢？不管比赛何时开始，这个小伙子的命运只有两种——全面的胜利，或者付出全部甚至生命。"

这就是林肯——由输到赢，直至被人谋杀。

15 独一无二的成功
LINCOLN

结果终于出来了。道格拉斯以绝对的优势取得胜利，并成为参议员回到了首都。

林肯则以惊人的镇定走完了这可怕的比赛过程。在彼得斯堡，在渥太华，在其他城市，尴尬的场面层出不穷。他被人喝过半个小时的倒彩，被一群年轻人扛着走来走去，被彩带缠住一点动弹不得……更令人难以忍受的还在后面，一个女士手拿一个黑人布娃娃不停地在他前面乱晃，最后林肯不得不用非常平静的语气问："请问，这是您的孩子吗？"才结束了这无声的挑战。有个绅士模样的人最为过分，他骑着马冲过来，朝林肯喊道："您打算同黑人睡觉是么！"林肯紧闭双唇盯着那个人，没说一句话。最后，那个人无趣地走了，人们不停地冲着那人的背影吐着口水。

尽管如此，林肯在这场辩论中并非一无所获。因为，从此以后，亚伯拉罕·林肯这个名字便无人不知了。直至几年以后，道格拉斯被民主党人撤去外事委员会主席一职的时候，人们还在谈论这个高个子的对手——亚伯拉罕·林肯。

虽然他并不希望这样，但是民间不仅传唱着关于他的歌谣，伊利诺伊州的一座新建城市还用他的名字命了名。一家著名的报纸上写道："林肯的成功是独一无二的——一次辩论就迅速达到了。"有个陌生人写信对他说："您和罗德·布朗一样，早上睁开眼睛竟看到自己的名字传遍了大街小巷。一个普通的年轻律师转眼间就变成了全国知名的人物。"有人开始下这样的断言：他似乎不会只属于某个政党，或许有一天他会成为整个国家的大人物。

林肯自己又是怎么想的呢？

在辩论还没有结束的时候，记者维拉德曾经和他有过一次交流。那是一个夏日的夜晚，他们一起在车站等车，忽然间下起了大雨，两人就急忙跑进一个空货车里。里面漆黑一片，没有灯光，没有坐的地方，这情景突然触发了林肯对往日的回忆。他说二十五年前自己还是个纽萨兰姆的店伙计，当时他最长远的目标就是进入州议会。他的语调中充满笑意："当然我还是有进步的。这场辩论应该说是朋友们带我走进来的，我没觉得自己有做参议员的能力，我用了很多时间来鼓励自己。不过现在，我已经信心十足，我想自己的能力是足够的。尽管这样，我还是在不停地告诫自己：'目标太高会很难达到的。'可我妻子不这样想，她总是对我说，你一定要做参议员。看看，她甚至想让我做总统呢！"

他边说边大笑起来："你能想象得出么？如果我是总统会是什么模样？"

这位记者是个眼光独到的观察者，他牢牢记住了这一瞬间的林肯。在闹哄哄的白日隐退，乐队、旗帜、人群全都消失之后，这个伟大的人物同他坐在一起。尽管货车里又闷又热，漆黑一团，林肯却一点也不在意，仿佛这样的时刻他才更为自在。隐没于黑暗之中的时候，这个平日喜欢沉默的人，居然开始不停地说起来。

他用独有的诗人般的口吻谈到了参议员的价值、人类的追求，其间还夹杂着幽默的自嘲。他就那样自然地蹲在闷热的车厢里，述说着自己事业的动机，玛丽的小野心，以及争取法案的斗争。此刻他只是个普通人，他和大多数人一样不停地往前走着，但他始终是清醒的，他冷静地意识到，为了实现自己的奋斗目标，必须让自己的性格加以改变。同时他也更清楚地认识到，自己的对手们颠倒黑白的本领有多么大。在斗争进行到这个阶段之后，全美最著名的那几个政治家，在他眼中似乎越来越不那么高大了，而他自己则信心倍增。

他迟缓的性格曾经把玛丽的梦打碎了，不过最终，当他开始像大多数政治家一样，为竞选总统做准备时，他不再怀疑自己的能力。在冷静的思考之后，他肯定了自己的实力。外表看上去，他是一个不拘小节的人，其实他早就掌握了那些重要的交际技巧，至于细微之处，只是在他看来不重要罢了。想到自己瘦长的身材，将会与外交家们心目中一贯的优雅相提并论，他就要大笑个不停。他说富兰克林就是装订工出身，杰斐逊还做过牧童，那么自己这样也就没什么奇怪的了。

尽管竞选参议员失败了，可这竟意外地让人们全都熟悉了他的名字。而他自己似乎也更加成熟了，他变得更加自信。接受采访的时候，别人问："对此你有什么想法么？"他突然意识到："我像个跌倒的孩子，心里很难受所以笑不出，可由于长大了又不可以哭。"他写信给原来的医生亨利说："这次竞选让我感到很高兴。因为我毕竟有这样一个机会，探讨这样重大的问题。不管以后人们会不会记得我，我所说过的话肯定不会消失，我相信它会继续影响我们的事业。"

这就是他的性格，孰重孰轻他分得很清楚。对于他来说，自由事业远比当选总统重要。二十年前，在斯普林菲尔德，他曾经悠闲地坐在朋友中间，从恺撒一直说到拿破仑，这些大人物和他的共同点是对领袖的宝座一点也不热衷。亚伯拉罕·林肯把人类的尊严看得高于一切，所以，他想让奴隶们重新拥有它，而他自己也不想丢弃。因此，他永远不会用尽一切手段为总统的宝座而奋斗。

不过如果是另一种情况呢？如果得到宝座的同时，他便有了实在的权利呢？那样一来，他实现自由梦想会更容易些，他又会怎么样呢？他的生命、情感、事业会在这一点上结合在一起，直到生命的终点。

一个熟人和他谈起南方人对林肯的好奇心："我总是这样告诉他们，对于美国来说，林肯是又一个巨人。您看，我对您信心十足，您会成为我们的新总统。您最好写一个自传之类的东西。"

林肯说："您看，好像只有伊利诺伊的人认识我呢，另两个总统候选人却是家喻户晓的领袖啊！"

那个人马上又说："先生，您想错了。您不知道，很多联邦州都不想让纽约人做总统。"

林肯边围自己的旧围巾边说："您看，我承认，谁都愿意当总统，而且您的称赞也让我很感动，可这似乎不大可能成为现实。至于自传，我好像没什么令人感兴趣的东西可写，我的生活普通得很。抱歉，再见了！"

不过，在那人的再三请求之下，下面的这篇小传产生了：

> 我出身于一个普通的家庭，父母是弗吉尼亚人，祖父老亚伯拉罕·林肯在1781、1782年间来到了肯塔基州。不久，因为在森林开垦土地，印第安人把他打死了。当时，我的父亲才六岁，年幼的父亲几乎没有受过任何教育。后来我们来到了印第安纳，那时我八岁。
>
> 那个州刚刚加入联邦，到处都是荒凉的景象，野兽经常在树林出没。我的童年就是在这里度过的，学校的老师教的东西特别少。偶尔有懂得拉丁文的流浪者来到这里，就会受到热情的接待。那时候的人们似乎意识不到教育有多么重要，直到成年之后我学的东西都不多，只不过会读、会写、会算罢了。后来我就再也没有接受过教育，至于我后来的进步完全是逐年积累的结果。
>
> 二十二岁以前，我一直在务农，后来在纽萨兰姆的一家店铺做伙计。之后黑鹰之战爆发了，我成为志愿军队长，这让我初次尝到了成功的喜悦。从此我开始不断被提升，在参加了州议会议员选举的时候，我遭遇到了一生中惟一一次在人民选举中的失败。之后的几次选举中，我都成功了。后来，这样的选举我就再

也没有参加过了。那几年里，我自学了法律，并举家搬迁到斯普林菲尔德做了一名律师，以极高的热情投入到自己的工作中。

我是辉格党名下的一员，对党内事务一直很积极。可后来，我的政治热情曾一度减退，是《密苏里妥协案》的废除又把我的激情召唤回来了。后来的事情大家就都知道了。

从外表来看，我身材偏瘦偏高，大约六英尺四英寸，一百八十磅左右，头发又黑又硬，灰眼睛，皮肤偏黑。其他特征一概没有。内容只有这些，因为本人实在没有过多的经历。希望能让您有所收获。您真诚的亚·林肯。

简单明了，风格朴实，对于他自己来说或许会有不利之处，可他就是这样写的。他所擅长的一切修辞手法都没有用到这里，呈现在人们面前的只是平淡无奇的语言。这一点恐怕只有真正熟悉他的人才能体会到，他的这篇自传如同一个名厨为了给那些想一探究竟的人看，便只做了碗最最无味的汤。

可这就不是好"汤"么？

他非常清楚什么该说，什么不该说。祖父的牺牲，自小接受的自然式教育，很有可能让美国人民从另一个角度了解他，对他成为新的候选人起到促进作用。他不怕人知道他没有接受过真正的教育，但他不希望别人了解到他如何渴求知识，如何艰难探索，强烈的自尊心不允许他这样做。

还有，对于州议会他提出了什么要求，达到了怎样的目标，以及在议院中的位置，一点也没有写进自传。而他取得的成绩、他感受到的支持与帮助，却一点没有丢下，因为在他心目中这是最重要的。

至于私人的话题，他平时的好恶之类的，一点没有，只写进了身高"大约"是六英尺四英寸，体重"一百八十磅左右，头发又黑又硬。"这是真实而简练的语言。

16 坚持就是胜利
LINCOLN

竞选结束回到家乡，林肯居然胖了二十磅，数千美元也从腰包里流走了。

他的律师事务所之前都由赫尔顿来管理,结果收入减少了一半。那时候林肯惟一担心的就是生活费问题。他给辉格党主席贾德法官回信说:"欠款我会想办法还清的。不过,现在我真是毫无办法,事务所已经好久没有进账了。如今,我的日常开销都已经成了问题。假如你可以借给我二百五十美元,我便可以用它还委员会的钱了,到时候我再一起还给你。"

这就是林肯,在这样拮据的时刻,仍然不拒绝为政党尽自己的职责。尽管他的收入远远低于参议员,可他对政党的贡献却大过任何一个人。不久,他终于度过难关,国家依据战功奖励给他一块土地,加上他继承的一块土地、斯普林菲尔德的房子、别人的欠款,固定资产居然有一万五到两万美元,律师事务如果顺利还会有三千美元进项。

玛丽喜欢乱花钱,而林肯总会一声不吭在旁边付账。不过,玛丽毕竟是表现出色的,她不仅帮助林肯巩固名誉地位,还会在人前将自己打扮得漂漂亮亮的,给林肯挣足了面子。惟一一点不足就是,她喜欢在公开场合评价别人,而且言语毫不客气,即使是舞会乐队的演奏,她也会大声地指出不足之处并让大家都听到。

玛丽对赫尔顿的敌意已经持续了二十年,在她眼中,赫尔顿只是个佣工,他受的教育、说的话、做的事情,玛丽都看不上。她告诉林肯这个人不利于他的政治名誉。另外,事务所中的大部分案件都是林肯受理的,可收入都是两个人平分,这也让玛丽感到很不平衡。后来,赫尔顿去一家银行里做法律顾问,玛丽就劝林肯将他辞退掉。可林肯只当这些是耳边风,因为赫尔顿是他最信赖的朋友,在他的一生中朋友始终都是他的坚强后盾。

另外还有一个原因,那就是这一年来所经历的一切,让他的内心发生了巨大变化。对于普通律师的工作,他已经不那么感兴趣了。不过,假如再有人让他去演讲,他肯定会一口回绝,因为他深深认识到了贫穷的滋味。于是他开始想办法利用自己的演说,他小心地收集起报纸上自己演说的片段,并且把民主党的报纸上道格拉斯的演说也整理下来,放在一起准备出版。结果,没有出版商愿意要这本书,林肯只好出钱请一名书商帮助办理。这是他一生中出版的惟一一本书。

整理书稿的过程中,他很像是一个历史学家,而不像是要与人竞争的样子。他要求一切保持原样,就连自己演讲时那些过激的语言,他也要求保留着。他之所以这样做，是因为他想从历史的角度来证明，谁才是真正的胜利者。

很快，另一轮辩论又开始了。这两个竞争者分别来到西部进行巡回演说，林肯显然做好了充足的准备，对道格拉斯的理论展开了细致而又深刻的批驳："道格拉斯先生的'人民主权'本质是什么？通俗一点来说，就是把别人当奴隶是合法的，其他人无权干涉。道格拉斯参议员是不会在乎结果的，因为鞭子没有打在他身上，所以他体会不到疼痛，他的脑袋只是为自己而生。名字听起来很甜蜜——'人民主权'，可它的本质就是不平等……这种政策是建立在对奴隶的生活漠不关心的态度之上的。人们对此事的态度最终只能有两种，或者反对，或者赞同。在这里，或者说在整个美国，惟一一个还没有对此表明态度的人就是道格拉斯参议员，他还没有说过到底是赞同奴隶制还是反对！"

林肯的演讲在堪萨斯州和肯塔基州受到了热烈的欢迎。当时他激动极了，简直不像他的性格。他说："我们共和党人对民主党要做的就是坚持，下面的听众中肯定有一些是民主党员，我承认，你们和我们一样无畏，一样正直可靠……如果条件允许，我们愿意娶你们的女儿为妻，我很荣幸有过这样一次机会。"此时林肯的语气中多了一种超然的气息，想得更深远。尽管性子还是有点急，但他已经脱离了那种为了争取听众而努力奋斗的状态。

他继续说："只要是活着的人，在天性上就是勇敢忠贞的，你们也一样。你们也会为正义的事业奋不顾身……如果我们比你们人少，胜利或许有可能属于你们，可事实恰恰相反，所以你们不会取胜。如果我们势均力敌，倒也可以拼杀一场，可实际总是事与愿违，你们最终总会失败的。"

林肯的语气如同莎士比亚喜剧里的某位高高在上者，给人一种夸夸其谈的感觉。是什么让他发生了如此大的变化？过度紧张？还是他厌倦了这样的生活？又或者是那种莫名的责任？他怎么了？

有一个人曾经与林肯进行过一番对话。这个人之前差点因为帮助黑奴进了监狱，他和林肯说："蓄奴是不人道的，这不仅仅是法律问题！"

"对！它本身就不公正，可我们国家的法律说蓄奴是合法的，这样我们就必须遵守！"林肯挥着手臂回答。

"效忠宪法是您的誓言。可这一点您能真正做到么？如果做不到，您又怎么去做总统呢？"

LINCOLN

第三章 斗士（1849—1861）

听到这里，林肯一下子变得伤感了，他低下头，一只手搭在那个人的膝盖上，低声说道："这些问题不值得探讨，你觉得呢？"

这是他最最不安的时刻，对一切都持怀疑的态度。最令他感到震惊的事情还在后面。约翰·布朗，一个又瘦又高、英俊潇洒的农场主，鼻子高高的，长着猎人一样的头发和胡须，他激情洋溢，是个博爱主义者、奴隶解放运动的先驱。他带领一小队黑人和解放者突袭了哈普斯渡口，准备发动一场南方的奴隶起义。结果这场有些幼稚的暴动以失败告终，敌人捉住布朗并绞死了他。谁知，几个星期之后，布朗在北方人眼中竟成了烈士。他的名字被编进很多神话、歌谣，并在竞选中帮了道格拉斯一臂之力。林肯很快就意识到了这一点，并在一个公众场合发表了自己的看法。

有人在1860年2月写下了这样的话：总统候选人要在五月开始提名，全国上下出现了几十年来从未有过的骚动。大家都非常清楚，这次大选将决定合众国未来的命运。南方早就开始蠢蠢欲动，到时候极有可能导致联邦的解体；北方却完全是另一种状态，就连自己前进的方向都难以确定，南方的动态他们就更顾及不到了。

对于美国来说，总统大选是一件最为重要的大事，全国上下都非常关注。民主党内部的不团结和丑闻，让人们有些担心，因为他们都害怕共和党人获胜，不想让共和党人做总统。而贵格派在那些有浓郁宗教气氛的地区依然很有号召力，他们对人类的基本问题看得似乎更为透彻。

慢慢的，南方人觉得他们可以控制局面了，觉得脱离联邦可以作为自己的一张王牌。北方人就在这个过程中开始觉醒了。于是，林肯被派到东部演讲，以便人们对他多一些了解。后来，因为人们热情太高了，演讲临时改在了纽约的库珀学院。林肯一时之间难以适应，尴尬不安地出现在了听众们面前。据他自己后来说，演讲时他必须不断地提醒自己："这些听众们光鲜的外衣下面，隐藏的是南方奴隶们辛劳的汗水。"如果不这样提醒自己的话，他就总是走神。因为，他当时的衣服尽管是新的，却一点也不合体，衣领好像总要立起来，弄得他总是伸手去摸。听众们显然观察到了，都充满嘲讽地看着他。

之后的报道说："他伸开手臂的时候，你会发现他的手简直太大了。他的声音一直压得很低，好像怕声音大了吓到别人，大概他还是比较习惯露天的场合。他喜欢使用一些过时的字眼，'哦！朋友，如果在偏远的西

LINCOLN

部绝对没有问题,纽约怎么可以呢?'大概他很喜欢给人留下朴实的印象。最初,观众们实在难以看出他哪里吸引人,衣服在他那高大的身上摆来摆去,他脸色苍白,双眼忧郁,充满焦虑,生活的窘迫在他身上留下了深深的烙印……可是,演讲渐渐进入主题的时候,他内心的火焰释放出来了,一切都开始发生变化。他的脸上逐渐有了光彩,他的声音一点点洪亮起来,眼神是那么深邃、专注……整个演讲让人感到一种圣经的味道,朴实而又十分严谨。每到关键时刻,听众们都不由得屏住呼吸,四周安静极了;高潮来临的时候,如雷鸣般的掌声又会代替宁静。最后,当他话音落下的一刹那,所有人都不知不觉地站了起来,欢呼声、掌声响成一片,人们简直要为他疯狂。他太神奇了!"

道格拉斯说过这样一句话:"我们现在的政府是先辈一手创建的,所以,他们对整个问题的理解应该比我们更为深刻。"就是这句话,成了林肯演讲的基础。他先是讲述了大家都熟悉的宪法和它的历史背景,之后便非常从容地谈到历史提出的要求。所有的发言他都力求浅显易懂,易于接受。对于南方人他一直用"你们"来称呼他们,他说:"你们说,假如共和党人做了总统,你们就从联邦退出,让我们来承担联邦分裂的责任。这未免有点过于张狂。如同一个劫匪把手枪抵在我的头上威胁说:'不许动!钱在哪里?统统拿出来,不然就杀死你,那样你可就变成杀人犯了!'"

至于布朗,林肯坚持否认共和党和那个人有什么关系,因为这样做至少可以让人们的心里感到踏实一些:"约翰·布朗的失败在于幼稚,即使没有任何学识的奴隶都能看出来,那样做绝对不会成功。在历史上,由于冲动的而导致的失败还少么?当然,他的热心是不可否认的,他不愿看到一个种族总是处于受压迫的地位,觉得自己有解救他们的使命,于是他采取了不理智的行动,结果断送了性命。至少我们在一点上是一致的,那就是反对奴隶制,只是我们不赞成使用暴力,更不会去叛国,这是不能饶恕的。"

演讲后的第二天,整个东部就开始称林肯是伟大的演说家了,邀请他去演讲的函件纷至沓来。另外还有一个哈佛大学的教授一直追随着他,把他的演讲用文学的方式记录下来,写成了一篇纪实性的报告。

不管是对伊利诺伊州还是对林肯本人,这次演讲的影响都是巨大的:他开始把自己同巨大而又陌生的外部世界放在一起进行比较,从而感受到了个人力量的渺小,纷纭世界的伟大。

后来他回到家乡，居然惊奇地发现，自己的名字跑进了共和党草拟的总统候选人名单。只是几个星期之隔，事情就发生了如此大的变化。不过，有一点他半年之前就料到了，那就是蔡斯不是总统的最佳人选。

他在给齐波尔的信中说："此时，我有一种预感，但又说不清楚是什么。在没有一个明确的概念以前，我不会发表自己的看法，以免影响我们共同的事业，请相信我。"这封信体现了他超乎常人的控制、分析自己的能力，同时也体现了他对朋友、对党派秉承的极其认真的精神。他说："我很清楚，假如坐在一个伟大位置上的是个并不伟大的人，那么他会迷失自己的。"

正因为认识到这一点，不管在任何时候，他都保持着头脑的清醒。

可能有人认为林肯此时开始消极，或者说是屈服了，其实恰恰相反，此时的他表现了前所未有的积极性。他给党内同仁写信，告诉他们往哪个方向努力，怎么去努力。他的朋友曾在后来说："他所做的就是竭力找到合适的位置，为以后的路打下基础。"

报界对于此时的林肯来说，也不再陌生，他曾经给一个编辑写信说："亲爱的哈丁，这几年我总是在免费读你的报纸。随信寄去十美元，别客气，请你收下。这个星期，最高法院法官候选人名单将在报上公布，假如你能推荐洛汉，我会很高兴的。"不仅如此，他还用四百美元秘密地把伊利诺伊的一家德国报纸买了下来，就是赫尔顿也不知道。这样一来这家报纸就会为他做宣传，他必须对那些移民加以防备，民主党人是无孔不入的。"我们也用用他们的把戏！"

这就是林肯，偶尔也能狡猾一下，但他永远不会是狐狸。就算是几十年来一直帮助别人竞选，他也难以改掉淳朴的性格，难以学会言行不一。这样，在某些时候他就没有办法在伟大的事业中很好地利用自己的头脑，尤其是关系到国家前途的时候。

17 两根古老的木桩
LINCOLN

在共和党内部，竞争激烈得很。林肯突然发现，这种争斗比党派之间

LINCOLN

还要白热化。此时的共和党气势旺盛，又制定了灵活、谨慎和全面的计划，因此，不管是哪个共和党人被提名，都可以十拿九稳地做总统。于是，很多人都不愿林肯被提名。

与他相比，他的对手们优势都比较明显，赫尔顿曾这样写道："由于经济拮据，他根本没有办法拥有自己的办公室，他本身也没有这方面的才能。而他的对手史华特不仅拥有这些，还曾经做过参议员。"

实事求是地说，不管是哪个人，只要能静下心来想一想，都会觉得当选的人应该是俄亥俄州的州长蔡斯，或者纽约市长史华特，反正不应该是林肯。他们也都是蓄奴制的反对者，某些时候比林肯表现得还要出色。另外，这两个人不管是受教育程度，还是政治经验，都比来自小地方的林肯要强。林肯虽然进入过众议院，可那已经过去十几年了，而且当时成绩平平。本来，史华特呼声最高，可后来因为东部报界的权威人物格瑞利与史华特的丑事被曝光，总统候选人与他失之交臂。

选举大会临时由伊利诺伊州迁到了迪凯特，林肯再次回到了几十年前自己生活的地方。由于大家都希望在选举之前能平心静气地在总统候选人上达成共识，所以，代表们即使在饭桌上也不闲着，逐个推敲着几个候选人。就在这个时候，忽然来了一队热闹的游行队伍，乐队走在最前列，后面有两面用旧栅栏的木桩挑着的旗子。大家都被吸引到了大门口，想看个究竟。林肯也出来了。

当队伍走近的时候，林肯意外地看到了自己的表兄约翰·汉克斯。三十年前，他们曾经一起做过很多力气活，现在他怎么出现在这里了呢？

汉克斯来到大家面前，恭恭敬敬地向共和党的领袖们鞠了一躬，然后说：亚伯拉罕是他表弟，他们是这里最老的一所屋子的修建者。那个时候，整片森林都没有一条真正的道路，于是，伟大的开路者林肯的父亲出现了，带头开荒，为国家开辟了大量的土地。没过多久，林肯刚刚能劳动的时候就去做短工了，凭借着自己的力气，在原始森林里砍伐栅栏桩。现在他们高举的就是其中的两根，它们代表的是林肯的光荣业绩。

看到这两根古老的木桩时，大家表现得都非常激动，"先驱"这两个字给它们增添了异样的光彩。此时，同那个凭演讲打败道格拉斯的林肯相比，砍过上千棵树的林肯好像更伟大。

看着眼前的一切，亚伯拉罕思潮翻滚，没想到，自己默默无闻的老父亲此时要闻名天下了。而自己，那时候仅仅是为了买件外衣而不得不辛苦工作，多年之后的今天竟因此要受到人们的称赞，他实在应该暗自庆幸！可他正在理智地思考着，他很快就意识到，此时这些栅栏桩远比记忆中的重要得多。

他觉得自己一定要说些什么才行："这几根木桩是不是我的劳动成果我不清楚，但我的确是砍过很多木桩，就像这几根那么好，甚至有可能比它们更好。"

话音刚落，周围就响起了欢呼声，有人立刻下断言说："史华特必输无疑了。"

"伐木和砍栅栏的人"，这是一种更接近群众的称呼，听起来比"真诚的亚伯拉罕"更为响亮，很快整个美国都知道了它。这一切都是约翰·汉克斯的主意，林肯长大成人后，惟一一个对他有所帮助的亲戚就是这个人了。

五月，共和党党代会在芝加哥"辉格瓦姆"会议厅召开。人们如潮水般涌入这个年轻的城市，而年轻的共和党也第一次看到了自己光明的未来。党员们情绪高涨地寻找着自己的总统候选人，史华特成了众人的焦点。光是从纽约来的拥护者就有两千多个，他的名字也早就闻名天下了。

林肯呢？朋友们正在为他做着一切准备，赫尔顿、洛汉、戴维斯、斯威特、流动法庭的法官和律师们，另外还有《芝加哥论坛报》，全都是林肯的支持者。整个局势慢慢朝着有利于林肯的方向发展，有一部分人刚开始时支持别的候选人，后来看到自己的人选希望不大，就开始支持林肯，而没有去支持史华特。

至于做副总统，林肯一开始就拒绝了这个建议。他在最后关头依然保持着自己清醒、忠实的本性，尽管这一点可能会对他的前途产生威胁。他给朋友们写了一张纸条："不要让任何协议捆住我的手脚。"很多候选人都用许愿的方式为自己拉选票，而林肯坚决不这样做，于是朋友们的帮助便显得尤为宝贵。

选举开始了，林肯在家里紧张地等待着，如同竞技场外静坐的卡门。消息不断地由朋友们用电报发过来，他通过这种方式关注着局势的发展、群众的动态。为了缓解自己紧张的神经，他努力让自己把注意力放在书本上，或者去打打棒球。

LINCOLN

一天，他在办公室里喜忧参半地说："大概我又要开始做律师了。"说完没多久，一个电报局的年轻人就给他带来了令人惊喜的消息："您被提名了，林肯先生！"紧随其后的是簇拥着的人群，欢呼声不断涌起。听着周围的叫喊声，林肯保持着沉默，过了一会儿他说："噢！我该回家了，那儿有个小女人需要我去通知一下。"

第二天，一个小小的代表团正式来通知林肯被提名总统候选人的事情。他的回答非常严肃，没有丝毫的激动。离开的时候，一个代表问另一个人："这就是你说过的未经打磨的宝石么？他的话简直是我所听过的最意味深长的。"那个人回答说："更耀眼的肯定会有，但肯定不会像他那么出色。"

当天晚上，在他家的花园门口，林肯面对着大家说："亲爱的朋友们，任何一个政治家都会遇到需要沉默的时候。现在的我就是这样。"

从事了二十二年的律师工作，他给政府机关写过上千份文件，可是，当他把正式接收函写完之后，竟然开始怀疑自己的文法知识会不会有什么疏漏之处。

他非常清楚，自己多年的奋斗终于有了结果，但是，摆在面前的一切并不那么容易。在做出什么成绩之前，必须要把一些小事情处理好。道格拉斯之流对此都驾轻就熟，自己却要重新开始学习。因为纽约人笔挺的西装，华盛顿绅士们合体的裤子，位置标准的领带，还有令人关注的一些小词汇，这些都关乎自己的形象，不得不注意。

幸亏玛丽在衣着打扮上是个行家，只是语法的问题最好不去问她，教书先生似乎更保险些，因为他至少不会立刻拿出去宣扬，就算是那样做了，也不会给林肯造成多大的影响。于是，他去拜访了一位高中督察，请那位先生帮助自己检查一下这封信，看看有没有文法的错误。这位督察看完之后，建议改动一个小地方，把"我的希望的是，拒绝暴力"，变成"我不希望使用武力。"

林肯想了想说："嗯，您的意思是把'使用'和'武力'连在一起对么？"他立刻就这样改动了。

多么可爱的姿态！记住，这是个五十多岁的人，并且是总统候选人。

18 当选总统
LINCOLN

第一个看清一切的是诗人布朗,他写道:"这就是国家的领袖,一个穷人!"

最初,林肯孤立得很,党内沉浸在一种压抑的气氛中。一个共和党人写道:"这就是我们的候选人吗?看到他,我失望极了。这个人能让我们共和党获胜么?怎么不选个更有名气的人呢?"

反倒是史华特表现得更像个绅士。东部人说他是个牺牲品,年轻有为却没有入选,简直太可惜。林肯成了很多人的眼中钉,人们传达给他的不是冷漠便是敌意。有人非常直接地给史华特出主意,让他想办法要求重新提议。可是史华特很冷静地向林肯表示了祝贺,还亲自写信严肃而谨慎地称赞了林肯一番,这居然成了纽约第一篇赞美他的文章。

同一时刻,民主党人的文章也出来了,其论调简直令人震惊,即使在这特殊时刻也难以令人接受:"十二年前林肯进过众议院,但是他毫无用处,语法一窍不通,英文说得很蹩脚,穿衣服邋里邋遢,惟一擅长的就是做栅栏,那样子就像个非洲大猩猩!"

不利的情形还不止于此,南方人早就在宣扬说,如果让一个和黑人做朋友的共和党人当总统,他们就从联邦分裂出去。如今南方人被激怒了,恐慌迅速蔓延着。蓄奴制问题一时间似乎不那么重要了,大家都在担心:合众国能否度过这次选举?

此时的情景,就好像一个人久久徘徊在人生的十字路口,不知该走哪条路,偏偏就在这时突然身染重病,不得不开始担心能不能活下去,往哪里走的问题就被放到了一边。

南方对北方的仇恨已经达到了前所未有的状态。有一家报纸上面是这样写的:"什么自由社会,简直让人觉得恶心!看看他们聚在一起的那些人,除去浑身油渍的工人,就是没见过世面的农民、不正常的理论家!南方绅士绝对不会去参加他们的组织,那样太有失身份了。很多时候,我们能看到的都是一些竭力想让自己看起来体面些的工程师、农民,可如果放在南方,他们做仆人都不大合格呢。"局势实在动荡不安,在南北方边境

LINCOLN

停驻的几个军官居然公开声明:"假如当选的就是这个人的话,我们立刻就往南方撤。"这样一来,最为担心的就是北方的商人,如果贸易中断,南方的债务人将不再返还债款,整个商界濒于崩溃。到处人心惶惶,不断有人召开会议商量着怎么才能更好地解决这个问题。波士顿一群激动的市民还举行了一场反奴大会。

不过,人们很快就清醒了,南方早就想摆脱合众国,建立一个自己的联邦,总统选举只是他们的一个借口,他们不会为任何条件妥协的。

此时,林肯是最忧心忡忡的一个了。一位少校偷偷向他透露,好几个地方正在偷偷备战。林肯想:自己并不比别人强多少,如果明天落选,人们很快便会忘记自己,甚至不留一点痕迹。那位少校的消息尽管很重要,可对方是个政府官员,不能让他冒"泄密"的风险。所以,林肯给他写信,要他在不影响自己的职务与安全的情况下,透露这些消息。

后来有人告诉林肯,在他即将当选的时刻,很多芝加哥的选民都转而支持他了。很多记者来到林肯家,对他的家庭生活、房子等等进行描写,让人们相信林肯的确是个有身份的人。那些文章里面说,林肯总是身穿黑色的衣服,动作优雅,妻子会讲法语,儿子在读大学……不知道这位擅长讽刺的候选人看了心里作何感想。

在同一时期,农民笔下的林肯又变成了会做栅栏的劳动好手,共和党人的胸针都变成交叉木桩的图案了,就连烟斗的广告都变成了栅栏。人们开始传唱歌颂林肯的歌,在歌里林肯的身份似乎是船夫、工匠和族长。人们开始就栅栏是否林肯亲手做成而展开了讨论,那两根木桩在共和党总部被装饰一新,耀眼夺目,林肯当年用过的斧子被一个俱乐部小心收藏起来,并为此而感到无上的荣光。林肯的一位年纪很大的老乡专门寄来一根栅栏桩改成的拐杖,说是林肯十六岁的时候帮他劈的。那些年轻的拥护者们,穿着统一的黑色制服,佩戴着统一的徽章,高举火炬四处游行。一个叫托马斯·爱迪生的年轻人,还把林肯的照片当做商品开始叫卖。

两年前,林肯曾经凭着政治家独有的敏感,对未来有过一番预言,如今,一切都成了现实:民主党内部分裂了。那时候,林肯向道格拉斯提出了一个可怕的问题,结果对方立刻把随风倒的态度表露无疑,这一点不仅导致了党派最终的分裂,也毁掉了他自己。因此,林肯被称为民主党的分裂者,一点也不为过。

如今，道格拉斯在南部没有一点市场。不管他怎么献媚，怎么赞美奴隶制，南部人也不会对他产生好印象了。对于林肯来说，他的竞争对手有三个，可是他们都无暇与林肯争斗，因为他们三人之间就已经闹得激烈万分了。对于道格拉斯来说，在党派分裂之后当选总统，只是一种可能，而林肯当选则成了定局。我们可以这样说：是林肯自己决定了自己当选的命运。

为了参加竞选，林肯不得不改变旧有的一些习惯，不过性格是改变不了的，他也不愿改变。每天早上，他都要亲自去邮局拿信件，他想不到可以让别人替自己去。此时见到他，不管是谁都能和他打个招呼，就算他去州议会大楼，你也可以跟进去，根本没人会阻止。当时已经有人威胁要"暗杀"他了，可他的房门一上午都是敞开的。

尼古拉是他新上任的秘书，德国大学生，谨慎、好学、从不多说话，来这儿一边工作一边学习。后来，又有个叫"海"的先生也来帮助林肯，这个人很雅致，有音乐才能，说话风趣。他们立刻成了林肯的得力助手，一起帮助他整理第一批原始资料。

此时，很多人涌进斯普林菲尔德，想谋求个一官半职。只要敢来的人全都受到了热情接待，听到了良好的建议，只是回去的时候谁的心里也没有底。在那种情况下，林肯经常挂在嘴边的一句话就是："我看您大概没有听到过我的演讲，这就是我的演说集，你可以先看一下。"为了摆脱求职者们，他用上了自己那本与道格拉斯的"辩论集"，很快就送出了上百份。

在公众场合被人误解或中伤的时候，林肯会把散布谣言的人找来，当面说清楚，不让对方有再次得逞的机会。

他清醒地意识到，是时候保持沉默了。面对着小山一样的信件，他的助手们拟定了一封固定格式的回信，内容是："您请求他发表政治观点的信件，林肯已经拜读过了，但还有很多信件是希望他保持沉默的，因为大家已经很清楚他的意见。另外，他不可能每封信都一一回复，对此，您一定能体谅，我们确信这一点。"这番话的措辞合情合理，写信人读了之后会明白，林肯不回信并非本意，所以也不会产生碰钉子的感觉。这可谓是最有礼貌的回绝方式了。

有一回，林肯接待了一个很没礼貌的人。那人毫不客气地坐到了林肯的座位上，而林肯的表现很平静，他打着招呼，准备和那个人握手，因为有距离，那人只好起身来到林肯身边。然后，林肯就非常自然地坐回了自己的位子。

这就是林肯，在维护自己尊严的同时，又尊重了对方，让对方有了分寸感。这种做法是任何一个外交家都会称赞不已的。林肯所采用的是摔跤运动员的技法之一：先让对手从最有利的地势走出来再战。

在某些时候，林肯一点也不注重自己的外在形象。八月份的时候，卡尔·舒尔茨在斯普林菲尔德为他举行演讲，他们总是走着去那里，天气太热，林肯便只穿了件夏衣，后背上隐约可见两片汗渍，头上的礼帽皱巴巴的，磨损的地方反着光。在音乐声中他们慢慢走着，不时有人向他们问好。他也招呼着："本，你好！""蒂克，过得不错吧？"

他曾接到过一封最奇特的信，是一个陌生的小女孩写的。她在信中说，林肯的女儿们一定希望父亲有胡子，所以，建议林肯把胡子留起来。林肯回信道："亲爱的小姐，非常高兴收到您的信。遗憾的是我只有三个儿子，而且从来没留过胡子，假如现在留起胡子来，肯定会很可笑的。"

不知道是不是这封信提醒了他，后来他居然真的留起胡子来。渐渐地一张渔夫式的脸出现了，这使得林肯的脸上多了一些柔和，少了一丝倔强与不可动摇。于是，后世所看到的画片或邮票上林肯的形象诞生了。

大选终于开始了。种种迹象表明，林肯当选已势在必得。北方人民的拥护，让他感到心满意足，同时这也是他获胜的基础。只是斯普林菲尔德的神职人员并不拥护他，这让林肯受到了打击。

最终，林肯以一百九十万票在北方当选。道格拉斯一百四十万票，另外两个人一共才一百万票左右。北方选民显然是凭借人多的优势压倒了南方。其中也隐含了一种先兆，一场人民战争的先兆，假如它真的会来临的话。

林肯此时却难以高兴得起来，就连那长长的游行队伍欢呼雀跃着来到他身边表示庆贺，也无济于事。他的整个身心都投入到了问题当中：战争是否难以避免？如果打仗，他获胜的几率有多大？祖国会向哪个方向发展？尽管林肯相信命运，可此时他迷茫了，不知道自己会被带到哪里去。首都给他的感觉是陌生、冷漠的，无法预料将会遇到怎样的困难，怎样的争斗。假如南方将枪口直接对准自己而非共和党呢？假如北方为了避免矛盾，让林肯放弃总统职位，再选一个人呢？

　　林肯在苦苦思索，玛丽则不停地在阳台上向游行的人们挥着手、点着头、微笑着。她和孩子们都是那么高兴。那些向新总统表示敬意的人们，也相信他们肯定很欢喜。惟有亚伯拉罕·林肯不这样想。在当年的小木屋里，他曾经借着火光激动地读过华盛顿的书，现在，自己竟然成了华盛顿之后第十六任美国总统，重大的责任落到了自己肩上，他的心情怎么轻松得起来呢？

我们现在所熟知的林肯形象，往往都是留着胡子的。

19 山雨欲来
LINCOLN

　　其实，此时的林肯还不是正式的美国总统，要等上四个月才行。这大概是林肯一生中最难熬的一段日子。和平时期的总统就任之前有十个月的时间做准备，可以先把人事、政策考虑周到，之后就喜滋滋地准备就任。可此时的林肯，满脑子都是隆隆的战鼓声。这种担心变成了可怕的现实。大选后第二天，查尔斯顿各家报纸上就登载了南方的紧急公函。在一次公开讲话中，南卡罗来纳州州长提出应该开始购买军火，并在私下里已经与南方其他几个州的州长取得了一致，坚决反对共和党人领导。

两天后，来自南卡罗来纳州的参议员离开了首都，一周后，那个州宣布独立，五个星期后又在国会上宣布正式退出联邦。

北方此时又在做什么呢？有人在大声呼吁妥协，要求政府放弃一些条款，并且指出，南方各州并不是罪魁祸首，矛头直指新任总统。声讨林肯的信件犹如满天雪花，各种难听的话夹杂其中。甚至有人威胁，要用各种方法置他于死地。林肯在做什么？此时的他一心在关注华盛顿，其他都没有放在心上。

那里有尚未离任的总统布坎南——各种大权还都掌握在他的手中。只要他没有忘记自己的承诺，并能忠实地去履行，以武力阻止合众国的分裂，那么一切分裂国家的企图都不会成功。

布坎南看上去像个神职人员，满头银发，面带慈祥。实际上他固执、无情、不值得信赖。本来就又圆滑又谨慎，面对当前的局势，他肯定不会用自己的名誉、健康甚至生命去冒险，况且他已经是个老人了，伊利诺伊州那个大个子律师毕竟年轻些！当年布坎南是在南方的大力支持下当选总统的，所以在南北方问题上，他一直没有真正对待过。此时他更不会采取什么行动，只能一拖再拖，直到新总统上任。那时候他就可以安然自在地坐在家里，看着这些人争来斗去了。虽然他在国会里说过："任何一个州都不能搞分裂。"可他的思想早就受到了欧洲的影响，觉得分裂的趋势已势不可挡。

大部分内阁成员是反对分裂的，可某些重要人物却偏向南方。林肯在议会上取笑过的那个卡斯将军，现在辞职了。总检察官手下的第二位要员斯坦顿也离开了，走之前对总统说："我以法律顾问的名义告诉您，您没有权利把国家财产留给敌人。内务部长的建议等于是叛国，那么所有参与者，包括您都会背上叛国的罪名！"

布莱克是斯坦顿的上司，他说国会和总统无权用武力对待任何一个州。而国防部长已经把大部分军队带到了南方，所有的武器弹药也都带走了。只有匹兹堡，在人民的坚持下，保住了大炮。

国库秘书在往南方调拨资金，内务部长建议把查尔斯顿港拱手相让，并告诉一个来自北卡罗来纳州的参议员："我要帮助您的州从合众国分离出来。"那位参议员后来回忆说:"简直令人难以相信,谁会命令自己的内阁成员同自己掌权的政府作对呢?"

而那些南方的参议员们此时所做的,就是按时拿着该领的薪水,坐在协调和平委员会的位置上,观望着闹哄哄的现状。他们早就看出国库支持不住了,一心琢磨着让华盛顿成为新联邦的首都。夜晚来临的时候,他们便会坐在一起,拿那个异想天开地想当总统的大个子开玩笑。

而被他们嘲笑的那个人,则安静地坐在自己家里,不停地关注着外界的变化,不停地思考。他看到父辈们的功绩在一点点瓦解,而对自己的人身攻击一刻也没有停止过。他不想在此时发表任何申明,因为他很清楚,在权利没有掌握在自己手中以前,讲什么都没有任何意义。很多人选择这个时候来拜访,他都没有拒绝,他的理由是:"尽管他们要求的不多,但是我能给他们的更少,我没有理由不见。"和那些普通人在一起,林肯会有一种特殊的安全感。他说见到这些陌生人的时候,自己很快就可以了解对方是怎样的人,交谈起来会非常融洽。不管什么问题,他都能得体地进行答复,并且语气真诚。

当有人建议他辞职的时候,他说:"放弃对我有什么好处?我绝对不放弃!"对于这一点,林肯从当选第一天就下定了决心,决不认输,坚持到底。"有人对我们说,政府不该交给我们,要不然就会垮掉的。我想,如果这不是他们危言耸听的话,那就是他们打算这样做。我们绝对不能认输,否则他们就会真的得逞。接下来他们会提出更令人难以接受的条件,来威胁我们。"他在写给朋友的信里说:"向他们屈服绝对不是解决问题的办法。该低头的应该是他们,那才是明智的选择。奴隶制的问题绝对不能妥协,否则我们的一切努力就都会化为泡影。假如真的会有风雨,那还是早点好!"后来他又写道:"在任何问题上我们都不能妥协,否则后果不堪设想。一定要坚持住!"十二月份又有人建议与南方妥协,林肯再次拒绝。

又过了一段时间,北方的建议都被南方一一否决了。林肯听说之后,用了一个很恰当的比喻:"用筛子筛沙石的时候,小石头和沙子会漏到下面去,留在筛子里的都是一些较大的石头;如果继续摇晃筛子,跑到最上面的一定是较大的石头。这样说来,如果真的发生战争,小人们会马上不见了踪影。尽管有战争的威胁,但是我们的根基相对来说倒是牢固了。真正杰出的人物会显现出来,最最优秀的那一个就会成为领袖。"

LINCOLN

他曾给人们讲过这样一件事。有个地方准备建一座桥，一个教徒找来了一个优秀的工程师。可工程师不是教徒，他说："嗯，我要建的桥梁直通地狱。"当地的居民吓坏了，都来找林肯求助。林肯说："我知道詹纳，他很讲信用。既然他这样说，那就一定会做到。但是，我担心的是他能不能在地狱搭好路基。"这样勇猛地与威胁抗衡，对于林肯来说并不多见。实际上，他越来越忧虑，连饭也吃不下，朋友们警告他这样下去会很危险。他试着说点笑话，结果却适得其反，其中的尖刻令很多人更加疏远他。

工业界人士托人给林肯带来一封信，说他另有企图，林肯回答说，他们的金钱观念与自己的道德观绝对是背道而驰的。那人又拿出来一张很多人签名的名单，问林肯是否认识上面这些人物。林肯说："当然了，在关于史华特的宣言上他们也留下了大名，简直是无赖！哦！对不起，您这样崇敬地说起他们令我有些失态。"

艺术家也来找他了，一个雕塑家请求以林肯的手为素材，让他拿个什么放在手里。林肯听了拿来一根旧扫帚杆，慢慢削了起来。雕塑家说，不用这么认真地弄那根木头了。林肯却回答说："哦，我觉得最好是有模有样才好。"这并不是因为他时间很充裕，或者对此感兴趣，他只不过已经习惯于认真做每一件事情。

一个时髦画家应人之邀来给他画像，开始林肯没有同意，在来人的再三请求下，终于同意了，可他像个木头人一样在那里坐着，目光呆滞，思想早就飞到九霄云外去了。这位画家很想让他活跃起来，便说了一些很粗俗的话，因为他听说林肯很擅长这个。林肯听了突然抬头，用一种异样的神情看着他说："看来，您感兴趣的不是现在的我，而是过去的林肯。"

这位画家来自大城市，他是因为一个有钱人诱人的报酬才来这里画像的。他来的时候肯定有很多偏见，甚至有些看不起人。他从林肯木然的表情上只能看到出身的卑微，这是他惟一能高于这个伟大人物的地方。于是，画家立刻简单地给对方的性格下了定义，说出了那些讽刺的话。林肯马上看清了这个人，但他没有离开，而是失望地观察着眼前的画家，他怜悯这个陌生人。

老朋友约舒亚·斯皮德来看他的时候，两个人会在壁炉边聊到很晚。约舒亚·斯皮德回忆说："他的朝气已经被冷漠与颓唐所取代，简直看不到原来的影子……他就那样靠在椅背上，胳膊交叉在后面垫着头，过去在流动法庭审理结束后，他就是那个样子，那是他当年很累的时候才会有的姿势。有时候，他也会振作起来说：'斯皮德，我正在想，如果让我少活两年，从而不用再挨这两个月，我也愿意。能马上就职就好了。很多问题等待我去解决，这种对分裂完全听之任之的态度让我受不了。人民推选我来承担这义务，我却只能坐在家里等待，无力阻止恶果的发生。现在的政府对南方的分裂不仅没有采取任何措施，还给他们提供了便利条件。假如周边国家了解了这种情况，后果是非常可怕的。'他对我说这些话的时候，看起来痛苦极了，我从来没有见过他这样。"

把朋友送进卧室之后，他又说："还记得那次官司吗？你的搭档把事情弄得一团糟，完全不顾你的眼色。现在，我和布坎南就是这样。我的官司被他搞砸了，而我只能看着，无力阻止。哦，晚安！"

这就是林肯的性格，尽管沮丧却不失男人的刚毅，激情却仍然质朴，就算是极度痛苦，也不会表现得很过分。他的话非常有分寸，只说愿意放弃生命中的两年，而没有说放弃整个生命，这样对他来说才值得。

第二天早上，他情绪好些了，对老朋友说："我着急的是，在马还没丢的时候，赶紧去华盛顿锁上马圈的门。"看，这位准总统，即使是在极度困难的情况下，也忘不掉自己做农夫时的幽默。

林肯很重视生活中的某种预示，他本质上的农民特性和哲学家的思想中，掺杂着迷信意识。一天他很累了，躺在一张旧沙发上，从对面衣橱的镜子里能看到自己的全身。他发现自己的脸在镜子中出现了重影，两个鼻子之间的距离是三英寸："看到这个我心里很不安，等我站起身来的时候，重影没有了。可一躺下，就又出现了，而且更清晰。我看到一张脸好像非常苍白，和另一张不一样，等到站起来，立刻又没有了。之后，我开始紧张地工作，似乎忘记了这些。可它总会不时地冒出来，使我很不安，似乎会有什么不好的事情发生。过了几天，我又看了一次，结果它还是老样子。我找来玛丽，可折腾半天那个影子却怎么也不出来了。玛丽很担心，她说这预示着我会第二次当选，可是那张更苍白的脸却是种不祥的预兆——我活不过自己的第二任期。"

他开始恐惧了。这段时间以来，他一直在犹豫，是否该宣布辞职，从而让国家太平一些，让自己也松一口气。也就是说牺牲掉个人利益，避免爆发战争。现在,这不祥的预兆更令他感到不安,他心里总惦记着那三英寸的距离。忧虑从这时起就一直陪伴着他,挥之不去。

玛丽最初也很担心,可是她的野心战胜了命运的预警,她不想就此退缩,那样她的梦想将成为幻影。这个女人第一个发现林肯会有一番大作为,此时她也第一个预见到了几年后林肯的最后离开。

20 分裂
LINCOLN

三月十二日,南部惟有查尔斯顿港还属于合众国,安德森少校在那里困难重重。最后他说,要想守住要塞,政府必须给自己提供武器和给养。可他心里已经明白,政府中有人早盼着把这要塞送给南方,不大可能提供给养。结果正如他所料,没有办法,他只有退到萨姆特死守,这是最坚固的堡垒了。

南卡罗来纳州的州长看到这种情况,说安德森这样做对本州不利,下令把附近的武器装备都运走了。布坎南无奈之下,只有不顾南方人的利益,给安德森提供帮助,派去了一艘给养船,结果在南方的炮击下返航。

这就是这次战争中的第一场"战役"。

在南卡罗来纳州的首府查尔斯顿,人们降下了合众国的国旗,并且载歌载舞进行欢庆。一月来临的时候,佛罗里达州、亚拉巴马州、佐治亚州、路易斯安纳州和密苏里州也脱离了联邦,并且立刻进入了备战状态。同时,在华盛顿,布莱克和加斯先后辞职;国库出现亏空之后,国库秘书立即宣布辞职,然后去南部联邦任职。

布坎南终于打破沉默,准备阻止一场全国性的灾难。他先是下令把一月四日定为忏悔祈祷日;后来,老将军斯科特准备在华盛顿诞辰日进行阅兵仪式,布坎南起初决定禁止,后来又同意;他还把部队调到各大堡垒,但不久之后又下令撤离了。简直是乱糟糟的一团。

总之,在北方人眼中,可怕的事情接连不断。谁也不希望丢掉和平,为了几万个奴隶或是什么理想,就放弃眼前的富裕与繁荣,值得吗?一些有地位的人开始给南方写信,打算同他们达成共识,国会的议员们也准备这样做。可一点效果也没有。原因很简单，南方起义的真正动机并没有这么简单，他们的怒火并非起于一朝一夕。合众国走过了八十年的路程，父辈们提出的平等却只存在于北方，南方各州依然采用着古老的生活方式，身份只有主人与奴仆、统治者与被统治者。会思考的只是少数人。

在这场全国性的灾难中，南方的激情要远远多于北方。那些所谓的侯爵、公爵们的怒火不知道有多高，他们习惯于那种奴役别人的生活。他们肯定在想，看看这些新英格兰的买卖人，一点高雅的情趣也没有，只会对着奴隶们的锁链滔滔不绝，这些锁链的作用他们难道不知道么？有了它们奴隶才能老老实实地啊！这些人真是不知好歹，难道他们想亲自去尝尝在火热的太阳下面摘棉花的滋味，然后用辛苦赚来的钱去纽约挥霍么？

这些南方的领袖们真是气坏了，他们想要的是过去那种自在与独立，再有就是不想有人就生活方式的问题谴责他们。在脱离合众国之后，他们感觉自由了，就像是北方人眼中的奴隶脱离了奴隶主的压迫。

南方人写道："大家建议重新开始奴隶贸易，可是国会不理不睬。那我们就自己开辟'奴隶之路'，先从墨西哥和拉丁美洲开始，假如和平方式不行，那就使用武力。上帝创造黑人就是为了给白人做奴隶的，很长时间以来，我们南方居民看不到自己的实力，其实我们才是世界上最有德行、最有品位的。北方人休想骑在我们的头上。奴隶制既不违背《圣经》，也不违背人性与真理。"

黑人们怎么看呢？他们根本接触不到外面的世界，他们在严密的监视之下。多少年来，南方人根本不允许北方人同奴隶接触。但是，奴隶们依然通过一些偶然的机会知道了这场特殊的较量，南方召开会议的时候奴隶们在做服务性的工作，于是他们一点点了解到了北方人的理论和要求。尽管他们呆呆地站在那里，表情迟钝，实际上，这只是在迷惑奴隶主，他们真想立刻就逃离这里。

这些奴隶们，有的身穿白衬衫蹲在地上，照看着主人们的帽子、手杖，看着远方发愣；有的玩着玻璃球，或什么其他的东西；有的似乎在打瞌睡。可是，只要谁在大厅读到了北方人的演说词，或者是报纸、宣言中的某段话，他们眼睛就会闪起光芒，并且彼此传递着眼神。夜晚来临的时候，没有人看着他们了，奴隶们就开始压低声音传递白天听到的消息。此时，一片漆黑，可大家都满怀希望，眼中的光芒照亮了每一个人的心。直

LINCOLN

到突然来临的一声叹息——父辈、祖父辈也曾经这样憧憬过,可一次次都失败了啊。

他们总是唱一首牧师教的歌,唱得如痴如醉。那首歌的内容是写人死后大家平等,不再有肤色之分。他们的心情并不平静。黑人儿童全都知道约翰·布朗,还有林肯,因为主人们总说林肯是共和党的黑鬼。慢慢的,林肯竟然变成了黑人的救世主。

此时的林肯呢?他还在家里等待着,无权作出任何决定。

史华特写信建议他早点去华盛顿。可林肯对于那里来说只是一幅生面孔,没人会支持他,受到的不是指责就将是窥探,他不会轻易前往的。有人建议他以共和党的名义招集志愿兵,亲自率军直抵华盛顿,提前接管政府,以胜利者的姿态进入自己的首都。林肯没有接受建议,他不会这样做的。

他只是通过书信的方式在暗处不断关注着自己的国家,如同一个被囚禁的君主。后来,林肯终于得到了一些有利于自己的消息——原总统并不重用年迈忠诚的将军斯科特,所以斯科特越来越倾向于共和党。而此时,斯科特已经开始活动了。林肯通过中间人答复道:"假如他能竭尽全力为保住或夺回要塞出力,到时候就一定会受到重用。"

林肯同斯科特的交往就像是两个间谍,都十分小心。与此相比,林肯对华盛顿的齐波尔更加信任,他们总是书信联系。林肯在信中说:"听说军队接到命令,说是总统下令放弃要塞。简直令人难以置信,假如是真的,请立刻申明,我上任后就要夺回那个要塞。这等于是合众国的作战宣言,我们会积极地为作战做准备的。"

林肯了解南方的途径还不止这些,南方温和派代表人物、佐治亚州的斯蒂芬,同林肯私交甚好。十二年前,他们曾经一起在众议院任职。尽管他们分属于不同的党派,却气味相投。斯蒂芬当年的一次演讲,曾经让林肯激动得热泪盈眶。当时斯蒂芬演讲的主旨是反对发动对墨西哥的战争。他说:人们获得自由之后就把自己的原则丢掉了,在权利的诱惑下难以脱身。

后来,林肯和他一起创建了泰勒俱乐部,支持泰勒参加竞选。不过,如果你看到他们俩在一起,肯定会不由自主地笑起来——一个又瘦又高,一个又小又弱,惟一相同的地方就是满脸的皱纹了。不过,斯蒂芬那美丽柔和的头颅与好看的大眼睛,似乎比林肯在公众形象上更具吸引力。只是他无意于此,他在日记中说:"我缺乏男子汉气,性格显得过于稚嫩。总感觉自己不会有所作为,这种想法会毁掉我的前程。"

两人的来往从那时起就没有中断过,即使后来他们成为各自党派的领袖,也没有影响到这种关系。林肯被提名之前,曾经给斯蒂芬写过一封很长的信,对对方的一次演讲进行了若干批驳,当然是从老朋友的角度出发的。十二月来临了,斯蒂芬又发表了两篇警告性质的演说,相当于南方的最后警告,不仅仅林肯,整个国家都开始不安起来。林肯不想就此结束朋友式的联系,便写了一封很有礼貌、很委婉的信,希望对方能修改那两篇演说。

斯蒂芬的回答很冷漠,只说让林肯关注报纸:"整个国家都处于危机当中,您肩负的责任应该是最大的。"

林肯立刻回复说:"共和党政府并没打算对奴隶制进行干涉,这只是南方人的想法。我还是想象过去那样做您的朋友,而非敌人。我可以发誓,完全不必担心这一点。"

斯蒂芬的回答简单明了,他说林肯对另一半美国人的生活习俗毫无尊重可言,"实际上,南方现在的危险比华盛顿时代要小。我们之间惟一的分歧,应该是奴隶制该不该存在。"

话虽如此,斯蒂芬还是在努力阻止佐治亚州脱离合众国。他曾经给自己的兄弟写信说:"想想看,我们南方对杰斐逊支持了八年,对麦迪逊又是八年……合众国成立七十二年,南方为合众国出力长达七十年。怎么能说我们是落后的?我们何时处于北方暴政的凶残之下了?北方什么时候能决定我们的命运了?"

但毕竟佐治亚州是与他的生活甚至生命息息相关的,同合众国比起来,这是更为重要的。风雨飘摇中的合众国令他觉得没有希望,没过多久他就决定皈依南方,于是他成了新成立的南部联邦的副总统。

二月初,蒙哥马利汇聚了南方各州的领袖人物,自称成立"邦联制国家",杰斐逊·戴维斯被选为总统,还出台了一部类似于原来宪法的新宪法。斯蒂芬在一次公开演讲中解释说:"新宪法完全可以避免我们的蓄奴制有可能产生的不安定,这就是我们之所以要脱离联邦的原因之一。现在还有很多人认为蓄奴制不合理,新政府则不然,我们成立的基础就是黑人与白人永远不会平等，他们理应受制于白人。这是有生理、哲学和习俗等各方面的依据的。现在看来，北方不能认识到蓄奴制对一个国家稳固的重要性，那我们只有各行其道了。"

当年把坚强的林肯感动得落泪的斯蒂芬，居然说出了这样的话，在家乡的利益高于整个人类利益的时候，理智被打败了。

21 入主白宫
LINCOLN

林肯将要去上任了。

在这以前，他曾经接到一封信，那是他当选后收到的第一份祝福："您获胜了，衷心祝福您。我们努力了十九年的伟大目标终于变成了现实，反对奴隶制已经成为一种必然的趋势。您拥有至高无上的权利，同时责任重大，希望上帝赐给您无穷的力量，扛起肩上的这副重担！"

这是他大选时的对手蔡斯写来的。

于是，林肯组建内阁的时候，首先就想到了蔡斯，另外还有史华特。史华特考虑了两个星期，终于决定接受国务卿一职。蔡斯考虑的时间比较长，他用了三个月，终于接受了财政部长的职务。而另一个部长职务的任命就复杂了，林肯没想到会复杂到这种程度，他对朋友说："真想任命我在流动法庭的那些同仁，这样就不用面对这些勾心斗角了。我宁愿和熟悉的人在一起，也不想和陌生的共和党人明争暗斗。"

此时，在斯普林菲尔德的小旅馆，权利的追逐者们正在讨价还价，这里简直成了一个权利交易所。有个叫加美朗的人，托人请求林肯让他在芝加哥担任一个职务，林肯在任用与否的问题上反反复复，结果还是留下了他；法官戴维斯也来找林肯，打算给自己和别人求得一官半职……这些让林肯烦恼不已。倒是副总统哈姆林与他比较谈得来，并且逐渐建立起友谊，直到他生命的终结。

令林肯感到欣慰的是，一些老朋友并没有加入到这场交易中来。一次和斯皮德夫妇聊天，他问："斯皮德，你过得好么？"斯皮德说："总统先生，我想我已经知道您要说什么。我过得挺好的，我想，您政府里的职位应该没有适合我的呢。"林肯感觉眼前终于亮了起来，这段时间，朋友们对职务的关心胜过关心他本人，现在终于有一位老友是特地来看望他，而非另有所求。

从前根本没有联系的一些人，这个时候都冒出来了，他那个狠心的姐姐，还有一度看不起他的格里斯贝兄弟之一，也在大选之前来找林肯，表示要竭尽全力支持林肯做总统。林肯的回信很委婉："从印第安纳州搬走的时候，我们人数众多，除去父亲之外，剩下的人都还健在……共和党人的选举名单密苏里州也有，选我当然没有问题，但那要保证你周围的人没有意见。千万不要为此而冒风险。代我问候你的哥哥查里斯。"

在去华盛顿之前，林肯再次回到了过去生活的小城。他骑着马在那里到处闲逛，看望自己的亲戚朋友。汉克斯和约翰斯顿是他首先去拜访的人。另外，他还请人把父亲的坟墓整理了一番。人们见到他的时候都高兴极了，不停地回忆着从前的一些趣事，老人们还记得三十年前的林肯，那时候他还赶着牛车。

他善良的继母倒是非常平静，不时轻轻叮嘱着林肯。汉娜·阿姆斯特朗也是如此，林肯说："汉娜，假如我真的被杀死了，就不会再受第二次伤害了。"

家里的事整理完了，林肯又去看望了一个外甥女，并交给她一包资料和一份公文。他说万一自己回不来的话，她可以凭借这些拥有某些东西。最后，他带走了自己的诗，把剩下的书和信件都烧毁了。

他的就职演说已经准备好，那是他关在屋里独立完成的。

赫尔顿后来回忆道："他不让人帮忙，任何事情都是自己去做，自己承担。我对于他来说，没有产生过任何影响，我没有为他写过一句话，他也从不这样要求我。他征求我意见的时候也只是问一些写作技巧上的问题，如果我建议他换一种表达方式，或者换一个字眼，他是绝对不会妥协的。"这就否定了人们的猜测，因为总有人觉得赫尔顿和林肯共事那么多年，林肯的演说风格，甚至是组阁方案肯定都受到了此人的影响。

玛丽此时正充满期待呢。她到纽约买了很多裙子、帽子之类东西，还为林肯买了一顶礼帽。她和自己的姐姐一起乘专列去的，简直幸福极了。在告别宴会上，她身穿巴黎时装，项戴珠链，笑语盈盈。报纸在第二天就登载说："林肯夫人举止得体，着装高雅，身材美妙，一定会为白宫增

LINCOLN

色的。"

第二天下午,林肯在出发前回办公室拿文件。他习惯性地躺在那个旧沙发上,看着天花板出神。

"威利,咱们共事多长时间了?"

"十六年吧。"

"我们这么多年从未闹过意见吧?"

"当然了。"

接着又说了一些从前的事情,之后,他就提起文件,大步走了出去。到门口他又停住说:"威利,你知道我现在在想什么?一定要留着公司的牌子。这样人们就会知道,林肯和赫尔顿当年的选择至今都没有变。假如我能活着回来,还和你一起当律师!"

他们一起出来的时候,他又说:"我现在就开始厌倦还没开始的职务了。想起将要面对的一切,我真觉得有些恐惧。"

启程的头天晚上,行李都放在了旅馆大堂里,林肯亲自用纸片给行李贴标签,他在上面写道:"华盛顿,白宫,亚·林肯"。最后又亲自捆好了行李。他不想让别人帮自己做这些事情。即使他将成为一国首脑,也不愿居高临下对待别人。他有很强的自尊心,对别人也就非常尊重,命令别人似乎是他急需要学习的事情。此时有人在看着他亲自做这一切,一个美国总统就任前还在自己捆扎行李。不过,林肯是不在乎别人怎么想的,况且他很在乎的人也不会产生这样的想法。这就是真正的美国精神。

终于,林肯要出发了。这是二月中旬的一个早晨,天阴沉沉的,有些冷。小站上聚集了一百多个人来给林肯送行。林肯的老朋友都坐在车厢里,他们是法官贾德还有戴维斯,新任秘书尼古拉,"海",另外还有两个州长、几个军官,外加一个牙齿整齐、满面笑容的黑尔,他能让林肯开心一些。

玛丽没有同行,她要过几天才能去华盛顿,与林肯一起进行就职旅行。到时候她会有非常出色的表现。不过今天,她只能先给林肯送行,林肯将一个人离开斯普林菲尔德,离开这个生活了很长时间却永远不会再回来的地方。

他静静地站在那里,头上依然戴着那顶特殊的帽子,雪花飘了起来,他站在车厢门口开始讲话:"亲爱的朋友们,即将分别了,谁也无法体会

LINCOLN

第三章 斗士（1849—1861）

我有多么悲伤。我在这里生活了多年，由一个青年变成了一个老人；这里还有我的孩子们，有一个就长眠在这片土地里；这里更帮助我有了今天的功绩。我要走了，不知哪一天才能回来，更不知道还有没有那一天。我面前困难重重，肩上的重担大概比之前的任何一位总统都要重。上帝曾经帮助了华盛顿，我想他肯定也会帮助我。上帝会与我们同行！再一次祝福你们！"

雪花静静地落在人们身上，落在林肯身上。他那忧伤的声音和目光，那份关于夭折的儿子和前途的讲话，深深打动了在场的每一个人。火车终于越走越远，逐渐被晨雾所遮挡，人们心中都产生了一种不祥的预兆，觉得他此行必定会遇到无数困难，凶多吉少。

林肯在北部各州的旅行大概持续了十天左右，不管到了哪里，人们都想好好看看这个新总统。可有时候林肯实在令人感到失望，他看上去总那么不自然。很多时候他都显得情绪不大好，面色欠佳，眼神忧郁，只有听到黑尔的讲演才会高兴一些。他总觉得这平静欢快的小夜曲，还有为他而举行的游行，同当时社会的动荡不安有些不协调。

演讲时他非常注意用词，不时针对最新状况修改自己的发言，这使得他的演讲总是缺乏完整性。可这又有什么呢？光是那亲切的话语，温和的表情，就足以让听众们感动了："肯塔基州的乡亲、朋友、兄弟们，我能这样称呼你们吗？"在纽约，他说："看，亲爱的朋友们，我说的是不是够多了呢？"而台下的听众们则异口同声地喊道："不！"在匹兹堡，他用朗费罗一首题为《造船》的诗，把合众国与轮船比较了一番。在印第安纳的波利斯，他说："朋友们请注意，这是大家的事情，而非我自己的。如果合众国失去了自由，我这个五十二岁的中年人不会有太大的损失，可三百万人民和他们的后代呢？到底该不该为合众国、为和平而战，其他任何人无权决定，决定权只在你们手中！"他谈起了特伦顿的战场，显得很激动："小时候我曾经读过有关的书籍，那时我就想，他们一定是为了很有意义的事情才会抛头颅洒热血的。我渴望知道那是什么，它比国家独立更加重要。人类将因为有了它而始终充满希望，我愿意继续为它奋斗下去！"

在费城，他一改常态，第一次说起了某些事情："我总是问自己，到底是什么能让联邦长期保持团结呢？肯定不是那种分裂的想法。那应该是《独立宣言》传达给我们的。真心希望这种精神给美国人民带来自由，更能令未来的世界拥有自由。那时候，我们都将是自由平等的，每个人都拥有同样的生活权利。我们的国家能否走向新生呢？假如可以的话，假如做到的就是我，那么我会觉得自己万分荣幸。不过，假如我们依旧紧紧抱住蓄奴问题，那么新生就难以实现，对于我来说，我宁可死在刺杀者的手中，也不会妥协！假如一切可以和平解决，我当然不想看到有人流血牺牲。可是，假如有人进犯，那我只有以武力反击，为国而战。亲爱的朋友，来之前我根本没想到要发言，这些话都是我临时想到的，完全没有准备。因此，有些话大概说的有些唐突，但是，我可以保证，以上的发言都是发自肺腑的，我愿意为之奋斗直至生命的终结。即使上帝要我拿生命来交换，我也不会觉得遗憾。"

现场的每一个人都感受到了其中的真诚，在林肯说到为了伟大的事业愿意献出生命的时候，他是非常认真的，他当然明白这话的真正含义。实际上，几年后这将由事实加以证明。

去巴尔的摩之前，一位侦探通知说有人要暗杀他。起初林肯并不相信，准备按计划继续自己的行程。随后，史华特也派儿子来警告他，小心巴尔的摩的暗算。林肯分析了一下这两条消息，结论是这两个人互相并不认识，消息却差不多，便决定改变行程。

有的朋友认为这样会产生不好的影响，可林肯农民式的小心已经帮他做了决定。他觉得招待会这类小事，不值得自己用生命去冒险。当然，假如巴尔的摩发生的将是一场战役，他的到来可以振作士气，那他肯定不会推辞！为了让他们看看他有没有勇气来，就被一枪干掉，他才不会那样做。现在这种情况下，他宁可偷偷溜走。

他真的这样做了，穿上普通的衣服，坐上了一辆去往华盛顿的普通火车。在这最最危急的时刻，陪伴在他身边的只有一个人，那就是黑尔。而他的妻子、儿子、党内同仁、军官们全都按原计划继续下面的活动。

凌晨六点，昏暗的街道上路灯已经熄灭，在一片迷茫中，林肯来到了这里。整个华盛顿只有两个人知道他来了，他们是史华特和沃什布恩。这两个人到火车站，接上林肯和黑尔去了一家旅馆。此时的华盛顿还沉浸在睡梦当中。只有那些参与密谋的人，和林肯一样，等待着巴尔的摩传来的消息。当然，他们万万不会想到，那个身处绝境的人，此时已经平安来到了华盛顿！

在人们毫不知晓的情况下，亚伯拉罕·林肯，已经趁着夜色来到华盛顿，他将要履行自己总统的职责了。

22 宣誓就职
LINCOLN

这是一个阴沉的早上，十二年前林肯离开华盛顿的情景，和今天是如此相似。同样阴冷的房间，同样迷茫的前程，同样孤独的心！在这一刻，连妻子都没有陪伴在他的身边。

他透过旅馆的窗户向外望去，竟然一眼就看到了奴隶。危机开始这么长时间，他还是头一次身处于蓄奴州中。他听到了奴隶们的"迪克西歌谣"，还有一些别的歌曲。走在街上，他看到的都是恐惧与猜测的表情，人们都小心翼翼地防备着身边的人，因为这里到处都是危险。他对于这里来说就是一个陌生人，人们谁也不去理会他，只是一心做着自己的事情。

大概昨夜他们还在谈论着林肯，猜测着他的遭遇："林肯恐怕会在巴尔的摩出事，即使不被杀死，也会被赶回去。那样杰斐逊·戴维斯就可以正式成为白宫的新主人了。"在林肯就任之前，总有人打赌说，林肯不会当上总统。

还有那个史华特，他同林肯说话的时候总是那么冷漠，还带着一丝不满。惟有黑尔能带给他一丝温暖与快乐，剩下的就全是冷冰冰的例行公事。看看报纸上的消息，亚拉巴马州还是那老一套。倒是一篇欧洲的报道让他看到了一丝阳光——"俄国农奴解放了！"这令他大受鼓舞。自己将要在美国展开的事业与之多么相似啊！

林肯来到华盛顿的消息传开之后，他周围又开始热闹起来。就像是在斯普林菲尔德一样，怀着各种目的的人纷纷跑到他面前，把旅馆楼梯、走廊都站得满满的，整个旅馆一时之间都失控了，任何人从这里出入都不会有阻碍，即使是谋杀者。

道格拉斯也同这些人一起来了。两年前，他还和林肯在讲台上一争高低，不久前的大选中他还同林肯恶语相讥，现在呢，这一高一矮两个人居然开始笑着寒暄了。这位先生会不会心甘情愿地服从于林肯呢？

LINCOLN

林肯到华盛顿的第四天，市长为这位新总统举行了欢迎仪式，致词的时候语气平淡而冷漠，还胡乱地说了一些面对这种形势该如何做的话。林肯忍不住了，他说："我一直在思考这些问题——我们的国家、我生活的地方与这里的人民的矛盾。这其中误解的成分多一些。我对这里的人民是满怀真诚的，在我心中，你们同我生活的联邦州的人民是一样的。没有谁要剥夺宪法赋予民众的权利。总之，等到我们能真正地了解对方之后，肯定会融洽相处的。对于你们友好的接待我深表感谢。"

这就是林肯的发言，博爱、大气，又让人感到一种莫名的亲切，只是结尾显得过于诚恳，让人感到有点突然。

内阁席位之争开始了。不管提名谁，都会有很多人群起而攻之。参议员、众议员全都来了，推荐自己人，排挤敌人。斯普林菲尔德那一幕再次上演，而且愈演愈烈。

在林肯身边的史华特很少说话，看起来处境很难受。身边的新上司正坐着自己曾经朝思暮想的位置，而这个人似乎没什么让自己帮忙的，以前不管哪个总统都会让自己帮忙撰写就职演说，这位新上司却宁可自己写。史华特觉得有些失落，认为林肯过于低估他的能力了。

当史华特看到林肯写好的就职演说稿的时候，字里行间的坦率让他惊讶万分，他立刻严肃地建议道："请原谅我的坦白……我觉得您的讲演稿中第二和第三部分十分不妥，就算是修改一下也会让联邦州抓住把柄。我非常尊重您，但是依然要诚恳地向您建议，这两段文字必须删掉……南方人的偏见要改变，但是也不能让他们过于嚣张，对于东部地区的人民也一定要做好安抚工作才行。结尾处最好加上一些能打动人、同时又让人感到您充满信心的语句。"

史华特想把林肯的诚恳变成自己外交家式的圆滑，可林肯却想通过自己的方式表达自己的思想。

史华特认为应该这样修改："不管怎么样，敌人与陌生人不是我们所希望的，我们不能变成那样。我们是同胞，是一家人！就算是这种感情在今天变得有些紧张，爱的纽带也不会断裂的。"

林肯对史华特的建议又做了修改："真遗憾，我想说的话还有很多！一定要记住，我们永远都是朋友，而非敌人。我们绝对不该是敌人！虽然现在的一切令我们的感情纽带绷紧了，但它依然会继续连接下去，不会绷断。这首神秘的乐曲在到处回荡着，从战场到烈士们的坟墓，从每个家庭，到每一颗跳动的心，当我们善良的天性绽放出来的时候，联邦的颂歌将再次唱响！"

就这样，那位政治家建议的诗一样的结尾，被这位诗人采用了，并且将它发挥到了极致。而他建议删掉的那两段，林肯却原样保留着，他很清楚这样做将对听众产生怎样的影响。只是，他没有料到史华特会有怎样的反应。

史华特的自尊心受到了伤害。在林肯就职前一天，他寄去一封信，说自己难以胜任国务卿的工作。这对林肯来说无疑是一个不小的打击，但是他没有采取任何行动，只是将辞呈放到一边，静观事态如何发展。

3月4号来了。就在前一天晚上，人们还在打赌说林肯的总统当不成呢。如今，他即将宣誓就职。

中午，布坎南来到林肯下榻的旅馆，用敞篷车将他直接接到了白宫。通往国会大厦的道路警戒森严。仪式开始了，一个方队从参议院大门里走了出来。看台上的人并不多，因为人们都害怕会有冷枪射中自己。马路上群众自发的欢迎队伍倒是壮观得很，人们的眼睛紧紧盯着方队中最高大的那个人。只见他拿着礼帽和拐杖，非常缓慢地来到了演讲台上。参议员贝克刚刚向众人介绍完，台下人就开始交头接耳，欢呼声和掌声响彻整个会场。

林肯站在台上，看到紧挨着讲台的全是这个国家的精英人物。左边排着的是外交官，那些脸孔他一个也不熟悉；右边是参议员们，道格拉斯坐在其中；直对着他的是妻子和三个儿子。

与此同时，下面的人也在观察着台上的这个人物。从他们的表情上可以看出，林肯的装扮不大令人满意。灰色的胡子，直直的，跟鞋刷子差不多，脸上也没有任何修饰，可这些却恰恰勾勒出了他独特的气质。他的身上穿了一套簇新的燕尾服，头上戴的是崭新的帽子，从头到脚都很扎眼。那把巨大的拐杖头上，小小的把手还不合时宜地闪着金光。

他看起来并不舒服，站在台上显得尴尬万分，帽子和拐杖似乎不知道放在哪里才好。过了好久，他终于在栅栏上给拐杖找了个合适的位置，礼帽却不知怎么放好。道格拉斯看出了他的窘相，走上来向自己的老对手伸出了援助之手。之后他就一直帮林肯拿着帽子，直到演讲结束。

LINCOLN

道格拉斯此时的表现真是不同寻常，似乎专门为了到近处去品味林肯的孤独、无助。这真是一个不简单的人物，总能在逆境中寻找到属于自己的光明，比如今天。此时的他简直就是林肯的救星，他一直捧着那顶帽子，直到所有仪式都结束，从始至终他就像个侍从。

这位高级"侍从"手捧对手的帽子时，都在想些什么呢？或许他在想：这顶大帽子要是戴在自己的脑袋上，会晃来晃去吧；或许他在偷偷观察这顶帽子，希望能发现点什么秘密，因为大家都知道林肯总喜欢把帽子当公文包；或者他正由帽子想到了刚才还放在里面的脑袋，并且在悄悄比较着谁的智慧更高一等。当然，他一贯看不起自己的对手，只是低头认输的是自己而已。

就职演说开始了，林肯首先要向大家说明的是，自己的政党对于南部各州的制度从未试图干涉过。"我宣誓，今天在此所作的发言将倾尽所有，没有任何保留，当然也不想对宪法或法律条文进行过于繁琐的阐述。"

美利坚合众国已经走过了七十二年，先后有十五任总统曾经站在这个位置上，很多都取得了辉煌的成绩。如今林肯来了，在这万分危急的时刻站在了这里。

"不久前，合众国分裂还只是一种潜在的危机，如今它已经真的出现在我们面前……我所要做的，就是运用宪法和人民交给我的权利，把属于国家的财产与土地保护好，仅此而已。在任何时候，任何地方，我们都不会武力入侵，更不会对人民使用暴力手段。……当然，总有人找来各种借口，居心叵测，要让联邦受损。我不想对这些人的行为进行判定，因为这样的人不值得我说什么。"

接下来他问：在什么情况下人民的团结才会被瓦解？一定要使用武力吗？武力之后呢？"陌生人比朋友们更好相处么？你宁可相信陌生人会守约，也不愿相信朋友之间可以按法律办事吗？即使最后真的要通过战争来解决，战火也不会永远烧下去吧。即使到了最后关头，双方都无力再战的时候，问题也还是没有得到解决……上帝究竟对谁更慈爱，是北方还是南方呢？总之，最后的胜利者不管是谁，南方都不会有好处。如果北方赢了，南方肯定会更无法收拾；可是如果南方赢了呢，最大的好处就是他们的奴隶制会更稳固，可这与之前又有什么不同呢！"

听到这里，人群中爆发出热烈的掌声和喝彩声。所有的人听得都非常认真,就连布坎南都包括在内。而那个从前的对手——道格拉斯,大概是听得最为认真的了。演讲一结束,他马上过去同林肯握手,向他表示祝贺。

在座的精英们在老布坎南的带领下,全都站了起来。紧接着,就看到白发苍苍的老法官坦尼,拿着一本《圣经》,迈着摇摇晃晃的步子走上前去,情绪激动地说:"林肯先生!"

林肯满怀敬意地望着坦尼,之后把自己的大手放在了《圣经》上,表情非常严肃。当年在肯塔基州的小木屋里,是妈妈让他第一次看到了《圣经》,现在他的手就放在上面。他缓缓说道:"在这里,我庄严宣誓,我将忠诚于合众国,认真履行其赋予我的总统职责,竭尽全力捍卫合众国的宪法!"

话音刚落,礼炮齐鸣。人们缓慢散去,新总统在前总统的带领下回白宫去了。只有一个人一直站到了最后,之前他就在听众中间,站得非常惹眼,完全是一种挑衅的姿态。此人就是德克萨斯州的参议员。在林肯发表讲话的时候,这个人就抱着胳膊,靠在议会大厦的门框上,神情中充满了不屑。对,他是林肯的敌人。在华盛顿,南方的议员只剩下了他一个,他是南方的信使与内奸。

林肯一家终于来到了白宫。玛丽简直激动坏了!整整八天的旅行,再加上之前二十年的苦苦等待,终于盼到了今天。她的梦想终于实现了。她急切而快速地打量着所有的房间,一切都让她眼花缭乱、目不暇接!孩子们也跟着母亲看着、惊叹着。"一定要重新安排才行,该做的事太多了。嗯,还好我们有时间,至少四年呢,除非是死神,谁都休想把我们从这里赶出去!"

林肯此时的心情是非常沉重的,他在心底问自己,除了死神还有什么能把自己赶走呢?看着玛丽正为之惊叹的软缎,林肯心想:过去的三个月里,它们听到的是些什么呢?他心里很清楚,南方早就通过那个人了解了所有情况。自己将要面对的不过是那张写字台,惟一不同的是,它会比斯普林菲尔德那个堆更多的东西罢了。或许在这虽然华丽却冷冰冰的房间里,他还会不由自主地怀念自己的破沙发呢!

林肯进白宫之后的第一封信,是写给他的一位部长的。信封上他特意注上了"白宫"两个字。信里说:"尊敬的先生,来信已经收到。您在信

LINCOLN

中说，管理对外事物对您来说不大适合，对此我感到十分困扰。我觉得，从公众利益角度来说，您是最适合的，您必须接受。此时，我觉得只有请求您打消这个念头。希望您能重新考虑，在明天上午九点前答复我。您忠实的仆人。"信中装进了君主般的尊严和谨慎，既向史华特表明了自己对他的高度评价，又给了对方最后定度的时间限制，落款礼貌而又有分寸。

此时的合众国就好像是一艘经历风雨的大船，远行伊始，这个做船长的人意识到，不可信任的人都会走开的。

从窗口向外望去，夜色苍茫。林肯大概在想：夜幕中的那些人都是什么身份呢？是朋友还是敌人？或者是奴隶？这个城市充斥的都是间谍与叛国者么？那些善良的心此时在想什么？是否正满怀忧虑地望着自己这个窗口，想猜测出这个新任总统会有怎样的作为？那边应该是国库秘书处，此时国库的钱款都被转到南方去了，国库空了；旁边那个是国防部吧？里面除去大大小小的档案柜之外，就没有别的了，枪支弹药也去南方了。北方此时连一艘战船都找不出来。再往远处看去，依稀可以分辨出远处波托马克的边界，那一边的敌人已整兵待发，边界的要塞都掌握在他们手中。不久战火就要燃起了。此时的自己对白宫来说到底是什么呢？主人抑或是囚徒？

LINCOLN
第四章
解放者（1861—1863）

林肯向来是一个不喜欢按常规办事的人，当年做店伙计和做律师的时候都是这样。如今，作为总统处理国家大事的时候，他也不愿意按白宫的老规矩去做。不过在战争年代，谁也不会介意他的无拘无束，反倒觉得这样才符合战时需要。如此看来，似乎这种纷繁复杂的战时状况更适合林肯的性格。突发事件不断，规矩礼节变得无足轻重，反倒是无拘无束更让人觉得舒服。

LINCOLN

1 顽固的南方
LINCOLN

第四章 解放者（1861—1863）

冲突开始了，这是生与死的较量，冲突双方都在拼死维护着自己所认为的正义。可结果如何呢？最终只能有一方的未来充满光明，而另一方则会悄然隐退。

掺杂着利益、野心和金钱的信念，迷茫却又英勇。这场美国兄弟之间的信念之争，令人感到一种悲怆，就像是古代的悲剧。它也会像古代悲剧那样，起初令人感到激情勃发而又充满恐惧，最后必定会将人们带进一种经历风雨后的平静。

"奴隶制"的失败是令后人欢呼雀跃的。他们觉得，假如自己是当时的总统，也会像林肯那样做；但他们绝对没有权利向被打败的一方说些指责的话。因为，如果后人认为那些南方奴隶主压迫别人，所以毫无疑问就该受到谴责，那么我们就永远无法搞清楚人类在为什么而困惑，同时就更难搞清楚，后来为何以武力来结束一切。在坚定信念之后，武力才会成为一种强大而不竭的力量。

英勇奋战四年之久的特洛伊战士，我们难以进行正确的评价，而对此时这个北方领袖的审慎我们更难下定论。林肯在任期间，不管是捷报连连，还是士气低落的日子，他都表现得非常冷静，既没有怀疑过自己的信念，也没有忘记过幽默和睿智。在困境中，他不仅没有丧失自己高尚的情操，反而变得更强大，就连弱点也开始转化为力量，来帮助他向理想进发。

林肯的理想不是一个，而是两个。而且，在他的心中，这两个理想已经开始慢慢融合为一个整体。他已经能够充分理解南方人的激情，理解他们努力维护的尊严，理解他们顽固到底的决心。

到底该如何评价南方呢？由于对权利长时间的占有，这些入侵者的后代觉得这就是合理的。在一代代不断的传承之下，不管是哪个国家的贵族，都觉得正义和道德永远是站在自己这边。在他们看来，时间是最好的证明，象征贵族权利的那些青铜器、铁器，早就在岁月的流逝中染上斑斑锈迹了。任何一个骑士或是男爵都不会轻易将自己的所有拱手让出，否则必定会经过一番血的拼杀。当他们打开自己宫殿大门的时候，不会只是道德观念苏醒这么简单。如今，他们的心灵之门能否感动于这种崇高的观念，而自动开启呢？

敲响这大门的都是谁呢？仅仅是耶稣的信徒吗？在南方人眼中，那些北方的商人冷酷无情，一心追求利益，对基督教也开始表示怀疑；在治理国家方面毫无思想可言，更没有什么文化根基，却一心想要把合众国的领导权据为己有。

南方人把自己看成是想当然的上等人、诺曼底贵族的后裔，令他们感到骄傲的是，到现在为止，合众国先后产生的十五位总统中有十二位都来自于南部。不仅如此，南方产生的部长和高级法官也要比北方多一倍或两倍。于是，南方人当然会觉得，对于这个国家来说，他们应该是统治者，拥有至高无上的权利。这样一来，他们对谁能甘心称臣呢？又有哪一个愿意倾听来自北方的指责呢？

近年来，南方人的骄傲受到了打击。成千上万迁到北方去的南方人，结果都很悲惨，有的竟然做起了只有低贱的人才做的工作！由于不再有奴隶为他们服务，于是他们也跟着开始嚷嚷着自由、民主。对于那些人来说，有金钱就有自由，如果机械取代了人力，黑人们就不用低头卖苦力了。在北方的大都市里，平民式的个人奋斗与低微随处可见。所有的北方人都在宣扬着平等，要知道上帝对此都不赞同呢。如今的北方有一千九百万白人聚集在那里，南方却只有八百万，那么，众议院的席位北方人就要多于南方。所以，北方的获胜并没有什么了不起的，那是因为他们人数众多！

南方的领袖们就是这样想的，所以他们才会如此顽固。1860年的大选让这种怨恨终于找到了一个突破口，于是斗争开始了。不仅如此，其他矛盾也开始纷纷显露出来。庄园主和城里人，猎人骑手和商人，贵族尊严和新制度，种族和种族的争斗，南方奴隶主们传统的目空一切的尊严同博爱平等的思想的较量，到处危机四伏。这个刚刚成长起来的国家，再次向古老欧洲的传统说了"不"，发起人居然就是一心想与欧洲把酒言欢的南方。

一位南卡罗来纳州的参议员说："谁也没有权利反对蓄奴！动荡的局面大概还会持续一段时间，可棉花、烟草和小麦依然是世界的主宰，没有这些，北方佬也不会撑太久的。"

此时的南方简直是剑拔弩张，完全进入了备战状态，连妇女都不能幸免。可是北方却显得非常平静，因为人们难以理解这场战争到底有什么意义。恰恰在这个时候，南方四州先后脱离了合众国宣布独立。他们想用这种方法把北方佬吓跑，如果这个方法不成，那就开始动用武力！面对着日益强大起来的北方，这是他们的杀手锏了。否则他们只好再耐心等待四年，在新一轮大选中重整旗鼓，东山再起，因为似乎谁也没有打算夺走他们的什么，就连奴隶也都还是老样子。另外，同情黑人的现任总统，不管在参议院还是众议院都难以找到更多的支持者，更何况在老百姓中呢。

南方的宣传带给群众的心理冲击越来越大，他们已经到了难以忍受的地步，必须寻找到一个发泄口才行。如同一个沉浸在爱火中的小伙子，即使欲望不在了，也想再做点什么。

托马斯·加尔在那个时候写道："战争一触即发。"

短短几个月，象征自由的木杆插遍了南部各州，马赛曲四处响起。奴隶主们听着这首激动人心的自由之歌，变得越来越疯狂，那些平日里坐享其成的富家公子们，竟然也端起了枪，准备与北方贫穷、软弱的白人和数百万黑人一决雌雄。各位绅士在号角声中，在飘扬的彩旗下，在荣誉的强烈诱惑下，渐近疯狂。加上身边没有人敢发出谴责、警告，从联邦独立出来之后，他们觉得终于摆脱一切控制，自由了！在战火的诱惑下，南部的每一个人都进入了失控的状态。

当然，他们的确占据着优势，尤其在军备上。战争开始之前，南方的正规军扩张了一倍，而且装备精良，完全有能力将三倍于己的北方军队置于死地。除非长期打下去，要不然南方绝对稳操胜券。想想看，贫穷的南方白人为了活命肯定会更听话，而南方军官的战绩一直以来都非常好，南方内部的党派之争几乎没有，完全可以自由调遣部队。

北方却不容乐观。每一个志愿兵都是个性、思想非常独立的人。命令来的时候，他们不会立刻去执行，而是先问为什么？军官们正在办公室里踱来踱去，不知如何是好；民兵们在无组织、无计划的行动中，历尽艰险却身陷险境；党派的竞争使得人心难以汇集在一起。北方人还没有意识到这种危险，仅仅依靠一种崇高的理想去作战是不行的，对于战争来说凝聚力是非常重要的。况且，这种崇高的理想还没有被更多的人所接受，即使当初接受的人，在此时的困难面前也开始动摇了。

南方担心的只有一点，那就是长时间的作战。如果是这样的话，北方有取之不尽用之不绝的人力、物力，而且可以封锁南方，那样南方就会陷入山穷水尽的地步。不过，由于领导阶层的纷扰，加上不能认清当前的形势，北方人并不赞同持久战。对于南方人来说，他们衷心希望北方人能一直持这样的观点。另外，最为保险的就是，有个能统领各位将军的首领，既能起决策作用而又深得人心，当然，这个人绝对不能是同黑人做朋友的林肯。

2 内战爆发
LINCOLN

上任第二天早上，刚刚睁开眼睛，林肯就看到了一封信，它来自萨姆特要塞。信来自那里的指挥官。好几个月了，前任总统一直对他不闻不问。他在信中告诉林肯，那个要塞还可以支撑一个星期，但急需救援。信的落款大概让林肯记起了一些事情，三十年前，在与印第安人的战斗中，这个安德森曾为他辩护过。他默默比较了一下安德森的誓言与自己昨天说过的那番话，惊奇地发现，两者简直太相近了。惟一不同的是，自己的宣言实现起来更困难罢了。林肯的誓言中说，维护合众国的所有利益是自己的神圣职责，而那个要塞当然也不例外。

于是，林肯在那段日子里总是自言自语说："假如安德森的要塞失守，我就从白宫搬出去。"

萨姆特堡垒就在查尔斯顿港外的一座小岛上。里面的官兵不到两百人，依靠重炮镇守。从一月份开始，北方的内乱导致这里长期无人过问。赛德华和斯科特都建议立刻放弃这个要塞，说北方难以守住那里。第一个懦夫言论产生了。结果，一贯反对武力的北方总统，只能亲自到将士们面前去坚定他们的信念，告诉他们要斗争到底。

这不光是勇气的问题，它涉及应该采取怎样的政策。此时的放弃、软弱会让南方人更加嚣张。但是，如果此时增援那里，又变成了向敌人的公然挑衅，全世界都会立刻把眼光汇聚到那里，欧洲会立刻行动起来，国内的反对派更会蠢蠢欲动。

　　林肯早就是他们的眼中钉了。一家言辞过激的全国性报纸说："这个总统软弱而毫无主意，史华特简直用自己的和平想法将他控制住了。"

　　林肯该怎么办呢？他此时做的惟一一件事就是，他拒绝了叛军代表的来访。

　　北方民主党人写信让他撤出要塞，不管怎样一定要保住和平。"这个总统简直没法一起共事！"军官不断逃离北方，投奔南方联邦，令公众人心惶惶。

　　林肯在做什么？他在仔细倾听人民的呼声，还有来自各界的意见与抱怨，仔细研究普通民众的想法。整整三个月，他一直处于这样的思考之中。

　　办法有了！

　　此时已经到了三月底，安德森那里已经岌岌可危，要塞里的将士们恐怕已经开始饿肚子了。白宫呢，总统正在里面举办他就任后的第一场聚会。林肯穿着崭新的燕尾服与仪态万方的玛丽站在一起，向来宾们表示着欢迎。上百双眼睛都在暗暗地看着林肯，幸灾乐祸地等着看他出丑。

　　今天的林肯一反常态。他一直表现得非常自然得体，和所有的人寒暄着。到了明天，泰晤士报的记者又可以登载很多这位新任总统讲的故事，什么喝醉的马车夫，什么西部时他碰到的趣事之类的。客人们在离开的时候心里大概都产生了这样的想法：目前好像没有想象中那么危险。

　　其实，这一切都是林肯用来掩人耳目的。聚会过程中，他非常严肃地通知了各位部长，聚会结束后要召开紧急会议。会上，林肯对大家说，斯科特将军建议立刻放弃萨姆特要塞，请大家说说自己的想法。部长回到家里的时候，心情都非常不安。过几个小时，即第二天清早，会议还要再次召开，到时候总统要发表自己的意见。

　　林肯决定给要塞送去一船给养，并提前通知南部，要送的只是粮食，因为要塞里的将士们已经开始挨饿了。如果南方没有举动最好，这样既保住了政府和平的声望，又保住了要塞里面官兵的性命。倘若南方果真如他们所说，开始动用武力，那么尽管战火燃起了，可挑衅的罪名不会落在北方人头上，因为是对方打响了第一炮，该对此负责的应该是南方。这样一来，也会激起北方人民的怒火，北方的部队才能团结一心。

林肯终于下了第一个命令。总统在民事问题上不可以擅自做主，必须听取国会的意见，可作为合众国陆海军的最高统帅，军事问题他完全可以自己做主。

一切都在他的预料之中。给养船刚从纽约出发，南方军队就开始向要塞进发。没装备任何武器的给养船还没靠岸，南部兵团就已经把萨姆特要塞打垮，并撕碎了墙头上的合众国国旗，最后，安德森投降并撤军，战火才结束。

就是这一天，四月十四日，全世界的目光都集中在了这里——南北战争爆发了。可是，谁能料到呢？四年后，还是这个日子，又会鲜血飞溅。

北方人震惊了，异口同声地喊道：合众国的国旗被撕成了两半！数百万民众的心被聚集到了一起，北方各个党派全都高呼着要报仇，之前剑拔弩张的敌对双方，现在不是握手言和，就是开始沉默，大家都意识到，建国以来最最可怕的事情发生了，一切都可以先放在一边，此时要做的是必须面对共同的敌人。林肯此时要做的，就是把所有的力量凝聚在一起，让大家的力量往一起用！他发布命令，征募七万五千名志愿兵，在短短几天时间内，九万两千人报上了自己的名字，七月份的时候居然长到了三十万。不过，每个士兵法定的服役时间最多只有三个月。

时间一天天过去，能调遣的有战斗力的军队只有三千多人。那些志愿兵还都缺乏训练，不能立刻上战场。如何在最短时间让他们做好迎战的准备？从哪里开始作战？此时的北方好像还需要一个全面的指挥计划。

华盛顿周围各州此时有什么行动呢？弗吉尼亚州是首都华盛顿的门户，他们派人来请示总统，该采取怎样的行动。林肯立刻把自己的就职演说拿出来说，这里面就是自己的观点："希望你们能仔细研究，我的观点在里面阐述得非常清楚。"

可弗吉尼亚没过多久就宣布从合众国分离出去了。于是，波托马克河就成了南北对峙的分界线。从白宫里面一眼就能看到边界对面的敌人，五星期前林肯刚刚来到这里时担心的事变成了现实。弗吉尼亚的叛变让首都慌乱起来，而招募来的军队又不见踪影，首都华盛顿顿时成了座被敌军包围的孤岛，危机四伏。城里的人四处宣扬着，明天就会来援兵了！给养也会送进来了！可此时，他们必须做些什么，比如在国会大厦前用水泥桶设置一些路障，再往上面放一些铁板，让妇女和儿童从城区撤走，等等。

LINCOLN

第四章 解放者（1861—1863）

LINCOLN

安排这一切的是七十五岁高龄的斯科特将军，同时他也是刚刚上任的陆军部长，之前他只是一个金融专家。和他站在一起的就是林肯——他有生以来惟一的战功是营救过一个印第安敌人。

时间慢慢溜走了，援兵的影子还是看不到！林肯在房间里着急地来回走着：“为什么还没到？”消息终于传来了，弗吉尼亚州把他们扣了起来。林肯一言未发。林肯当时感到自己完全被抛弃了，不知道该怎么办。情况实在太危急了，如果当时敌军派一小队人马过河来，就能不费吹灰之力地抓住他和所有内阁成员。

忽然，林肯喊道：“来了！”因为他听到了一声炮响，好几个月了，他时刻都在期待着这个消息！可是别人怎么没有反应呢？他快速跑到楼下，问别人是不是听到炮声了，大家都摇头说没有。整条大街没有一个人，静悄悄的。终于来了一个路人，也说没听到。只是自己的幻觉么？唉！等待的时间太长了，他的神经早就脆弱到了极点，如同当初去参加婚礼的时候。作为美国有史以来最不善战的总统，他能否经得住战火的洗礼呢？终于，火车来了，它满载着士兵、鸣着汽笛开进了华盛顿。居民们如同暴涨的潮水，迅速聚集到了站台上。纽约的援兵终于来了！所有人都把心中的石头放了下来。可是，其他地区的援兵呢？

林肯面对着军团士兵说：“我明白了，同心协力的北方是没有的！第七军团和罗德·伊斯兰德都是虚无缥缈的神话，只有你们才是真实的！”这几句话说得简直太不合时宜了，人们听完之后反响不一。

不过，我们可以从中感受到他的内心，压力简直太沉重了。华盛顿是这么陌生，他又从来没有掌过权，现在突然来到这里，还要坐在美国最高统帅的座位上，面对美国有史以来最大的困境。而他的身边既没有议会，也没有跟他同进退的内阁，他完全要依靠自己。哪位总统碰到过如此大的困难呢？

李将军是最聪明的，此时他正静静地坐在弗吉尼亚州家里。他一直忠诚于合众国，反对弗吉尼亚投奔南方，可是，当林肯请他做统帅时，他拒绝了。他说自己不可以参与同南方诸州的战争。之后，他立刻向同乡斯科特将军提出辞职。老斯科特沉重地说：“两万大兵压境都没有这么糟！”

也是在这个时候，巴尔的摩向总统发出警告——军队不能再从巴城通过。这样就只有绕城而行。可之后巴尔的摩又说：他们是中立州，就是从旁边绕道也不行。林肯回信道："这些军队是我们急需的，他们只能从马里兰州走过来！因为，他们不能飞过来，也不可能从地底下钻过来。"

没过多久，华盛顿四周只有一条路能通过援军了，可敌人也能借此打进来。南北军队第一场拼杀之后，北军撤回城里，国会大厦装满了伤员。

一位战士的绷带由于绑得匆忙，鲜血渗了出来。林肯看到了，这是他第一次看到兄弟们的鲜血啊！他想："多么无辜的年轻人，政治对他们来说大概还很陌生，就来这里抛头颅洒热血，只是因为：'合众国要分裂了！'"此时的国会大厦还没被鲜血浸透，可这个善良的总统眼前仿佛已经血流如注。此时的他明白了一个永恒的真理：人们不会为了一个抽象的思想而战，美国人民的血只会为祖国而流！

3 兄弟之战
LINCOLN

对于两个家庭来说，他们很有可能在一次争吵之后结成仇怨，永不来往；可是两个亲兄弟却往往不清楚怎么才能把对方当做敌人。南北方之间的战争就是这样，有了首次交火之后，整整三个月双方都没有采取任何行动。不管哪一方，都要休整一番，同时也需要时间把这种难堪的情绪克服掉。在此期间，南方没有去攻占岌岌可危的首都华盛顿，只是眼睁睁地看着机会白白走掉。这可以说明两个问题，一是他们的决策力不够，另外也体现了他们的确存在这种难堪的情绪。

七月，议会召开了，林肯在其中的演讲非常出色。他从道德和历史意义两个方面谈了自己对南北战争的理解。首先，他站在总统的角度向尚未分裂的各州提出要求——向政府提供四亿美元，和四十万士兵。他说："对有些人来说，这笔钱还抵不上他们财产总额的二三十分之一。"接着，他把建国伊始和现状进行了比较，证明同过去相比，美国在经济上取得了多大的进步。"现在，每一个人都极力要维护我们的自由，这种愿望强烈的程度绝不亚于七十年前。"

他还把国家权利的问题，从金钱的角度进行了解释："当初是国家用金钱买下南方的土地，人们才在那里安了家。现在，他们从联邦脱离出去了，回报给国家的却不是金钱，而是战火，这是否公平呢？南部人通过了新的《独立宣言》，里面把杰斐逊'所有人生来平等'这句话删掉了。原因何在？在他们临时宪法的前言中，把'我们是合众国的人民'，改成了'我们，各个独立州的代表'。对于联邦来说，应该通过斗争让我们的政府在世界上保留一席之地，并且让所有人都卸去身上人为的重负，让所有高尚的劳动者没有后顾之忧。如今我们应该想的、应该做的是怎样把政府保护好，让它能正常运转，能有力量同企图推翻它的强大势力进行斗争。在全世界面前，我们必须用自己的力量来证明：运用公平原则进行选举的人，当然也有能力解决内部争端；只有选票有权决定谁能主宰这个国家，只要选票公平合法地得出结论，就不能再用武力解决问题！如此一来，世人就会明白，选举没法得到的东西，通过战争也不会得到；于是大家都会明白，这场战争的发起者有多么的愚蠢、疯狂！"

完全是王者之风。

他先从数字入手，继而摆明自己的观点；先是面对民众，继而又面向全世界。全世界人民的事业更为伟大，需要解决的问题更多。林肯积极关注着整个人类的崇高事业。在他看来，自由比合众国的利益更加值得为之奋斗。他说，一场轰轰烈烈的道德大戏就要在全世界人民面前上演了！

几个月后，他在又一次演讲中说，对于这次战争来说，根本的目的还是要保住民主原则，原因是，南方有人居然开始考虑，是不是回到君主立宪制。

> 有个不大常见的观点，我想简单说一下。那就是，应该努力让资本与劳动处于同等地位。有人认为，在一个资本拥有者的指挥下，才会有人去劳动。于是又产生了新问题：让劳动者为了资本而自由劳动，与劳动者被人用资本买下，而强迫劳动，到底哪个好呢？归根结底，问题的关键在于，劳动者是做雇工，还是做奴隶。
>
> 有人说，一个人只要做过一次雇工，那以后就只能做雇工。可是，实际的情况是，资本和劳动的关系并非他们所说的那样。任何一个自由人都不会情愿一辈子都做雇工。以上设想与结论都是立不住脚的。有了劳动才能有资本，资本是劳动的产物，不会

先于劳动而存在。因此，劳动应该比资本更受关注。而资本拥有自己的权利，也应如别的权利一样被法律所保护。

当然，劳动和资本的确存在互利关系。这种观点之所以会产生偏差，就是因为片面理解了社会劳动，认为这种关系贯穿于所有劳动之中。在我们的社会里，拥有资本的只是少数人，他们畏惧劳动，使用自己的资本雇佣别人，或者是买下别人为自己劳动。

另外还有个第三等级，他们不给别人劳动，也不需要别人为他们劳动。南方州里有相当一部分人就是这样，既非奴隶也非奴隶主。他们拥有自己的农场或是店铺，全家人依靠自己的双手劳动，收入也归自己所有。资本、雇工或奴隶都不在他们的概念范围内。

刚刚进入社会的时候，先为了工资而给别人工作，慢慢地积攒一些钱，买些土地和农具，开始给自己工作；最后又有一些刚刚踏入社会的人来帮助他。这样的制度才算公平、合理，它能激发所有人的工作热情，能把成功的机会摆在每一个人面前。想想看，那些靠自己的劳动拥有一番事业的人多令人尊重。非劳动所得，他们是敬而远之的。这些人绝对不会放弃自己的政治权利，更不会放弃前进的机会。如果有人要剥夺他们的自由，他们肯定会奋起而战的！

在战争岁月，一名总统能说出这番话，意义是非同寻常的。因为它不仅仅是给农夫、雇员们看的，同时也是让南方那些穷苦白人看的，使他们能由此开始审视自己的制度。

可以说，这番话的魅力和深远影响，完全取决于林肯这个人。他是一个善于运用讲话技巧的人，可是，他居然在长长的公告后面讲了这样一番理论问题，与前面的内容相比，似乎脱离了主题。原因就是他一直关注着全人类的普遍问题，这完全是面向全世界说的话。

林肯自己给人劈过木头、打过短工，可他并不打算在世人面前粉饰自己的过去。这片自由的土地养育了他，让他依靠自己勤劳的双手生活。现在，他开始向自己的敌人，向整个美国发出了质疑。他认为，整个世界都应该尊重那些曾给人打过工，继而又依靠着勤劳、智慧为自己创造财富的人。

LINCOLN

 征服内阁
LINCOLN

早上六点钟,太阳已经升起来了,街上的行人却依然很少。

有人在白宫门口看到了那个大个子,蓝裤子,一双特大号拖鞋。大个子亲切打招呼说:"您好!送报的小伙子不知道在哪里。您要看到了叫他来一下!"就像依然在斯普林菲尔德当律师,他依然用这种农民式的问候语同人打招呼。每天清早都是如此,他总是在不知不觉中回到从前的生活状态。

其实,他那张巨大的书桌旁边有一根拉绳,只要轻轻一拉,他想要的东西就会送到面前来。可是,每次他都要等端坐在椅子上之后,才会拉铃叫仆人。他开始办公的时候,秘书尼古拉基本都还没有来,因为这位总统大概是整个合众国上班时间最早的人。

平时,他更喜欢过一种自由自在的生活,自然规律也好,生活常规也好,他都不喜欢去遵守。生活中的很多事情,对他来说都不是很在意,随遇而安就好。不过,一旦他感到自己重任在肩的时候,就要开始强迫自己认真安排每件事了。每天早上,他都要从楼上的卧室走出来,然后穿过半个大厅来到白宫南侧的办公室。幸好他总是很早就开始办公了,否则在大厅会被等他的人围住。这个习惯一直持续了三年。

林肯的办公室大得很,中间有一张橡木桌子,用来给内阁开会的。旁边有两张简陋的,用马鬃毛做的沙发。此时坐在林肯旁边的是位气度不凡的先生,只是看起来有些不开心。此人就是吉迪思·舒尔兹。看到他的时候,你会想到大海。锐利的鸟眼、白色的水手胡须,还有长长的灰白色卷发,这一切令他看起来如同古代的一位老船长。年轻的国务秘书弗克斯也坐在那里,他的热情与朝气,给林肯这位谨慎的上司注入了很多活力。弗克斯旁边是他姐夫,也很年轻,尖鼻子,表情严肃,眼光锐利。看到他的时候,你会不由自主地想到数学家,此人就是邮政部长布莱尔。他出身于一个显赫的大家族,社会交往面非常宽。他和弗克斯都是坚决反对叛乱的人。贝茨是总检察长,来自密苏里州,带着点小市民气,同其他人比起来冷漠的成分多一些,但人很耿直。从那双坦诚而又纯净的眼睛你可以看得

出，他更关注眼前的事物。

尽管这六个部长各有特点，可第七位部长更引人注目。那张脸上干净得很，没有胡子，头发灰白，额头宽大，眼光锐利，双唇闭得紧紧的，一直保持沉默。这就是合众国的陆军部长，共和党人凯麦隆，内阁里面举足轻重的人物。

这样散乱的内阁，美国有史以来似乎很少见。林肯首先要做的就是，使内阁成员看到他的能力，从而服从于他的管理。这可不是一件轻松的事，简直就是对林肯的一次严峻的考验。如果他能通过这个考验，便是他上任以来所取得的最大胜利，北方的成败也就可以有个定论了。

好几个州从合众国分离出去了，不团结已经变得很自然。之前还同呼吸共命运的人们，转眼就成了敌人；不同的种族、不同的民族之间，矛盾重重。就连此时合众国的内阁成员们，都有很浓的火药味。这些人之所以被选为内阁的成员，不是因为他们具有一致的观点，而是因为他们来自不同的党派，代表各个联邦州的利益。此时，令他们最为担心的，就是安排给自己的特别任务。

几乎每一个人都在带着审视的目光观察林肯，毕竟他没有做过领袖，甚至连参议院都没能进去过。林肯根本不去考虑这些疑虑，当然也就用不着花大量时间研究怎么领导内阁了，他完全像一个轻车熟路的领袖。

他用闲聊的方式与内阁成员们交谈，很少提问，基本上都是在认真地倾听。他的秘书说，林肯对内阁是充满善意的："他对权威很尊重，同时也尊重自己的感情和判断。面对内阁成员们的时候，他对他们的阅历和经验，简直是充满敬意。他最喜欢躺在沙发里看书，能有两张沙发让自己用，大概是亚伯拉罕·林肯做总统以来，惟一觉得很惬意的事。"

他的办公室里到处挂满了地图，仿佛时刻在提醒来人，此时是战争时期。另外，墙上还挂了一张约翰·布莱特的照片，那是一个英国工人领袖，性格有些极端，林肯似乎想以此告诉众人，他看重这样的人。

九名内阁成员在九点钟来这里开会了。林肯坐在那里，向大家介绍了此时发生的大事，并请大家谈谈自己的意见与建议。他看起来非常镇定，满怀信心。可是，大家都清楚得很，五十三岁的林肯根本没有过主持会议的经历。这些见识颇丰的政治家们在观察着他，心里一定在嘀咕：我们哪个人都要比他强，这个怪人怎么不挑自己的朋友来组阁呢？现在纯粹是一群陌生人围绕在林肯身边，虽然说民主党、共和党各占一半，可其中一半基本上就是敌对势力。

有人曾经就此提问，怎么内阁里面民主党人占了四个，共和党人却只有三个，他的回答是："我就是一个共和党人，这样两个党派在内阁里的力量就均衡了。"这话听起来似乎非常明智。

此时，坐在他身边的是史华特，正似睡非睡地观察着林肯。不管从哪方面来看，史华特都完全可以胜任总统职务；可现在，他只能听从选举结果，为林肯工作。他高贵而英俊的脸庞因痛苦而变形，眼睛里面一片阴郁。新总统刚就任那段时间，谁也不能在史华特面前抱怨自己怀才不遇，否则他就会怒气冲天。一次他是这样回答的："您感到失落么？那您先看看我，本来拥有参加大选的资格，结果被甩在了一边，眼睁睁地看着那个伊利诺伊州的小律师爬上我该坐的位置，您的失落能与我比么？"此时，尽管他被选为内阁成员，对林肯却没有感激的意思。平日里他最爱听别人叫他内阁总理，还总是故弄玄虚地让别人以为他能得到什么小道消息。

林肯对面坐着的人，也是一个满怀嫉妒的家伙。反对的话他不会说，在林肯的意见面前，他总是保持沉默。他就是蔡斯，林肯又一个老对手。他也觉得命运对自己不公，不过尽管表情也很严肃，但他眼神显得活跃一些，透露出一种生机。看着他你会感到，这个人正盼望着能有一个契机，变痛苦为力量，为一项伟大的事业而奋斗。在奴隶制问题上，他与史华特、林肯一样，都具有如火的热情。此时他是作为财务部长坐在这里的，财政数据完全在他冷静的控制之下，对此他十分自信。但在自信之外，他的感情中还有对新任总统的敬仰。

三月初的时候，史华特曾经有意引退，那时候林肯还没有就任，后来，他给林肯写信说："……首先，我们在执政这一个月的时间里，不管是内政还是外交都没有取得任何进展；第二，在参议院和众议院，那些谋求官职的人，已经成了解决其他重要问题的障碍，一定要摆脱这些人的纠缠；第三，假如再不采取措施，不仅人民会开始议论现任政府，国家利益也会受损；第四，我要针对我们的政策谈谈自己的看法，不管会不会被采纳，我都要进行陈述：解放奴隶的举动我们必须立刻放弃，要在维护或分裂联邦的问题上多下功夫，更多地关注祖国的命运。至于萨姆特要塞，我建议放弃；……第六，在外交政策上，我会让西班牙和法国立刻明确态度，接下来就是英国和俄国。加拿大、墨西哥和拉丁美洲我都会派遣代表，争取支持，以此来抵御欧洲的干涉。假如西班牙和法国不能站在我们一边，就向他们宣战！总之，任何政策，我们都必须坚持到底。而这需要有一个人，能够挺身而出肩负起这责任。这个人或者就是总统本人，或者就从参议院挑选一个人。这些工作是我的职责，我必定努力承担，但也不会越权行事。"

史华特终于开口了。尽管他在上司的请求下上任了，但此时的举动又好像是端着枪对准上司，进行要挟。外交工作他根本不能，或者说不愿意去主持，之前的话还算客气，到了最后已经变得有些无理了。

林肯从信中看出，不管是萨姆特要塞问题，还是职责问题，史华特都显得有些自暴自弃，这样绝对不会很好地解决问题。林肯坚决反对撤兵，因为他知道，北军的后退，就等于是南方的前进，他们会更加猖獗。对于史华特的职务问题，林肯还是拒绝放弃。这两个事件的共同点是，要求国家领袖让步。林肯之前说过，如果萨姆特要塞拱手相让了，他就搬出白宫。此时，林肯又做了一个决定：除非自己不当总统了，否则史华特的国务卿必须做。

史华特当天就收到了林肯的回信："亲爱的史华特，从你走后，我一直在思考你的信。我在就职演说过：'要运用宪法和人民交给我的权利，把属于国家的财产与土地保护好。'您当时是非常认同的，并且我马上就给斯科特将军下了命令，让他不管采用什么手段，一定要把我们的要塞保住，您所说的国内政策应该就在其中了。昨天圣多明哥方面来消息了，我们的外交政策又展开了新的一页。……至于您最后的建议，我想说的是，假如事情真的到了那样的地步，我会主动那样去做。当政策定下之后，我认为不必再就此进行不必要的争论，不过，我倒是十分关注执行过程出现的问题，我希望，同时也相信自己有权听取内阁成员的意见。您忠实的仆人林肯。"

这封信林肯采用的是命令的口吻，让人感觉他似乎是个多年的指挥官。如果这位部长积极参与，就会得到总统的赞许与支持；如果这位部长根本不顾总统的意见而坚决请辞，那就不必再留在内阁。关于同欧洲强国作战的事，林肯连一个字都没有提。事后他曾经在私下说："这场战争就已经够受了！"

LINCOLN

史华特该怎么办呢?离开华盛顿么?不,虽然他有很强的自尊心,可是当他认识到林肯的确有过人之处的时候,正直坚强的性格开始让他向林肯俯首称臣了。五月的时候,他拿来一份准备发往国外的电报,请求总统进行修改。六月初,他给妻子写了一封信,里面说:"总统是一个同时拥有实力与活力的人,这样的人太少见了。"

5 特立独行的总统
LINCOLN

林肯向来是一个不喜欢按常规办事的人,当年做店伙计和做律师的时候都是这样。如今,作为总统处理国家大事的时候,他也不愿意按白宫的老规矩去做。不过在战争年代,谁也不会介意他的无拘无束,反倒觉得这样才符合战时需要。如此看来,似乎这种纷繁复杂的战时状况更适合林肯的性格。突发事件不断,规矩礼节变得无足轻重,反倒是无拘无束更让人觉得舒服。

林肯在给一个高级官员的推荐信中说:"此人是我认为最好的一个。如果你想有个比较,那我可以这样说,我都不会比他更合适。"

一次,他要任命一位官员:"我想请求您,别再和那个人计较了,他和我也是朋友,而且比我和您交往的时间要长得多。假如您能偶尔为他服务一下,我会非常感激的。"

在给另一个人的信中,他说:"噢!上帝啊!听说我让您受到了伤害。这是怎么回事?请您一定要和我说说。您忠诚的……"那人回信说,并不知道有这样一回事,于是,林肯就在回信背面写道:"……真高兴,什么也没有!"

一次,他请求一个人给德克萨斯州长送份密函,那逆常规而行的作风再次帮助了他。

"这是封密函,只有我和我的内阁知道。现在,您要像一位部长似的举手宣誓!……嗯,您就把自己当成我的内阁成员好了!"

"为什么不让一个真正的官员去呢?"

"因为任何一个官员都会去而无返的。"

"可是，如果我被识破身份，也会是同样的下场啊。"

"噢，假如真会这样，我绝对不会让您去。"

于是，信使被说服了。

可是有一次，一个州长向他道歉说，因为军需官准备不充分，导致了军队行期拖延。林肯的回信非常严厉："请转告那几位先生，假如他们的工作不能迅速一些，那么他们将会得到迅速的处理。上帝啊，发军饷需要时间很多么？"

曾经有个参议员非要让他去做一件事，可他实在不愿做。那个人说："您总自称是人民律师，这件事能帮助您得到更多百姓的爱戴。"林肯回答："我的意志和判断不会受当事人的牵制。假如您觉得我的领导不能让您满意，今后您可以找机会撤掉我。"

林肯无法对这样的人假装尊敬，他不喜欢虚伪的东西，人们之所以喜欢他，就是因为他实在。

一次，他看到了跟自己一样大个子的舍曼，便立刻说："您好！咱们来比比谁高一些。"这位参议员被他如此突兀的话弄得不知如何是好了。

他去巡视一艘战船的时候，看到一把斧子，立刻拿起来，用手捏住斧柄头，将胳膊水平伸出去，足足坚持了好几分钟。很多人都围着看，林肯显得很高兴，因为这可是个高难动作，连最强壮的水手都做不出来呢。

在林肯的一生中，同普通百姓的交往是非常重要的一部分，任何官架子都不存在，没什么能把他和人民分开。尽管他的地位在不断上升，但是这种心态从来没有改变。每个星期，白宫都有两天是接待日。那两天平民可以走进白宫，这种传统一直持续到了今天。这是一种真正民主的体现，欧洲任何一个王宫或总统府都未曾有过这样的先例。

接见日来临的时候，习惯于不修边幅的总统会刻意修整一番，坐在扶手椅里，亲切地与来访者交谈。一个人见过林肯以后说："他是那么亲切，始终让人觉得心情特别愉悦。在他的嘴里，不会轻易说出'不'字，似乎不想令我们的痛苦再深一些……同他告别的时候，我觉得似乎受到了莫大的鼓励，信心百倍。"

一般情况下，林肯都是倾听者，从众人的叙述中，他能了解到大部分老百姓在想什么。不管对哪一个人，他都显得非常有耐心。走廊里遇到摔倒的穷苦人家的小姑娘，他会立刻伸出手表示关切。一次，看门人同请愿者吵了起来，林肯看到了，就让参议员先在办公室等他，然后亲自去过问此事，并接下了请愿者的材料。更令人觉得难以理解的是，他有时居然会亲自去把请愿者接进来。

有时，他明明知道请愿者是来欺骗自己的，可是，当那些女人们为了把自己当逃兵的儿子救出来，想尽各种办法来请求他的时候，他无法强硬起来，明知道是谎言也宁可受骗。在他看来，宽容仁慈比惩罚更有力量，他更愿意对别人多一些同情。对于这个国家和人民来说，他们所承受的苦难已经太多了！

一次，人们传言说，林肯将要罢免军事研究所的一位将军，所以才去那里访问。他回应说："从迷雾中看鸟兽的时候，总认为浓雾会阻碍鸟兽逃跑。其实这只是一种偏见。我要对这次访问进行一下解释。……如果我将所有的情况都告诉你们，你们当然会明白，就像我一样。可我只能这样模糊地说，这件事与将军的任免问题无关。你们是知道陆军部长的，他一直对新闻界进行严密的控制，谁也不敢多说话，如果我说太多了，怕他会来抓我呢。"

就这样，他赢得了人们的理解与信任。

林肯为人宽厚，但他有时候也难以接受别人的傲慢。平时，那些所谓的专家和外交家向他展示自己的傲气时，他根本就不在乎。惟有一次，他例外了。普鲁士大使和舒尔茨共同引荐一个年轻伯爵来寻求官职，那个人对自己显赫的出身进行了详细介绍，林肯听了一会儿之后，非常有礼貌地打断他说："伯爵先生，这一点请您放心。对于一个优秀的士兵来说，我们是不过问出身的。"

他用自己特有的幽默，轻松地应对所有人。可求职的人太多，简直令他难以忍受。在正式坐上总统宝座的第一个星期，求职者令他感到的苦恼，比国家命运的忧虑都让他难以承受。"当初在斯普林菲尔德的时候，尽管求职者也是络绎不绝，可同现在比起来简直是小意思。这些人已经让我觉得难以忍受了，我就像所有人紧盯着的美味，怎么也逃不掉。"

最初两天，求职者从走廊一直排到了二楼，到处都挤得满满的。每一个人都在惴惴不安地担心着自己的命运。就是在大街上，新总统也会被拦下询问求职的问题。一方面，这说明新任总统已经真正把大权握在自己手中了，另一方面，这也是因为他从来不给自己的亲戚安排官职。这是决定国家生死存亡的危急时刻，他需要的是最能干的人，对民主党人的重用，真正体现了共和的精神。他这样总结当时的情况："整座房子已经被火海包围了，可我还要尽心尽力地为里面的人找地方安身。"

一般情况下他都非常有耐性，可在厚颜无耻的人面前，难免会控制不住自己。一个人打算把林肯的名字写在广告里，林肯拒绝了，那人却坚持要这样做。只见身材高大的总统居然一下子跳起来："您觉得林肯是用来帮你们做广告的么？不要再提这样的建议，门开着！请便！"

一个来求职的残疾人没带战时受伤的证书，林肯说："我无法搞清楚您的腿是怎么受的伤，谁知道是不是在果园弄断的？"林肯是农民的儿子，当然明白这种农民似的小骗局。不过，最终他还是帮这个残疾人安排了一个职位。

由于具有睿智与幽默，他总能站在高处看待周围的人。他喜欢向别人点头，这往往会让人们感到手足无措。这样他既表达了对别人的尊重，又让自己有了缓冲的机会。

一次，一个西部人来找林肯，手中拿着求职信。和林肯说话的时候，那人紧张得不行，话都说不好了。总统伸出手来拍着他的肩膀问："邮政局长不在您的口袋里吧？"

那个人迷惑地看着林肯。

"噢，通常情况下……每个人都是由别人推荐来的。我想问的是，您应该装着某个局长的推荐信吧？"

另一次，林肯和他的私人医生玩了一个小把戏，把一个求职者摆脱掉了。私人医生当着那位求职者的面问林肯："您手上的斑点是什么？"

"噢，是天花。我身上还有很多呢。传染吗？"

"当然了，而且传染得很厉害呢！"

再找那个求职者，早就跑得无影无踪了。

6　卓越的才华
LINCOLN

要想让内阁成员和政治家们信服于他，林肯至少应该让他们看到自己

LINCOLN

有足够的外交能力！可他只是一个农民出身的律师，如何才能具备那些技巧呢？道格拉斯可是用了几十年的时间，才磨炼到炉火纯青的；萨姆纳了解欧洲各国的风俗习惯；凯麦隆懂得如何运用地势保护自己。可他这个新任总统有什么专长呢？他惟一受人欢迎的就是那些诙谐幽默的故事。

对他有偏见的不仅仅是当时的政治家，后代的年轻人也这样看他。他们忽略了，林肯不仅具有伟大的人格，还非常聪明、能干，驾驭语言的能力非常强，能洞悉每个人的内心。他的随机应变与忍耐、细心，在处理中立州的关系时表现得尤为突出，受到世人的称赞。一个头发灰白、五十多岁的人无法一下子就学会新本领，可他仿佛从开始做总统那一刻就立刻拥有了这种能力。

在对付反对派报纸的过程中，他表现出了出色的外交才能。格瑞利势力太强大了，简直可以牵制政府的一举一动。在斯普林菲尔德的时候，林肯曾经和他有过一次面谈，结果以不快告终。如今，格瑞利倘若愿意的话，他的报纸会成为政府政策宣传的窗口，林肯会将政府所有的计划都告诉他。林肯给一位州长的信中这样说："他将作为本届政府的口舌而存在，但不会有人知道我起的作用是什么。我对他非常信任，他将起到举足轻重的作用。他的支持对我来说，不亚于十万大军。"林肯希望能经常向他询问对时局、政策的看法。对此林肯是这样解释的："我们必须并肩前进，目标一致，任何意见分歧都不该存在。哦，州长先生，这封信已经够长的了，这个月最长的一封信就是它了。不过，给霍纳斯·格瑞利的信还会更长些。"

看！多么聪明！如果收信人给格瑞利看这封信的话，这两个人都会立刻积极起来的。

边界问题令林肯觉得很难办。那些重要的中立州所持的态度，往往会决定战争的成败。面对国内的意见分歧，联盟党的力量必须得到加强。现在，田纳西州和阿肯色州拥护北方的人只有极少数，所以他们是阻止不了这两个州退出合众国的；特拉华州在没有接到政府通告的情况下，依然将招募的军队派给了北方；马里兰、肯塔基和密苏里这几个州能否保住，也将关乎合众国的前途。密苏里州州长本不想为北方招募军队，可那里的德国人却不顾州长意见，自愿参军坚决支持北方。南方呢？他们想把伊利诺伊州和宾西法尼亚州保住。

这几个正在摇摆不定的州，如果有争取的可能，此时只能用武力了。

现在，林肯的外交思想开始起作用，他觉得千万不能用法律来施压，更不能言语过激。于是，在肯塔基州长写信要求林肯撤军的时候，他说："您维护肯塔基州和平的想法，我表示万分理解，我的故乡也在那里。可遗憾的是，在信中我好像看不出您要维护合众国的利益。"通过简简单单两句话，他就含蓄而不失礼貌地把要害点了出来，将"故乡"这个概念由"肯塔基州"扩大到了整个合众国，巧妙地使得那位州长看到了自己目光的短浅。

由于某些国家将关系到南北战争的成败，所以没过多久，林肯就开始亲自接见外国使节了。林肯简直像是一个在位多年的政客，接待使节的时候居然会因人而异，应对自如。他很清楚在哪个人面前该显得亲近一些，不必刻意装扮。

一天晚上，四个严肃的加拿大人来拜访林肯，恰好碰到他在接待一个教授，就在一边旁听。这个教授滔滔不绝地讲述着战争对国家工业产生的危害。林肯穿着一双大拖鞋，跷着二郎腿，只是静静地听着。教授说完以后，林肯用一个黑人的古怪故事结束了谈话。后来，这几位客人谈到这次会谈的时候，都很激动。他们分别用自己的方式对林肯加以赞扬。那个教授称赞总统精确的数据，加拿大人称赞的是林肯不动声色的尊严。

泰国国王送给林肯一把长剑和一些别的东西。他写信表达了衷心的感谢："我已经收到了陛下的礼物，精制的宝剑，陛下与两位可爱公主的照片，还有两根长长的象牙……不过，我要请求陛下谅解的是，我国法律中规定，总统个人是不能接受这么贵重的私人礼物的。我会将它们交由议会保管。至于那些作战用的大象，我更要向您表示诚挚的谢意，假如我们现在可以将它们派上战场的话，我们政府肯定会欣然接受这些伟大的礼物。可我国的纬度位置过高，没法把这些大象饲养好，……您忠诚的亚伯拉罕·林肯。"

这就是当年那个内向，甚至有点怕羞的林肯吗？如今居然能够如此应付自如。在生活不断的变化中，他对各种环境的恐惧感逐渐消失，代之以一种充满睿智的安全感。尽管他的周围充斥着怀疑、指责与讥讽，他却从不畏惧，而是用谦逊、顽强的言行不断巩固自己的权利，从而将整个局面控制在了自己手中。

7 波托马克溃败
LINCOLN

　　美国北方的军备状况简直太差了，欧洲任何一个国家都要比它强。实际上，北方既不缺少士兵，也不缺少激情，惟一缺少的就是将军，元帅就更不用说了。总统虽然是陆海两军最高统帅，可他与大部分前任一样，根本不懂得如何作战。况且，就算他是真正的将军，也将受制于公众舆论，根本没有权利自己任命统帅。

　　这里所说的舆论力量比英国更为厉害。每个党派、每个州不惜借助于各种力量，媒体、俱乐部、议会等等，都想把自己一派的将军放到统帅位置上去。为了达到目的，他们不惜给政府施压，甚至用武力进行威胁。

　　对此，林肯内心深处的道义和强烈的责任感在不断抗议，但是，这一切渐渐使他明白，外表的聪明不如内心的洞悉与领悟，在处理政务的过程中必须以务实为主。于是，出现了这样的情景——林肯差人给斯科特将军送去张便条，上面写道："请您务必给这个带信人找个位置，就算是让他去看电机都行，您肯定能做到，也必须做到。"对于林肯来说，信里说的那个人可能根本派不上用场，可他为了顾全大局，不得不推荐。这样的便条有数百张，对此，他肯定烦透了，而且精疲力竭。他本身那么正直，为自己、为朋友以权谋私的事，几乎从未做过。可如今，为了某个党派的利益，他开始被迫动用职权了。

　　时刻令他感到不安的还有自己知识的欠缺。他终于意识到，很多知识仅仅依靠自学是不行的。他的律师资格是自己学成的，木匠活做得也非常好，他还会盖木头房子、会摔跤、驯马、养牛、行船航运，还会为燃起战火找个巧妙的理由。可是，到了终于要最后决定战争问题的时候，他却不安极了。他觉得好像还是部长的协议可靠些，而且他知道南方的将领都很优秀，其中就有闻名遐迩的李将军，可北方却没有一个这样的人。

　　他的目光再次越过波托马克河，向对岸望去。敌方的蓝色旗子在望远镜里显得格外清晰。傍晚的时候，一个间谍来找他，把他在加拿大工作时截获的一批信件拿给他看，都是英国寄往南方的。

　　总统对那个人说："进白宫这么长时间，我都好像在闭着一只眼睡觉。

只有那些求职者来的时候,我才闭上两只眼睛。"

他把那些信件匆匆看了一遍,里面很多熟悉的名字让他感到惊讶万分。来人回忆当时的情景时说:"他的脸上充满了悲伤与忧虑,表情严肃。他一言未发,仿佛一下子所有的希望都落空了。可是,尽管如此,他的态度依旧是友好而宽厚的。"

新闻界开始骚动了,到处都在宣扬应该进军里士满。因为大家都担心欧洲插手,准备提前杀敌人个措手不及。

南方为什么非要把首都建在离华盛顿很近的里士满呢?仅仅因为顽固与傲慢吗?并非如此。弗吉尼亚是个军事重地,南方可以凭借这里给边界各州施压,同时他们也想让世人明白,他们一迈步就可以杀回华盛顿!

大批新兵不断涌来,却几乎没人领导,更缺乏训练。合众国的首都离边界太近了,上万的士兵只能在边界附近驻扎下来。总统也必须在边界上跑来跑去,当大家的爱国激情深深感染他的时候,林肯却感到自己的无助——北方还缺少合适的统帅。最后,林肯启用了两名普通的将领,布埃尔和麦克道尔,分别指挥俄亥俄军团和东北军团,西部军区他则任用了众所周知的名将弗莱芒特。

就在全国人民都期待着军事行动开始的时候,林肯却指出,总攻时机还未到,铁路交通存在不利因素,应该先从侧面打击敌人,瓦解他们的力量。可是斯科特根本不听从总统的命令,七月的一个星期天,他下令东线开始发起总攻。结果,北军在波托马克河的支流布尔河沿岸全线溃败。失败的消息迅速传开,而且越传越严重,北方人开始慌乱了。最后大家都认为,南方人肯定会就此直抵华盛顿。部长慌了,议员们慌了,只有林肯显得比任何时候都镇静。他先在城里做了一些安排,之后发电报给打了败仗的司令官说:"保住华盛顿和军队!"

这一夜有个老朋友来拜访他,林肯说:"陆军部长不想我过多参与战事,对我倒真是严格。在我自己真正通晓战略战术之前,还必须尊重他们的意见。"就在这个夜晚,林肯决心自学作战技巧。不过,此时最为实际的做法是,找到一个新的统帅。全国上上下下都在盼望着能出现一个年轻的英雄。斯科特七十五岁了,显然不符合大家的心意。林肯怎么也想不出一个人,又有丰富的实战经验,又受人民的拥戴。在这种非常时期,影响力非常重要。谁有这么大的影响力呢?

麦克莱伦。这个人把原弗吉尼亚州分成了两部分，建立忠于合众国的西弗吉尼亚，并且在很短的时间内令这个新州重整旗鼓，赶走了亲南方势力，受到了时人的赞扬。尽管他军事上的天赋并不高，但也不错了。

接下来要考虑的是：他是不是军官呢？以前是，在同墨西哥作战的时候，据说曾被公认为是天才军官，在克里米战役中还打过胜仗，不过这些事考证起来有些费周折。他是共和党人吗？不，他是民主党人。不错，这样大家都会明白，并不是由于党派才任用他的，而是因为他的确有作战能力。他真的是个作战天才么？谁也不知道，不过，有人称他为"拿破仑第二"。

这就是麦克莱伦，他三十多岁，大鼻子、络腮胡、眼窝很深、脸色苍白，头发像孩子一样分开梳，表情严肃。人们总是这样来描述他：同拿破仑一样矮小。此时的他，倒真的怀抱着拿破仑一样的激情开始工作了。他将东部军团命名为"波托马克军团"，并在给妻子的信中说："我要做番大事业，振作士气，将叛军打败！"另一封信中又说："人民需要我，召唤我去拯救祖国，我必须毫不犹豫地往前冲，不管遇到什么困难，决不退缩！"

可这位新任司令官的工作是从息战开始的：他要用三个月时间将这十五万人马训练好。林肯知道这种情况后，开始发愁了。南方已经开始威胁到田纳西州，求援的消息不断传来。田纳西州的地理位置举足轻重，位于南方中部，一定要保住才行。尽管发愁，林肯却不能插手，只能依靠他们的做法，此时的林肯更像一只笼子里的鸟。

所有人都觉得，这位"拿破仑第二"是应该受到重用。一个星期之后，一个老朋友告诉林肯，麦克莱伦开始做总统梦了。林肯面无表情地说："这不重要，关键是这场仗先要打赢了。"现在林肯惟一能做的就是等他练完兵之后马上向西进军。但愿西部会有意外的惊喜！

8 弗莱芒特将军
LINCOLN

此时的圣路易斯，同样有位英武的将军，名叫弗莱芒特。他骑着高头大马，威风凛凛。可他的过去是不同凡响的，他是西部带头人，是共和党提名的第一位主席，五年前林肯还曾经为他工作过。

林肯和整个内阁对这个人都很看好。尽管波托马克河畔战役时他也身在其中，但那不是他个人的原因，所有人都缺乏作战经验。不过弗莱芒特有个过人之处，那就是训练了一个特别护卫队，用来保护自己。对于政府来电或来函，他一般都是不愿意看或者看了他也不答复。这位西部将领与东部的麦克莱伦惟一保持一致的地方，就是对开国领袖华盛顿的蔑视，除此以外，几乎所有的问题都难以达成共识。

这位西部统帅由于过于狂妄，很快就成了一场军需骗局的替罪羊。不久，又有人传言说，他正密谋建立一个西北联邦。由于缺乏确实的依据，林肯对此根本没有理睬。但这至少说明，北方政局的确令人担忧。

八月的一个早上，林肯拿起报纸，读到了弗莱芒特颁布的公告，说要立刻把密苏里人的财产充公，并释放他们的奴隶，因为他们曾经与合众国为敌，并且亲近南方。

林肯惊呆了。出于政治家的远见与国家领袖的责任感，在战争刚刚开始的时候，他就决口不提奴隶制问题，尽管他很同情奴隶，并且很想解放奴隶。他知道，此时必须以拯救合众国为口号，才能得到大多数人的拥护。否则，这场战争将会由统一战争变成解放战争，那样一来，他将失去整个北方的拥护，甚至导致最终的失败。现在，居然跑出来一个冒冒失失的将军，不仅开始插手政治，还不听从总统的命令！

完全在意料之中，北方在第二天就开始沸沸扬扬。有些言论过激的报纸为他喝彩说："这个将军比总统要果断得多！"可边界各州呢？肯塔基州州长冒火了，他反对这种作战动机，紧接着就再次威胁说要退出合众国。

林肯怎么办？把这个将军撤掉么？他清醒地意识到：绝对不行。他给将军写了一封信，语气显得非常友好："您公告后边的部分隐藏着极大的危机，南方很多倾向于合众国的朋友，可能会因此而变成我们的敌人。因此，请求您答应我，那一段一定要修改一下，并声明是您自己的意愿。写这封信的时候我是非常审慎的，绝不是要批评您。"

林肯的行为令人费解，他竭力要向这位名气大于自己的人表示尊重和极大的宽容，并且尽量不动用手中的权利。那位将军一开始毫无动静，后来又写信让总统亲自修改，还派妻子去拜访了一次林肯。这是一个野心勃勃的女人，被称为将军府的"指挥官"。这个女强人担心丈夫丢掉官职，便亲自出马来会见总统。她是午夜时分来到白宫的，要求马上见到总统。

LINCOLN

她用最恶毒的语言指责林肯，还说弗莱芒特是有能力重建一个政府的。

林肯是怎么做的呢？针锋相对么？不，他依然保持着农民特有的本性，甚至显得有些笨拙。他后来说："我所做的就是尽自己所能，不和她吵。"他绝对不能过于强硬，因为，一旦和她闹翻，不光是他本人，就算是整个国家都无力承担这样的后果。结果，林肯接受将军的意见，亲自修改了那篇公文，并以自己的名义发出。

北方哗然，数十万人都开始指责林肯过于胆小、懦弱，那位将军俨然成为他们当之无愧的英雄。几天后，好几家报纸都发表了评论，认为弗莱芒特应该取代林肯处理国事。

此时的林肯非常清醒，政治原则打败了虚荣，舆论无法让他动摇，他继续着自己理智的思考："弗莱芒特，我尊重他，可是我们必须清醒地认识到，在任何一场运动中，先驱者往往难以坚持到最后。摩西是犹太人起义的先驱，结果他只是给耶和华开了个头，耶和华成就了整个事业。原因很简单，第一个改革者所面对的阻力往往是最大的，结果难免很容易被打倒，甚至受到众人的指责。当人们最终明白这次改革必须进行的时候，才会在另一个人的带领下完成。"

几天后，林肯派亨特去弗莱芒特身边工作，委派书是这样写的："应该有一个经验非常丰富的人去帮助弗莱芒特，您能帮我去完成这个任务么？我非常尊敬您，不会向您下命令的，可是您能不能看在祖国前途的份上，帮帮我，主动承担这个职务呢？"

可亨特实际上没有什么战绩，给林肯的回信也毫无礼貌可言。林肯写了一封有责怪意味的回信："面对您无礼的回信，我难以平静。正像您所说，当初对您的信任已完全消失。您没有错误也没有失职，问题出在您自身的推诿……不管是过去还是现在，我都是您的朋友，所以要以朋友的口吻告诉您，这样下去您将走向毁灭。记住这句话：'尽职才有荣誉'！"

林肯终于决定要撤弗莱芒特的职了，可信使怎么也找不到这位将军，最后是林肯略施小计才让他接受了撤职书。一位高高在上的大总统，居然要这么温柔地对待他的司令官，简直令人想不通！

那位在波托马克河畔的麦克莱伦怎么样了呢？他真的用了三个月时间对十七万大军进行了训练，并重新调整了军队部署。他什么时候开始行动呢？总统要给他下命令，还是继续给对方提建议呢？

麦克莱伦不仅不听总统的建议，还在写给总统的私人信件里发牢骚，说由于总统来访，兵营受到了不好影响："我受不了，政府简直在让我受罪。内阁会议实在是无聊透顶，端坐在那里的，全是我所见过的最愚蠢的猪！"

可是，既然勇士如此看不起政治家们，他怎么不去战场显示自己的威力呢？他畏惧于敌人的强大吗？麦克莱伦担心的可不是这个，他那"拿破仑"的称号可不想因为一次败仗而白白丢掉。他反反复复地练兵，结果部队还是一样，长时间地按兵不动，与敌人隔岸相望。士兵们无聊透顶，整天挨日子。后来敌军终于按捺不住，担心他偷袭而撤走了，他虚张声势地追了几下子，便又驻扎下来。每天他都在重复着同样的话："波托马克线没有异常情况。"

举国上下开始变得不安起来，刚开始人们不过是悄悄议论，后来就开始公然讽刺，最后都开始愤而怀疑。这个麦克莱伦究竟想干什么？难道是民主党人的政治企图吗？他肯定在暗暗等待时机，准备爬到更高的位置上去，根本不想去战场上做一个真正的英雄！可是，现在有总统撑腰，他不可能被拉下马。老将军斯科特光荣引退之后，这个年轻的麦克莱伦就被总统提拔，做了联邦军陆军总司令。

麦克莱伦居然不顾总统的尊严在那里按兵不动，而总统只能默默等待。新闻界开始憋不住了，纷纷表达着对此事的不满。林肯该怎么办？对麦克莱伦发火么？不，声誉对他来说不重要，他只希望麦克莱伦能给北方打一次胜仗！

一次，总统和史华特去拜访这位将军，将军不在家，两人就等了一会儿，后来麦克莱伦回来了，竟然当做没有看见他们，直接上楼去了。过了一会儿，将军让人传话下来说，很遗憾，他已经非常累了，不能和他们讲话。

史华特一下子怒火冲天，可是林肯当时却平静得很，只是打那之后，他再没去拜访过麦克莱伦，说话的口气中，下命令的感觉也越来越浓。这两个人的友谊开始动摇了。麦克莱伦给总统写信说："瓦莱克河局势不容乐观。"半年来，他一直在波托马克河附近按兵不动，按他的说法是在静观其变。士兵们不断地投奔那里，却一直悄无声息。林肯非常着急，他在一封信中说："如今的情形好比是用铁锹铲地上的虱子，毫无收获。"另一次又说："假如麦克莱伦将军还是按兵不动，将会遭到后人的唾弃。假如他不准备让军队有任何行动,那就把它交给我好了,我会让他看到军队能做什么!"话是这样说,可林肯在国会监督委员会面前依然为麦克莱伦说好话。

西方军团现在也没有动静了。总统在司令官们的要求下,不断地为他们提供着新的军队、各种装备和给养,可各路军队却都在观望,这让他觉得懊恼极了。他感到自己好像被人欺骗了,却又毫无办法。在这场战争面前,北方现在所有的只是个不会打仗的最高统帅,还有几个不想打仗的将军。

在这万分不利的情况下,陆军部长的丑事又冒了出来,林肯不得不挤出精力去处理。军火供应商欺骗了凯麦隆,他们提供的军需用品根本没法用。袜子一扯就坏,护膝非常薄,旅行背包全都是用胶水粘的……罪状全都扣到了凯麦隆的头上,人们纷纷指责他收受了贿赂。政府为此专门派去一个委员会进行调查。

林肯站出来替凯麦隆说话。他说,自己和内阁才应该为此负责。这就是林肯,即使为了这样的人,他也会以牺牲自己的清白为代价,避免让同仁受人攻击。

不过,凯麦隆还是做了一件让林肯很恼火的事,他没有和任何人商量就开始了奴隶解放运动。差不多就是在林肯为他申辩的同时,这个人私自发布了一份公告:"不管是谁,只要是妄想通过战争手段推翻政府,将被视为自动放弃宪法赋予你的一切权利。由于奴隶及其劳动成果是战争发起者的财产,因此,将一律被没收。"

林肯不得不又一次出面了。此时正是1862年新年,林肯觉得解放奴隶的时机尚未成熟,还不到解决这个问题的时候。他命令邮局把凯麦隆发行的小册子全部没收,还让人删掉了那一段话。

林肯就是这样一个人,在部长们有困难的时候,他会鼎力相助,但只要关乎国家政策,便决不姑息。虽然他很同情自己的部长,痛恨与政府为敌的人,虽然另外的解决办法会给自己一个好名声,但是,他做事的原则就是追求事业成功,至于由谁来成就他是不在乎的。只要这个人能对国家有好处,即使是自己的对手,他也会毫不犹豫地进行提拔。他任命斯坦顿为陆军部长,就可以充分证明这一点。

斯坦顿也曾经做过律师,在布坎南当政的时候做了国防部长。林肯一共就见过他两次,宣誓就职的时候是一次,还有一次远在七年以前。当时是在辛辛那提,林肯的自尊心受到了从未有过的伤害。关于国家和铁路的一件大案子正在审理当中，出于政治上的需要，律师分别来自东西两部分。东部的两个是有名的大律师，西部来的只是一个小律师——林肯。他是随同斯坦顿来的，被安排在法庭上出任辩护律师。林肯对这个案子已经非常熟悉了，这是他有生以来，头一回走这么远的路途，来办理这么大的案件。可是，几天过去了，他一直没有得到在法庭上发言的机会。终于该由他来辩护了，斯坦顿竟然粗暴地打断他，越俎代庖地辩护起来，过后还说："我怎能跟这个农夫一同辩护呢，你看他那不修边幅的样子，就像个长臂猿。"八天时间，他们就住在一家旅馆里，斯坦顿始终在对这个西部的同事恶语相加。

不过，在面对战争的时候，斯坦顿确实是刚直不阿的。

后来，林肯当选了总统，这让斯坦顿惊异极了，因为他从未将林肯放在眼里。进行大选那几个月，斯坦顿在华盛顿不停地对林肯进行挖苦讽刺。他说此时那个"西部长臂猿"正在家坐着打颤呢；他还对麦克莱伦说，斯普林菲尔德就有这稀有物种啊，何必去非洲呢？林肯虽然不至于听到他说的这些话，可他的态度林肯是非常清楚的，况且辛辛那提的情景依然停留在林肯的记忆中，以至于林肯再不曾去过那里。

可是，上任后的林肯把陆军部长的重任交给斯坦顿了。因为斯坦顿是个有见识、有谋略，同时又很勤奋的人，更重要的是，他对联邦忠心耿耿。这是个健壮的人，宽额头、高鼻子，眼睛炯炯发光，一看就是个真正的男子汉。实际上他和林肯是非常相像的，他们都那么正直、严肃、能力超群。惟一的不同就是，林肯考虑问题的时候显得过于谨慎，而斯坦顿稍有些莽撞。不过，这样恰好可以相得益彰。

很快，他们成了真正的好朋友。

9 在战争中学习战争
LINCOLN

亚伯拉罕·林肯开始研究战略战术了。

冬天到了，每一个司令官还都坚持着按兵不动，并且各有理由。战争慢慢向着持久战发展，司令官之间开始出现了分歧。林肯看到这样的情况，终于明白，这项任务必须由自己来担当才行。而且，他发现，外交关系和人际关系在处理的时候基本是相通的，于是他便把人际交往的技巧用到了外交当中，效果很好。

作为宪法规定的陆海两军的最高统帅，林肯身边却没有得力干将。出于一种强烈的责任感，林肯决定亲自承担起这个重任。带兵打仗应该也没有什么高深莫测的。通过自学，他已经掌握了很多科学知识，通过不断的努力，他已经从农夫成长为一名律师，又由律师走到了今天的位置。同道格拉斯竞选参议员时，他曾经对自己的能力表示过怀疑，后来终于明白，不管是谁都不过是生而为人，当参议员只是动用智慧的时候多一些罢了。对于他的性情来说，就算是有带兵打仗的能力，他也不愿意亲自率军与杰斐逊·戴维斯作战，可是，命运偏偏要逆他的秉性而行，于是他准备出征了。

他的秘书回忆道："那个时候，尤其是十二月和一月，林肯整天扎在军事书籍里，不停地研究着，如饥似渴地学习着。他天生就是一个统帅，因为他想象力丰富，又善于比较。而农民的经历又让他脚踏实地却足智多谋。他完全具备获得成功的条件。另外，当年同印第安人打仗的情景，依然留在他的脑海里面，这一年来又总结了很多经验。他的脑子里逐渐形成了一幅清晰的战况图，他准备包抄敌人。"

将军们不敢再小看他了，而他也开始用另外一种态度对待自己的部下。

一月份他给西部的比尔将军的信中说："我不准备给您下命令，只是一个建议，希望您能认真考虑。不过，假如您不顾自己的判断，盲目服从于我，那该责怪的就是您了。当然，我的命令，您是一定要服从的……我要说的是对这次战争的看法：我们在数量上占有绝对优势，在集结兵力的速度上也要远远胜过敌人。我们应该设法去突袭敌人，并顺势将他们剿灭，否则等待我们的就是失败。"

麦克莱伦再次说自己病了，不能出兵。对林肯的质疑，他只是用铅笔敷衍了几句。林肯从麦克莱伦的上级军官那里了解到了麦克莱伦的秘密。新任的陆军部长尽管是麦克莱伦的朋友，却直言不讳地告诉林肯："作为部队，只有两条路可走——作战或者逃跑。"

可林肯还是在谨慎行事。他请来麦克莱伦，让火冒三丈的内阁们亲自发问。麦克莱伦却说，总统下命令他才回答问题。于是林肯问他，究竟准备何时发起总攻，或者说，他有没有考虑过这个问题。

将军的回答很简单很含蓄，只有两个字："当然。"

"好，会议就到这里吧。"林肯说道。

他很高兴没有闹到决裂。可斯坦顿后来却怒气冲天："十个将军啊，居然没有一个敢上战场……就算麦克莱伦拥有百万大军，他也能找出借口：'敌人有两百万啊！'"

林肯并没有太大反应，依然不停地学习着。他已经开始认真研究军需问题了，将军们的不合理需求开始遭到他不客气的拒绝。他到一个船厂去，请人解释战舰的原理，很快便了然于心。后来他给海军部长的便条中写道："刚刚有三艘轮船去海军基地了，请派人去看看那是做什么的。"

终于，林肯亲自下了第一个重大命令："现在决定，1862年1月22日为总攻日，全合众国的海陆两军开始与叛军作战。门罗堡垒及其附近的部队，波托马克兵团，西弗吉尼亚兵团，肯塔基州部队，凯罗的部队和炮艇分遣队，以及位于墨西哥湾的海军兵团，都要做好准备，到时统一行动。"

麦克莱伦和他发生了争执。麦克莱伦准备从一个半岛偷袭敌军，可林肯主张直攻里士满。林肯说："如果你能解答下列问题，并让我感到满意的话，我就赞同你的意见。第一个问题，我和你的计划哪个更耗费时间和金钱？第二个问题，你凭什么保证你的计划能轻易取胜？第三个问题，你的计划与我的计划相比，最后的结果哪个更有价值？第四，你的计划根本破坏不了敌人的交通线，而我的计划却能做到这一点。这还不能证明你的计划不如我的吗？第五，如果遇到危险，你的计划中有没有一个安全撤退的方案呢？我的计划就有。"麦克莱伦回答得非常含混，可他依然认定自己的计划，就是不顺从林肯的意志。结果，这重大的命令并没有得到彻底的实施。后来，批评家们纷纷断言说，如果麦克莱伦依照林肯的计划行事，那么当年的二月北方就能很容易地取得首次胜利了。

战事处于最低谷的时候，林肯的人生也进入了最惨淡的时期。他在政治上受到来自各个方面的攻击。来自民众的嘲讽，将军的鄙视，让他觉得黑暗的日子无比漫长。就在这个时候，他的两个小儿子病倒了，在医院里又交叉感染，短短几天之内，他最为疼爱的儿子比利，他才十二岁，永远闭上了可爱的眼睛。

LINCOLN

　　这位父亲和一位护士小姐整整在病床前守候了五天，孩子们痛苦的呻吟令他心如刀绞。那位护士小姐是个虔诚的基督徒，孩子离开的那个晚上，林肯和她闲谈，知道她是个寡妇，丈夫和两个孩子都离开她，进入了天堂，而她却默默地把不幸放在心里，心中对上帝的热爱似乎更加深厚。她信仰上帝，相信他能让一切变得好起来的。

　　"您立刻就接受了这些打击吗？"

　　"不是的，可是时间能抚平你所有的创伤。承受的打击越多，就会变得越坚强。"

　　"明白了。我必须直面自己的痛苦，在我的一生当中，这是最最严酷的考验。命运为什么这样安排呢？"

　　护士说，很多人都在为他祈祷，他说："好，我需要人们的祈祷，有时候我甚至想让自己有虔诚的信仰。我的母亲，虽然已经去世很多年了，可直到今天，我依然记得她祷告的样子，那声音也好像一直在陪伴着我。"

　　在病房昏暗灯光下，他满脸哀愁，整个人好像突然瘦了一大圈。他在喃喃自语，忽然间他意识到，比利走了，再也回不来了……玛丽在一旁发疯似的吼叫着，而林肯一直很安静，似乎在倾听母亲的祷告声。

　　他问那个护士，忘记痛苦要多久才行。可是，谁又能给他一个明确的答复呢？

　　孩子生病的那段时间，他始终被政务包围着，只要他一走出病房，等候多时的史华特就会来到他身边。他给林肯带来过欧洲某国的威胁性电报，带来过前线失利的消息。有一次等在外面的是个可怜的妇人，请求林肯为她的儿子免去惩罚。可是，谁能理解他呢？他的儿子已经永远离开了，痛苦正煎熬着他！

　　对于林肯来说，严格的军法只是一种警告手段，所以经常不管陆军部长的意见赦免犯人。一次，有个年轻的士兵站岗时睡着了，要被执行枪决，林肯说："让这样一个青年死在我的手下，我良心难安。夜晚打盹没什么奇怪的。"

　　战争进行的过程中，有一个年轻军官不幸牺牲，他曾经在白宫里面服役，对林肯很忠诚。林肯写信给此人的父母说："您儿子的离去让您二老承受了巨大的打击，对我来说，同样是这样，甚至程度更深。胸怀报国之志的青年们，匆匆离开了，不能不让人心痛。您的儿子，从外表来看，还仅仅是个孩子,却有着优秀的指挥才能……尽管我认识他还不到两年,我又过于繁忙,可我们的友谊是建立在默契之上的……请恕我冒昧,寄去了这篇悼词,以纪念我年轻的朋友——你们英年逝去的儿子。希望没有打扰您二老的悲伤之情。"

处于水深火热的战争当中,能写出如此忧伤的信,这样的国家领袖还有第二个吗?看不到任何虚浮的官话,读不出任何的高高在上,能感受到的只是深深的忧伤。

没过多久,他的老朋友、万达利亚的同仁贝克也阵亡了。听到这个消息的时候,林肯立刻脸色苍白,呼吸也急促起来,眼泪很快就盖住了整个面颊。他双手捂着胸口,摇摇晃晃地走出去,别人的招呼他都听不见了。一年前他们还在一起闲谈啊,居然再也没有机会了!

他心里明白,自己必须立刻振作起来,将悲痛转化为力量,祖国在召唤他,人民在等待他!

10 令人失望的朋友
LINCOLN

此时的林肯最需要的是老朋友,可他们都在哪里?他们本该陪伴在他的周围啊。可实际上,此时很多朋友还不如他过去的对手。

战争刚开始的时候,本在伊利诺伊的道格拉斯跑到林肯这里,显得非常激动。他说自己接到党内指示,让他制造声势反对北方。他说希望听到林肯的意见,以决定是否留在伊利诺伊。一高一矮两个对手又站到一起,这次道格拉斯没有了犀利的嘲讽,没有了幸灾乐祸,他只是来问问总统,自己该怎么做。而作为林肯,从前总想将这个人从伊利诺伊赶走,此时却决定派他驻扎在那里,为政府服务。道格拉斯领命而去,可很快就不幸中风而亡。林肯下令白宫降半旗致哀。道格拉斯一生都在为进入白宫而努力,结果却不了了之。

林肯很想看到老朋友们,可是有的朋友却让他很失望。"黑尔"就是其中的一个,他现在已经做了军官,林肯曾经帮助他很多,他却一点不领情,后来还在信中反对林肯。至于赫尔顿,林肯总是称呼他"亲爱的威利",如果赫尔顿能来帮助他做事,林肯会非常高兴的,可赫尔顿从未提过这方面的事情,因为他不想挤进这里来。

总之,只要是看到老相识,愁眉苦脸的他立刻就会活跃起来,在办公室里大声说着话,那兴奋的样子简直是个孩子。一次,他正在给朋友讲着战局,一个将军跑了进来,林肯立刻对将军解释:"哦,这是给我们制造加农炮的成员之一,我不见他可不行。"那位将军后来说:"总统和一个伊利诺伊的老马车夫聊天儿呢,早忘了我们的国家大事!"

一次听音乐会的时候,他在人群里发现了一个老朋友,立刻大喊:"胡巴德,快过来!"还伸着长长的胳膊使劲挥手。当时包厢铁栅栏的钥匙不知道放哪里了,他居然叫老朋友当众从栅栏上爬进去,和自己坐在一起。

现在,他的好朋友只剩下寥寥的几个了,其他的都对他很不满,甚至满怀敌意,因为他们觉得林肯把弗莱芒特的《解放奴隶宣言》收回来是错的。不过,当老朋友写信谴责他的时候,他总是认真回信:"真让我惊讶,你居然写出这样的信。那项法令是在你的帮助下拟定的,如今你居然说我不该按照它行事,你不觉得不可思议么?肯塔基能否保得住,关系到密苏里州和马里兰州何去何从,更关乎我们在这次战争中是失败还是胜利。假如你能跟从前一样,跟其他朋友一起支持我,那我肯定会取得胜利的。你永远的朋友。"

实在令他恼火的时候,他会这样说:"你感觉我对朋友如同敌人么?我不这样看,实际上,在敌人向我亮出凶器的时候,朋友却将我的双手绑住了。之所以会这样,不是他们不够真诚,就是缺乏冷静的头脑。在这场战争中,这些被称为朋友的人提出的要求,比别的任何困难都让我觉得困扰……我非常有耐性,总想用一颗宽容的心去对待别人,可也不能无所限制,因为我还承担着国家的重任。只要是我能做到的,一定尽力去做,但是,一定要记住,只要我还有办法,就绝对不会甘拜下风。忠实的林肯。"

一次,一个朋友在私下里说了中伤他的话,他写信说:"我虽然能力有限,但我会为了祖国尽心尽力。我绝对不会去恶意伤害别人,况且我根本没有那个精力!"

原先拥护林肯的人中,有一些觉得他太谨小慎微,不再对他报以希望,可是他的几个对手却逐渐被他所征服,成了他新的拥护者。史华特和斯坦顿就属于这个行列，另外还有全体内阁成员。参议员萨姆纳也是其中之一。

几年前，萨姆纳在一次政治谋杀中差一点丢了性命，如今他顶替道格拉斯做了外交委员会主席。他也是个大个子，林肯一开始就对他印象很深，另外萨姆纳有一种特别的儒雅气质，正是林肯所不具备的。这位先生接受的是欧洲教育，浑身上下透露出一种浓郁的欧洲文化气息。这与南方的领袖有相通之处，但又截然不同，因为他的大家风范不是靠成群的奴隶簇拥出来的。

这么多年以来，萨姆纳始终极力反对蓄奴制。他有一些过于主观，但林肯很快就适应了萨姆纳的性格。几十年前，两个人在波士顿第一次见面时，萨姆纳表现得很冷漠；几十年之后，林肯进入白宫，萨姆纳也曾误解过这位新总统，并且为林肯本身的不足而感到痛心，当然是出于对国家的考虑。林肯很喜欢他，把倾听这个高贵的人说话当成一种享受；可萨姆纳总是抱怨接受不了林肯缓慢的思维方式，尤其是林肯的幽默，他总是感到难以理解。

但是，他们很快就建立了相互的信任。他们同样反对蓄奴制，又都是和平主义者，于是，萨姆纳成了林肯最好的政治顾问。十五年前，萨姆纳在一次大型演讲中说过："非正义的和平将不复存在，正义的战争也不会再出现！"可如今，两个和平主义者却要去参与一场无可逃避的人民战争。他们达成了共识，即战争的第一大任务是拯救合众国，不过，萨姆纳对消灭蓄奴制似乎更加偏重些。

那个时候，能理解林肯的人除了萨姆纳之外，就非常少了。在他受到众人讽刺与挖苦的围攻时，称赞他的声音显得单薄极了。诗人瓦尔特·惠特曼是少有的称赞者之一，他对林肯朴素的作风非常赞赏。爱默生也是理解林肯的，他写道："林肯是上帝派来拯救美国的。他对美国的贡献是最大的，任何人都比不了。"

卡尔·舒尔茨看待林肯很客观，他欣赏林肯的为人："他尊重别人的学识，却不会因此而畏惧对方。其实，他什么也不畏惧，因为他非常了解自己的能力。别人的功绩他向来抱肯定的态度，根本不会考虑到自己是否会被埋没掉。他是那么乐于接受诚挚的建议，面对批评指责的时候他表现得那么大度，即使是受到别人的攻击或误解，他也会友好地去交换意见。"

LINCOLN

林肯在世的时候,舒尔茨曾写过一封信:"他很普通,没有过高的奢望,更不会对谁造成威胁。我可以在这里大胆预言:林肯——这个如今让很多人听着有些不舒服的名字,五十年以后,或许根本用不了五十年,他的名字就会进入美利坚合众国的史册,而且会紧挨着华盛顿的名字……那个时候,他对手的子孙后代们,会对他充满无尽的感激。"

英特雷供职于外交部门,善于研究人的心理。他曾和俾斯麦有过密切来往,于是他便把林肯和俾斯麦进行了比较:"我去拜见林肯了,他是一个朴实、诚恳、脚踏实地,又充满智慧的人。他很真实,也很公正、果断。这些都与俾斯麦相像。对国家事务,尤其是外交方面,他似乎还摸不着头脑,可他并不想进行掩饰。遗憾的是,在国家万分危难的时刻他做了总统,可是,不必担心,一切的批评与指责都会被化解掉,因为他永远都表现得那么冷静与谦虚……这个国家会被他牢牢控制在手中的。"

11 第一夫人
LINCOLN

玛丽应该是最失望的一个。她一直在为一个梦想而奋斗,而且真的成功了,她真的走进白宫,做了高高在上的第一夫人。可结果,战争破坏了一切。她不能举行大规模聚会,连那惟一的一次舞会也是郁闷多于欢乐,因为很多报纸都对她进行了谴责。不仅如此,只要她在公众场合露面,批评之声就会不绝于耳,她简直不知如何是好。

精心准备多年,惟独把最重要的一点忘记了——从斯普林菲尔德的小圈子走出来的小律师,根本没办法马上适应华盛顿这个花花世界。当困难来临的时候,他们的想法是迥然不同的,她感到被泼了冷水,而林肯却我行我素,不管舆论那一套。不管是报纸上的还是别人嘴里发出来的批评,林肯都会表现得很平静,可玛丽却难以忍受,因为他们的目的是不同的,她来华盛顿为的是炫耀,而林肯是为了脚踏实地地成就一番事业。

玛丽最为关注的就是服饰。林肯就任之前,她就去纽约定了很多衣服,现在,她想去朋友的女裁缝那里,看看她们的手艺。最后,一个被称为华盛顿第一艺术家的黑人女裁缝很合她的心意,于是玛丽决定让她为自己做衣服。

这个黑人给敌方总统夫人杰斐逊·戴维斯的妻子做过衣服，玛丽大概是怀着一种既羡慕又轻视的态度下定这个决心的。从此，这个曾做过三十年奴隶的黑人，开始给玛丽做私人裁缝。慢慢地，这个人成了玛丽惟一的女友，而且一直都是。另外，这个人也是与这位黑人解放者的妻子做朋友的惟一的黑人。

她一开始就给玛丽做了十八件衣服。玛丽穿第一套衣服的情境让人觉得很好笑。那是条拖地长裙，玫瑰色，还带着云纹，领口很低，后面有长长的拖裙。玛丽穿在身上显得身材曼妙，非常可爱。林肯一看到玛丽的装扮就吹了声口哨，说："哦！上帝，我可爱的小猫长着条大尾巴啊！"玛丽刚要发火，林肯马上又开口道："不！这衣服真的是太美了。不过，假如能让头与尾巴不相差得那么远，会更好看的。"

白宫的老规矩中规定，宴会开始的时候，总统要和一个有身份的女士先行就座，而后是玛丽与一位男士。这个规定让玛丽很反感，她决不允许别的女人先于自己进入宴会厅，于是她和林肯同时走了进去。老规矩从此不存在了。

当然，她知道自己与丈夫走在一块儿的情景挺好笑的，不过，林肯总是用他特有的幽默来解围："各位女士、先生，我们就是总统夫妇，白宫最高大与最矮小的人……"

总统夫妇同时都喜欢的人只有一个，那就是萨姆纳。林肯喜欢他的聪颖与智慧，玛丽欣赏他的儒雅风度。除了他，还有一些来历不明的人总是围着玛丽打转。维拉德同那些人打过交道，他写道："玛丽让林肯的痛苦有增无减，她不仅为一些较低职务的分配大吵大闹，内阁成员的确定她也要插手干预。有些别有用心的人向她大献殷勤，打算借用她来控制林肯。她不仅浑然不觉，还觉得与那些人交往很有乐趣。其中有个人名叫维可夫，很有骑士风度，是个贵族，纽约一个报社把他安排在白宫里做眼线。我亲耳听到过维可夫恭维林肯夫人，如果是别人听了之后肯定会满面通红地赶走他的，可林肯夫人似乎很喜欢听，居然对他非常宠爱。"

总统夫人也会去访问军团，但是她选择的都是那些最会讨她欢心的。有些南方妇女，假装来这里做仆人，目的是窃取情报，可她很少能察觉到。她的家庭成员大部分都在南方，甚至就在敌军里担任职务。实际上，

LINCOLN

玛丽的骄傲、她受的教育和出身决定了一点,那就是她同情那些拥护奴隶制的南部贵族。尤其是战争开始的时候,白宫内部也不安宁。

玛丽的一个姐夫和林肯一样来自肯塔基,他的父亲又是北方的积极拥护者,所以林肯打算让他在军队任职,结果,那个人不仅拒绝了,还说与其这样不如去南方。玛丽另一个姐夫倒是谋了个职位,可结果也并不愉快。因为那家人只对林肯表示了感谢,冷落了玛丽,她大发雷霆,觉得自己很委屈。

相比较而言,林肯还是乐意举荐自己的老朋友,可他的信总会令朋友感到不安。在给姐夫爱德华斯的信中他写道:"亲爱的先生,获悉您事业受挫,我感到非常难过,衷心希望这只是一时的坎坷。前一段时间你请求我的事情,我需要再斟酌,可由于太忙,根本无暇顾及。不管怎么样,只要对政府、对别人没有损害,我会尽力给你争取的。很高兴能为你帮上一些小忙。"

麻烦还不止于此,各个党派都妄图和他争夺最高指挥权。林肯不仅难以找到支持者,还受到对手的窥探,他提出的每一条建议,不管多么完备,都会有人站出来挑三拣四。面对着种种阻碍,林肯心里怎么想呢?给爱德华斯写信时,他大概会再次回忆起自己在婚期逃跑的那一天。他大概会意识到,实际上第二个新婚之日更为恐怖。玛丽带来了什么呢?

是啊,她是非常勇敢的,华盛顿岌岌可危的时候,她完全抛开了自己与孩子的安危,坚持与林肯在一起。可现在,她的嫉妒心似乎越来越膨胀了,不管是哪个女人,只要和林肯单独相处五分钟以上,她就会记住对方的名字。她甚至警告林肯说,别跟小男孩似的,与年轻女子过于亲热。其实,她永远不会明白,只有轻松的嬉笑,才能让林肯感受到对女性的激情,他一生都在追求着这种激情。可是,面对着玛丽的牢骚,美国这位最高统帅又能怎么做呢?摆出高高在上的样子进行斥责么?林肯从不这样做,他只是点点头,之后写出了一长串妇女的名字让玛丽看,并说第二天的招待会将与她们说笑一下。

玛丽给他带来了孩子们。在时间的推移中,林肯对他们的爱越来越强烈。现在,四个孩子只剩两个了,大儿子已经上大学,小儿子才八岁,非常可爱,整个白宫的人都很喜欢他。他常常自由出入父亲的办公室,陪伴在父亲身边。出访兵团的时候,骑着高头大马的林肯旁边,总会出现一个骑小马的孩子，灰色的小帽子下面露出一张红红的小脸。士兵们每次看到他都会感到很愉快。如果有人晚上来拜见林肯，也会在书桌旁看到这个孩子，他或者是坐在地毯上看书，或者是和父亲共同看着一本书。

12 温和的废奴主义者
LINCOLN

  内战的政治目的随着时间的推移逐渐发生了变化，由最初的拯救合众国，变成了废除蓄奴制。第一个问题还没有得到解决，第二个问题便没有落脚之处，于是，矛盾和冲突不断发生。一切都决定于总统自己，决定于他自身的能力与智慧。林肯的贡献逐渐显出端倪。

  战争初期，北方人一致反对叛国行为，所以同仇敌忾，表现得很团结；可持久战的局面逐渐显现之后，党派纷争又开始了。在没有依法取缔蓄奴制之前，它似乎已经开始动摇，各个党派都觉得非常不安。

  面对从南方逃过来的或是被抓住的黑奴，北方的奴隶解放者在问，总统为什么不把他们也放到联邦军里呢？作为美国的最高统帅，做这个决定并不难。那些边界州的反蓄奴制者也在问，军队对那些逃过来的或是被抓的黑人怎么那么残忍？与此同时发问的还有奴隶主们，他们质问着：北方人为什么要在边界保护奴隶，同他们作对呢？

  在这纷纷攘攘当中，林肯该做些什么呢？他很清楚，此时不能完全依据自己的意志，他必须从政治家的角度出发，决定对蓄奴制的态度。现在北方的军权已完全掌握在他手中，而且拥护奴隶制的民主党人与反对奴隶制的共和党人力量差不多。因此，北方他还可以控制。南方则不一样，正如他的将军与陆军部长所说，此时去南方解放奴隶是万万不可行的，那样不仅会失去边界州的拥护，弄不好会丢掉整场战争。大概是三十年以前，同样反奴隶制的亨利·克莱就说过："这是显而易见的，毫无计划可言的解放运动，有可能比奴隶制本身的危害还要大。"

  另外还有来自欧洲的压力，那些所谓的中立国不断窥视着北方，有的甚至是仇视，尤其是英国。要想缓和与英国的关系，这场内战的目的就不能是合众国。林肯终于发出了废除奴隶制的口号，于是，英国人虚伪的忠心不再属于南方的奴隶主们了。

我们都明白，林肯此举的目的并不止于此。黑人们的悲惨境遇，早就在不断碰触他的灵魂，以至于痛苦至深。但是，他从不和内阁成员们提到这个问题，对史华特也是，他宁愿写信和斯皮德探讨。他们过去曾就这个问题展开过讨论，现在，他也算得上是林肯最信任人。另外，林肯和萨姆纳也进行过探讨，并取得了一致意见：应该建议合众国赎买奴隶。

林肯想找到一种过渡办法，比如在特拉华州尝试着给奴隶主们进行补偿，慢慢地使奴隶得到解放。有些参议员拒绝接受这个办法，林肯亲自写信想让他们和各界人士明白，赎买四个边境州所有奴隶的钱，相当于合众国八十七天的军费。萨姆纳非常着急，不停地抱怨林肯过于谨慎，林肯则说，现在需要的是等待，必须等到不至于造成北方的内部分裂，才能宣布。萨姆纳建议在新年来临的时候，将《解放奴隶宣言》送给议会和整个国家做新年礼物，并说这样林肯会名垂青史，林肯断然拒绝道："不，我非常清楚，与此项法案有关的名字都会被人记住的。"

二十八岁的时候，林肯曾经说，如果一个人不能把名字留在同时代人的心中，将是一生的憾事。他一直在为此而努力，三十年了，他依然没有改变，即使做了总统他也并不满足，牵涉到人类普遍问题的伟大事业再次让他的雄心开始燃烧。此时此刻，他的内心是非常沉重的，一年多了，他一直在这种情绪的重压之下，内心的争斗比任何时刻都更为激烈。当那伟大的性格终于战胜了内心欲望的时刻，一切都变得清晰了。

小儿子离开他已经两个星期，战事依然停步不前。他突然让人把萨姆纳找来，说要谈谈。"给您读一篇文章，这是我写给议会的。想听听您的意见。今天我就要送出去。"这个向来优柔寡断的人终于要开始行动了，而且似乎是担心有什么再来影响自己，马上就要送出去。林肯的这篇咨文用电报发到了纽约，舒尔茨和他的听众惊喜万分，舒尔茨连夜在古柏学院进行了朗诵。殊不知，林肯几年前就是在这所学院里第一次征服了这座城市。

实际上，这份咨文还只是提出准备渐渐限制蓄奴制，并非常谨慎地请求议会能做个联合决议："合众国决定，同意逐步废除奴隶制的各州，将得到政府的财政支援，用以赔偿制度变革带来的公私损失。"林肯认为这种方法会保证和平："据我推断，逐步而非立刻给奴隶全部自由，不管对

LINCOLN

第四章 解放者（1861—1863）

谁都有益处。当然，联邦政府只是在建议，绝非要干涉各州的奴隶制，有权进行决定的只有每个州以及它的人民。"

议会立刻通过这一决议，联邦政府愿意出三百美元作为每个奴隶的赎金。可是，边界州始终保持沉默。四天过去了，林肯在第五天把五州代表请来，再次详细解释了这个观点，依然是希望渺茫。

不过，最终还是有了些效果。边界州代表们说，宪法规定的逐步有偿解放奴隶的前景是美好的，可是，假如他们不愿意，是否应该还有别的途径。于是，各个党派开始联合起来，规定陆海军不允许

1862年，林肯与废奴主义者索贞纳·特鲁斯同读一本《圣经》。

再逮捕逃亡奴隶，并承认利比里亚和海地是奴隶国家。报纸这样评论道："四分之三的分界线被攻打萨姆特要塞的炮火摧毁掉，这篇咨文又将剩下的四分之一摧毁了。"

开战以来，总统再次意识到，国家的希望寄托在自己身上。十四年前自己还是一个没名气的小议员时，就提出过这项方案，今天终于实现了。那时候他的提议是：哥伦比亚地区将废除奴隶制，但是要给忠于国家的奴隶主一笔资金进行补偿，另外立刻给黑人儿童建学校，让他们能接受

教育。

谁知，几个星期后，又一个将军做了冒失鬼。林肯在读早报的时候看到亨特将军发表的观点：对于一个崇尚自由的国家来说，蓄奴制与战争管制法无法并存。亨特将军宣布，佐治亚州、南卡罗来纳州、佛罗里达州的奴隶自由了。

林肯立刻声明："我，亚伯拉罕·林肯宣布，亨特将军所发布的公告的真实性有待核实，合众国政府对此提案一无所知。另外，合众国政府从未授权给亨特将军或是任何其他人，可以任意发布通告，甚至宣布那个州的奴隶永远自由。因此，不管真假，其公告内容都是无效的。另外，我要再次声明，作为陆海军司令，我绝不会授权别人帮自己做决定。"

声明还不够，林肯又不停写信给边界州州长："我不愿意强迫任何人接受我的观点，包括您，此次也只是希望能帮助您对我的想法加深一些了解。当然，假如您能接受，我将为您感到高兴，因为，那样您就不会在弯路上走得太远。所以，希望您能静下心来认真考虑这个问题。如果您能从政党与个人关系的角度出发，那么肯定会重视这个问题的……我们提出的这场变革会很温和，不会对任何事物进行破坏。您还觉得这场变革难以接受吗？它将给我们带来的好处，比以往任何尝试都要多。如今，上帝把这个光荣使命交给您，您应该不会将其辱没的，否则后人会为此而批评您！"

可是，软硬兼施并未起到多大作用，不仅如此，林肯又受到了激进派参议员的围攻。他们说，这场战争是因奴隶而起，所以，总统应该下令让被解放的奴隶加入军队。

林肯该怎么做？三十年前就开始加入解放黑人运动的先行者，现在却让人如此指责，林肯内心在想些什么呢？"先生们，田纳西州、肯塔基州、西弗吉尼亚州和北弗吉尼亚州忠诚的公民已经拿到了我提供的武器，他们说，将用它们来保护自己。武器已经给了他们，可他们中的一些人坚决反对黑人入伍，假如我逆他们的意志而行，那样一来，他们的武器将对准我们……事实不允许我顺从你们的意志。当然，你们的说法并非没有道理，可我只能这样做。"

有人说，当时的林肯肯定感到了绝望。

13 麦克莱伦
LINCOLN

内战已经开始一年了，可西部几乎可以用安静来形容，尤其是里士满那里更是没有任何举动。麦克莱伦依旧在寻找各种理由不出兵，他一再说必须用战船将所有的军队都运到一个小岛上，然后再进行下一步行动。他在做什么呢？是不是根本不想出兵？或者他对身在南方的师父心怀恐惧，不敢与他刀兵相见呢？又或者他与对手有某种默契？他身为民主党人，是不是想通过拖延的办法，让双方都耗尽精力，自己坐收渔翁之利去做总统呢？

最后一次进军之后，他居然没有把中队撤回保卫首都。林肯开始怀疑了。他细心关注着麦克莱伦的一举一动，就连陆军部长都不过问的细节问题，他也要弄个清清楚楚。后来，他给这位疑点重重，却又不能立刻拉下马的将军写了一封信："请允许我再次申明，您此时必须出兵。但愿您没有忘记我的意见，您所坚持的做法，只能把困难转移，它不会消失。全国上下很快就会意识到，或许现在就已经意识到这一点，不要再犹豫了。相信我，我依然是你的朋友，并以最大的决心全力支持您。您必须有所行动。您忠实的仆人。"

看吧，这个被称为"拿破仑"的人，简直敏感得像个女孩子。就算是他错了，别人也不能过于严厉；就算他整天游手好闲，总统也不能损害他的心绪，甚至还要表现出相信他将来会有所作为。

有一回，林肯从他那里调走了一支军队，麦克莱伦不高兴了，林肯不得不写信向他道歉："如果您知道我的苦衷，就不会感到费解了。不过，作为国家的最高统帅，我应该有权利下这样的命令。"还是那样的语气，温和而又威严，仿佛一双铁手外面套了副绒线手套，柔中带刚。对于麦克莱伦的抱怨，林肯也是用这种方式反驳的："我必须和您说，每个人都该记住，尽管公民有言论的自由，但是军官们必须放弃那些侮辱性的文字，否则，他们会被取消这种自由。"

终于，在多次的犹豫之后，总统决心把东西部人员同时进行处理，否则就会出现大问题。弗莱芒特将军尽管有能力，却一再延误战机，不肯去捉拿杰克逊。总统收回了麦克莱伦的指挥权，同时把弗莱芒特的一部分指挥权也收了回来，并一起都授予了哈勒克。

哈勒克是一位重要的理论家，人们提到他的时候往往会想到思想家，而不是战士。事实证明，他只会纸上谈兵，直到战争结束的时候，他都是一个跟在总统身后的总指挥。

此时的总统学的东西已经足够，观望的时间也够长，完全可以独立面对目前的形势了。他的语气越来越强硬，信心在逐日递增，就像参加当年那场辩论会一样。

总攻开始的时候，他发了好几封电报，一封是给麦克道尔的："佛雷德里斯堡的军队的确应该保留，可是剩下的部分呢？您不觉得该调到这里保卫首都吗？您是军团指挥官，您不该留在这里么？好，没有别的问题了。"在给麦克莱伦的电报中说："您怎么不去切断铁路线？那些战壕您打算怎么办？在里士满被攻克以前，您必须有所进展！您可不可以再近一点，往里面扔炸弹？"他给弗莱芒特写道："据说您现在还在莫菲尔德？之前，您应该接到过一个命令，去进攻哈瑞斯堡，您现在是什么意思？"

那个时候，北方人在海上似乎不占什么优势，因为南方的进攻简直太大胆了。他们拥有一艘潜艇，是特意定做的。尽管他们都很清楚，这潜艇开炮的时候很可能把自己也炸毁，可他们还是击毁了北方的一艘大战船，同时把自己也炸碎了。之后，南方派出了武装巡艇"玛瑞麦克"号，在弗罗里达的东海岸把北方很多战船击沉了。林肯的秘书后来说道："这简直让内阁们骚动不安了。"假如继续这样下去，整个北方舰队是不是都会被炸掉？

议员们纷纷议论着，只有林肯还是那么镇定，他把各种消息拿来进行比较，并问了军官们很多问题。第二天，纽约的铁船"莫尼托"号一举击败敌船，扭转了整个战局。

林肯决定去一趟南方，并且只带上了蔡斯和史华特两个人。这三个人亲自考察了当地地形，从海陆两方面寻找最恰当的进军诺福克的途径。之后，北方军队便依据林肯的建议不断获胜，以至于南方军队不得不自己烧毁战船，以免留给北方。蔡斯后来说，尽管他并不喜欢林肯，可是，如果没有林肯，他们就到不了南方，更不会去进军诺福克，敌船的毁灭当然就更看不到了。

后来，北方军队又从陆路大胆进攻，攻克了南方最大的城市新奥尔良。不过，决定一切的还是里士满，它依然在敌军手中。六月底，那个犹豫不决的将军终于下令进攻了。很快，他们就来到了离敌方首都七公里远的地方，结果他又停下来了！

这等于是白白把时间送给敌军，让他们有机会集合兵力，最终让自己落到惨败。后来的评论者说，麦克莱伦原本可以让南方看到自己威力的，可他错过了机会，结果一败涂地。对于这场败仗，这位人称"拿破仑第二"的人是怎么解释的呢？他生气而又绝望地给华盛顿去电报说："再派来一万人，明天我就打个胜仗给你们看！这不能责怪我！政府根本不为我着想！……假如我还能让军队重整旗鼓，我会明确告诉您，我这样做不是为您，更不是为华盛顿任何人。而您对我的约束，必将毁掉整个军队！"此时的他，开始担心大家对他失望了。

而林肯呢，现在就当他是个疯子，因为这个时候还不能失去他："……我觉得很痛心。我倾其所有支持您，以为您一定也会尽心尽力。可您却认为我的付出是无止境的，这一点您想错了……不管怎样，您的部队必须保住，我们会尽快去增援，不过可能会等上一段时间。我并没有因此而指责您不忠，可您总觉得我在拖延时间不派援兵，这就是您心胸狭窄的地方了。实际上，您和您的部队不管遇到怎样的不幸，我都会很难受的。就算是您和敌军势均力敌，或者您干脆打了败仗，那也是为了保住首都华盛顿而做的牺牲啊！……如果像您说的那样，我们把保卫华盛顿的军队派到您那里，那么等不到您打胜仗，敌人大概早就把首都占领了。"

有哪个总统能如此客气地对待战败的属下呢？这场战争的特殊性质和总统的性格决定了他必须这样做，在国家最危急的时刻，他在尽到一个国家领袖的职责。紧接着，整个美国也有了反应——纽约证券交易所价格大幅度下滑，经济萧条的趋势越来越明显。政府又要在这时候征兵三十万，服役三年，于是，人们开始议论纷纷，这是不是麦克莱伦设下的又一个陷阱。

林肯决定收回所有权利，他要亲自执掌一切。他给各州州长写信，语气很和缓，让他们尽快征集新兵，并尽快增援。他还从中斡旋，让州长与将军们尽释前嫌联手合作。他还去关心那些犹太士兵，亲自去视察阵地，并召见各级军官开会议事……总之，他不再盲目相信谁了。

针对逃兵问题，林肯曾经给麦克莱伦写了一封信："当初与您一起登上半岛的部队应该是十六万人，可近来我和你算的时候却发现只有八万六千五百人。你所参与的各次大小战役里面，死伤与失散的人数加起来也就是两万三千五百人，这样算来，有五万人不知所踪。我想这些人里绝大部分应该具备了服役能力，假如他们此时还在你的队伍中，那你在三天就能打下里士满了。如何召回那些人？又如何避免将来再次出现这样大规模的逃亡呢？"

这位总统可不光是动动笔杆子这么简单，他还认真做了统计，并采取了一定措施。亚伯拉罕·林肯，这个和平主义者，这个打猎都不想射杀任何动物的人，几十年前在战斗中还放走了一个印第安人，现在居然像是一个将军了。

就林肯的一系列问题，麦克莱伦回了一封信。没过多久，他又偷偷给华盛顿写信道："我不想再为傻瓜卖命了，我已经耗尽了所有精力……我们曾经取得过一致的意见——华盛顿人是无耻的废物。我想这些人肯定是希望这支队伍彻底被毁掉。"

林肯的回信很简单："你任何时候发起进攻都不会有人阻拦，只要你觉得自己可以了就行。"

林肯把史华特叫来，深入探讨了整个事件，然后下达了命令："我要你把这次战斗进行到最后，不管结果是胜利、失败、还是死亡。"

14 大胆的建议
LINCOLN

战争让奴隶制改革的决议变得刻不容缓，随着战事的扩大，急需有人加入到军队中来，于是奴隶们的机会越来越大了。社会各界纷纷对这个问题表达自己的看法——凯瑞森希望林肯能尽早有个明确的态度；瑞士一位政界人士对他说，拿破仑三世似乎准备资助南方；贵格会教徒、牧师们纷纷来请愿；肯塔基州的一些人也为此来到了这里。

林肯又给边境州的领袖们写了一封信："我没有埋怨或责怪的意思，可是我记得，三月提出的那个关于奴隶的决议，你们举手赞成，那么这场战争似乎就没有继续的必要了，因为那个计划是目前停息战火的最佳、最快捷的方法。让那些叛乱州明白一点，那就是不管怎么样，你们各州都不会与他们为伍，这样一来战争就难以继续；可是，假如你们依然要保住奴隶制度，那他们便总想拉你们入伙……把那些不断投入战争的金钱节省下来不好么？战争摧毁的东西太多了，那么我们就把战争缩短，去掉那些不必要的浪费，不是更好么？现在你们可以和国家做这样一笔生意，而不是将一切淹没到战争的血泊中，这样不好么？"

他的建议又一次遭到边境州的拒绝。消息传来的时候，他正与维尔斯、史华特、史华特的儿媳妇一起去公墓，给斯坦顿的一个儿子送葬。在终于可以任意流露的悲伤气氛中，他说了很多心里话。一直以来，他总是将重要的事情放在心里，连三月的那个决定他都没有和内阁商量过。此刻，他第一次敞开了心扉："我们必须竭尽所能，但你们一定要明白一点，那就是，不到最后关头我决不放弃……现在我可以肯定一点，我们必须用武力拯救这个国家。必须解放奴隶，否则我们必死无疑！"分段战争性质从此发生了变化。战争的起因，现在成了作战的主要目的；这次内战的伦理内涵，此时变成了结束战争的惟一手段。

最近这段时间，林肯心里思潮翻滚，各种矛盾不断互相冲击！此时，这个人类的伟大理想将要交由他来实现。这个理想不再是梦，他在一点点有计划地接近它。有了奴隶的服侍，南方的白人才能放心去打仗。一旦宣布奴隶解放，奴隶们肯定会逃跑，敌人的力量必将受到影响；同时，南方的这些劳动力都会跑到北方工作，那么北方的力量就会变得更加强大。

可是，就算用最温和的方式去争取，边界州也不会同意通过这项立法的，林肯非常清楚这一点，所以他决定动用武力。林肯这样做，将避免一切消极和平，如今，拯救合众国的目的已经变得不重要了。今后，他将为解放奴隶而战！

开战十五个月了，北方人的矛盾焦点渐显端倪。北方本身也有四个蓄奴州，民主党人觉得为这个去作战不值得，因此，一开始北方只有一半的力量支持战争。此时，解放奴隶进入立法，新的矛盾又产生了，北方人只把南方的奴隶解放了，自己的蓄奴州却依然存在，那么当南方人终于不再拥有奴隶的时候，以高尚、博爱自居的北方人，却依然要在蓄奴制的罪恶下生活吗？

LINCOLN

林肯给肯塔基州的一位好友写信说:"我一直是反对奴隶制的,假如奴隶制合理了,那这世界就没有不合理的事情了。这种想法我一直没有改变过。但是,之前我没有意识到,作为总统,我完全有权利按照自己的想法为国家做些什么。当然,我宣誓就职的目的不仅仅是想获得一种权利,如果是和平时期的政府,我的誓言会阻碍我的道德判断,可是,我们怎能为了一部宪法而丢掉整个合众国呢?一般情况下,我们的身体和四肢同样重要,都应该得到保护。可是在某些特殊时刻,我们只能以牺牲局部为代价来保住生命,反之则非明智之举。因此,我认为,有些措施尽管不合宪法,但可以作为法律存在,为了整个合众国,这样做是非常有必要的。至于是否合理,是我的事情,我会忠实于自己的责任……六二年三月、五月和七月,我分别呼吁边界各州,让他们有偿解放奴隶,我是想尽量避免无条件地解放奴隶,可他们拒绝了。现在摆在我面前的只有两条路,或者放弃合众国和宪法,或者迅速把黑人们武装起来。我选择了第二条路,因为,只有这样才能保全合众国的利益。"

在林肯最后下定决心之前,同事们的否定、提议,一度让他内心斗争非常激烈,但现在他是毫不动摇。如同当年决定结婚一样,他这个转变非常突然。他让斯维特马上来一下,他觉得这个没有偏见的老朋友的意见,要比一堆专家的重要。斯维特没有吃早餐就先来了白宫。林肯先是问了问几个老朋友最近如何,接着给他读了一封信,那是凯瑞森写的,与奴隶解放有关,之后,不等对方有任何反应,林肯就开始谈起自己对这个问题的看法,这样一直讲了一个多小时。这惟一的听众日后写道:"我明白,他并没有把自己的观点强加给我的意思,那只不过是在重新修正,完全可以说是在自言自语。"林肯说完后,并没有问这位朋友意见如何,只是让他替自己问候其他的老朋友,并祝他回去的时候一路顺风。这就是此次拜访的全部过程。

接着,林肯突然召集内阁开会,他对内阁成员说,自己主意已定,请他们来,并非要听取意见,只想让他们听一下自己的宣言。如果不了解他的人,肯定会把他此时的这种自信当做独裁,但内阁成员们了解他。他们没有说话,于是林肯宣读了:"本人,亚伯拉罕·林肯,美利坚合众国总统,兼美利坚合众国陆海军总司令,庄严宣告:战争目标从此变成恢复合众国与各州的宪法关系。下次国会会议,我将再次建议国会,资助那些没有反叛合众国，自愿或今后会自愿，在自己州马上或逐步废除奴隶制的各州，至于是否接受这项资助，由各州自己决定。自公元1863年1月1日开始，合众国任何一个州或任何一个地区的居民，只要他们依然反叛合众国，那么在那里做奴隶的人，将永远获得自由……当局会在1月6日发布公告，明示仍在反叛合众国的各州或地区……"

接着，宣言还明令禁止任何军官通过职务之便把被抓的奴隶送回奴隶主庄园。凡是在被占领区做奴隶的人，"将作为战俘而非奴隶存在，并永远脱离被奴役的生活，不准再次被卖做奴隶。但属于非叛国州奴隶主的奴隶，必须先被返还。"

长期以来，奴隶主与反蓄奴制人士的争论，已经把美利坚民族弄得疲惫不堪。这场争论渐渐演化成了战争，白人同胞为了黑人刀兵相见。现在，反奴隶制人士终于等到了这个时刻，可以用权利解放奴隶。最终谁将得到好处呢？至少有一点可以肯定，那就是，北方蓄奴州奴隶不会有太多好处，受益最大的应该是南方那些与奴隶主针锋相对的奴隶。此时的林肯依然在思索着：武力虽然可行，却难以将问题解决彻底。于是，林肯只好理智地决定，北方的奴隶问题暂且搁置一边，先把南方的奴隶解放掉。

林肯的宣言使全体内阁成员大惊失色。斯坦顿说："我所有的建议都没有这个举措更加大胆。"史华特提议说："我赞成，可是我想问一下，现在是不是公开的时候？北方在战争的重压下已经出现经济萧条，人民情绪低沉，这样一个重要决议恐怕会引起骚动，大家会以为政府走到了绝路上，不得不出此下策……因此，我的意见是，先暂时不发表，等到我们在军事上胜券在握的时候再公布。现在失败如此惨重，我们不能冒险。"

林肯立刻接受了他的建议，同意先等待军事上的胜利。

15 英俊的南方"总统"
LINCOLN

南方此时的所谓"总统"，长相英俊，年轻时就因此而远近闻名，如同林肯年轻时就是公认的丑人一样。可以说，林肯所缺乏的优势，这个人全都具备，而林肯的品质和优点这个人几乎一点也没有。

LINCOLN

十四岁到二十四岁这段时间,林肯正在困境中挣扎、成长,依靠勤奋与坚定的信念,边做各种活计艰难地生活,边拼命读书、学习。而与他同龄的杰斐逊·戴维斯,则生长在一个富足的家庭,安心接受良好的教育。当戴维斯从西点军校毕业,做了一个军官时,林肯还在纽萨兰姆的店铺刻苦学习着语法。当林肯承受着失去未婚妻的痛苦,漫无目的地游荡时,戴维斯中尉早成了一个上校的好女婿。后来,林肯终于克服各种困难,惴惴不安地做起律师时,戴维斯已经拥有了自己的田产和奴隶,与妻子过上了幸福生活。三十多岁的时候,林肯与戴维斯都开始对政治感兴趣。戴维斯很快就进入了众议院,不久又当上参议员;而林肯却摸索了十年,在此期间几乎一无所获;在林肯四十七岁竞选参议员再次遭遇失败的时候,戴维斯早就扶摇直上做了陆军部长,开始介入中央政府了。

戴维斯英俊潇洒,自信十足,这一点决定了他的人生。他总是受到雄心与自信的驱使,固执地以自我为中心,觉得只有自己最正确、最高尚。在他看来,宽容和懦弱是可以划等号的。由于有这样的家庭、地位,还有对上帝的信仰,所以他总是相信自己任何时候都站得住脚。

他过于自信了,实际上,他尽管很聪明,可心胸并不开阔,因此,他似乎更适合处于从属地位。他愿意与身份高的人在一起,以便让自己的身价也有所提升。他笑起来很洒脱,也能与大家融合在一起,只是不会说什么有趣的事。他有着非常强的时间观念,属下经常被他的精准吓到。他财产丰厚,奴仆众多,手中拥有大量军队。只是作为演说家的时候,他坚定得有些过头,说服力也差一些,基本上信服他的人只有他的同僚。

他走起路来沉稳、坚定,声音铿锵有力,完全按照自己制定的宪法行事,总是表现出对自己的赞许。一切对他来说都过于顺利,他大概永远也搞不清楚什么是压抑。这样一个人,你怎能强求他明白做事要讲究良心呢?那些他没有接触过的人想些什么,他根本不在乎。在他看来,穷人的确值得同情,应该得到帮助,即使是黑人,也该得到医药与安慰,可是,统治黑人是世代沿袭下来的权利,不管是谁都不该放弃,否则便违背了独立自由的精神。

如果继续与林肯比较的话,他还有一样不如林肯,那就是健康。他长期以来就忍受着病痛的折磨,年轻时他就得了眼病,疟疾一犯眼病也就接踵而至,严重时会导致间歇性失明。

LINCOLN

第四章 解放者（1861—1863）

但是，他也有让林肯望尘莫及的地方，那就是为他默默付出、不管什么时候都心甘情愿陪伴他左右的妻子。这是他原配去世后续弦的妻子，比他年轻二十岁，但是非常了解他，尤其是他的弱点。这个女子十七岁的时候曾给母亲写过一封信，那时候他们正准备订婚："他过于固执，总觉得只有自己才最正确，我觉得受到了伤害。不过，与他在一起还是很幸福的，他的声音很吸引人，表达见解的时候非常清晰。我敢肯定，如果有个人被疯狗咬住，他会奋不顾身地去救出来，但立刻就会转头走开，不会看那人哪里受了伤。"

他的性格，尤其是他的财富与影响力，都不会让他在林肯的建议面前妥协。十二年前，他曾经在演讲中说过："作为南方州的代表，我们不会让任何人对祖先留给我们的制度进行侮辱。……如果因此必须动用武力，那我们会抗争到底！在我眼中，一切反对奴隶制的人都是罪犯，都是叛国贼！"于是，危机真正来临的时候，这位有代表性的演说家便开始带着自己特有的激情，处处与林肯为敌。在离开华盛顿，准备去南方政府做总统的时候，他激动地说："虽然我们在过去的岁月中有过激烈的争论，但此时，在万能的主面前，我依然要祝愿大家万事如意！……总统以及各位参议员先生！我的想法已经明确地告诉了大家，那么，最后我要说的就只有祝福了！"他在里士满做了南方政府总统，就职演说的最后，他振臂呼喊道："衷心感谢你们！此时，万能的上帝肯定会同我们南方联盟站在一起！主啊！我郑重祈祷，祝福我们的国家和事业吧！"

可林肯是怎么说的呢？在连任总统的就职演说中，他说："我们北方和南方都在祈求上帝的保佑，可上帝决不会同时对我们施以援手的！"

这是两个对立的世界，它们的对立完全是由两位领袖决定的，是由他们的性格、经历的不同决定的。林肯说过："假如奴隶制合理，那这世界上还有不合理的东西吗？"可之前，戴维斯在议会上向北方的敌人大喊："就算奴隶制不合理，和你们也没有关系！"说出这两句话的人，思想简直相差得太远了。后者认为，祖辈传下来的权利就是合理的，不允许别人侵犯。而前者的出发点却是人道，他关注的是不公正的事情本身。

尽管林肯知道自己的政党该做什么，尽管戴维斯的确虔诚地崇信上帝，可很明显，前者是哲学家，同时又是一个理想主义者；后者是政治家，同时是个现实主义者。他们作为对立双方的领袖不是偶然的，他们是

249

LINCOLN

两种对立思想的代表，他们内心的争斗，外化出来就是战争。

与这两个人完全不同，南方的李将军代表着另外一种人。一个了解李将军的人说："他是美国历史上出现的一个奇迹。"

李将军具有极高的悟性，而且从小就是一个积极努力的人。他的父亲死于独立战争，之前，父亲把索弗柯勒、米尔顿、洛克以及波普等人的事迹讲给他，让他以他们为榜样。后来父亲离开了，当时他还是个小男孩。但就从那时开始，几十年间他一直独自一人照顾寡母。

二十一岁的时候，他与华盛顿的孙女结婚了。作为阿灵顿的继承人，华盛顿的这个孙女在先辈的丰碑和他们的精神下生活着。至于李将军，他和林肯一样具有强烈的爱国心，同样担心合众国解体，可是命运之神却安排他去加速这分裂。和戴维斯不一样，他总是宽厚待人。至于对奴隶的态度，尽管他生活在南方，可多年以前，他的岳父就开始按照华盛顿当年的意愿，用渐变的方法给身边的奴隶以自由，并且，他的遗嘱中已经明确写下了自己的奴隶得到释放的日子。

李将军是一个目标明确，并能为之坚持到底的人。这一点充分体现在他的工作、美满的婚姻生活，以及对七个子女的教育中。给妻子的家书已经成了整个国家的瑰宝。他并不是一个野心勃勃的人，那纯洁的性格、高贵的举止、能直抵人心灵的目光，都可以证明这一点。在他看来，"责任"是最为神圣的词汇。

他与林肯一样都是令人感到费解的人，可他们的性格却完全不同。林肯在多次打击之后，终于认清了自己命运的方向，而李将军一直就知道自己该做什么，他宁愿在西点军校做教员，也不想去带兵打仗。尽管在对墨西哥的战争中他受人称颂，可他与林肯一样，痛恨战争。一次战后，他写道："对士兵们我并不很担心，我担心的是那里的老百姓。想起那里的老人、孩子，我的心都在滴血……那情形简直太悲惨了。"这就是美国最伟大的战略家，他的灵魂深处是那么热爱和平。

这样一个人在目前这种状况下会怎么想？毕生心血铸就的稳固联邦即将遭到破坏，他将如何面对呢？当李将军刚刚得知这个消息的时候，他简直惊呆了，这对他情感的冲击比听到妻子不忠或儿子犯罪还要大。

作为军人，他的政治立场不会起到任何作用，而对于邻居和同仁们所谓的坚定信念，他也不会去理睬。但是，当奴隶问题日益浮出水面的时候，他写下了这样的话："不管在哪个州，奴隶制都是一种罪恶。在我看来，白人的罪恶比黑人要大得多。"而这，恰好说出了林肯思想的根本，几乎不差分毫。接着，他又说："同非洲黑奴比起来，这里的黑人还算是生活得好些，但愿他们此刻承受的痛苦，能换来将来的幸福。可是，到底什么时候幸福才能来临，恐怕只有上帝才知道。"

写到这里，他就不再往下想了，把政治放在一边，继续埋头于工作之中。可是，时代不断变化，他不得不关心政治问题。林肯做了总统之后，李将军看出自己必须有所反应了。他在给儿子的信中说："联邦的瓦解在我看来是国家的一场劫难，因为这样一来，所有罪恶将聚集到一起。我们会为此遗恨终生的。除去荣誉之外，我愿意牺牲一切阻止这场灾难的发生，因为脱离联邦就等于是背叛了自己的祖国……如果有一天合众国真的分裂了，那我就回到老家去，保卫自己的家乡。"实际上，他的想法还没有完全清晰，依旧体现了他正直的心灵与逃避的企图。

三个月过去了，他的命运开始发生转折——林肯听说他是最英武的将军，便派人请他去统领北方大军。

这个任务算是什么？是为正义而战还是叛国？之前他还在想过这个问题，现在林肯居然选中他率领军队与自己的家乡作对，甚至将它摧毁。不，他不会这样做的。他拒绝了林肯的命令。两天之后，他辞掉了军中职务，并给斯科特将军写了一封信："将军，感谢您这么多年来对我的关心与爱护，我却无法回报，衷心希望您能谅解我，请允许我辞去军中职务。您的宽恕我将铭记终生。"在给这位昨日的将军、今日的敌人的信中，他表示，准备放下武器，回家乡去。

他真能做到么？那样他的心中就不再矛盾了么？绝对做不到。三十年的戎马生涯，怎能说放就放呢？从刚刚懂事的时候开始，弗吉尼亚的森林、小山和湖泊就开始留下他的足迹。他知道这里与南北边界离得非常近，本就形势危急。而他又是阿灵顿这块国家圣地的主人，如果到时候所有的人都起身应战了，他这个有名的战将却无聊地待在家里，或仅仅是看看伤员，那他怎么去面对周围的人？

当然不能这样，他只能和大家一起迎战，尽管不知道是否正确，但自己无论如何躲不掉。尽管他反对奴隶制，衷心拥护合众国，可是，由于家乡的危险处境，他不得不接受这个任务。另外，这块土地他再熟悉不过了，肯定比在北方率军打仗更有胜算。

可是，正义之火依然在他胸中熊熊燃烧。当时，他的儿子正在北方任少尉，他托人带信，让儿子依据自己的原则与良心选择该走的路。尽管他相信自己的判断，但是他说："我不想用自己的想法去限制你。如果我不小心走错了，你大概能走得比我好。选择怎样的道路是非常重要的，每个人都必须依据自己的判断行事。"

像林肯一样伟大、宽容。一年之后，他会把自己的宽容表现得更加充分。他岳父的遗嘱里面说，要在1862年释放自己所有的奴隶，作为继承人和清教徒，李将军准时让奴隶们获得了自由。这位南方统帅亲笔签发了通行证，让自己的奴隶穿过防线投奔北方。

李将军有个助手，名叫杰克逊，他与李将军一样也非常优秀。杰克逊的青年时代生活比较艰苦，这使得他很有责任感和决断力，但与李将军不同的是，他是一个虔诚的教徒。每天他要在固定的时间祈祷，这种习惯终生未变。在经历战争的时候，他似乎显得比别人更加坚强。

杰克逊同林肯一样有些迷信，但因为他虔诚的信仰，内心要比林肯平静。每到安息日来临的时候，这位基督徒就会放下手中的一切，信件、战争全都放到一边，而且，这种沉迷似乎越来越强烈。临终前，他说的最后一句话就是："很好，一切都好。"他所说的是，一切都是按照正义的要求发展的。

总之，他和李在追求正义这一点上保持着高度一致。这不仅在军事上有所体现，在更深沉的人性上他们也是一致的。他负伤了，李写信表示慰问："您的左臂没有了，我感到很痛苦，就像是我失去了右臂。"另外，这两个人除去冲锋陷阵之外，文章写得都很好，都向往和平。像他们这样的将军，不仅欧洲，就是全世界范围内都不多见。由于心中对基督教的虔诚，杰克逊对这场战争非常排斥："战争给人们带来的灾难有多大，没有人能够预测。但有一点可以肯定，那就是它比任何别的灾难都更可怕……对于南方来说，脱离联邦并不明智。"尽管他深深同情黑奴，家乡的召唤他却不得不听，战争还没有开始，他就回到南部，参加了维护奴隶制的战斗。

杰克逊和林肯在执行公务上完全是不同的风格。他崇尚内心的责任感，因此对任何人也不会低头，就算是神父来向他求情，让他赦免几个逃兵，也不会起作用。有一次就是这样，他听完神父的诉说，竟一言未发。后来神父说："将军，请看在上帝的面上，想想你的职责！"他听到这里，突然站起来将神父赶走了，嘴里还说着："这是我的职责所在。你就管好自己的事情吧！"

别人无法企及的勇气造就了他的坚强，而恰恰是上帝给了他这种勇气。他自己就这样说过："我的信仰让我内心很平静，即使在战场上，我也觉得就像在床上一样安稳。上帝已经为我安排好一切，所以我不必担心什么，我会随时为此做好准备的。"

不过，这个上帝最虔诚的信徒的死，很有讽刺意味。深受士兵爱戴的他却被自己士兵的一颗流弹打中，在送往战地医院的路上，又因为抬担架的一个士兵受伤倒地，结果又把他摔了一下，死神就这样突然降临。

有人说，如果他还健在，战争可能会往不同的方向发展，可是，如果谁真的能起到这样大的作用就好了，战争的成败并非一个将军的生死就能左右的。最终，北方将以其强大的实力，以及必要而且可行的措施，迎来了全面的胜利。

不过，这还需要再等待几年。

16 苏格拉底式公开信
LINCOLN

此时站在这场战争背后的还有欧洲——它是同情南方的。两年来，拿破仑一直想要来进行干涉，但态度一直不明朗，因为他是另有目的，那就是占领墨西哥。俾斯麦宣布保持中立，可后来他说自己比较同情南方的绅士。和前面的这些人不同的只有俄国沙皇，他公开宣称支持北方，因为，恰恰在南北战争爆发之前，他刚废除了农奴制。另外，他觉得这不失为一个好办法——用支持北方来掩饰自己反英的政策。

英国的态度对欧洲的影响是非常重要的，大家都知道它偏向南方。从商业角度来说，美国北方不仅对英国没有丝毫用处，还是它的竞争对手，而南方却能为它提供大量原材料，是不可或缺的同伴。如今，美国北方实行经济封锁，英国就无法得到南方提供的棉花，导致英国经济的命脉轻工业全面瘫痪。

作为历史学家,是不会埋怨南方从合众国分裂出来的,因为八十年前,美国就是这样由英国分裂出来的;对于各国的政治家来说,他们也在盼望着美利坚合众国的分崩离析,因为他们担心美国会成为世界霸主;而在伦理学家之中,同情南方的也大有人在,因为他们往往愿意去同情弱者,而南方的确势力较弱。

格来德·斯通认为这场战争的起因很可笑,狄更斯认为,战争无论如何都不应该爆发,不管什么原因。狄斯罗里坚持中立,达尔文、泰尼森、约翰·斯图尔特和米尔,为了给英国挽回名声,明确表示同情奴隶和那些奴隶解放者。站在这些人背后的还有英国的一些中产阶级市民和工人阶级,尽管他们因为工厂倒闭而食不果腹,艰难度日,可他们坚持着一个信念,那就是:肤色深浅不能作为一个人自由与否的依据。

当时,一个美国北方海员拦下了一艘名为"特仑特"号的英国船,它刚刚从南方港口启航,上面有两个南方代表,他动用武力扣留了他们。这样就给了英国参战的理由,而且,不光英国,北方所有的敌人都开始蠢蠢欲动。

紧接着,伦敦与纽约的舆论界展开了一场论战,前者强烈要求将人质放掉,不然就以此为由发动战争,后者则对那位海上英雄大加赞颂。

林肯依然是那么沉静,他清醒地意识到,这件事不宜夸大,于是他发布公告说:"叛国者必定会有自己的归宿。在我们美国的原则中,有关于中立权利的一项,我们必须据此行事。因此,假如英国对此事表示抗议,并要求释放人质的话,那我们就别无选择,必须这样做,而且我们还要为此向他们表示歉意。"

这个举动果然让英国人安静下来了,林肯又一次从危机中挽救了国家。

此时,对收复的土地林肯也很谨慎,决不采取惩罚措施,他说:"鸡蛋一旦被打破,便无法进行修补,现在我们要做的就是加速行动,那样,无法修补的东西便只会少不会多。本届政府并非傻瓜,那些敌人应该清楚,十年的叛国行动以失败告终之后,还想不受任何损失地回到联邦,那是不可能的。假如他们还想逐步恢复到原来的样子,现在正是时候!"

他给阿肯色州州长写信说:"在这次选举中,请尽量将机会给人民,让他们把自己的愿望表达出来……不管怎么样，一定要让绝大多数人说出自己的看法……当然，所选出来的人不管是过去还是现在，都应该是积极维护宪法的人。"

林肯此时最着急的是战场上能传来胜利的消息，那样，抽屉里那篇宣言就可以呼吸到自由的空气了。可他着急也没用，时局在这时候反而越来越乱了。

八月底，李将军打败了北方新任的将军，再次打进了马里兰州。新任将军的军队落荒而逃，直奔首都，华盛顿各界慌乱起来。这次的失败麦克莱伦又有责任，他好像故意要让自己的同仁吃亏，没有按命令规定的时间进攻。林肯不顾内阁成员反对，不仅没有借此让他引咎辞职，还再次使他的地位得到了巩固，因为林肯不想打击士气。可是，不管怎么样，林肯让他做统帅的时间还是有些长了，对方品质的低劣程度，远远超出他的估计。

林肯的内心再次不安起来。两年前，他曾经在斯普林菲尔德的家里，面对有名无权的日子惴惴不安。此时，尽管是陆海两军的最高统帅，困境来临的时候，他依然没有任何有效措施，能做的只是盼望着一场胜仗早点到来，让他可以早点打开那个锁住的抽屉。此时的一切都在敦促着他，让他早点说出解放奴隶的话，可理智和自己的誓言却封住了他的嘴，尽管他早就知道该怎么说了。

一些神职人员来拜访他，他们积极反对奴隶制，林肯说："现在时机还没有成熟，我想，我会为自己的责任付出所有，甚至是生命。先生们，我们必须拼死而战！"那些神职人员后来说，林肯说出最后一句话的时候，神情黯然，看起来很累了，可微笑一直挂在脸上。

又过了几天，十几个贵格会教徒跑来找他，对林肯的演说毫不客气地批评了一番。林肯不知怎么回事，只好为自己进行辩护。后来，其中一个人说林肯背离了自己当初的信念，林肯的回答非常坚定："就应该这样！我轻视那些不能比过去更聪明的人！"

接着他又对另一个狂暴分子说："先生，光下命令是不能让奴隶得到自由的。我们完全可以下令，让人将小牛犊的尾巴看做牛腿，可是牛犊会因此而拥有五条腿吗？"

从芝加哥来的那些神职人员，则领教了林肯的另一种风格，即温和中加一点神秘和讽刺。林肯在给他们的回复中说:"……作为两派代表的神父,都相信自己能体会到上帝的意图。可是,我觉得肯定有一方是错的,或者都出了错。但愿我以下的话不至于有所冒犯。假如上帝真的可以就我的工作表达自己的观点,那他最有可能昭示的人应该是我。我不想说假话,其实我是非常想知道上帝对这件事怎么看的。假如这真能成为现实,我一定会尽全力去完成的。可现在的时代似乎不大可能,我应该做的就是关注具体事实,然后再进行明智的判断。此时发布这份解放黑人奴隶的宣言有什么好处呢?如果整个世界都认为这份文件难以实施,我为什么还要坚持?现在,我想在叛乱各州实施宪法都不可能,光是一份宣言就能让奴隶自由吗?国会刚颁布了一项法令,凡是逃到北方来的反叛奴隶主的奴隶,都将得到我们的保护。我的《解放奴隶宣言》会比法令影响更大吗?谁能保证这一点?上次布尔河及布尔溪附近的战斗刚刚结束,一些黑人赶去帮助我们的队伍掩埋死者,可叛乱分子却把他们抓起来,重新带上了奴隶的镣铐……我要看的,是它对平定叛乱会起到什么作用。我担心的是,假如把武器给了黑人,会不会很快就被叛乱者拿走;况且,到目前为止,我们白人的军队还没有足够的武器呢!……另外,我们联邦军有五万士兵都是从边界蓄奴州来的,假如为了那份宣言,他们一怒之下投奔了南方,那结果将不堪设想。……但愿我说的话不至于伤害到你们。"

这群神父们的美好愿望被林肯无情地打破了。之后的一段时间里,不管是在报纸还是其他宣传材料上,人们都在议论着他,说他是个冷酷的、对奴隶缺乏同情心的总统。人们甚至指责他的用词,说他为了不让公众听到"奴隶制"三个字,只说"黑人问题"。

于是,在几个州的选举中,共和党人损失惨重。《纽约论坛报》的权威人物格瑞利写了一封公开信,公然谴责总统在处理路易斯安纳州的问题时,不够明智与坚决,说他在"害怕边界蓄奴州政客们的威胁……"

林肯该怎么办?是为了面子,让信使送去官方答复,还是采用别的方法呢?当天,林肯也用格瑞利的方式,发布了一封公开信,其中所用的苏格拉底式的对话形式,使这封信为后人所称颂:

就算您信中的观点并非全都正确,我也不会在这里进行批评;就算里面的一些推理在我看来并不合理,我也不打算和你争论。如果您信中的语气有些无礼，或是有些急躁，我也会一笑了之，这是我对一个一直比较友好的朋友的尊敬……我的目的是拯救联邦。我必须依据宪法来寻找实现这个目的的最佳途径……有人说，假如不能同时给奴隶以自由，那他们就放弃拯救联邦的责任，对此，我决不迁就。假如谁主张挽救联邦的同时必须摧毁奴隶制，我决不会同意。在这场战争中，拯救奴隶或消灭奴隶制并非我们的首要任务，我们首先要做的是拯救联邦。不管怎么样，奴隶制的问题首先要有利于联邦，然后我才会去做；只要对我们的事业不利，那我会尽量少做，甚至不做。我必须尽最大努力让错误及时得到纠正，让正确的观点及时得到采纳。我在对政府职责的理解之上，表明了自己的意见，至于我的个人愿望，始终没有改变，那就是，任何地方的任何人都应该享有自由！亚·林肯。

在欧洲历史上，没有哪个国家的元首发表过这样的公开信；即使是美国，这也是绝无仅有的。

写完这封信，林肯语气舒缓地给朋友们讲了一个故事："和格瑞利之间的这件事，让我想起了一个青年，他身材高大，可他的妻子却很矮小。妻子总爱捉弄他，他却不能反抗，他很宽容，总说无所谓，随她去吧！"

17 惟一的一次崩溃
LINCOLN

林肯的确很理智，那份解放奴隶的宣言依旧在抽屉里锁着，不会轻易拿出来。他一直都在逆境当中，却又不停地努力，因此，看待任何问题他都能保持清醒的状态。现在这个关键时期，他觉得自己的任务更艰巨了，做事就更加谨慎。一直以来他的态度就很明确，自由比黑人问题要重要，可是，如果让他为了自由而牺牲合众国，他绝对做不到。同黑人们交谈的时候，这一点表现得最为明显。

此时就有黑人来拜访他了。他们是一个委员会的几位领导，其中一个黑人神父是他们的核心人物。他们想知道，林肯怎样看待被释放的黑人兄弟移民这件事，林肯对他们很有礼貌，并很诚恳地介绍道：

LINCOLN

"很多黑人因为白人而承受着痛苦,而许多白人也为你们目前的状况而痛心。我们都痛苦。我猜测,大家都已经是自由人了吧?"

"先生,是这样的。"

"或许你们早就自由了,或许你们出生的时候就是自由人。可是,我所看到的是你们的民族正处于不公正的待遇之下。就算你们是自由人了,也难以达到与白人平等的状况。我们全人类都在向往着真正的自由与平等,可如今,在我们生活的地方,你们并不能感受到与我们白人平等的待遇。即便在情况最好的地方,你们也会受到很多限制……这一点,我们都清楚,而我也是无能为力。如果不是因为这些,这场战争也不会爆发……所以从我们身边分离出去,对彼此都有好处。你们的自由人里面,有一些生活状况较好的,因此不会坚决要移民到国外去,他们同那些依然在做奴隶、惟有通过移民的途径才能自由的黑人不同……现在有一种近乎残酷的倾向,那就是,很多人不愿意同自由黑人生活在一起。假如你们可以帮白人做这件事,就能让很多黑人从此获得真正的自由。这样比让我们直接去接触那些受尽折磨的奴隶,要容易些。假如你们这些修养很好的黑人,能首先这样去做,那么成功的几率就比较大。当年的华盛顿将军,假如一直臣服于英国,就不会受到后人敬仰。因为他做了有利于本民族的事情,尽管受了很多苦,可他是幸福的。……我们白种人根本没有什么值得你们留恋的,可你们始终显得难以割舍,这点我总也想不明白。我们双方都要考虑到自己的利益……好好想一下,想清楚对我们以及全人类会有怎样的益处!"

林肯在诱导这些人,他暗示黑人自己决定移民,不要等到政府执行强制手段。奴隶制的确不人道,可是,推翻奴隶制之后黑人白人就能自然地以兄弟相称、和睦相处了么?他和道格拉斯辩论时就说过:"我不愿看到黑人女子做奴隶,这并不能说明我想让她做妻子。"

今天的情形对他来说是第一次——作为惟一的白人,坐在一群黑人中间。这些黑人尽管很有修养,看起来跟白人差不多,可林肯却深刻地感觉到他们之间的鸿沟。他们望着他的时候,那一双双黑色的眼睛是忧伤的,带着恳求的。林肯提出问题的时候,他们总会轻轻地、尊敬地说道:"是的,先生。"如此温顺,甚至有些谦卑的口气,似乎在告诉人们,他们的父辈曾经沦为白人的奴隶。

"针对你们的禁令依然很多,这一点我很难改变。我们不值得你们爱!"之后,他再次说起华盛顿,他想让黑人们清楚一点,那就是为了所有黑人兄弟的自由,他们该将自己的利益放在一边,远走他乡。

宣言依然在抽屉里等着战场上胜利的消息,而林肯依然每天或早或晚都去一趟国防部,看最新的电报。

一次,他跟一个军官说:"我来这里,有时只是想甩掉那些人。他们总跟我说一分钟就够了,结果,他们会从头至尾给我讲一遍,之后让我帮助他们。"于是,他只是坐在电报室里读电报,了解最新情况。之后,他大概会写上一份,左手托着头向窗外望去,仔细斟酌每一句话。就像他年轻时那样,直到每句话听着都很通顺了,他才写出来。这种习惯已经持续了三十多年,从当年印第安纳的小木屋,一直到今天的总统宝座,习惯依然。

那位军官后来说,这间电报室对林肯可不只是读电报这么简单。电报室从前是商店,林肯很喜欢在商店的杂物堆上跟人聊天。而现在,他舒服地靠在椅子上,一封接着一封地认真读着电报,有时会再次从头读起。

有一回,他突然说:"如今,除了葡萄干,别的应该都消化掉了。"弄得那个军官莫名其妙。林肯解释说:"我想起了一个邻居小女孩,她总是吃很多东西。一天,她把一堆葡萄干和糖果都吃了下去,结果生病了。她呻吟着对妈妈说:'哦,我感到好多了,大概除了葡萄干,别的都消化掉了!'"

对胜利的渴望,让他有些迫不及待。此时夏季来临了,他就和全家一起去度了几天假。那是离华盛顿三英里远的一座普通房子,离战地疗养院不远,他总能看到被送到那里的伤员。他的一位朋友说:"看到当时的样子,我明白他心里很难受。"

一次,林肯突然停住脚步说:"这些小伙子太可怜了!这些伤痛与死亡简直太可怕了!"朋友提醒道:"不要忘了,您说过:'不要担心,胜利会来临的!'"

"对,可它来得太慢了!"林肯回答。

一次,几个年轻的贵格会教徒告诉林肯,有人不顾他们的原则,强迫他们当兵并使用武器。林肯听了,立刻下令让他们回家。斯坦顿出于军纪的考虑表示反对,林肯却说:"可这是总统的想法啊!"

又有一次,有二十四个士兵逃跑,即将被判死刑,林肯却拒绝在判决书上签字。将军说必须以此来振作士气,林肯回答道:"将军,对我们的国家来说,寡妇已经太多了,请你不要让我使她们变得更多吧,我绝对不

LINCOLN

会签字的!"

每次去前线慰问将士,林肯总是表现得非常谦逊,因为他告诉自己,打仗的不是自己:"我确实还不如一个少尉。当士兵们围在我身边的时候,我不想做任何演说。"

一次,他跟一个军团的士兵说:"你们的团长告诉我,你们觉得我采取的一切治国措施都是令人满意的。在这里,我衷心感谢你们。可是,我想要说的是,为了我们国家,你们所做的牺牲要比我更伟大!"

这种时候他也不会忘记幽默。一次,林肯正在阅兵,一位军官告诉他,将军曾说要把他枪毙了。林肯看着这两个人,大声说:"哦,假如是我的话,他喜欢说就说好了,我才不相信呢。假如他真想做的话,还用等那么久么!"

有人观察过他在授旗典礼时的表情,说他既有一国领袖的威严,又有一些狡黠。后来林肯自己说,他感觉那旗杆好像太细了。

有人问他敌人的士兵有多少,他说:"此时是一百二十万。"

"哦,真的么?"

"当然了,我们那些吃了败仗的将军多次说过,敌军兵力要比他们大三五倍,我怎能不相信呢?我们有四十万大军,乘以三之后,敌人就至少有一百二十万了,确实是这样呢!"

终于,在等待中煎熬太久的林肯发作了,这也是他惟一的一次崩溃。一天晚上,一个负伤的上校哭着来找林肯,说自己的妻子来战场上照顾他,回家的时候轮船触礁,葬身海底了,他准备请假去打捞妻子的遗体,可上司不准假。林肯就坐在那儿,似乎在思考什么,一直在沉默,可突然间,他跳起来喊道:"我就不能安静一会儿吗?这种没完没了的拜访就不能停下来吗?为了这点事情你就跑来找我?怎么不去国防部,他们就能管你!什么?遭到拒绝?或许他们应该这样做。替我想想吧,我要做的事情有很多,真不明白您为什么要来这里,想得到我的同情吗?您应该清楚得很,现在正是战争时期,痛苦和死亡到处都有!您的妻子本身就错了,她应该相信国家医院!至于您,不该跑到这里来烦我。现在哪个家庭不充满痛苦呢?可也不能都来向我诉苦吧?"

军官被这些话弄得不知所措,匆忙从白宫逃了出来。之前,他总听人说林肯有多么仁慈,结果竟然是这样,他只好唉声叹气地回到了旅馆。第二天一大早，有人来敲门，打开门，外面的竟然是总统。

林肯紧紧握着他的手说："真抱歉，我昨天太过分了。我当时实在疲惫不堪。但不管怎么样，我都不应该那么无礼，尤其是对待为国浴血奋战的人，而他又是那么悲痛。我非常后悔，我请求您的原谅！"

这之前，他已和斯坦顿商量过，让这位军官放假，车就停在楼下，他们可以直接送那个军官赶最早一班轮船。

18 下定决心
LINCOLN

九月中旬，捷报终于来了。麦克莱伦总算出击了一次，在安提塔姆把李将军打败了，尽管这不是决定性的胜利，却让李将军被迫撤军了。在当时的情况下，能迫使敌军后退就已经很了不起了。这场胜利太重要了，林肯很兴奋，他告诉麦克莱伦："让他看看你的威力，别放跑他。"可这位将军依然故我，不管别人怎么说，追出没多远就回来了。

其实，此时能在政治上利用这次胜利才最为重要。恰好在这之前，英国曾经要承认南部联邦，这次失败肯定会让它变卦，或者让它再观望一阵。

胜利让林肯激动极了，他终于可以大显身手了，他必须抓住这个时机。

在安提塔姆战役前后，他写道："世界在上帝统治之下！斗争双方都说在按上帝的意志行事，可实际的情况是，至少有一方是错误的，或者都错了。对待同一件事，上帝不可能既赞成又反对。对于这场内战来说，上帝的想法极有可能跟哪一方都不一样。人是可以行动的，因此是上帝实现自己意图的最好武器。我敢肯定，就是上帝安排了这场战争，并希望它能继续下去。于是，战斗还在继续着！"

尽管这段话的思想价值值得商榷，可林肯能在乱世中写出来，就显得非常可贵了。里面包含了一个哲学家的内心世界。既不自以为是，也不去谴责敌人，更不自诩明白上帝的意志，只有他晚年所说的命运。整篇文章好像都在说同一个问题：答案已经有了，可上天还不想让人们知道。他的字里行间都流露着一种疑虑，对周围的事情，对自己的事业。

在安提塔姆胜利后的第五天，他突然再次召开内阁会议。之前的林肯，在战场失利或首都受到威胁时那么镇定自若，现在，战事出现好的转机了，他却变得急不可耐。他准备把自己那份伟大的宣言公布出来，并让同仁们真正了解自己！二十年来他一直在等待这个时刻，在这漫长的一年里，南方步步紧逼，但自己却不敢贸然行动，此刻，他终于等到这一天，能不慌不忙地开始实施了。

但是，当他面对内阁们的惊奇与怀疑时，他又有些窘迫了。为了排解这份尴尬，他给大家读了一篇幽默故事。在座的内阁成员大概谁也理解不了他在干什么，大概还有人在偷偷咒骂，不过，假如他们知道了这次会议的目的，怒火肯定会更大。这位总统简直是本性难移，就连最严肃、最危急的时刻，都离不开那些小玩笑。不过很快，林肯把报纸扔在一边，郑重地说："大家都知道，关于战争和奴隶制的问题，我已经思考了很长时间……当初叛军攻打弗里德里克斯堡的时候，我就有这个决心，一旦我们赶走他们，我就发布解放奴隶宣言。如今，南方人被赶走了，我要开始履行诺言。你们不必对此发表意见，因为我决心已定。我并没有对大家不敬的意思，因为我清楚你们的意见。当然，假如对宣言某些用语或是一些小地方有什么好的建议，我倒非常乐意听一听……我明白，可能有人会比我做得更为出色。假如我知道大家有了更值得信任的人选，我会毫不犹豫地依法请他来承担我的职责。我知道，人民如今没有从前信任我，可是，我很自信，不管怎样衡量，你们都不会找出另一个比我强的人。就算是真的有，他也不能依法代替我。那么，既然我必须坐在这个位置上，那我就会为了份内的事倾尽所有，肩负起国家的重担，走我认定的正确的路。"

19　内阁危机
LINCOLN

宣言引发了灾难性的混乱。北方交易所关闭了，民主党人幸灾乐祸！

南方根本没人理睬这篇宣言，奴隶依然在安安静静地劳动，好像什么也没发生。奴隶主们甚至都不用派士兵，奴隶们根本没有逃走的迹象。他们的报纸得意地宣称，南方的奴隶根本不想被释放，因为他们觉得生活还不错，奴隶主们对他们没什么不好。

欧洲各国也开始施威，但是其中却夹杂着一个赞同的声音，它来自数千名英国纺织工人。尽管他们因为棉花供应问题，生活受到很大影响，但是他们仍然对林肯的爱心表示支持。他们非常理解林肯，因为他们和林肯的想法是一样的："人比金钱重要。"

"我担心，困难出现在我们自己身上，而非几个将军。我没打算批评谁，更无意于对那些关心和帮助过我的人进行任何指责。可是，我必须说清楚，我需要的不是同情，而是胜利。"林肯写信给副总统说，"宣言发表六天了。尽管有来自报界和各位知名人士的赞誉，可汇率却不断下降，征兵的速度也开始慢下来。实际上，现在有很多地方都不尽如人意。……我真希望给您写这封信的时候是充满乐观的！"

党内也开始因为这篇宣言而动荡不安，各政治团体全都在使劲曲解他的观点。赞同他的只剩下那些奴隶解放者们，连老朋友们和一些党内同仁们都开始指责他了，卡尔·舒尔茨最为典型。林肯给他写信说："假如我具有做好的能力，却做不好，那别人的指责我应该接受。可是，我觉得我所做的无可指摘，那么我就要责怪你了，你不该指责我。我看你很乐意接受非共和党人的帮助，我没有意见。可是，谁有资格评判别人的灵魂呢？假如我必须丢开自己的意见转而接受你的，那么，别人的意见呢？我如果全都顺从了，我自己还存在么？到时候您也会不见了呢。亲爱的先生，相信我，有的时候，您所处的位置也是很尴尬的，就如同您心目中的我一样……"

一向忠心耿耿的舒尔茨也来质问他，这让总统更为困扰，久久难以挣脱出来。写信几天后，林肯又请舒尔茨来了一趟。那是早上七点钟，林肯在卧室里接待了他。他拍拍老朋友的膝盖说："年轻人，我想听听您的心里话，您真的像信中说的那样，当我是个卑鄙无用的人吗？在您看来，我还像个总统吗？尽管我不是很在意您的说法，也不该在意，可是，我觉得我们还是能够理解对方的，这样我们是否可以解决这个问题呢？"接下来，他又把处理新任将军的原则给老朋友解释了一番。

尽管安提塔姆之战取得了胜利，可是之后，林肯和整个北方人民希望看到的北方军队的乘胜追击一直没有出现，更不用说直捣叛军首都了。阅兵的时候，麦克莱伦给总统准备了一匹烈性马，想在战将们的面前给总统好看，结果却白费心机，这个农夫的骑术显然非常好，在鼓乐与礼炮声中骑着马，走得也是威风凛凛！

LINCOLN

麦克莱伦若隐若现的意图已经开始露出端倪了。安提塔姆战役还没开始的时候，他就已经在半岛上同民主党的代表——纽约市市长见了面，当初民主党人就说过，要推举他为候选人参加1864年的总统大选。而他要做的就是与南方和解，让战争尽早结束。他考虑再三书面接受了提议，后来有位将军极力劝谏，他又临时烧毁了那封信。后来战役结束了，他再次答复了他们。几个一直主张要进攻的军官得到消息，立刻辞职了。

麦克莱伦的叛国行为严重到何种程度，一时很难说清，可是，如果林肯想取得战争的胜利，就必须撤掉麦克莱伦，林肯已经意识到了这一点。

有一回，林肯说："麦克莱伦根本不想去打叛军！"当天，他与朋友就住在军营里，第二天早上，林肯问朋友："那些是什么人？"

"那是波托马克军团。"

"不，应该是麦克莱伦的保镖护卫队。"

又过去了五个星期，这个号称"拿破仑"的人依然寻找着各种理由，不愿进攻。林肯给他发了封电报，用语非常简洁："我想问您一个问题，您别介意，安提塔姆一役过后，您的马匹做了什么事情这么劳累？敌人是圆弧型进攻路线，您只是走的其中一弦。如果是我，会尽力在里士满打击他们。不努力怎么会取得成功呢？"

最后的结束语是："这还不是命令。"

与此同时，林肯让哈勒克发出严厉的命令，让麦克莱伦进攻。之后，他又给麦克莱伦发电报说："请您如实告诉我，在其他军队到达以前就不进攻，这是您的命令吗？"

到了十一月份，林肯决心已定，撤掉麦克莱伦，由共和党人伯恩赛德来顶替他的职务。可这个举动还是晚了，叛军已获得了足够的时间巩固力量。十二月，伯恩赛德亲自率兵进攻，结果战败于费雷德里克斯堡。

命运好像就是与林肯和整个美国过不去，内阁危机在这个时候爆发。史华特引起参众两院反对派的不满，他们要求撤去史华特的职务，而史华特立刻就向林肯交了辞呈。另外，蔡斯和斯坦顿个人同史华特也有不合之处，他们也要辞职。三位左膀右臂的人物让林肯左右为难，经过细细衡量，他以保住斯坦顿和蔡斯为前提，巧妙地平息了风波。

九位参议员来到林肯面前，本来是想指出史华特的各种不是，可是眼前的情景让他们惊呆了，除史华特以外，整个内阁都在。于是，他们每个人要当着所有人的面说出自己的理由，蔡斯则在边上给史华特进行辩护。而林肯也参与了这场辩解。

接下来，林肯私下里让威尔斯去告诉史华特，不该辞职，之后又让人找来蔡斯和斯坦顿。不久，威尔斯赶了回来，他们几个在总统这里碰面了。

林肯问威尔斯："见到那个人了吗？"他想知道史华特那边怎么反应，又不想当着蔡斯和斯坦顿的面提到他的名字。

"是的，他同意。"

这次内阁危机是蔡斯发起的，所以他对林肯说要辞职，林肯紧盯着他问："您的辞呈在哪里呢？"

"这就是，早上写好的。"

"请拿给我！"林肯伸出手去。蔡斯一下愣在那里，似乎想收回去，可林肯已经拿在手里了。

林肯边打开边说："倒是很痛快的方法！"

一直站在旁边的斯坦顿开口了，好像他也不甘落后似的："我的辞呈也写好了，只是没有带来。请您就当已经拿到了吧！"

"您赶紧回国防部去吧，我可不想要你的辞呈，这里的事和你没有关系。这份才是我想要的。我说的已经很清楚了。"接着他又转身对蔡斯说："内阁风波平息了，您也没有什么让我留恋的了。"

送走他们之后，林肯分别写了两封类似的信给他的两位部长——史华特和蔡斯："先生们，你们两个都将辞呈交给我了。我很清楚自己该怎么处理，以便让你们得到满足。可是，为了公众利益，我决定不那么做。我只能请求二位继续尽你们应尽的职责！忠实的仆人林肯。"

这个当年的农民、船夫、小律师，对人性弱点非常清楚，他完全像是泰勒兰德或者古代别的外交家那样，顺利平息了这场风波。

20 《解放奴隶宣言》
LINCOLN

林肯在对军队完全失望之后，终于明白了严明军纪的重要性。

一个年轻的旅长因为疏忽被敌军俘获，林肯知道后说："马匹丢了确

第四章 解放者（1861—1863）

实很可惜，可那样的军官，每天都可以来一个新的！"

他在给肯塔基一个高级官员的信中说："您请求我让那支军队回到肯塔基州，以此作为对他们进攻的奖励，我在想，对这个问题，您肯定没有认真思考过。如果有了这样的先例，整个军队士气必将涣散。当然，谁都希望战争别太惨烈了，能有些缓冲的时间，可战争本身就是这样的，不可能给我们时间先放放假再继续。"

有人告诉林肯，一位少校说，这场战争的结果就是把双方都拖垮，而奴隶制依然完好无损。林肯听了，立刻下令："一个军官绝对不能说这样的话，请马上把他在合众国的所有职务全部撤掉！"

有一个奴隶贩子来请求林肯赦免他的罪行，林肯断然拒绝，并立刻签署了死亡判决书。只是，他的心情比那个将要死去的人没好多少。

实际上，不管是种族斗争还是阶级斗争，林肯对弱者总是充满同情的。从这个角度说，他同那些经常去教堂做礼拜的人相比，更像个基督徒。

明尼苏达州的印第安人发动暴乱，平息之后，人们要将三百名暴乱分子全都处死。林肯脑子里出现的第一个念头就是：事实是否如此？于是他派专人去调查："首先，要看看暴乱的肇事者和头领的判决，与其他人是否有所区别，如果没有，请务必查清楚领头人是谁，之后将决定汇报给我。"与此同时，他还让最高检察院审查，并说："我想弄清楚一点，处死这些人是由我决定呢，还是由当地官员决定？"

调查结束后，他上报国会说："我担心两点，一个是怕由于手段无力纵容了暴行；还有一个就是，怕惩罚过严，让人觉得我们政府太过残酷。必须有事实证据才能去惩罚罪犯。我已经派人进行了认真核查，结果让人感到意外，确实无误的罪犯并没有那么多。"

结果，只有三十九名罪大恶极的罪犯被处以死刑。

当年身为志愿兵的林肯与印第安人作战的时候，就没杀过一个印第安人，反而救了一个。现在，作为全国的最高统帅，他又救了二百六十一个印第安人。

新年将要来临的时候，林肯显得既灰心又疲惫。就要召开议会了，同南北两方的敌对分子的斗争从未停息。一个六年没碰面的老朋友见到他，简直吓了一跳。那位朋友说："林肯已经完全没有了清爽与朝气，只有死一样的惨白，那灰色的眼睛曾经那么有光彩，现在变得暗淡了，总是默默地看着远处。从前可没见过他这样。"

时间慢慢溜走了，战场上依然还是老样子，没有任何进展。很多人认为，林肯肯定不敢像他说的那样，按时实施自己的宣言。是的，他首先要给宣言的实施做好充分的准备。不但要稳定好南部一些没有脱离联邦的小地方，还要解决好各种新问题，比如，怎样安排那些将要得到自由的奴隶，找个什么样的正当理由让他们入伍，怎样让各级军官都真正意识到，对待黑人士兵和白人士兵的时候要一视同仁。另外，他还专门派人去研究了一种河蚤，弄明白它为什么会让海地黑人的脚趾皮肤产生溃烂，以便他们及时医治。一次，他同一位黑人牧师探讨了很多问题。后来，那个黑人激动地对别人说："他对待我就像对待一个真正的人那样，我一点也没感到我们的肤色有什么不同。"

当然，林肯知道自己的措施还有待完善，所以，当看到英国人那些讽刺性的文章时，他心情很受影响。那些文章说，林肯是因为找不到用武之地了，才想到要废除奴隶制的，可矛盾的是，在他自己统治的北方，奴隶制却没有发生任何变化。林肯非常清楚，这种讽刺将引发怎样的危险。他说："我们现在就像是在捕鲸鱼，当鱼叉击中鲸鱼的身躯以后，能否把好船舵很关键，稍不留神，鲸鱼动一下尾巴就能把我们毁掉。"

他意识到，时机已经到了：现在应该把战争目的转为解放黑奴了。他准备把解放的黑人们征集到自己的军队中，这样，他们就可以为解放自己的同胞出力了。在表达这种思想的时候，林肯异常激动："终于到了这个时刻，一些黑人将成为真正的人，多年以后，他们将非常自豪地回忆着，他们怎样同白人一道完成了一项伟大的事业！"他还说："既然上帝眼看着人类把同类当做奴隶，现在又不阻止这场战争，那么，他肯定有自己的想法。我们双方都希望胜利早点到来，都认为笑到最后的应该是自己。上帝该怎么办？年轻时，我在《伊索寓言》里读到一个故事：四个白人，为了把一个黑人变白，就用石灰和水漂白他的皮肤。结果，那个黑人死了。就算是这场战争结束了，我们也无法预见黑人会有怎样的命运！"

这就是林肯，时而满怀激情，时而缺乏信心。新年将要来临的时候，他变得更加谨慎，只是把九月那份宣言的框架拿了出来："依据宣言……我，亚伯拉罕·林肯，美利坚合众国总统，合众国陆海军总司令，现根据宪法赋予我的权利，于公元1863年1月1日宣布……"之后，他列出了南

LINCOLN

部十个蓄奴州的名字,并注明了哪几个州拥护联邦,"在上述州和地区做奴隶的人,将永远自由。合众国政府和陆海两军以宪法的名义承认并将维护他们的自由。在这里,我要对这些即将得到自由的人说,不准有任何暴力行为,除非是进行必要的自卫。另外,我建议他们,不管什么时候,要为合理的报酬而工作!我还要进一步宣告与通知,上述人员只要符合条件的,都可以加入到合众国的武装部队中来服役。此法令是正义的,受宪法保护和认可的,同时也是军事需要。希望公众明确认识,并请求上帝的祝福。"

原文是没有后面那段的。蔡斯提出,这样的宣言该把上帝的力量加进去。林肯说:"我差点忘记了!"说完就加上了,然后又亲手抄了一份。

由于过于紧张,他为了几个军官吵架的事情,写了张非常严厉的便条给哈勒克:"在这关键时刻,假如你不帮助我,会让我非常失望的,此时我最需要你……假如你不愿意,那你的军事才能将无用武之地!"不过,很快他把便条收回来,加了句注释:"撤回该件,原因是,哈勒克将军会觉得这很粗鲁。"

祝贺新年的人成群地涌来,他不得不走出去,直到下午才再次回到办公室。他用笔蘸着墨水,对等他在宣言上签字的史华特的儿子说:"把名字签在这份宣言上让我感觉非常安全,这对我来说是头一次。可是,之前和那么多人握手,我的胳膊有点累了。将来肯定会有人来研究我的签名,假如他们发现我签字的时候在发抖,肯定要说,林肯那时还在犹豫啊!不管怎么说,我今天是一定要签这个字的。"

此刻,他依然在怀疑自己是否正确。不过,他清醒地意识到,怀疑只是一时的,自己的历史使命将得到永恒,这项措施很快就会成为普遍理论,父辈们的思想将会得到实现。他明白,此时的这几个字,将使那些处于不公正待遇下的人们获得真正的自由,所有黑人都会因此成为自由人。

就这样,他牢牢握住手中的笔,慢慢地签上了——"亚伯拉罕·林肯"。

LINCOLN
第五章
国民之父（1863—1865）

阴谋在悄悄酝酿，林肯的对手们预谋重新提名一位总统，民主党人准备控制政府，尽快发动政变。三千支手枪被秘密运到印第安纳，可怕的阴谋正在实施，简直像是法国大革命一样血腥四溢。对此，林肯是怎样说的呢？他依然是那么平静："何必这样费力气，对于我们这个年轻的国家来说，如果想搞谋杀的话，谁也挡不住。"

LINCOLN

1 格兰特
LINCOLN

1860年，几乎整个美国都在争论着是不是该支持林肯。

而伊利诺伊州的一个小城里的一个人，却表现得很平静。他是一个店伙计，四十来岁，中等个头，有点瘦。此时他正非常平静地推销着自己的皮革。大选对他来说没有什么要紧的，而且他来这里的时间还不够长，根本没有选举权。他是来这里投奔父亲和哥哥的，房子和店铺都属于他们。六年了，他和妻儿一起过着漂泊不定的生活，人生对他来说一直都不顺利。

二十多岁时，他过得还不错，从少尉一直做到上尉，一直没有为生活发过愁，上司对他赏识有加，未来似乎一片光明。那个时候，他几乎忘记了西点军校带给他的侮辱——他是皮革匠的儿子，那些贵族少爷们经常因此欺负他。

还是个孩子的时候，他的胆子就很大，而且很能干，八岁就能帮父亲喂马。长大以后又在西点军校读书，在对墨西哥的战争中又以高超的马术受人称赞。可是，他对这种打打杀杀的生活并不感兴趣，他对战争很反感。另外，他羞涩得有点近乎女性化，几乎终生没有在人前袒胸露臂过。他那双手很柔美，似乎根本不适合去与人厮杀。由于这些，他得了一个绰号——"小美人"。

他的母亲是个卫理公会教徒，受她的影响，他也相信上帝。可是，在命运面前，事物的偶然性更让他觉得可信。他的名字有一段曲折的来历，他出生的时候没有名字，直到六个星期后，父母才给他选了两个古怪的名字，一个是尤利塞斯，另一个是赫若姆。后来，资助他去西点军校上学的人，用尤利塞斯·辛普森这个名字给他注册，他也没表示异议。从此，那个所罗门式守护神的名字变成了巨人的名字，和他放在一起就更显得格格不入了。他是个安静、孤僻的人，对女性的激情并不多。他妻子是个奴隶主的女儿，长得不漂亮，眼睛还有点斜。他们在一起只是能平安度日而已。

他惟一的嗜好就是喝酒，大概是当年做军需官时养成的习惯。后来他还建立过禁酒协会，可自己一直没有戒掉它，而且越来越迷恋，三十二岁的时候，他因此而丢掉了官职。那个时候，他非常落魄，同僚们不得不凑钱做路费将他送回了家。他父亲连着写了好几封信请求司令官原谅自己的儿子，让他留在军队，结果遭到拒绝。那位司令官就是后来的南部总统——杰斐逊·戴维斯。事隔十年，他肯定会为当年没留下这个爱喝酒的上尉后悔不已，因为就是这个人，率军打败了南方。

离职后，上尉便开始了漂泊生活，终日与酒为伴。他也想做点什么，结果一事无成。他做过农活，结果放弃了；他在圣路易斯的集市上叫卖过木材，也去住宅区做过经纪人、工程师、催账员等等，却总也稳定不下来。以至于后来，朋友们都躲着他，怕他又借钱。最后，他只好来到父亲的店铺工作，这样才稳定下来。

林肯第一次号召征集军队的时候，这个从前的上尉就召集起一队人马，并将他们带到了斯普林菲尔德。可是，正式入伍的时候，他却把指挥权交给自己训练过的一个上尉，他自己则身穿便装，叼着烟斗，晃晃悠悠地在后面跟着。这个人就是格兰特——林肯领导下的联邦军总司令，美国未来的第十八任总统。"格兰特"这个名字是他重新入伍后自己取的。

尽管他受到过去那种军队节奏的召唤，号角一响，就立刻来到了战旗下，可是后来，他却把野心扔到一边，默默地退到了幕后位置。

四十岁生日那天，格兰特出现在了斯普林菲尔德大街上，那不修边幅的样子让人联想起另一个人物，就在几个星期前，也这样在街上晃荡着，虽然那时他竞选总统已经成功了。当然，格兰特的名声比那位新总统可差多了，以至于能重新回到军队都非常不容易。购买马匹和制服的钱，都是他硬着头皮跟别人借来的，尽管如此，他还是重新回到了战场。而这一举动，改变了他的后半生。

这次他下定决心，准备做出点什么。他是个非常认真的人，又有丰富的经验，很快就成了军中的骨干。仅仅过了两个月，他就被提拔为上校团长，掌握着两千名志愿军。后来，他率领部下一直打到了密苏里东南部，以及南北边界地区。那个时候，正是北方军官紧缺的时候，因此在军队里受到重用的机会非常大，而格兰特更是其中的焦点。

他取得的第一个胜利，是占领了小城派丢卡。实际上，这场胜利只是用一篇呼吁书就轻易得到了。通过这篇公文，人们第一次见识了这位军官简练的语言和坚定的性格。其中的一个读者慧眼识英雄，看到了他身上不可多得的才气。这个人就是林肯。

当时，林肯读到了格兰特的《致被占领地居民们的呼吁书》："我们来这里的目的，是要保护你们，对叛军进行打击，以此来帮助你们的政府维护尊严，留住和平。信仰之争我们绝对不会参与。我们惟一要做的就是打击叛军与他们的同党。你们完全可以像平常一样工作生活，什么都不用担心，政府的军队和你们在一起，我们就在这儿保护你们，惩罚敌人。到你们确实有能力保卫家乡，并且能确保政府权利得以实施、人民权利能够保障时，我会立刻撤军。"

就是因为这番话，肯塔基的州政府表示将忠于合众国。

林肯评价道："这番话的发出者，完全有控制整个西部的能力。"

紧接着，这个人又在战场上令国民震惊了，在多纳尔森堡附近，他率军大败敌人，最后逼得敌将竟然来信询问，他将以什么条件退兵。他回信道："必须马上交出要塞，而且无任何条件。"北方民众为这个强硬的回答而振奋不已。一时间，他的名字在人民心目中竟成了让敌人"无条件投降"的代称。这个曾经四处受挫的皮革店伙计，参战仅十二个月就做了少将，并赢得了本年度北方最重要的一场战役。

可是，此时的格兰特又开始像从前那样喝酒了，他的上司也开始不停地唠叨。但林肯一直坚持留住他，并且又让他做了田纳西军区司令。可是没过多久，哈勒克将军、内阁成员和报刊杂志都开始抱怨了。最后，连格兰特自己都觉得肯定要受到惩罚了，他在舆论面前沉默着，没有任何辩解。后来总部把命令直接越过他，传达给了他的属下，接着又没征求他的意见就擅自行动，他面对这一切什么也没有说，也没有对哈勒克有过恨意，更没为此让下属为难。

他是一个沉默寡言的人，在政治上也从不爱出风头，在别人看来，这样一个人简直太普通了，他那两次胜利大概只是偶然罢了。可是，不管别人怎么看，他还是老样子，从不戴着手套去骑马打仗，而且只着便装。在众多披挂整齐的军官中间，他是那么特别，同那个邋遢的总统简直太像了。正是这种无拘无束的性格，引起了总统的注意，在所有对这位少将的攻击面前，林肯坚持说："不要着急，再看看，再给他一个机会。"

林肯和格兰特的生活和成长经历都很相似，他们都是从很小的时候就开始靠体力劳动谋生。林肯十六岁被公认为是很好的一个伐木人，而格兰特十岁的时候就孤身一人坐车去离家四十英里的一座城市生活了。尽管他们都曾依靠体力生活，但他们又同样崇尚人类的智慧。那种生来就有的朴实，深深扎根于他们身上，即使格兰特曾经在西点军校那些纨绔子弟中生活过，也没有丝毫的改变。这两个人都不注重外在修饰，做事从不循规蹈矩，生活随机性很强，又都有点惧怕女人。另外，他们同样都遭受了太多偶然事件的打击。命运将他们带到了现在的位置，那么他们就必须有所作为。

当然，他们毕竟不是同一个人。林肯是个非常有节制的人，而格兰特在酒精的问题上却无法控制自己。他完全是在借酒消愁，他的性格过于拘谨消极，不能像林肯那样找到平衡，在青年时代这一点就差点毁掉他，如今，尽管功勋卓著，他也总是被人忽视。

另外，林肯在受教育程度、思考能力以及哲学等方面，都比格兰特要强，这些令林肯总能爆发出一种内在的力量，帮助他从黑暗中慢慢走向辉煌。林肯那丰富的想象力也是格兰特所不具备的，这种能力，可以帮助林肯正确地洞悉周围的人事。正是因为这些，格兰特只能慢慢通过与林肯的交往，才逐渐认识到他们的共同之处，而林肯一下子就看到了这一点。于是，在那年年初，林肯提拔了格兰特。

假如没有林肯敏锐的洞悉能力，格兰特永远不可能作为民族英雄和英勇战将而名垂史册。

2 一波三折
LINCOLN

战争打响后的第三年，也就是一八六三年四月，新任总司令终于下令向维克斯堡进军。

由于北方实行封锁，南方不能从欧洲进出口任何东西，原料、武器都补充不上来。南方只剩下一两个港口，如果密西西比河能畅通无阻，就可以绕道从德克萨斯到墨西哥，从而得到欧洲的粮食来源。对于北方来说，能否夺取维克斯堡,从而切断南方的粮道,是至关重要的。

北方的进攻从水陆两方面同时展开,如同当年攻占新奥尔良那样。格兰特首先做的就是大胆截断了城堡与北方联系的交通要道,就好像当年的波拿巴。在击退了两股敌军之后,他把那座城市包围起来,将粮食和补给品供应的渠道完全切断,之后对它实行了全面进攻。最终叛军毫无还手之力,不得不在美国独立日那天投降,大约三万守城大军成为战俘。之后,格兰特又占领了休德森城堡,为北方开通了密西西比河。

当林肯看着第一艘北方轮船从圣路易斯开往新奥尔良的时候,他终于感到一丝轻松,感慨万千地写道:"一切正往好的方向发展,这条母亲河终于不再有阻碍,看吧,它正高兴地奔向大海母亲的怀抱呢!"

事情总有不尽如人意之处,又一个司令官给北方出难题了,他就是胡克。一月的时候,他接替伯恩赛德的职位,做了北方总司令。可他太缺乏谨慎,在五月份的钱瑟勒斯维尔战役吃了败仗,这直接导致了李将军后来的第三次进攻,尽管是最后一次。的确,李将军又来了,他从马里兰州一路打到了宾夕法尼亚边境,北方人惊慌失措,都在呼吁再次起用麦克莱伦出征,可胡克坚决反对,于是林肯任命米德做了总司令。这是一个瘦弱死板的人,简直像个教书匠,只有纸上谈兵才是他的专长。

战争伊始,米德与李将军以及整个美国都意识到,战争很快就要有结果了。因为,只要南方再有一次胜利,欧洲诸国就会立刻承认南部同盟的合法,而北方的民主党人也会因为反对战争而得到人民拥护。

可是,战役开始的第三天,与格兰特同时,米德也打胜仗了。六三年七月初,在葛底斯堡战役和维克斯堡战役中,北方都大获全胜。假如北方能就此乘胜追击,这次南北战争就可以画句号了。此时北方的形势已经慢慢好转,华盛顿安全了;而南方却只有大西洋沿岸地区,北方的封锁又非常彻底。而此时,杰克逊将军的阵亡也使得南方变得更加岌岌可危。

实际上,南方之所以坚持了这么久,首先是因为北方一直没有找好作战方向,用人不当,延误战机,其次就是因为李将军了。

林肯开始重用格兰特之后,就不再亲自参与战斗。当初也是因为没有办法,他才开始研究战略战术,并不是想大权独揽。那时候,他是那么谦逊,每提出一个意见他就要说一句:"……这并非命令。"其实,假如北方将领当初就能明白他多么有远见,按照他的意见去做,那么战争很有可能是另一种情形。比如，他一开始就对胡克说，应该马上渡河作战。他还写信给胡克："假如李军先行部队到达马丁斯堡，而后续部队还在弗雷德里克斯堡和钱瑟勒斯维尔之间，那么，我觉得，它肯定有自己的致命点。拦腰截断是不是可以削弱它的力量呢？"可是，胡克将军过于自负，根本没有把林肯这种农民式的想法看在眼里，结果被敌军打败了。

后世的评论家说，作战专家看不到的，居然让"外行总统"一眼看穿了。

的确，林肯对胡克的能力估计得有点高，可胡克这个人他没有看错，只是他的性格阻碍了他能力的发挥。林肯任命他的时候，曾写过一封信给他，信中的疑虑是显而易见的："我想对您说的是，我对您不是非常满意。我相信，作为军人来说，您非常英勇善战，可我同时又相信，您把政治和职业分得很清楚，您有自己的原则。您非常自信，有雄心有抱负，这当然很好。可是，据说在伯恩赛德将军指挥的时候，您总是与他作对，自信得有些过头，这样做不管是对国家还是您的同仁都是不公道的。我还听可靠人士透露，您最近曾经说过，军队和政府都应该有个独裁者。但我还是决定任命您为司令官。我要让您去战场上立功……不过，您过去总不能欣赏、信任自己的司令官，这恐怕会对您的工作产生不利影响，所以我会全力帮您避免这一点，否则就别想打什么胜仗！请您振奋精神、以谨慎的态度去前线建立功勋吧！"

林肯开始尝试新的写信风格了，语气中没有了求教、询问或是建议，所有的只是一种年长的、有丰富经验的权威感，是种"国父"的口气。

战局时好时坏，这令林肯坐卧不安。写这封信后又过了几个月，胡克在一次战役中大败。林肯因此受到沉重打击，有人描述当时的情景说："我永远不会忘记他那绝望的样子，他原本有点发黄的脸色变得煞白，如同他身后的墙纸"。

他说话了，声音颤抖："请念给我听。这是战场上发回来的！"

听人大声朗读时，"他看上去就像个幽灵，魂不守舍，背着双手快速踱着步子，嘴里自言自语：'上帝呀！该怎么向全美国交待呢？'"

实际上，统领全军的总司令在林肯的心中早有了合适人选，那就是格兰特。在给格兰特的信中，林肯向他表达了这种信任，之后，他又和格兰特的反对派们说："这是不可缺少的人物，他确实在为北方而战。"如果有人对林肯说，格兰特嗜酒可不是好习惯，林肯尽管也不欣赏这点，却要巧妙地为格兰特开脱："哦，他喝什么牌子的威士忌酒，您知道吗？假如您知道，一定要告诉我，我要让人去多买几桶，让别的将军也尝一尝！"

维克斯堡攻下之后，林肯给格兰特去了封信："我们似乎还没有见过面。这封信带去的是我对您诚挚的谢意，感谢您为国家所做的一切。另外，我要说的是，您刚刚到达维克斯堡附近时，我还以为您会越过山谷，结果出乎我的意料……我以为又要失败了呢。现在，我要亲口说，我错了，您非常正确。您忠实的亚·林肯。"

林肯的伟大就体现在这里。他为自己对这位将军曾经产生的不信任深感不安，觉得应该道歉。他根本没有顾及到自己的威信，因为他对周围的人很了解，也很清楚自己面对的是谁。

3 智斗弗兰迪甘
LINCOLN

林肯完全承认自己依赖着公众，而这也恰恰是给他力量、督促他不断艰苦奋斗的源泉。

这段时间，前线军官的矛盾渐渐收敛，党派纷争也日渐减少，而南北双方的斗争则达到了高潮。不管是反战的民主党人，还是激进的作战派人士，都开始祈祷着这场战争早点结束。

战争进入尾声的时候，林肯变得有些严厉。他曾经下令释放那么多逃兵，现在竟然下令把几百个煽动停火的人抓了起来。前者让他背上了懦夫的骂名，现在人们又开始指责他是暴君。不过，人们渐渐明白了他的良苦用心。战争快要结束的时候，史华特和斯坦顿颁布了一项法规，用来对南方派来的卧底、代理人和一些失败论者进行保护，尽管他们的意见与林肯不一样，可他还是同意了。因为假如他想把战争进行到底，并且取得胜利，只能这样去做。可是后来，居然有人在叫嚣着为南方打气，并且公然在议会说自己同情南方，还说总统过于自大，只能让战争更加残酷。整个国家，包括南方叛军都听到了这一席话。

那个人就是弗兰迪甘。

很快，华盛顿的议席上就不再有这个名字了。可他当时在俄亥俄地区已经有了较大的势力，于是总司令发布命令说，只要是与叛军有所勾结或有帮助行为的，都会被指控为叛国者或间谍，军法处置。

弗兰迪甘一不做二不休，索性在一个大型集会上直接指责林肯，说林肯发布的一切命令都是为了自己的竞选，所有热爱自由的人对此都将持鄙视的态度。他还声称，北方有五十万人已经加入了秘密社团，里面还有几千人戴着南方标志，"这的确是事实，杰斐逊·戴维斯比林肯要强得多！"

总司令立刻派人去将他监禁了起来。

林肯总觉得应该有个更好的处理方法，可当时他必须采取点什么行动，因为那个人简直太猖狂了。在他嘴里，林肯就是个十足的恶人！林肯总会无奈地感觉到自己能力有限，总在想怎样把问题处理得更好一些，总在想如果自己离开会不会让局势有所好转。可是，只要他意识到自己肩上的重任，心中就会有所安慰，自信也随之而来。现在居然有人这样指责他，他又能怎么办？

很快，林肯想到了一个绝妙的主意。他把这个狂热分子放出来，派人去南北边境上把这个人交给了南方。顿时，这一举动引起了巨大反响。南方人欢呼着，说北方政府此举是民主的行为；北方人却开始谴责，很多评论说，弗兰迪甘不是战犯，不该轻易交给叛军，这是不负责任的行为。

林肯却自在得很，因为他知道美国人的幽默感比舆论的力量还要大，弗兰迪甘从此以后必定会遭众人耻笑，难以再有势力了。的确，此时的弗兰迪甘尴尬得很，在"亲爱的"敌人中间，他简直无所适从。他建议南方，再坚持一年，等到北方新一轮总统大选开始的时候，林肯就会下台了。南方总统看起来对他客气得很，实际上根本没将他放在眼里。

没过多久，弗兰迪甘就乘船溜去了加拿大。他在那里写了封公开信给北方，说南方已经决定，会坚持到底，奋战到最后。可是，再也没有谁去关注他了。后来他又回到了家乡，林肯理都懒得理他，因为他再也不会有原先的影响力了。

在处理这类事情的时候，林肯并不竭力将权利集于一身，而是放手给人民。

把弗兰迪甘抓起来之后，他写信给一个反对自己的州长："逮捕弗兰迪甘，是因为他给军队造成了危害，而非其他原因。我们国家的命运此时就维系在军队上,那么他与军队为敌,就必将受到军事审判,这完全合乎宪法。当然,假如当时是我处理这件事,我不知道自己会怎么做呢。我并非推卸责任,因为我相信,处理这种特殊问题的最佳人选只能是战场上的指挥官。弗兰迪甘被捕的消息传来的时候,我也感到很遗憾。不管怎么样,只要对公共安全没有影响,我非常乐意尽快将他释放。"

这封信再次为他赢得了成千上万的群众的拥护,因为就算是对待敌视自己的人,他也是那么公平。

林肯总把自己的正义感当做处事原则。密苏里州的一位将军准备驱逐一名神父,林肯问清原委之后,写信给那位将军说:"是的,经过与此人的交谈,我也感觉他对南方似乎有些亲近。可是,我看他的品质毫无卑劣之处,是值得信赖的。他曾经发誓忠于合众国,实际上他从没忘记过自己的誓言,没有做过任何违背誓言的事。所以,他并没有威胁到我们政府,那么,仅仅因为怀疑,这个人就该遭到驱逐吗?"

第一封信说到的那个人就是西蒙——纽约州州长,林肯的死敌之一,他们在征兵问题上曾经矛盾重重。在对大城市征兵的问题上,西蒙一直持反对意见。林肯很想与他缓和紧张的关系,请他去白宫作客,可他居然过了三个星期才答复说没时间。实际上,他是不想与总统"同流合污",而且对于斯坦顿的邀请也同样不理不睬。

夏天来临的时候,纽约发生了一场暴乱,是由外国人发起和领导的,因为他们想制止征兵。这个州长公然与暴徒们以兄弟相称,让他们冷静,说自己将为他们作主,帮助他们。结果,林肯依然凭借自己的智慧平息了这场美国最大城市的风波。

可时隔一年之后,林肯终于在愤怒与失望中爆发了。芝加哥又发生暴乱,同样是反对征兵。《芝加哥论坛报》代表与另两个人一起去拜访斯坦顿,之后又来找林肯。一开始,林肯显得很安静,任由他们不停地说着,"突然,他把头抬了起来,用灰暗而愤怒的目光直盯着我们。他说:'先生们,当年,波士顿和芝加哥都是最支持作战的,因此,你们大部分人该为长眠在那里的人负责!因为战争是在你们的号召下发起的!解放,我帮你们实现了。可现在,你们已经得到了想要的东西,就来反对我征兵了,而我为了什么?我之所以要征兵,完全是因为想尽早结束战争。这不也是你们所希望的吗?你们想一想吧,你们不为自己的行为感到脸红吗?……麦迪尔先生，您表现得像个懦夫！您和您的报纸本来是最最主战的，您本来能号召更多的人。可现在，您跑到这里来，说自己有危险。赶紧回去给我们准备！"

4 "南方的先生们"
LINCOLN

此时的南方俨然一座孤堡。最后一条通往欧洲中立国的道路被切断了，于是，南方所有的物品都严重缺乏，包括粮食、衣服和弹药。整个南方，人民食不果腹。而给养缺乏，也直接导致了士兵人数的急剧下降。

如果说优势的话，南方只剩下了他们始终不变的激情。在这里，几乎没有反对派，尽管他们频频失利，却依然非常顽固，对交换战俘进行破坏。当时北方把俘获的南方士兵和在北方居住的一些南方人组织在一起，让他们共同宣誓永不与北方为敌，之后送他们回了南方老家。可这些人回去后，不得不被迫解除誓言，重新入伍与北方作战。有人建议林肯也这样做，林肯态度坚决地拒绝了。他说，那是不符合道德原则的，是一种堕落。

结果，北方人开始了对南方战俘的报复。在战争最后一年，北军在弗吉尼亚州所做的一切，连他们自己都害怕会有报应。

内战的性质渐渐变得模糊了。秘密社团不断涌现出来，什么"自由之子"、"骑士勋章"之类，名目繁多。汇聚的都是一些生活于社会底层、没受过什么教育、有武器、甚至还做着间谍的人。对于这些组织，林肯始终不愿意投入过多精力。他总想用自己的智慧、耐心和幽默把他们争取过来。即使是对敌人，他也总爱称他们是"南方的先生们"，而且他总是郑重地说，南方并非其他国家，它属于美利坚合众国。

麦克莱伦把过去的师父和今天的对手李将军打败了，可他没有乘胜追击，而是犹豫着失掉了这个好机会。林肯曾经在私下里表示过不满。当米德战败提出辞职时，林肯给麦克莱伦写了一封信："从葛底斯堡战役以来，我总是被一些所谓证据所围绕着，说你、库奇将军和史密斯将军不想与叛军开火，一心要让他们逃走。假如你有更好的解释，等到我们心情都好些以后，再细细说。还有，亲爱的将军，我觉得，对于李逃跑的严重后果，你并无充分认识，实际上，这等于是放虎归山，后患无穷。当时他如同笼中之鸟，你只消将他围住，战争就可以结束了。"

不过，林肯并没有寄出这封信。尽管他曾经产生过疑虑，但是他不想表现出来，他想为国家保住这个打过胜仗的将军。

林肯派两个反战派领袖去南方和戴维斯谈判，结果，他们只说到了宗教和对法宣战的问题，回来的时候还完全改变了自己的观点。格瑞利就是其中之一，他一直反对林肯的政策。最初，林肯在奴隶解放问题上的犹豫令他感到不满，现在他又开始因为林肯在奴隶问题上的毫不妥协而不快。他希望交战双方能够妥协。

第二年夏天，格瑞利给总统写信说，有两个南方代表在加拿大边境，他们带来了戴维斯的信。林肯认为格瑞利的消息不确切，又不能不有所表示，便让他去边境，让他亲自去看看那两个代表有没有信件。格瑞利受到了羞辱，更加变本加厉地攻击林肯，可林肯一直表现得很平静。

一年以前，林肯在一封公开信中说："只要是为实现和平统一、废除奴隶制、打击叛国行径而提的建议，政府都会慎重考虑，酌情采纳……而建议提出者都将受到表彰。"没过多久，林肯的老朋友，现南方联邦副总统斯蒂芬，提出要来华盛顿与林肯面谈。林肯拒绝了，他说："联邦与叛军的对话，完全可以是别的方式。"

5 解放奴隶
LINCOLN

"上帝肯定喜爱所有的人，要不然就不会将他们创造出来。"这句话表达了林肯对白人和黑人的感情，而这样的说话方式又不能惹恼任何人。

另一次，林肯又说："假如上帝真的认为奴隶制合理，那么当初造人的时候，就会让不劳而获的人只有嘴没有手，而那些只劳动没收获的人，就应该只长手不长嘴。"

在战争即将结束的时候，他说："这世界上好像根本没有一个关于'自由'的正确定义。我们大家都是自由的拥护者，拥护的却不是同一样东西。有人认为,一个人想做什么就可以做什么,就是自由;另一些人认为,拥有支配别人为自己做事的权利,这才是自由。举个例子来说,好比一个牧羊人从狼那里救了一只羊,羊是很感激这个人的,而狼却要咒骂他,因为他干涉了狼的自由。尤其是黑羊,狼就更会觉得自己很委屈。"

总之,林肯要建立的是全民平等!

一次,两个妇女请求林肯释放他们的丈夫,其中一个妇女反复强调,自己的丈夫是虔诚的教徒。最后,林肯同意了她们的请求,把人放了,可是他对那个妇女说:"请转告您的丈夫,尽管宗教问题我无权作评价,可是我觉得,假如一种宗教教导自己信徒做叛国者,不同情那些正在受苦受难的人,那么这种宗教肯定没有办法让自己的信徒死后进天堂。"

尽管如此,《解放奴隶宣言》依然被搁置着。它的历史意义不会有人忘记,只是由于此时激进派们还是不大信任林肯,所以不便将宣言中的所有内容一一兑现。

林肯决定让人民自己来解决这个问题,让人民通过一项附加法案,以此来解放南方的黑人,当然也包括那些黑人士兵。这时候,宣言中提及的主要目标已经实现了,战争最后一年的年初,北方的黑人士兵达到十万人,战争结束,又上升到十五万人。尽管南方高喊着,这是白人的耻辱,可他们不也雇了些有色人种为他们打仗吗?他们不会想到,将来他们会有做得更露骨的一天。

民主党人开始攻击林肯了,让他立刻将宣言收回,好实现和平。林肯答道:"只要我还是总统,就不会让通过法律途径释放的奴隶再度失去自由。当然,我和你们一样,也很希望尽快消灭那些将合众国卷入战争的东西!"

最初解放奴隶的时候,的确困难重重。林肯本来想先解放黑人,再将他们送出本国。他担心黑人和白人共同生活会带来灾难,于是准备在圣多明哥边境建个殖民试点,将恢复自由的黑人送过去。结果,那儿的人竟然将黑人托付给了一个骗子,这个骗子说印章不规范,便宣布黑人们的自由无效。黑人们非常不满,林肯也被弄得焦头烂额。最后,那些黑人们乘轮船回到华盛顿,入伍上了战场。

最开始,只有少数几个州长冒险用黑人士兵,其中就有将获得连任的田纳西州州长约翰逊。林肯写信鼓励他说,他很有能力,又是州长,应该

LINCOLN

率先组织一个出色的黑人部队。

林肯还倡导,对待战俘要一视同仁,不管是黑人还是白人。可形势突然发生了恶化,马里兰州一支有色人种部队在白人军队引发争端,一名军官被杀;密苏里州、肯塔基州也有类似案件发生。

一时间,人们被这些事件弄得惊恐不安。对此,林肯用公开信的形式进行了分析:"借此,我要向对我不满的人说,我明白,你们希望过上和平的生活。你们不满于我的原因就是我们还没有得到和平。可是要想得到和平,目前只有三条途径:第一,用武力打击敌人,尽早平息叛乱,我们正为此而努力。第二,就是解散联邦。我坚决反对这样做,假如你们觉得可行,那你们就明确表达出来。如果这两条途径你们都不同意,那我们就剩下妥协了。我那份宣言就是为了保卫联邦的。在我看来,作战的时候,黑人们哪怕只是不再帮助敌人,对方的力量就会严重受损,而且,假如有更多的黑人士兵给我们帮忙,不就可以有更多的白人想办法拯救联邦了吗?话说回来,黑人也是人,他们做事情也要有个动机才行。如果我们想不到这一点,他们又为什么帮我们呢?他们肯定是为了一个什么目的,才来宁死相帮,而这个目的就是我们许诺要给他们的自由。一旦许下这个承诺,我们只能让它变成现实,没有别的选择!"

开战两年了,林肯依然在耐心给人民讲解着这场战争的起因、目的和前景,他很清楚,自己面对的是各个阶层的人,既有商人、庄园主和士兵,也有农民、老人和妇女,所以他尽量讲得通俗易懂。这样的话只有一个真正的人民的儿子才能说出来。

6 "真正的总司令"
LINCOLN

华盛顿街头突然非常热闹,人们都蜂拥着来到首都,因为,格兰特要在这一天来到这里,接受陆军总司令一职,并将被授予中将军衔,这个殊荣只有合众国创建人华盛顿曾经获得过。大街上人潮汹涌,白宫的大厅里聚集着军官、外交官、时髦高贵的女士们,大家都在等待着他。

此时是1864年3月,战争形势开始明显对北方有利。人们渴望着战争早日结束,甚至自编歌谣传唱着:"亚伯拉罕·林肯,让我们有了一个真正的总司令!"

夜晚降临的时候,格兰特像当年的林肯一样,悄然而至。陪他一同来这儿的,是他的小儿子。在一座很普通的旅馆里安顿好以后,他才悄悄地像个普通军官一样走进了白宫。这是格兰特第一次面对面地同总统会晤。之前,他一直愿意离首都远一点,这样离政治、阴谋与丑闻也会远一点。今天,他直接就走进了白宫,没有请谁通报,他觉得林肯一定很好找。

谁知,大厅里的人简直多极了,他根本看不过来,还是林肯先发现了他,紧接着人们就把他们两个围得严严实实了。两个人一高、一矮,都非常严肃,站在那里,看着周围的人群不禁有些尴尬。

卫兵们用沙发挡住了人群,格兰特才被总统正式介绍给各位内阁。由于大家都非常热切地想看看这位将军的风采,格兰特便站到了沙发上。这位在战场上无所畏惧的将军,此时此刻紧张极了,用他后来的话说:"那可是这场战争中最令人恐惧的场面了!"

在任命仪式之前,林肯为格兰特准备了一份讲稿,并且说:"我是担心您这样讲话不大习惯。"林肯还叮嘱格兰特,注意不要让同僚们产生嫉妒心理,另外还要表示对波托马克兵团很欣赏。

事情的结果完全在人们的意料之外,如同当年的华盛顿一样,格兰特读的只是自己写的两三句话,而且是用铅笔写在半张纸上的,完全把林肯说的话忘到一边去了。

尽管如此,他和林肯还是很投机的。之前有人告诉他,如果林肯问作战计划,千万不要说。可是,林肯似乎并没打算过问这件事情。

对华盛顿这座城市,格兰特还是喜欢不起来,他宁可推掉玛丽为他准备的一次宴会,也要告辞离开,说有要事必须回去。

林肯在他走后说:"对于这个人,我不知该如何进行评价。他是我认识的人当中最不喜欢张扬,同时又最为踏实的一个。有一点我可以断定,不管他去哪里,一切都能合理地运作起来。我感到很高兴,终于有了这样一个总司令,懂得打仗,又不用我的督促。之前,有人告诉我,作战计划应该由我来制定,将军应该由我亲自来担当,尽管我没觉得自己有这个能力,但如果别无选择,我一定会尽力。现在有了格兰特,虽然我没有问过他的作战计划,但是我相信他。你们去看看别的将军在做什么,就会知道我的想法并没有错。他们总是告诉我,他们之所以不能取胜,是因为军队缺少一些东西,而那些东西往往是我难以给予他们的。比如没有骑兵,因为他们非常清楚,我们的马匹向来就是极其缺少的。一开始,我以为格兰特也会像他们一样,我还总想知道他都缺少些什么装备,并且专门写信问过,是不是缺少骑兵。可是,他却反问我:'把这些士兵组成步兵部队不是也很好?否则就让他们回家得了。'"

林肯终于得到一位和自己惺惺相惜的将军,并且像他一样脚踏实地、真诚、朴实、而又充满智慧。可此时,这场战争就要结束了,而林肯的生命也将走向终点。

格兰特有个好朋友,名叫谢尔曼。他是一个做事雷厉风行的人,与人相处的时候很大方、很开朗,也是一个少见的英才。格兰特去华盛顿的时候,就把自己的部队交给了他。这个谢尔曼总是把格兰特看做自己的老师,在工作中处处以他为榜样,严格要求自己,并且勤勉好学,充满爱心。后来,他不仅把叛军将领约翰逊的部队赶出了亚特兰大,而且,九月份的时候,他又把敌方的腹地给占领了,为取得最后的胜利奠定了坚实基础。

格兰特没有向林肯提任何苛刻的要求,这对于林肯来说,在那么多将军当中可是第一个。格兰特从不奢求,而林肯对他也从来不过多干涉,原因是林肯对他寄予的希望太多。

在一篇出色的信函中,林肯用长者的语气对格兰特说:"新的作战计划还没有进入实施阶段,我又没能见到你,因此只好在信中表达一下我对您的满意之情。至于作战计划的具体内容,我并不关心。您所做的一切都是无可挑剔的,我相信您,所以不会给您任何限制。假如您有什么要求,请一定要对我说,凡是我能办到的,一定会让您满意。上帝保佑您和您英勇的军队、正义的事业!"

从做统帅的角度来说,李将军比格兰特要技高一筹,可是格兰特的策略让他吃尽了苦头,兵力损失惨重。只是李将军总能一次次从格兰特手中溜走,如同下棋,尽管所剩的棋子没几个了,依然能给对方出难题。

到了六月,北方的失利波及了格兰特的军队,可林肯依然故我,镇定得很。七月来临的时候,格兰特十五万大军攻打到了彼得斯堡和里士满城下,与此同时,李将军一个部下也率兵威胁到了北方首都华盛顿。

敌军近在咫尺,而此时的华盛顿只驻守着一些新兵,波托马克军团出去作战了，一时间难以赶回，首都岌岌可危。对于总统和他的官员们来说，只能突围出去，否则就是死路一条。而林肯，这个一向相信命运的人，独自一人走到了要塞。子弹就在他耳边闪过，他却依然神情自若，并且给总司令发电报说："一定要谨慎，更要清醒！"

部长维尔斯后来说，林肯曾经在中午的时候独自在外面的背阴处坐着，简直悠闲洒脱得很，和去白宫做客的格兰特如出一辙。而那时候，敌人就在他的背后。

后来，格兰特的援军迅速赶来，打跑敌人，救下了首都。

7 危机四伏
LINCOLN

下届总统大选将决定这个国家的命运。

如果当选的是某个民主党人，那么他立刻就会在南北双方的问题上发挥作用，因为民主党人是主和派，不管哪方胜利他们都不关心。可如果当选的是共和党人，北方就会继续战斗，直到最后。

对于林肯来说，现在最令他感到困扰的，是他的内阁。蔡斯尽管贡献很大，却一直窥视着总统的宝座。他先发表声明说，自己并不想做总统候选人，之后就交上了辞呈。林肯答复："文件我收到了，只是还没来得及看。至于里面的内容，朋友们大概对我说了一些，我不想知道太多。……至于财政部长这个职位您是否能继续担任，我要依据国家利益加以考虑。可是，就这一点来说，我觉得似乎没有更换的必要。"

最终，共和党的总统候选人还是林肯。他赢得了更多人的信任，包括曾经反对过他的人。林肯以他的真诚、谨慎、睿智，以及他慈父一样的眼神与态度，平民味十足的演说艺术，还有满面的沧桑，赢得了人们的心。

他的总统竞选，以朋友们在报纸上刊登的一篇《林肯的故事》拉开了序幕。另外，林肯的一段话也为他的竞选起到了推波助澜的作用，那是他接见一个代表团时说的："先生们，我不想夸自己有多么优秀，只是突然想起一个故事，里面的荷兰老农夫对同伴说：'要过河了才换马，并不是一个好主意'。"简直是太精辟了，而且一语中的，就算是普通的老妇人也能明白，就算是最有经验的律师也会拍案叫绝！

六月份的总统提名大会上，蔡斯和另外几个人居然退出会议，并发表了一篇令人惊异的评论："对林肯的睿智、以及他对祖国和宪法的忠诚，我们感到万分钦佩。他在任职期间一心埋头国事，成就卓著。至于他的《解放奴隶宣言》，我们都非常赞同！"

实际上，在重新当选的过程中，这份宣言对林肯是很危险的。可是，他不愿为了竞选而放弃自己明确的态度，于是，在他的一再要求下，他的选举方案加上了这份通过合法途径而产生的宣言。

最后，几乎所有党内同仁都再次推选了林肯。

他在接受函里写道："重新推选我做总统候选人，并非意味着大家对我个人有多么赞赏，只不过在你们的心目中，我大概比任何人都更适合这个艰难的事业，直到把它完成，而别人做起来会很难……另外，大家都认可了我的基本思想，我以万分感激之情接受这次提名。"

民主党内部此时也产生了不一致的意见，主战派以西蒙为代表，另外一派希望战争尽早结束，以弗兰迪甘为代表。讨论的结果是，两派都认为，这是一场失败的战争，除此以外就再没有一致意见了。于是，他们心目中的总统最好是个被撤职的将军，麦克莱伦就成了他们中意的人选。而麦克莱伦也在暗示说，假如由他来领导这场战争，状况会好一些。不仅如此，他还和民主党的同仁们极力就军需和逃兵问题对林肯政府进行谴责。他们质疑林肯的工作，认为林肯根本不想要和平。可实际上想要分裂联邦的恰恰是杰斐逊·戴维斯啊。没办法，林肯不得不告诉民主党人，他完全可以让出总统宝座，只要民主党人能打败叛军。这已经是对民主党人的让步了，可他们根本无意于讲和。

获得总统提名不仅没有让林肯轻松，反而更加一筹莫展。像四年前一样，危机再次重重包围了他，来自各个方面的攻击都是想让他自动放弃最终的选举。就在这个时候，选举委员会也来告诉他，希望他能放弃，并重新推选一个候选人。这个人就是格兰特。

实际上，去年报纸上就曾经预测说，格兰特将成为新一届总统。一个朋友问格兰特有什么想法，他说，就算自己能做总统，也不会是现在，因为他现在只有一件事要去完成，那就是他现在的事业。这个朋友刚得到格兰特的回复，总统就来拜访他，并看到了格兰特的回信。

林肯感慨万千："这封信真让人高兴。假如'想当总统的蛆虫'钻进了心里，不知会有多难受。之前，我并不知道格兰特有没有受到它的折磨。"但是，林肯总想弄清楚，格兰特在荣誉和大家的期望面前会有怎样的变化。于是他让人去试探一下，看格兰特会有怎样的反应。结果，格兰特一听到竞选的事情，立刻跳起来说："不！参加总统竞选？我不去，谁也别来强迫我！"这与他平时的性格简直判若两人。

"总统先生知道您的想法么？"

"不，我觉得没必要。对我们两个来说，最重要的事情是不同的，我是要去打胜仗，而他是要继续做总统。"

林肯的一块心病终于放下了："我说过，要想让他去竞选总统，那肯定要在打败叛军之后，否则他是不会同意的！"

于是林肯站出来表态说："格兰特把里士满拿下之后，我就把总统职位让给他！"

此时正是大选最艰难的时刻，林肯却要再度征兵。朋友们让他考虑周全了，他却说："一定要这样做。老百姓一定要清楚我们在做什么。我们的联邦绝对不能分裂，就算我没有当选也是这样。我再次当选之后要做的就是，继续用武力镇压反叛。"

这个决定不仅招来舆论对他的攻击，更可怕的是阴谋也在悄悄酝酿，他的老朋友斯维特写信说："林肯的对手们——西蒙、蔡斯和弗莱芒特预谋重新提名一位总统候选人。民主党人对征兵极其反对，他们的主战派准备提名一个忠于联邦的人，主和派则希望与戴维斯携手控制政府，之后发动一场大起义。刚刚截获的三千只手枪就是要运往印第安纳的，一个可怕的阴谋正在向我们逼近，简直有点像是法国大革命，令人感到可怕。"

对此，林肯又是怎样说的呢？他依然是那么平静："何必这样费力气，对于我们这个年轻的国家来说，如果想搞谋杀的话，谁也挡不住。"

八月中旬的时候，危机达到了顶峰。一天早上，宾夕法尼亚一家小店的窗玻璃上，被人刻上了一句话："1864年8月13日，亚伯拉罕·林肯服毒身亡。"

当时，由于8月13号都过去了，店主也没往心里去，况且，他猜有可能是哪个疯子呢。直到八个月之后，他才想起来，1864年8月中旬，住在他店里的是个叫"布思"的演员。而此时，林肯已经被这个刽子手给杀死了。

8 再次当选
LINCOLN

夏天的一个晚上，林肯和卡尔·舒尔茨在"士兵之家"的一个小房间里面聊天。

林肯说："尽管我被一致提名，他们却步步紧逼，想让我让位。当然，假如我愿意的话，完全可以。我不否认，别人的确可以做好，可是，做成总统的是我，而不是别人。假如我退出，别人愿不愿意做先不说，把我赶下来的人可能先要争个你死我活了，如此一来，我的退出只能导致局势更加混乱，而毫无好处。上帝可以证明，一直以来，我对自己的工作都是尽职尽责的，对每一个人都很公平，不愿冤枉任何一个人。结果，我的朋友，本来应该是很了解我的人，居然批评我脑子里充满了权利欲，还说我为了权利不择手段，甚至做些不道德的事情。如果我真的被推下台，对公众会有什么好处？他们为什么不想想这一点？但愿他们能思考一下！"林肯在说这段独白的时候，仿佛在极力摆脱忧郁的念头，想让自己清醒。灯亮起来的时候，舒尔茨看到了林肯湿润的眼睛。

过了几天，一位部长觉得林肯实在需要休息，就劝他休假。林肯说："没有用的，我的思想永远都会跟着我，去哪里都一样，我无法摆脱它，但这与虚荣或野心无关。"此时的林肯满心苍凉，思绪万千。他仿佛已经看透一切，感到自己与一切越来越远，他在心里默默地问着自己：是不是该离开了？可是，假如真的离开，那么目前有利于北方的局势不就前功尽弃了吗？

而且，即使林肯不自动放弃，麦克莱伦取胜也是有可能的，那样一来，如果再度出现四年前那样的两个政府的局面呢？四年前林肯就陷在这个问题里，几乎到了绝望的地步。内阁们的勾心斗角会让这种局面再度出现吗？这才是问题的关键。不过，目前是冬日，战事不多，麦克莱伦的征兵能力倒可以利用一下。

在这特殊情况下，林肯准备组建一个临时政府，以备紧急情况的出现。他确定了各部部长人选，并准备让他们在一份备忘录上签字，上面写的是:"这几天以来,情况一直对本届政府不利,如果真的不能再度当选,我必须想办法在选举和宣誓就职期间保护联邦,这是我的职责。因为,假如获胜的是他,联邦就会有危险。"林肯后来曾经说过,那时候的确是想利用麦克莱伦的影响力进行征兵,并防止麦克莱伦阴谋篡位。另外,至少在那四个月当中,他的老同事们还是可以依赖的。

可关键的问题是,如何保证让这些老同事们签字,并忠于自己。在一起工作四年了,他们是不是自己的真朋友呢?维尔斯和斯坦顿都很忠心,可他们之间总是勾心斗角。

总之,他的内阁非常不稳定。怎么办呢?怎样让他们签名呢?到了开会的时候,林肯只是把那份备忘录放在桌子上,在没有宣读的情况下,让内阁们签了字。他的内阁们尽管很惊讶,但还是平静地签了名。这份文件不仅最能体现林肯的性格与个人魅力,还体现了这位饱经沧桑的长者预见性的睿智。

秘密签字之后没几天,局势就发生了变化。谢尔曼胜利打进佐治亚州,并占领了首府亚特兰大。这完全可以算是对反战的民主党人的完美答复,林肯立刻下令,让全国为这场胜利感恩一天。如今,西部军团取得了决定性的胜利,林肯再次看到了希望。舒尔茨放弃将军职务,准备像四年前一样帮助林肯参加竞选;蔡斯居然也放下敌意,重新与林肯开始合作。

民主党人也不好意思再谴责战争,连麦克莱伦都站出来说,应该让现政府连任下去。就在这时,南方竟也无意中给林肯帮了忙。他们交换战俘的时候总要先问问北方的战俘,会选谁做总统,结果,凡是要选民主党人的都给放了回来,此举可谓让民主党人颜面全无。而实际上,那些士兵们都是拥护亚伯拉罕做总统的。

林肯接见俄亥俄军团时说:"我能暂时成为白宫的主人,完全是偶然的。我的经历足以证明,你们的孩子都有希望像我一样,我父亲的孩子就已经成功了啊。这场战争之所以要继续下去,就是为了让每个人都能有平等的权利去证明自己的人生。只有这样,我们才能永远拥有这样的权利。"

大选那天下午,林肯和斯坦顿一起待在国防部的电报间里。斯坦顿读电报,林肯听着,评论着。突然,在两个人都沉默良久之后,林肯大声问:"皮卓勒姆·奈斯贝的笑话你听过吗?"

"看过两眼,没觉得有什么意思!"

LINCOLN

"是吗？我们来看看。"说着，他拿出一个黄皮书，开始读起那些政治笑话来。这就是他用来放松神经的方式，此时此刻太令人紧张了。

最终，林肯以遥遥领先的优势，再次当选总统。二百三十三票中，有二百一十二票投给了他，只有三个选举州没有选他，他的故乡肯塔基就在其中。

林肯说："感谢上帝，有这些能如此理解我的人民。但是在这份深深的感激当中，不存在任何的沾沾自喜，因为我非常了解自己，同时我也并没有把击败别人当做乐事。"

有一天晚上，刚刚听完一首《小夜曲》，他写道："如果一个政府连给人民自由的能力都没有，怎会有能力保护自己，甚至拯救自己于水火呢？人性难以改变，所以，假如再次遇到目前的情况，一切还是会重演的。因此，我们现在应该做的绝对不是阴谋、报复，而是好好反思，吸取经验教训。这次竞选至少可以证明，我们的政府是坚强、有力的，是可以经得住考验的。一想起别人对我的当选没感到失望，我就觉得很欣慰。我想在这里对所有的人说：不管是当初支持我还是反对我的人，我们共同前进吧！让我们一起为那些英勇的将士们，为他们英武的指挥官们高呼三声万岁吧！"

对于公众，他只提出了一个请求，那就是：在危机中大家应该团结起来！他这种平和而又聪明的处世方法，在大选中表现得十分充分，而在对待南方的问题上他也持这种姿态。

9 为和平而奋斗
LINCOLN

"在治理这个国家的时候，首先要对得住自己的良心，即使为了这个让我离开这里，并失去所有的朋友，我也不会后悔。"林肯一直在为一个问题犹豫不决，那就是如何对待那些被占州的参议员和众议员。议会有没有权利，或者说有多大的权利去拒绝接受他们。这个问题在边界州里显得更加难办，密苏里州开始出现混乱的局势，他们的中立立场遭到怀疑。于是，林肯的一条建议被送到了他们的州长那里："建议您加强对军队的管理，使它有能力抵御敌人，保住和平的局面。不过，对人民一定要安抚好，军队与他们要友好相处，绝对要避免迫害与纠缠。当然，能做到这一点并不容易。假如两边对您的态度是一致的，倒是很好解决，可是，如果一方攻击您，而另一方却褒奖您，那就很难办了，一定要尽力避免。"

1863年的时候，路易斯安纳州和田纳西州准备再次加入联邦，可是似乎无从下手。林肯立刻开始给这两个州进行策划与协调，就像一个经验丰富的老外交家。

后来，他给路易斯安纳州州长写信说："'选举权'是现在的关键问题，我建议您让部分黑人也拥有这个权利。那样，不管状况多么艰难，这些人肯定可以帮助我们，保护我们的自由。"

之前，林肯总在重大问题上显得有些迟疑，可是，在给田纳西州州长约翰逊写信的时候，口气却难得地急躁起来："田纳西州现在已经把武装叛乱分子扫除干净了。我想，即使不用提醒，你也应该意识到，重组州政府的时候到了。你和你的朋友一定可以找到解决这个问题的办法，因为没有比你们更熟悉这里的了。我在这里要说的只是些建议：重组的时候，这个州的控制权和它在国会的代表席位，绝对不能送给联邦的敌人，否则，对本州、对国家都不会有好处！"

就在这个时候，议会里面又有人主张不管总统的意见，完全按新计划行事。他们都觉得总统的态度过于温和。而此时的林肯，大概对自己的命运已经有了预感，一再督促议会为奴隶解放而努力，想早日达成这个多年以来的愿望。"战争就要结束了，军队早晚都要从南方撤回来。你们一定要想方设法将选票交到被解放的奴隶手中，让他们在我们撤离之前成为选民。到时候，选票就可以保证他们的自由，他们需要这个。我仿佛可以知道将要发生什么！"

林肯已经在考虑和平时期的工作了，那才是他最渴望的，所以他才会为了人民的和平生活而奋斗！

青年时代就有的"人人平等"的观念一直没有变，就算当了总统也是如此，所以，他深得工人阶级的爱戴。英国曼彻斯特的工人一知道他再次当选，立刻发来了贺信，而他马上用热情的笔调回了一封，言语之间充满感激。当我们掸去旧日的尘埃，重新翻开昔日的这些信件，依然能看到它焕发出的异彩："我们的政府不管是现在还是将来，都会以坚决维护宪法为核心……而这些政策将产生怎样的道德效应，政府是难以控制的。当我们静下心来研读历史的时候，我们相信，合众国所做的一切，包括对将来的影响，都是对人类有益的。因此，各国的态度最好是谨慎一些，这也是我们所希望的。此时，欧洲的工人们所经受的严峻考验，就是我们那些不忠诚的公民引起的。而你们的坚决态度，在任何时期、任何国家都是值得尊敬的最崇高行为。而这恰恰证明，在这世界的每一个地方，真理与正义总会战胜一切！"

听说纽约工人请他做荣誉会员，林肯高兴地说："从贺信中可以看出，你们已经意识到，这场以保住奴隶制为目的的叛乱，给全体劳动人民的利益都造成了威胁！我在战争刚刚打响的时候，就对这个问题进行过思考，1861年11月的一篇致国会咨文便阐述得很清楚。"之后，他将里面"有关资本和劳动"的一段给代表们念了一遍。

接着他又说："劳动人民是最希望这场叛乱得到镇压的，但是，如果在你们当中出现了偏见、分裂与敌对，就应该引起警惕了，应尽力避免一些不必要的骚乱。人与人相互的同情心使得我们的关系变得牢固，所有的劳动人民因此才能团结起来。不过，对财产和业主是不该采取敌对态度的。财产是最有积极意义的，非常可贵，因为它是劳动的果实，你可以拥有，我也可以，对勤奋和付出来说，财富是最好的嘉奖。如果你无处安身，就应去努力工作，为自己挣来一座房子，让其他人也看看，不管是谁，只要付出辛劳都会有自己的家，而不应该去毁坏别人的房子。"

那么复杂的问题，经他的口一讲解，变得如此明白晓畅，就算六十年之后，它仍是最简单明了的解释。原因很简单，林肯本质上就是一个有政治头脑、有思想、有智慧的普通农民。尽管历尽沧桑，但他本质中的淳朴本色却从未改变。

10 在葛底斯堡的演讲
LINCOLN

三四年来，林肯几乎不曾缓过一口气。他的生活中已经没有了自己，紧张的工作、内部的敌对、外部的攻击，再加上前辈事业的激励等等，已经充满了他的生活，令他无法喘息。当年的伐木能手，尽管身材依然高大，却已经是心力交瘁，虚弱得很。阅兵的时候他还染上了天花，痊愈后他总觉得双腿发冷。即使这样，他也没有离开过自己的岗位；就算是彻夜未眠地工作，他也会在第二天早上准时起来，从来没有因为疲倦拒绝过别人的拜访。

他说："安静对身体有好处，但它是什么，我从不知道。我只知道我的内心深处是疲惫的，无法改变。"随着时间的推移，生活变得越来越紧张了。捷报不断从前线传回来的时候，林肯并不轻松，党派内部的攻击令他难以脱身；内部矛盾刚刚缓和一点，征兵又开始连连受阻。有时刚刚抓住个喘息的机会，他的那些部长们或司令官们又开始斗来斗去，令他难以安宁。

不仅如此，每天他还要受到来自战争的苦难的冲击——华盛顿不断有伤员运送进来，离白宫不远的小山上就满是野战医院和伤员的帐篷，他出去的时候，总能看到来来往往的担架。战事最危急的时候，前线来的电报总会将林肯从梦中惊醒。每到这种时候，他都会立刻穿好衣服，一个人骑马去国防部。假如此时来暗杀他，是非常容易得手的。

八月份的一天夜里，十一点左右，"砰！"的一声枪响过后，士兵疗养院的卫兵就听到了一阵急促的马蹄声，几分钟后，林肯骑着马出现了。他的帽子不见了，下马后对士兵说："它受惊了，差点脱了缰！"士兵问他帽子怎么没有了，他说："刚才有人开了一枪，马被惊到了，帽子大概丢在山脚那儿了。"士兵叫了一个人一起去找，找到帽子的时候，他们惊呆了：那帽子竟然被子弹打了个洞。林肯知道后，让他们别对其他人说起。此后，林肯就不再一个人骑马出去了。

他的性格，决定了他在这场内战中总会承受巨大的压力。他既不会因为胜利沾沾自喜，也不会过分痛恨敌人——那敌人就是同胞啊！一年前林肯就在演讲中说过："内战带给每个家庭的痛苦，连老天都会为之落泪。"

不过，他还是一个善于自己疗伤的人，他说："对于这些事，我会竭尽所能去解决，并坚持下去，直到生命结束。假如结果显示对的是我，那么所有的污蔑就是毫无意义的；假如结果显示错的是我，那么就算有天使来帮我，也没有用。"

密苏里的一个激进团体要求林肯解散军团，否则他们就暴动。林肯当然一口拒绝，结果，一个代表说，既然这样，就要从林肯开始下手。林肯怎么应对呢？当时，林肯就站在那些代表面前，热泪一涌而出。他说："你是不是说，假如我接受你们的意见，你们还是可以支持我和政府的，否则就不能？其实，我清楚得很，在场的各位当中肯定会有人说我是'专制暴君'，还要说我想用国家命运去实现个人的理想。我从未想过要当暴君，这一点我自己应该最清楚！"

不过，等到代表团的人跨出大门的时候，林肯的笑声又从房间传出来了。他的情绪就是如此多变，也惟有这样，他才能承受住超乎寻常的压力。

对林肯来说，看书的时间简直太少了，所以和儿子塔德一起读书是最让他高兴的事。在日常谈话中，他总是迸出思想的火花："莎士比亚的剧本，有一些我根本没看过，而《李尔王》、《理查三世》、《亨利八世》、《哈姆雷特》，还有《麦克白》，却是我经常阅读的。在我看来，《麦克白》简直无比精彩。另外，哈姆雷特'生存还是毁灭'那段独白，并没有'啊！我的罪孽充满了臭气'好。不过，请原谅，我的评论缺乏专业水准！"话说得虽然不多，但其中体现了林肯一贯的谦逊，对自己在某个领域的知识匮乏，他总是表现得很坦诚，从不避讳。周围那些虚荣的政客，总会让他感到痛苦，自然就为反面人物麦克白着想了，倒也可以让人理解！

他还有一段关于树的论述："这个我在行，让我说吧！我是在树林里长大的，几乎了解每一种树。其实，在看树的时候，就像是看人，需要懂得相面，因为它们也总是特别相似，分辨不清，就像人。学校里如果能开这样的实践课，应该会得到好效果的。不过，观察树比观察人要容易得多。在看待一个人的时候，更应该看得远一些，从变化中逐渐了解，这样才能对其性格与才能产生正确认识。这只是我突然想到的，不要见怪。我觉得，在步入社会以前，让学生在学校里参加一些实践课，接受一些实际的考验与磨难，对他们有好处。如果觉得这个想法是可行的，并且确实有好处，我们就实践一下，不论成功与否，都是值得的，因为对于任何一个人来说都是难得的经历。"

像这样闪烁着智慧光芒的想法，应该还有很多，只是因为缺乏记录，我们无法得知。可是推想一下，假如把这样的想法付诸实践，对未来会产生怎样的影响呢？我们可以大胆地说，假如林肯能多活几年，肯定能令教育界发生巨大的改观。

林肯的时间太宝贵了，就连偶尔推敲演讲的措辞，也变成了他休息的方式。在就职演说和《解放奴隶宣言》之后，最让他花心思的，就是葛底斯堡国家烈士公墓落成典礼时的开幕词。

LINCOLN

第五章 国民之父（1863—1865）

林肯在葛底斯堡演说的手稿

典礼是露天举行的，聚集了成千上万听众。先是由著名的演说家埃弗雷特上前去讲了两个小时，之后就是林肯了。他大步走上讲台开始了自己的演讲，他可没讲那么长时间，短到照相机还没来得及准备好，他就已经讲完了。

在八十七年前，先辈们来到这片大陆上，建立了我们这个奉行"人人平等原则"的国家。如今，我们这个国家正经历着战争的考验，看看一个奉行自由与平等的国家能不能继续生存。今天，我们所站的地方就是一个伟大的战场。烈士们在这里，为国家流尽了最后一滴血。现在，我们要占用这战场的一部分，让他们静静安息。这是我们应该做的。

不过，对于这块土地来说，我们没有任何发言权，因为它属于那些英勇的将士们。我们说过的话，很快就会被世人所忘记，而勇士们浴血奋战的身影将永远被人们记在心里！

我们此时应该做的，是去完成勇士们还没有完成的伟大事业。但愿我们能从他们身上继承更多的无畏与奉献精神，投入到这份事业中去，不让烈士们的血白流。愿上帝保佑我们的国家早日获得新生，并永远存在下去！

这篇演讲从文学角度来看并不出色，观众们也没有太大反响，可是埃弗雷特——他之前的著名演说家却说，自己的长篇大论在林肯的几句话面前显得毫无光彩了。

之前，人们所知道的葛底斯堡只是美国南北战争中一场战役的名字，至于这场战役的具体情况和将军叫什么，只有学校的历史课本上才有。可是，这篇短小的演说，却让这个地方为世人所熟知。

11 玛丽的痛苦
LINCOLN

就在林肯经风历雨、为国奔忙的时候，玛丽又在做什么呢？

她和林肯的感觉是完全不一样的，她和北方人民无论如何亲近不起来，她对国家也没什么兴趣。让她失望的是，白宫生活远远不像她梦想中那样歌舞升平。更令她感到痛苦的是，就算自己的兄弟在与北方军队交战中阵亡，她都不能表达悲痛。她二哥和另一个兄弟被自己丈夫的军队送进了坟墓，而她只能表示欢喜，因为丈夫取得了胜利。后来，她的妹夫也在南北交战中阵亡了。此人的遗孀，玛丽同父异母的妹妹，准备去肯塔基州探望母亲，格兰特将军立刻给了她通行证，可她竟然拒不宣誓。不过，林肯还是放她来了北方。

林肯还给玛丽另一个姐妹发放了通行证。后来有人说她私运货物，于是，玛丽和林肯都不再与她联系。谁知，她竟然在旅馆里为南方喊冤，林肯不得不让人去告诉她："二十四小时内必须离开华盛顿，否则将被投进监狱。"

所有这些事连在一起,让人们更加深了对玛丽本来就有的怀疑。不久以后,玛丽的来信全部要由林肯的一个秘书先过目一遍,以防万一。尽管这是政府决定的,可还是在林肯本来就不愉快的夫妻生活中增添了一丝阴影。就是他们俩之间的书信都变得冷淡了。"你自己决定吧,回不回来都可以。你走的时候我就是这个意见。"这就是玛丽的语气。

林肯的口气也如此。一次,他发电报给玛丽说,由她自己决定回不回来;第二天,他又发电报:"当然,如果你回来,我将非常高兴。"结果玛丽不满意了。一天之后,林肯只好又发电报说:"这里的空气很清新,另外,我非常想见到你。"

有一次,维尔斯十几岁的儿子正好听到了他们的一段对话。玛丽要求林肯对某个军官委以重任,林肯没有答应,她就开始大声嚷嚷:"假如你不答应,看到那片泥地了么?我立刻跳进去!"林肯只有无奈地低头了。玛丽这样狂躁的情形不只出现过一次,儿子夭折的时候,她就像发疯一样,再也不进儿子的房间。每到她难以控制地发狂时,林肯就会像个长辈一样,指着远处的疯人院对她说:"你看,亲爱的,假如你实在控制不住自己,就只能把你送进那个'白宫'了!"

她总是产生幻觉,她对妹妹说,她总能看见死去的儿子和兄弟们,他们在自己床前站着。另外,她还非常担心林肯,迷信是一个方面,更重要的是她很担心有人来刺杀。有一回,他们坐车去福特戏院看戏,车轮不知怎么硌了一下,玛丽立刻惊慌失措,说有人来偷袭了,女友费了好大的力气才把她安抚好。而林肯则说:"假如我的生命到了尽头,那是怎么也逃不掉的,配备卫兵只是能让大家安心些罢了。"

其实,玛丽的恐惧也是情有可原的。戏院里面人多得很,一定要有人在前面开路才能走得过去,这样的情况下,什么都有可能发生。

不过,四年来,尽管危机四伏,林肯却一直很平安。玛丽只能眼睁睁看着他在危机中穿行,心里默默为他担心。四年前镜子里那两重影像,至今令她惴惴不安。那时候她就猜测过,那预示的是林肯将在第二次任期的时候死去。其实,与其这样担心,她为什么不问问自己,当丈夫最需要鼓励的时候,怎么不给他送去勇气?她甚至连称赞的表示都没有。在白宫无法吸引她的时候,为什么她依然坚持留下?作为林肯深爱的女人,她劝说一下正处于孤独中的林肯,他肯定会退出这些是非的。可是她什么表示也没有,林肯所感受到的只是冷

LINCOLN

漠。他的妻子带给他的惟一礼物，就是孩子们，他爱他的儿子们。

有一次，他给朋友念了一段《约翰国王》。里面的国王说，在天堂里，他会与自己可爱的儿子重逢。读到这里，林肯突然不读了。他闭上眼睛，好像在回忆自己夭折的孩子。留下来的两个儿子，罗伯特在读大学，塔德则整天与他形影不离，就像他的"贴身保镖"。

小塔德总给卫兵们讲故事，还和他们一起拿青草给山羊吃。他穿着小小的制服，骑着小马，和大人们走在一起……看不到他的时候，林肯总会想他，他给妻子发电报说："跟塔德说，爸爸和山羊过得都挺好的，尤其是山羊！"

他的老朋友们只剩下三个人，其他的不是死，就是背叛了他。他写信给维德说："真担心有一天会伤害你，我总是很小心，对你很友好。假如我的什么令你产生了误解，一定要相信，事实肯定不是那样，一见面我们就可以搞清楚了。"

赫尔顿和斯皮德尽管一直是他无所求、共患难的好友，却都离得太远了。第二次当选之后，他把总检察官一职授予了斯皮德的兄弟。一次，在紧张的工作中，他特意给汉娜·阿姆斯特朗发了封电报："你儿子威廉被

1865年的玛丽·托德

释放了,我刚听说的,此时就在肯塔基州的路易斯维尔。"

他的老友们,他那与他敌对的故乡,此时都那么遥远了。对宿命论的笃信使他获得了内心的安宁,他还不时用宗教的语言对这种宿命感进行描述。在最后的日子快来到的时候,他提到"上帝"的次数似乎比以往更多了。有一回,他告诉神父:"这种对命运的坚信不疑,能让我在繁重的工作中更加清醒。上帝有自己的安排,我相信这一点,而且,不管我们能不能预见到,这些安排总是最合理、最有好处的。"

林肯的儿子塔德长大后成了一名优秀的律师,并且曾担任美国国防部长以及驻英大使。

有一个神父说,但愿上帝和"我们"站在一起。林肯却说:"我不会去想这种问题,上帝会和正义站在一起,我一直这样看。不过,我总是在担心,我们是不是能和上帝站在一起,我祈祷会是这样。很多的例子都可以证明,上帝一直在引导着我们。我总觉得有某种力量在指引着我们,而且它肯定来自天堂。每次做决定的时候,我的思路都非常清晰,尽管我不敢肯定它很正确,但我也无法证明它错误;而别人要求我做的那些决定,却往往没有好结果。假如上帝为我准备了一番事业,他肯定已经知道了最好的方法,而且,还会让我慢慢知道那是什么。"

看,他本身就是一个自信、宿命、坚强的集合体。对这一点,他还说过:"输赢并不重要,重要的是真实;丰功伟业也不重要,重要的是坚守自己的原则!"似乎一点也不矛盾,他的宿命论一直在用迷信来做补充,这深深影响着林肯的思想。

有一次打了败仗,他说自己早就料到了:"我似乎总能感觉到会发生什么。"有一天夜里,他被噩梦惊醒了,第二天早上,他发电报和妻子说:"你最好让塔德把手枪丢掉。我的噩梦就是关于它的。"玛丽看完电报,就把手枪扔在旅馆里,回华盛顿去了。没过多久,林肯又发电报给那家旅馆:"您能不能把那只手枪寄过来呢?塔德总缠着我要呢。"

12 宽容
LINCOLN

在这风风雨雨的四年当中,赦免犯人是林肯所享受到的最大的幸福,在强烈的同情心和正义感之间,他总是倾向于前者。

没有任何一个国家的领袖,在短时间内签下过如此多的赦免令。这些被赦免的人大部分都是逃兵,被抓后就要执行死刑。幸好他们有慈父一样的总统,于是人们要求由总统亲自来审阅案例!林肯真的这样做了。战争最后两年,国防部共收到过几百封林肯的电报,内容几乎都是下令把某个人的死刑往后延期。

将军们多次和他谈到军纪问题,可他总是回答:"我真想象不出,如果是我自己上战场,我能不能坚持到最后,或许也和他们一样扔下武器跑掉了。"他还说:"上帝赐给了人类两条懦弱的腿,当然可以用来逃跑。"有一份他写的国会咨文,里面也有关于这个问题的一句话:"公正过于严格,不一定是好事。"他还自己找理由说:"这样一个好青年我们把他枪决了,而那些帮助士兵弄虚作假、找人代替的经纪人,就该安然无恙么?我看,相反的处理方法才最好。"

一个老人来到林肯面前,求他救救自己的独生子,他被判了死刑。林肯将巴特勒将军的电报拿给他看，只见上面写着："我以万分的诚恳请求您，军事法庭的事您不要再干预，这样会影响军法的公正！"老者看了绝望地哭起来。林肯见了，立刻站起来说："不管他什么电报了！"之后就下了赦免令。

没过多久，有一个人因为私自回乡被判了死刑，因为他急着去和女友结婚。林肯了解情况之后，立刻下令赦免，并对秘书说："但愿这个年轻人一年后不会后悔今天没被枪决掉！"

有个少年士兵，名叫威廉·斯科特，也被抓了起来，原因是夜里站岗睡着了。林肯对他说："孩子，你不会被枪毙的。你说是因为太困了才睡着的，我一点也不怀疑，你会回到军营去的。为此，别人可能会给我出难题，但那些并不重要，我关心的是，你觉得自己该怎么做呢？"

少年的脸红红的："假如把抵押也算上，我们家大概有六百美元。"

"哦，这笔账必须你自己还才行。我要求你必须做一个好士兵！"

为了在将军们面前给逃兵辩护，他必须找个理由，对这点，他总会说：他们还小呢，"我认为，十八岁以下的士兵不该判死刑，我反对这样做。"

于是，女人们全都开始为儿子的年龄做手脚，说自己的孩子不满十八岁。但有些时候，这个理由还是用不上，于是林肯只好另想办法："他做逃兵的确该被判死刑。可他毕竟很坦白，我感到很满意。平时他应该还好吧？"实在没有办法的时候，他还会瞎编："他父亲是我的老朋友，怎能判他死刑呢？"最后，他干脆下令，只能用短期关押来惩罚逃兵。他就是这样，永远为了人民而奔忙，就算有再大的困难也在所不惜。他承认，这样做也是在满足自己："假如在我繁重的工作之余，能挽救一个人的生命，那会让我感到很高兴。"

当然，他很想让军纪更严明，可还是忍不住去试探司令官："有人请我赦免他们，却找不到合适的理由。据我所知，他们的过失的确很难被赦免，另外，您也觉得该严厉惩罚。假如我理解的没有错，您就对他们说，申请无效。"

假如他实在没有办法了，就会说："今天一个青年士兵被枪毙了。但愿我的签字不是个错误！"

他总在想，战争夺去了太多人的生命，那是他无力保全的，而对于幸存者来说，凡是不损害整个国家利益的，他都不会轻易放弃他们的生命。

LINCOLN

这场战争的最后一年,共有二百六十七人被执行枪决,其中一百六十人是犯了谋杀罪。而被林肯赦免的人,达到了八百多。

尽管林肯心很软,却不会被人轻易利用。曾经有个军官来给他念一份很长的请愿书,这个人刚被取消了职务,觉得受了委屈,可请愿了好几次也没有效果。这次,他冲林肯大声嚷着:"我看您根本不会理睬我的遭遇!"林肯听了,放下请愿书,紧闭双唇来到那个人面前,抓住他的衣领把他推了出去,嘴里高声喊道:"请别让我再看到你。批评我可以接受,侮辱却不可以!"

此时的他大概也很痛苦,因为人民竟然来利用他的宽容。不过,很快他就扔下这些念头,继续凭良心处理事务了。

尽管林肯是个文官,这几年来却与军队密不可分,军中的将士们都非常清楚这一点,所以他们在歌谣中唱道:"我们五十万人一起赶来,亚伯拉罕!我们的父亲!"

不管是谁,遇到困难的时候就会想到他。尽管有时候只是一些很小的事,他也会很上心,人民的事情对他来说没有大小之分。有个老妇人,她的五个儿子都阵亡了,林肯给她写了一封信:"再多的安慰话都难以消除您的巨大悲痛,可我还是要说,合众国应该感激您,因为您的儿子们是为国捐躯的。我向上天祈祷,愿它能让您的痛苦减轻些,在心中只留下对儿子们的怀念。您为自由的事业做出了巨大牺牲,上帝会赋予您庄严的自豪。您无比忠诚的亚·林肯。"

这些话,人民永远都会记在心里。另外,人们对他那上百封推荐信也不会忘怀。陆军部长就接到过这样一封推荐信:"这个匹兹堡的年轻人很有思想,希望您能听一听。他是那么年轻,如果您能给他帮上忙,我会非常感激的。"

有一次,他问电报员:"外面的那个女人怎么了?为什么哭个不停?"电报员说,那女人想到前线找自己的丈夫,有重要的事必须告诉他,可是,刚才国防部下了命令,任何妇女都不能去前线。林肯想了想说:"还是让她去吧,您把这个命令写一下!""为什么不让司令下这道命令呢?另外,把她的丈夫从前线召回来也行。"林肯高兴地说:"是啊!他回来不就行了么?"

他来自人民,更能体会人民的苦痛。而他本身的诗人气质也决定了他把人民的苦乐放在心上，他希望每个人都是快乐的。被逼无奈之下，一个天生忧郁的人不得不参与一场战争，而在其中，他又想尽办法让战争的痛苦更小一些。这个理想主义者、这个脚踏实地的人，一直不断地努力着，向自己伟大的目标进发。他对尊严的重视远远超过了声誉。

有人暗示说，别人会为这个笑话他的，林肯回答："不用担心，更多的嘲笑我都承受过来了，我已经习惯人们用这种方式对我表示友好了。"

他的力量完全来自人民，所以，不管是农夫还是普通市民，总能受到热情的接待。假如某位官员不符合民意，他们就会把老丹尼斯·汉克斯派来，找总统请愿，一般的时候，他们都能如愿。

一次，斯坦顿和来访的汉克斯碰到一起，大概没给汉克斯好脸色，所以，他刚走汉克斯就跟林肯说，应该把这个危险人物的官职取消了。

有时，林肯会被不断来访的请愿者弄得非常疲惫，可即使这样，别人劝他少接待一些人时，他还说自己必须为请愿者们着想，不接待不行。

一个纽约来的老人来找林肯说："我们那里，谁都相信'上帝'，还有您——'国父亚伯拉罕'。"这种话在林肯听来，比议会多数人支持他或格兰特又打了胜仗还要让他高兴。

13　最后的堡垒
LINCOLN

谢尔曼将军恰好在圣诞节前把萨瓦纳城攻打下来，成了送给林肯的圣诞贺礼。佐治亚州的这次著名战役，引起了南方巨大的恐惧，谢尔曼也因此而闻名天下。

此时，格兰特正在与李将军周旋着，两人人数相差悬殊，李将军根本无法与格兰特抗衡。二月中旬，查尔斯顿被北军占领，北方军队似乎很有希望打败李将军，于是，格兰特把南方主要的铁路线全部截断，切断了李将军与南方的联系。

眼看里士满已无望重整旗鼓，李成了最后的"堡垒"，他怎么办呢？之前，南方的最高指挥权一直被杰斐逊·戴维斯握在手里，此时，他把所有的军事权利一股脑推到李面前，而他自己却仅仅在一次演讲里面冠冕堂皇地说要与南方共存亡。

后来，南方议会通过了新决议，凡是愿意加入军队的黑奴就可以得到自由。能下这个决心，对南方来说可实在不容易。简直是天大的讽刺！南方这个转变实在是太大了，惊讶得世人全都张大了嘴巴。为了维护自己的制度，竟然不惜以违背这个制度为代价！令人不可思议的是，将获得自由的，是那些为保住奴隶制而浴血奋战的奴隶，而家里的奴隶们却还要被人任意驱使。

林肯对这种自相矛盾的奴隶制发表了看法："之前，我还没有对这个问题发表过看法，因为这与我没有关系，是他们的事情。就算是我有什么意见，也是无可奈何的，没法去改变。其实，南方最大的问题是，那些参战的黑人能不能为他们去拼命呢？如果可以的话，我想这可是最能说明黑人之所以成为奴隶的理由。南方决定四个奴隶里面要有一个去打仗，如果这个人非常愿意为了让其他人继续做奴隶而战斗，那么他实在也该回去当奴隶！我说过，任何人都有权利得到自由，可像刚才说的这样的人，我倒觉得他们实在应该继续受人驱使。而那些总在想尽理由为奴隶制辩护的白人，我很愿意让他们有机会也去做做奴隶，尝尝那是什么滋味！令人高兴的是，这种制度就要结束了，战争也将烟消云散。我说的已经太多了，远远超过了我要讲的内容，请允许我同你们告别吧！"

此时对林肯来说，应该是危机四伏的，可人们似乎都沉浸在胜利的喜悦中，从而忽略掉失败者报复的可能性。

林肯就职的时候，有两件事可以算作当时的新闻。一些黑人被编进了总统的护卫队，成了黑人解放运动的一个实际标志；另外一件事是，议会大厦的顶上竖起了一尊自由女神像，又成了新时代开始的标志。

九十多岁高龄的老坦尼法官已经驾鹤西去，林肯第二次就职宣誓的接受者变成了蔡斯。这最高法官完全是林肯在职权范围之外私自任命的。坐在台下的人里面，再也找不到道格拉斯了，好在礼帽和手杖都不见了，不会再给他惹麻烦。由于不是第一次，所以不用像上次一样详细介绍自己，林肯只用了两页纸就完成了自己的就职演说。

> 大家都知道，目前军队的战况令人很受鼓舞，我们伟大事业的成功充满希望。而此时，战场上的敌我双方，正在同一个上帝

面前祈祷着,希望他降福于自己,更稀奇的是,有人居然请求上帝帮助自己继续去奴役别人,简直是匪夷所思!对此我们先不作评价,那样别人也就不能来评价我们。

我想,上帝不会遵从于任何一方,他有自己的主张。既然罪过难逃,自然该有人受到惩罚!如果奴隶制可以算是其中的一种罪恶,上帝又说它难以避免,那么,肯定在某一个时期,上帝会让它灭亡。祈祷吧!但愿这场可怕的战争快点结束。不过,假如上帝希望战争继续,那么我们只能说:"主的旨意不会有错!"

善意待人,宽容待人,坚持正义,这是上帝教给我们的,他让我们努力奋斗,去完成未竟的事业,减少国家的苦痛,关心烈士们和他们的家属,竭尽全力将和平留在这个世界上!

1865年3月4日,林肯在第二次就职典礼上发表演讲。

这就是第二次就职的时候林肯说的话。

用哲理解释政治,最后又都归于宿命。在他对胜败没有把握的时候,

LINCOLN

他总是通过各种途径,无论是演讲还是公开信,对北方人说,让他们相信,胜利总会来临的。如今,胜利只是早晚的问题了,他却将一切功劳与荣耀都归功于上帝和命运。让人感到难以理解的是,他说,如果上帝不想让战争停止,那他也会竭尽全力做好自己该做的事。此时的他已经再次拿出了自己天生的忍耐,准备接受命运的主宰。

14 南北和谈
LINCOLN

战争真的要结束的时候,议会大厦门前一百响礼炮也奏响了,因为议会通过了《第十三条宪法修正案》,林肯的《解放奴隶宣言》正式成为了永久性的法律条文。

仅仅是四年前,政府还对奴隶制采取保护态度;仅仅是七年前,人们还在放加农炮对道格拉斯的反黑奴决定进行鼓励;而现在,解放奴隶成了美国的正式法规。就在那天早晨的时候,这个决议还是个未知数,中午时,也无人能预言它的命运。最终的结果是,赞成的一百一十九票,五十六票反对。因为必须有三分之二的通过率,法案才能有效,所以假如有三个人发生变动,结果就完全不同。真是危险,尽管这个法案的通过是迟早的事,可如果此时不能通过,林肯就难以见证这伟大时刻了。

林肯胜利了!

当天晚上,他说:"要想让它真正成为法律,必须有四分之三的州接受才行。"伊利诺伊州第一个通过了,林肯感到非常高兴。可惜的是,他无法看到全国统一推行了。

过了几天,他坐在一艘轮船上,而对面坐着的就是自己的敌人、南部的副总统斯蒂芬。四年了,这还是第一次。很多年前,他们还是好朋友,一起在下议院共事;战争刚刚开始的时候,林肯还给这位朋友写信进行过劝说。他们现在坐在这里,是来进行关于停火的谈判的。只是,林肯似乎不该亲自来,但也没什么奇怪的,这是他一贯的作风,正因如此,他才受到后代的敬仰。

秋天的时候,斯蒂芬就开始在南方四处游说,宣扬和平。现在答复终于来了，南方同意和谈。于是，林肯没有和任何人商量，亲自带着格兰特和史华特来到了这里。老朋友的寒暄过后，气氛渐渐融洽起来。尽管外面战火纷飞，这里却很安静，他们像是久别回家一样，纷纷打听着别的老朋友的情况。接着，他们还一起勾画起未来的生活。四个小时，他们一直都这样说着，这次会议完全充满了林肯的特征。

斯蒂芬问，如何避免战争继续下去？林肯说，只要南方不再反抗，战争就能结束了。斯蒂芬希望能在各州间达成一种新的自由结合的形式，林肯听了，马上平静地说不行。他用非常坦诚的口吻，开始讲述《解放奴隶宣言》发表的波波折折，他说自己根本没敢奢望南方能承认它，更不想强迫他们承认，因为他想的是首先保住合众国。他还说，奴隶制的蔓延北方人也是有责任的，因此直到现在，对南方奴隶进行有偿解放还是有可能的。

最后，斯蒂芬想通过对战争残酷景象的描述打动林肯。他没有想到，那颗心已经不再像当年那么脆弱，在经历了无数风风雨雨之后，多年前那个被他感动得泪流满面的林肯已经不见了，取而代之的是一个冷静严肃的总统。他毫不犹豫地拒绝了与武装叛军谈判的请求。

斯蒂芬旁边的一个随员说："当年的卡尔一世就与武装敌军进行过谈判！"

林肯回答："我历史知识并不多，难以运用它来进行辩护。我想你最好去跟史华特先生探讨这个问题。不过，我记得卡尔一世是丢了性命的。"

斯蒂芬连忙追问道："难道在您看来我们只是叛军，必须被处以绞刑么？"

"对。"

"我们早就知道会是这样。不过说实话，我们并不担心自己会被绞死，因为，总统是您。"

最后，斯蒂芬建议南北双方联合起来，同墨西哥开战，林肯又一次拒绝了他。斯蒂芬说要保留自己的意见，林肯在临走之前对他说："斯蒂芬，我会考虑的。不过，我觉得自己的意见应该不会有什么变化了。"

这是一次史无前例的谈判，林肯在本应冷冰冰的气氛中注入了人性的温柔与幽默。

他居然在谈判的时候还有闲情观察别人，因为后来他说："斯蒂芬那件衣服太大了，船舱里很暖和，他的大外套很快就穿不住了，只好脱了下来，那个样子简直像个去掉皮儿的玉米。当时我想，这简直是把最大的外皮和最小的玉米搭配在一起了。"

LINCOLN

他对自己的对手是颇为友好的，可对方却是毫不客气的。戴维斯看到斯蒂芬在报告上写的是："亚伯拉罕一世国王陛下。"

回家的路上，林肯所想的都是怎样让南方赶紧投降，毕竟是自己的人民，战争持续的时间越短越好。还需要多久呢？大概一百天吧？对北方来说，一百天是个怎样的概念呢？应该相当于三亿美元吧。他想，如果能用钱换来停战，使人民再不受战争之苦，也是值得的。

第二天他真的在议会中提议给南方四亿美元，作为奴隶主解放奴隶后的赔偿，四月一日先付一半，宪法修正案生效的时候，再付清另一半。另外他还提议，除了奴隶之外，所有被没收的财产都要归还，还要赦免一切政治犯。全体内阁成员听了，没有一个赞成。林肯伤心地把提案放下说："你们都不支持我，这本身就已经说明了什么。"

这项计划本身是非常理智的，而且从日后来看，意义也是非常重大的。可是，既然已经胜利在望了，就坐在那里等着胜利到来不是很好么？在内心的激烈斗争之后，他还是决定让战争的危害减到最少。再进行一百天的战争，那四亿美元或更多的钱就白白丢到战场上？还伴随着更多人的痛苦么？与其那样，还不如送给南方同胞，尽管现在发生冲突，毕竟属于同一个国家啊！

林肯的这个想法是大胆而又充满善意的！可取得胜利的北方人会同意么？于是，部长们都没有表示支持。

15 短暂的清闲
LINCOLN

整整四年，林肯所承受的压力是多么可怕啊！现在，他终于可以松一口气了。人们都说，在生命的最后一段时期，尽管还是紧张和劳累的，可林肯的心理状况似乎有所改观。

不过，他的老朋友们却说，他总是"脸色发灰，眼含忧郁"，"听别人说话的时候，他会在那里发呆"，还说"在任何攻击面前，他都会表现得很冷静，不去对谁进行惩罚。"他的画师说，林肯总是穿着个大睡袍，手放在背后，低着头，眼圈发黑，脸上充满了忧愁、苦闷甚至恐惧。"那副样子，就是对他恨之入骨的人都会心软的。"

一次，林肯正在窗前站着，屋前的大树上传来小鸟的叫声。斯威特来到他跟前，说了一些关于安排伤员的事情，林肯听的时候一直看着外面，斯威特话音刚落，他就说："小鸟的叫声不是很好听么？"斯威特听后吓了一跳，说："哦，或许我们的国家比我想的要太平多了。"然后就要走。林肯立刻叫住他说："斯威特，过来。你真的没有感觉吗？就算是处在我的地位，也不该忽略掉自然的美！实际上，你刚才的建议早就开始实行了。"

只有这样，他才能挤出时间享受一下生活。

求职者再次像四年前那样，快要把白宫的门槛踏破了。林肯决定给自己放假，这对他来说可是破天荒头一次。他终于可以清静一段时间了。当时已经进入三月份，最后的胜利每天都可能到来，于是格兰特请他来观看自己指挥战斗的情况。就这样，林肯带着妻子和几个亲信来到了格兰特所在的轮船，开始过短暂的清闲生活。

罗伯特是林肯的大儿子，他已经成了博士，现在正在格兰特的指挥部服役。后来，谢尔曼和谢里登也来了，跟格兰特商讨作战的事情。

林肯虽然在放假，但依然保持着去电报室的习惯，而且一坐就是半天。他在那里所做的事情就是把格兰特的通知发给斯坦顿。有时他也会出去放松一下，比如让鲍特上将带他坐船出去逛一圈，或是骑着马到军营里乱转。士兵们每次看到他，都会高声向他喊道："国父亚伯拉罕万岁！"有时候，他会跟士兵们坐在一起，聊聊天，或者坐在椅子上，静静地观察整个军营。

最初给他安排的是海军上将的床，结果，他就是不要，偏要睡在一间六英尺的小舱房里："这儿挺好的，不过，比鞘长的剑不大好安插。"林肯之所以这样说，是因为那床比他的身高短了四英寸。海军上将暗地里派木匠拓宽了那间小舱房，还将床加长了。

第二天早上，林肯非常兴奋："真是奇迹，昨天夜里我居然变矮了，还变瘦了！"

对于玛丽来说，这是第一次在军队逗留这么长时间，也是第一次出来展示自己，另外，和她同行的人都那么优雅，颇合乎她的口味。可是，自从来了之后，她就高兴不起来。

一次，他们要去波托马克军团所在的前线，那里离码头二十公里，大家都跟随着浩浩荡荡的队伍一同前往。一位军官和玛丽聊天的时候说，一会儿会见到另一位女士——格利芬将军的夫人,也是格兰特夫人的女友;还说总统特别允许她到前线去探望过丈夫!

玛丽有点吃惊:"什么?我怎么从来没听说过这个女人呢?您的意思是总统曾经有机会与她单独相处吗?您不知道这是我不允许的吗?"

那个军官听了,感觉不妙,本想好好劝劝她,却根本无济于事。她大声嚷嚷着:"真是可笑!让我下去!我要问总统去,看他是不是单独跟这个女人见过面!"旁边的人见状,都跑来问出什么事了,玛丽还在嚷嚷着,说要立刻见总统。

第二天,他们去慰问军队的时候,奥德将军的妻子特意让马走得慢些,好在总统身边停留一下。所有人都知道昨天的事情,所以见到这副情景都假装没看到。可玛丽马上就察觉到了,她的火一下子就蹿起来,拍马冲向林肯,林肯的马被吓得后退了好几步。奥德夫人见了,立刻前来问候总统夫人,玛丽却说了很多侮辱人的话,说她对总统心怀不轨,纠缠不清等等。奥德夫人又羞又愧,哭着跑了。后来回到船上,玛丽还对奥德夫人不依不饶。一位船长站出来进行辩护,玛丽便生气地走了。

林肯知道了,立刻叫那位船长来大厅,说让他看一张地图,实际上,他想对此人刚才的行为表示感谢。

这样的事情,在和平时期会更多的,因为玛丽心里总找不到平衡。当年在斯普林菲尔德的时候,交往的圈子很有限,她倒没有这样过分过。现在呢,她的脑子里面除去权利就是地位,她时刻在防备着别人来和她抢,即使别人根本不想要的东西,她都会非常紧张。

16 完整的美国
LINCOLN

几天后,李将军和戴维斯被打跑了,匹兹堡和里士满先后被攻陷。北方人纷纷来到里士满,想看看这座城池。尽管河道里还有没清除掉的水雷,船只却已经开始通行了,上面还装饰着彩旗,放着音乐,一派喜气洋洋的景象。

可是,一个沙坝挡住了很多船只的路。林肯在海军上将和儿子塔德的陪伴下，正赶往里士满，结果也堵在了这里。于是他们上了个小划艇，由水手们用拖拉机拽了过去。

这胜利来临得很平静，没有礼炮，没有游行，一切都很自然，如同林肯这个人的日常生活。但是他很高兴，笑的时候声音非常响亮。

船到第一个码头的时候停了下来，他们一起走上岸。眼前的景象很有南方特色，一座座房子静静地立在绿草地上，似乎战火从来没有来过，可是里面已经成了空巢，白人全跑了，剩下的就是那些黑人。此时，正有几十个黑人在劳动，指挥他们的是一位老人。老人直起腰，仔细看了看林肯，立刻扔掉铁锹说："万能的主！伟大的哈利路亚来啦！"接着，他就轻轻跪下来，像受过洗礼的人们一样，极为虔诚地吻了林肯的脚。剩下的那些人全都跑过来，照他的样子认真做了一遍。这些可怜人，他们好像完全不知道世界发生了怎样的变化，更不知道自己的命运将从此改变。

此时，高大的林肯就站在他们中间，脸色发灰，看起来有些慌张，有些难堪。"请你们不要给我下跪！只有在上帝面前才应该这样啊！感谢上帝吧，你们将要获得自由了！而我不过是来执行他的旨意。只要我还在这个世界上，你们就永远拥有自由的权利！"

他说得有些激动，话也不很精练，可是黑人们听懂了，他们从他的眼睛里明白了一切。海军上将请黑人们散开些，刚才那个老人用传教士那样唱歌的语调说："先生啊，我们明白。可是在荒漠中终于看到泉水的心情，您应该可以理解。请不要责怪我们吧，我们太激动了，先生！我们没有一点不敬的意思，完全是出于感激啊。"说完，那些黑人们围着林肯，轻轻唱响了一首圣歌。此时的林肯，就那样站着，沉默着，等待着。

后来，海军上将回忆说，仅仅是几分钟的时间，街上一下子冒出了很多黑人，他们不断地从四面八方涌来，如潮水一般来到他们的救星身边。出于安全的考虑，海军上将不得不让水手们准备好武器，可根本无济于事。很快就乱成了一团，林肯挤在众人中间不能动了。他不得不说话了，他刚把手举起来，周围立刻安静了："朋友们，你们是自由人了！如同空气那样自由！'奴隶'这个名字从此与你们再无关系，你们可以任意诅咒它的罪恶了！从出生时起，你们就拥有自由的权利，这是上帝赋予我们大家的。之前的制度是充满罪恶的，是该受到控诉的。从现在开始，你们一定要用自己良好的行为告诉全世界，自由是所有人的权利，包括你们。尊重宪法，遵从于上帝！感谢上帝吧，是他让你们拥有了自由。好了，我时间不多了，让我过去看一看里士满，一会儿还要回华盛顿呢。我将在那里让你们这得来不易的、珍贵的自由变得更牢固！"

他就那样站在那里，站在一群黑人中间，像位慈祥的父亲，满怀爱心地看着他们欢呼。十年的心血啊，为了这一天，他被人诬蔑，别人不理解，如今终于胜利了，他显得非常满足。

海军上将回忆说："在我看来，那些黑人们根本不会去伤害他。说得确切点，他们更像是在保护着他。"黑人们就这样围绕在高大的白人总统身边，一直将他送进了城门。街上的门窗都打开了，里面的白人都用仇视的目光看着林肯，看着这个让他们在战争中煎熬了四年的人。海军上将这时候开始紧张了，因为任何一个方向似乎都存在着危险，林肯的命就掌握在这些人的一念之间。

他们把戴维斯的住所与议会大楼都参观了一遍，之后就坐车去河边了。此时已是深夜，周围黑洞洞的，将军此时更为担心，因为这可是最好的报复时机。

政府决定，在4月14日攻克萨姆特城堡那天举行庆祝活动。总统开始说应该是4月13号，后来看斯坦顿非常认真地要去查日历，便说14号吧，哪天都一样。此时的他，似乎不再有什么预感，或者说他的预感已经失效了。因为他一点没有意识到，刚刚确定的日子就是自己的死期。

17 阴谋
LINCOLN

里士满并没有发生可怕的事情，因为谁也想不到总统竟然会去那里，并且是在那么闹哄哄的时候。可在华盛顿他不再幸运，可怕的事情要发生了。

南方人总觉得是林肯的当选引发了战争，所以他们非常恨林肯。他们永远想不到，林肯曾度过了多少不眠之夜，为和解而费尽心思，而且他还曾努力想办法给南方以经济补偿。南方人只有一个想法，那就是：他是这场战争的罪魁祸首，他必须付出血的代价！

两年前，就有南方人在里士满成立了暗杀林肯的秘密组织。他们还精心挑选了一百五十个年轻人，准备绑架林肯。林肯听说后，微笑着说："这对叛军有什么好处呢？至少我看不出来。胜负已经成为定局，即使我死了，也不会有什么改变。以前就有人给我寄过恐吓信，我刚接触的时候，的确觉得比较难受，可后来就没什么感觉了。现在也总是收到，可他们并没把我怎么样。"

他根本不相信会有人谋杀他，还说："美国不存在谋杀。"尽管如此，他还是听从妻子的要求，把手杖随时带在身边。他始终认为，别人保护不了他："我想，只要真的想杀掉我，那就什么也挡不住。就算是再多的防护措施也不管用，杀人的方法太多了，可谓防不胜防。"

北方胜利的消息频频传来，林肯的生命也在逐渐走向终点，只是他自己和周围的人们都意识不到这点，更没人去关注去年八月那个小店的玻璃。

小店窗子上的奇怪字样没人去注意，后来在纽约戏台上那句令人生疑的台词更没人在意。那是在十一月，那个剧院上演的戏名是《尤利乌斯·恺撒》。主演是布思三兄弟，其中的一个扮演马克·安东，此人二十六岁，演技不高，但长得非常英俊。演到第三幕的时候，他竟然擅自加了一个之前没有的结尾。他最后喊道："专制的魔鬼！"据说，布鲁图斯杀死恺撒大帝的时候，说的就是这句话。可是在美国，弗吉尼亚人拿它当俗语说，而且，自从战争爆发之后，这句话就成了南方人提高士气的专用语了。

那时候，这句临时加上的台词并没有引起人们太大的注意。不过后来，据说有一个人感觉到了异样，跟旁边的观众说："这句话是莎士比亚原著里的吗？"后边一个人小声说："弗吉尼亚人的俗语！"接着又有人说："不对！那好像是布鲁图斯的台词！"

这时突然有人喊："着火了！"剧场立刻混乱起来，观众们全都起身四处乱逃。后来人们才知道，与此同时，纽约的十六家剧院和旅馆全都起火了。很明显，这是预谋好的，那句台词很有可能就是暗号。

布思刺杀林肯的动机不止一个。他出身于演员家庭，哥哥是当代最伟大的悲剧大师，他自己尽管天赋不是很好，可他的英俊实在能让人对他过目不忘，于是他成了众多妇女爱慕的对象。另外，他充满野心，有冒险的欲望，这些都使他非常渴望扮演一个刺杀者。他想到去刺杀总统，觉得这肯定会让自己比哥哥更加出名的。

林肯第二次当选总统的时候，布思来到了加拿大。他在那里计划好，

LINCOLN

第五章 国民之父（1863—1865）

LINCOLN

要先绑架林肯,然后将他带到里士满去。他纠集了一帮同伙,甚至找到一笔钱,做好了一切打算。后来他回到华盛顿,准备在林肯宣誓就职的时候执行自己的计划,结果因为意外而错失良机。在他看来,如果能在那时候让可恨的"恺撒"当着众人的面死在自己枪下,肯定会让自己比布鲁图斯更加伟大。结果失败了。

后来,里士满被攻陷,他便一心一意地在华盛顿准备着下一次谋杀。他还有几个同伙,一个叫鲍威尔,是个退伍军人,一个叫阿诺尔德,是个小混混,还有一个是马里兰州庄园主的妻子,他们都是南方人。阿诺尔德是个胆小的人,逃跑了好几次,布思都把他抓了回来。每个人都被安排了一个角色,鲍威尔负责去除掉史华特,另一个人去杀死副总统约翰逊,布思当然是悲剧的主角,负责刺杀总统。阿诺尔德的任务是帮助他们逃跑。具体日期要等到林肯回来之后。

结果,史华特出车祸了,伤势还很严重,林肯也回到了华盛顿,于是计划提前了!

再说林肯。他离开军营的第二天,李将军就投降了。胜败双方将军见面的情景他没能亲眼目睹。据说,当时李将军身穿崭新的制服,而格兰特则是满身尘土。两个人在一个小农舍里见面。格兰特依然故我,不仅徽章、战剑全都没有佩带,靴子还脏乎乎的,衣服邋里邋遢。这个战胜者就这样接见了李将军。

如何惩罚叛军领袖,成了战后人们关心的问题。总统谈到这个问题的时候,笑着说:"给大家讲个故事吧!伊利诺伊州的一个男孩买了一只小浣熊,没过多久就嫌它烦了。一天,他领小浣熊到街上玩,总想让它离自己远一点。有人问他为什么,他说:'它太麻烦了!''你放掉它不就行了么?'男孩说:'看,它在啃那根绳子,等绳子断了,它就会偷偷跑掉,我就能踏踏实实回家了,家里人如果问,我就说是它自己跑的。'"

他还是当年的林肯。人们立刻明白了故事的含义。

看望史华特的时候,林肯精神好极了。在场的一个画家回忆说,当时的总统简直像个孩子一样给史华特讲着决战的场面。仅仅四年前,史华特还对他充满敌意,并且要辞职,而他毫不犹豫地拒绝了。现在,林肯竟趴在史华特病床前,轻松地给他讲着故事。他的心里好像已经没有了那些可怕的记忆。

整个华盛顿，甚至整个美国从上到下一片欢腾。从四月九日开始，到处都是狂欢的气氛，就算是神圣的复活节人们都难以平静下来。战争的噩梦终于结束了，人们涌向白宫，总统在众人的要求下只好做了两次演讲。他现在最为关心的就是合众国的未来和国家重建的问题，并且想让人们都来思考这个问题。"同胞们，今天我们抛开所有的悲伤，欣喜地站在这里……胜利的荣耀不属于我，而是格兰特将军和他勇敢的将士们。我们有一个小问题，同胞们，如何重建我们的家园，意见至今还没有统一……"

接下来，他说了很多对路易斯安纳州实行改革的问题，还有对政府重组和黑人问题的一些看法。说话的时候，他的语速非常慢，如同宣读文件。人们看到林肯如此平静，根本找不到机会欢呼，不过人们能够理解他，都静静地听着。

谁也没有注意到台下最前排的两个年轻人，正紧紧盯着林肯。当林肯说："假如我们不再给暴乱者施以惩罚，那么那些有色人种，尤其是其中有文化的那些人，就应该被赋予普选权。"时，两个年轻人里面的一个小声说："不就是黑人公民吗？他们会得到想要的东西的！"他们就是布思和鲍威尔。

18 为自由献身
LINCOLN

四月十四日中午，十二点的钟声刚刚敲响，萨姆特城堡就放起了礼炮。四年前，美国人听到的是南方攻城的炮火，看到的是被撕碎的星条旗。如今，安德森将军——当年苦苦守城那个人，再次亲手升起了国旗，军乐齐鸣，所有的人都欢呼起来。

与此同时，林肯正和部长们坐在一起。早晨，他用了一小时的时间，听大儿子给自己讲述军营见闻。他不仅了解到敌人投降的具体状况，还看到了离家在外的儿子有什么长进。当他看到儿子带来的李将军的照片时，他仔细端详起了自己这个了不起的对手："看起来很善良，又高贵、又勇敢。真高兴不再是敌人了。"

胜利以来的第一次内阁会议气氛非同寻常，史华特来不了，格兰特却赶来了，林肯的儿子就是在他的命令下提前来的。

LINCOLN

　　人们都围在这个胜利者身边，说着祝贺的话。可格兰特却充满忧虑，因为谢尔曼那边还没有完全取得胜利。林肯安慰格兰特说，谢尔曼肯定会胜利的，这时候没准已经收兵了呢。因为昨天夜里他做了个梦，只要是取得胜利的时候，就会做这个梦。林肯对海军部长说："这个梦跟您的职位有关，因为里面有水。我在梦里坐着一艘奇怪的船，它快速往前走着，周围一片黑暗。每次都是不等到靠岸，我就醒了。只要是快发生特别事件的时候，我就会做这个梦。"就在他讲述这个梦境的时候，阴谋者们也正在商量刺杀他的时间和具体计划。

　　内阁成员们说到了国家的重建。斯坦顿有一项计划，同事们纷纷传阅着，总统听了很高兴。接着他说起了叛军报复的事情："我绝对不会参与处死叛乱分子的事，就算让我下令处死他们的首领，我也不同意！赶走他们不就行了么？让他们离开美国，开个小门，让他们偷偷跑掉！有些好朋友很想做主人，没有把南方人当成自己的同胞。这是对自己权利的亵渎，我绝对不赞成这样的做法！"

　　谋杀者们此时在哪里？为什么不偷偷听听这些话？假如听到了这一切，他们还狠得下心去谋杀吗？林肯是尊重南方人权利的，否则讲不出这样的话！布思呢？他为什么不来认真听一听呢！

　　布思此时得到消息，说总统和格兰特要在今晚去戏院，与那里的群众见面。

　　格兰特明天就要回家了，所以才定在今晚。他依然不大喜欢华盛顿，而且一整天都放不下心来，担心战场上出什么事。可此时，戏院经理早就公布了林肯和格兰特要与大家见面的消息。人们兴高采烈地装饰着戏院，期待那令人振奋的时刻。

　　布思急忙安排各自的任务，鲍威尔要去史华特家，而他自己中午就偷偷来到了戏院，买通那里的一个南方工人，让他把包厢里的椅子按照自己的设计摆好。他自己又在包厢门上弄了个小洞，以便观察里面。此时的布思兴奋极了，他把一封信交给一个亲信，要求此人第二天发表在报纸上。他完全是为了展示自己——个人的欲望是多么可怕啊！

　　此时的林肯在做什么呢？有个将军曾经提醒他注意安全，林肯这时候就在给他回信，这也是林肯写的最后一封信："朋友们的建议很好，我准备加强保护措施了。您跟我说，上帝和所有的朋友都会支持我，您还说，重建联邦就是让各个州真正地在心理上融合起来,我对此非常感激。您忠诚的亚·林肯。"

林肯听说有人准备到自己的故乡去,他让那个人告诉家乡的采矿工人:"我们西部的矿产资源是非常丰富的,可惜对它的开发刚刚是个起步阶段。战争期间,我们一心救国,无力去关注这些贵重金属的开发。如今,我们国家的债务一清二楚,如果能开采出更多的金银,我们的国家将有力量迅速成长。我对这项事业非常支持。和平之后,将会产生成千上万的退伍士兵,现在就有人在担心回去之后怎么办。我想可不可以让他们去开采矿产,那里绝对容得下这么多人。另外,移民潮就算战争期间都没有停止过,现在和平了,肯定会有更

杀害林肯的凶手布思。他依靠杀害林肯成了名,同时也成为美国人民最痛恨的罪人。

多的外国人来到这里。我要对他们说,我们西部的金矿和银矿正盼着他们来呢。请你一定要告诉那里的矿工们,我会全力保证他们的利益。因为,只要他们富起来了,国家的富强也就不远了。过不了几年我们就能骄傲地说:我们汇聚了世界的财富!"

这天下午,他陪玛丽驾车出去,庆祝的人群到处都是,人们不停地向他们欢呼着。玛丽兴奋极了,她终于盼到了这一天,终于能在白宫里快乐地生活几年了。他们兜了很长时间的风,还说了很多话。他们一起回忆在斯普林菲尔德的日子,又展望了林肯第二任总统期满之后做些什么。玛丽说很想去欧洲住一段时间,林肯高兴地答应了,只是他说自己倒很想去加利福尼亚和西部看一看。

他们回到白宫的时候,正好看到几个人准备离开,看样子是来拜访林肯的,结果没找到,有些失望。林肯远远地就开始喊:"喂!回来啊,孩子们!"他看到里面有个伊利诺伊州的熟人,此时看到老朋友简直让他太

高兴了。他和这些人一起走进白宫,问了问其他老朋友的情况,还给这些人讲了很多笑话。他知道这些都是熟人,所以没有一点顾忌。此时的林肯好像又回到了那个古老的小商店,房间里又弥漫起当年的活跃气氛。一直到玛丽提醒他快点走,说观众们正等着呢,他才很不乐意地起身与朋友们道别。为什么要去那里?格兰特一个人不就行了么?

此时,格兰特夫妇突然决定不去戏院了,说是必须今天就回家。怎么有了这么奇怪的决定?这可不仅是对总统的不敬,对公众也无法解释呀!格兰特夫人后来说,原因在于玛丽,两周前她的举动实在令人不敢恭维,于是他们才做了这个决定。他们担心到了戏院之后,这个神经质的人再次做出令人尴尬的举动来。所以,他们觉得还是避开的好。

临出发前,总统又签署了一份释放一个南方在押犯的同意书。他一生做的最后一项工作还是对南方人的赦免。上车的时候,斯皮德来送他,林肯再次嘱咐说:"别忘了告诉家乡的矿工们,我说过的那些话!"这是他对国家的最后心愿。

他们来到戏院的时候,演出已经开始了。戏名是《我们的美国兄弟》,一个喜剧。总统夫妇一露面,整个大厅立刻响起了如雷的掌声,戏也暂时停止了。他们鞠躬致谢之后,国歌奏响,所有人都站了起来。放眼望去,整个大厅一片艳丽的衣裙和整齐的制服。接着,戏重新开始了。

格兰特夫妇没有来,所以,林肯夫妇把他们的一个好朋友,一位上校和他的未婚妻叫来坐在一起。很快,两个小时过去了。此时的林肯大概正在听自己的朋友说着什么,或者正在自己的思绪中遨游。这是一个特殊的日子,一个梦预示着会发生什么事情,家乡的朋友给他讲了很多故乡的事情;重建国家的计划已经想好了;敌人的一个个复仇阴谋都被打破了;西部的开发已经初露端倪;大儿子已经成了一个合格的军人,小儿子也在茁壮成长——多么美好的生活啊。那位将军的提醒是对的,还是多加小心为好!

可是,命运或者是什么其他的神秘力量,竟然在此时推着他走向了生命的终点。这力量曾经带着他离开森林,离开树木,顺着河道来到了一个无名小店,挣扎在生活的边缘;后来,又带着他来到一个办公室,整理尘封的那些文件;接着他又被这力量推动着来到了美丽的伊利诺伊州,做起了律师,那里有他的好朋友赫尔顿和斯皮德,他们与他一起奋斗过,从万达利亚大厅直到斯普林菲尔德议会大楼;后来他又坐着火车,从这个州走向那个州，和那个矮巨人道格拉斯竞争，他去哪里了呢？贝克又在什么地方？他那可爱的小儿子此时又在什么地方呢？

此时离他最近的只有死神，他正偷偷地盯着林肯。

假如历史真是公正的，就绝对不该允许这样的事情发生。难道在胜利纪念日这天上帝发现他有什么过分的举动、过分的要求吗？就连最最艰难的岁月，他都所求甚少啊！他的两种理想，他终生所向往的，现在不是都成为现实了吗？

此时的他，坐在包厢里，手里的星条旗握得那么紧，四年前它曾经被撕碎了，经历了战争的洗礼之后，它再次高高飘扬。林肯回想着驱车来时的情景，大街上那些黑人站在白人们中间，沉默地看着他的马车，目光中充满了感激，那沉默令人心里发酸。

梦中的彼岸到底是什么地方？是印第安纳的森林，还是天堂？

将近十点钟，刺客来了，他慢慢地向包厢走去。之前，这个人先去了酒吧，用威士忌壮了壮胆子之后，就来到戏院的角落里，看看没人注意他，就悄悄来到了包厢边上。几名军官在包厢门口站着，拦截随便进入的人，他跟他们说，总统在等他拿来的消息，于是这个刺客就被放进去了。

刚进入里面的走道，他就用极快的速度拿起一块木板把门顶住。接着，他又从门上的小孔里看了看具体距离。此时，总统就坐在门边上，旁边是他妻子，另外还有一位年轻小姐和一个军官。包厢下面就是舞台，不是很高，等完事之后跳下去就行了，就可以顺利逃走了。门口有马等着，只要能逃出去，就万事大吉！他现在需要的，就是布鲁图斯那样的勇气！

在打开包厢门的一瞬间，他将手枪抵在总统的后脑上扣动了扳机。枪响之后旁边的军官才反应过来，他立刻跳起来扑向这个凶手，凶手猛地扎了军官一刀，之后想趁机跳到舞台上去。谁知，星条旗缠住了他脚上的马刺，他重重地摔在了舞台上，胫骨断了。即使这样，他还是使劲爬起来，挥动着匕首大喊："专制的魔鬼！"之后就逃跑了。

人们一时间都呆住了，突然，不知谁喊道："他把总统杀了！"接着，就听到了玛丽绝望的叫声。这时人们才反应过来，医生、军官、吓晕的女人，一下子乱了起来……包厢里的少校捂着伤口跑到门边，发现门被顶住了，用了很大的力气才打开。

士兵闯了进来，只见总统摔在地上，鲜血满头，已经人事不知。卫兵们抬起他，却不知道该去哪里。街上一所房子里的男主人出来问，是否需要帮助，于是总统被放在了这家人的床上。

1865年，林肯就是在福特剧院的这一间包厢遭到暗杀。

就在这时候，布思的同伙也跑进了史华特家。用匕首扎伤了四人之后，又扎了重伤的部长几刀，然后夺路而逃。

高大的林肯再次睡在了一张小床上，人们不得不让他斜着躺在那里。这位伟大的人物同那颗致命的子弹整整搏斗了九个小时，早上七点，昏迷不醒的总统永远停止了呼吸。这天恰好是复活节，他像朝圣者，又像是个先知，躺在一张陌生人的床上再也没有起来。

美国为这个人民的儿子举行了国葬，待遇如同旧日的君王。他的棺木被不远万里送回了家乡，在斯普林菲尔德的小小的公墓那里，聚集了成千上万的人，包括他的朋友们和对手们，他们都默默地看着他被泥土掩埋，默默地为他送行。现在在旁边陪伴他的是两个早夭的儿子，他们终于静静地躺在了一起。

LINCOLN

第五章 | 国民之父（1863—1865）

1865年4月19日，美国政府和民众为林肯举行了盛大的送葬仪式。

密谋杀害林肯的主犯被当众处以绞刑

LINCOLN

此时,全国上下通力追击刺客,后来在一个医生的帮助下,将布思围在了一个粮仓里,最后他被打死了。四个同伙中有三个被处以绞刑,一个跑到欧洲去了。

南方似乎开始醒悟了,有人公开宣称这次谋杀简直是"弑父"。

李将军后来当了教授,带了很多学生;戴维斯又过了二十五年的好生活,还写出了回忆录;格兰特最后真的做了总统。林肯的妻子呢?她疯掉了,把漂亮衣服卖了,进了疯人院,最后在精神错乱中死在当年他们成亲的房子里。

面对这位巨人之死,最悲痛的应该就是那些黑人了。林肯在世的时候,他们是惟一始终在祝福他的人。他们不停地为林肯唱着歌,还说他们的救星已经升入了天堂。

林肯纪念堂内的林肯坐像

塔德是相信这点的,刚刚看到爸爸的灵柩时他就说:"如果爸爸真的去了天堂,我感到很高兴,因为他在这儿生活得并不快乐。"过了几年,他也离开了人世。

亚伯拉罕·林肯的时代过去了,从那时起,再没有过无罪的人被戴上脚镣,法律明确规定:"人们从出生时起就是自由的,上帝永远为我们祝福!"

附录　林肯大事年表

1809 年 2 月 12 日，出生于肯塔基州一个贫苦农民家庭。

1818 年，母亲病逝，享年 36 岁。

1826 年，姐姐萨拉病逝。

1830 年，举家迁往伊利诺伊州。

1831 年，只身前往纽萨兰姆谋生。

1832 年，在黑鹰战役中担任义勇军队长。

1833 年，出任纽萨兰姆邮政局长，同年通过考试，取得土地测量员资格。

1834 年，当选伊利诺伊州议员，直到 1840 年，4 次入选伊利诺伊州议会。

1836 年，成为律师。

1842 年，与玛丽·托德结婚。

1847 年，当选为美国国会众议员。

1849 年，国会议员任期届满，继续当律师。

1854 年，竞选参议员失败。共和党成立。

1856 年，加入共和党。

1858 年，竞选参议员，败给民主党的道格拉斯。

1860 年，当选为总统，1861 年 3 月 4 日正式就任。不久，南方奴隶主发动叛乱，挑起美国内战。1862 年 5 月，颁布《宅地法》，9 月，发表《解放奴隶宣言》草案。

1863 年 1 月 1 日，发表正式的《解放奴隶宣言》。不久又促使国会两院通过宪法第 13 条修正案，该修正案规定，在合众国领土上永远禁绝奴隶制。

1864 年，大胆起用格兰特为联邦军总司令，这对于内战的最后胜利起了重要作用。

1864 年 11 月，再次当选为总统。

1865 年 4 月 14 日晚，林肯遇刺，翌晨逝世。